# La Cité de Dieu

# Du même auteur

Confessions
(traduit par Louis de Mondadon,
présenté par André Mandouze)
*Seuil, « Points Sagesses », 1982*

La Cité de Dieu
Volume 2. Livres XI à XVII
(traduit par Louis Moreau,
présenté par Jean-Claude Eslin)
*Seuil, « Points Sagesses », 1994*

La Cite de Dieu
Volume 3. Livres XVIII à XXII
(traduit par Louis Moreau,
présenté par Jean-Claude Eslin)
*Seuil, « Points Sagesses », 1994*

*Saint Augustin*

# La Cité de Dieu

## Livres I à X

*Traduction du latin
de Louis Moreau (1846)
revue par Jean-Claude Eslin*

*Introduction, présentation et notes
par Jean-Claude Eslin*

*Éditions du Seuil*

COLLECTION DIRIGÉE PAR
VINCENT BARDET ET JEAN-LOUIS SCHLEGEL

ISBN général : 2-02-019664-6
ISBN du volume : 2-02-022064-4

# L'Acte d'Augustin

Le 24 août 410, Rome fut mise à sac et pillée pendant trois jours par les troupes du roi wisigoth et arien Alaric. Cet événement, qui faisait entendre à l'avance les prodromes de la prochaine chute de Rome et la fin de l'Empire romain d'Occident (qui eut lieu finalement soixante-six ans plus tard, en 476), eut un retentissement immense dans tout l'Empire. Rome n'était plus invincible, la durée romaine pouvait cesser. Or depuis un siècle, l'Empire était chrétien, on vivait sous les *tempora christiana* ! L'opinion publique, chrétienne ou païenne, répétait : « C'est sous des princes chrétiens, pratiquant de leur mieux la religion chrétienne que de si grands malheurs sont arrivés à Rome » (Lettre 136, Marcellin à Augustin, P. L. 33, col. 515).

Et les païens d'insister : « Tant que nous avons pu offrir des sacrifices à nos dieux, Rome se tenait debout, Rome était florissante. Aujourd'hui que ce sont vos sacrifices à vous qui ont pris le dessus et que, partout, ils sont offerts à votre Dieu, alors qu'il ne nous est plus permis de sacrifier à nos dieux, voilà ce qui arrive à Rome » (Sermon 296).

De tels reproches furent l'occasion de *La Cité de Dieu*. Depuis longtemps Augustin entendait et recevait de la part d'esprits cultivés fidèles à l'antique religion romaine, ou de chrétiens peu affermis, des raisons de ne pas adhérer à la religion déjà victorieuse des chrétiens. Marcellin, auquel est dédié *La Cité de Dieu*, haut fonctionnaire impérial, chrétien, qui présida les conférences avec les donatistes en 411 et sera

exécuté en 413 par le pouvoir impérial qu'il servait, se faisait l'écho de ces objections et de celles d'un plus éminent
fonctionnaire, Volusien : « La prédication et la doctrine chrétienne ne conviennent nullement à la conduite de l'État, car
voici, dit-on, ses préceptes : Ne rends à personne le mal pour
le mal ; si quelqu'un te frappe sur la joue, présente-lui
l'autre ; à celui qui veut t'enlever ta tunique, abandonne aussi
ton manteau. Il semble clair que de telles mœurs ne sauraient
être pratiquées dans un pays sans le conduire à la ruine »
(Lettre 136, *id.*).

Répondre aux objections à lui présentées ; s'attaquer une
fois pour toutes et dans un ordre logique au contentieux qui
opposait christianisme et religion romaine pour dévoiler
dans une vue grandiose de sagesse chrétienne le sens véritable de l'histoire du monde, tel est le but en même temps
que le plan de *La Cité de Dieu*.

## I

Au cœur de *La Cité de Dieu*, une distinction toujours
active, l'opposition des deux cités, la cité de Dieu et la cité
terrestre. Il est difficile de la bien entendre. Elle est à la fois
une catégorie littéraire et une doctrine.

Ne s'opposent pas Rome et l'Église, comme un regard
superficiel le fait croire, mais deux cités « idéales », quasi
platoniciennes, dont les réalisations concrètes ne peuvent
être que contingentes, deux principes vitaux qui s'opposent
– ceux qui vivent selon l'homme pour posséder et dominer
et ceux qui vivent selon Dieu dans la dilection – « deux principes de vie que nous avons appelés mystiquement deux
cités » et qui ne peuvent en aucun cas être confondus dans
leur essence, bien que la réalité les compénètre sans cesse.
Deux grandes Idées directrices au sens de Platon, comme
deux grandes ailes déployées sur l'histoire humaine. Il
convient en effet de ne jamais oublier « l'atmosphère platonicienne » (Marrou) dans laquelle pense Augustin.

La force et l'originalité de *La Cité de Dieu* : quand chute

l'Empire romain, Augustin donne à l'histoire, avec cette proposition des deux cités, un principe directeur, un principe
éclairant le jugement, donc aussi la possibilité de faire des
comparaisons, de ne pas se laisser déconcerter par l'inédit,
d'instaurer de nouveaux équilibres ; ce faisant il donne à
l'histoire une nouvelle orientation. Sachant qu'il n'est pas
de solution à court terme, *hic et nunc*, au mal de l'Empire
romain, il ne donne pas d'autre réponse que de peser les
équilibres et les déséquilibres qui parcourent le cosmos. En
mettant en scène deux cités asymétriques comme un principe de jugement et une ligne de réflexion qu'il se donne
d'abord à lui-même, Augustin pose un décrochement, un
Acte qui vaut pour les adversaires comme pour les croyants.
En établissant la distinction de deux principes, en distinguant
la cité terrestre, dont l'Empire romain finissant n'est une participation que sous un aspect, et la cité de Dieu qui elle non
plus n'est jamais « réalisée » dans l'Église *de ce temps*, il
s'oriente dans le chaos de son époque, il s'oblige – et c'est
un commencement – à déployer explicitement la vue chrétienne selon laquelle naît, se noue, se joue et se parfait historiquement la destinée de tout homme comme de toute
société. Il va traiter longuement de la condition humaine en
fonction d'un point de vue transcendant.

Reinhard Kosellek le dit excellemment : « Afin de laver le
christianisme du reproche qu'on lui faisait d'être le responsable du déclin de Rome, il émet le postulat que le règne du
Christ et une domination terrestre comme celle de
l'*Imperium* ne doivent aucunement être tenus pour iden-
tiques. Toute la réponse apportée par saint Augustin est une
tentative pour montrer que la paix terrestre et la paix de Dieu
ne peuvent en aucun cas être confondues. C'est ainsi qu'il a
développé sa doctrine de deux *civitates* englobant et l'Église
et l'organisation du monde sans pour autant s'y réduire ou
encore s'y dissoudre. La cité de Dieu, effective en ce bas-
monde, est aussi présente au sein de l'Église, mais la communauté intérieure des croyants se trouve, elle, toujours en
pèlerinage, et son royaume ne se fonde que sur l'espérance.
Quant à la cité terrestre, elle se construit sur la possession.

Caïn, qui signifie possession, fondateur de la cité terrestre, (…) indique que cette cité a un commencement et une fin terrestre, où rien de plus n'est espéré que ce qui peut être perçu en ce siècle… » (L. XV, 17). Selon Kosellek, « les deux cités ont un rapport mutuel asymétrique. Ce ne sont pas des domaines opposés de manière manichéenne, elles constituent plutôt, étant toutes deux imbriquées dans les lois hiérarchiques d'un cosmos existant, *un processus* dont l'issue certaine mais fixée dans le temps ne peut aboutir qu'à la victoire de la *Civitas Dei*. Ainsi tout ce qui se produit sur terre reste dans un ordre relatif sans perdre son caractère unique lors du Jugement dernier. Dans l'espace du monde terrestre, exposé au péché, chaque événement acquiert au regard de la décision suprême la qualité d'une pré-décision. L'asymétrie s'en trouve temporalisée. Tout ce qui est mal ne devient pas forcément bon, mais nul ne peut devenir bon s'il n'a été mauvais auparavant » (L. XV, 1). Kosellek conclut : « (…) La réponse apportée par saint Augustin face à la chute de l'Empire romain universel ne consistait donc pas à minimiser le malheur terrestre ou à fuir dans le Royaume éternel mais à poser l'eschatologie des deux cités de manière inégale[1]. »

En intitulant son œuvre « La Cité de Dieu », Augustin élargit au monde, à la civilisation, les perspectives de l'Église, car il use d'un terme bien connu des Romains et qui évoque une fondation. Mais en privilégiant dans son titre la cité de Dieu par rapport à la cité terrestre, il donne à entendre que la cité de Dieu l'emporte sur la cité terrestre. Au fil du temps, on peut certes repérer deux historicités fondées sur deux principes au sein d'une unique histoire, mais le privilège accordé à la cité de Dieu sur la cité terrestre dans la perspective du Jugement dernier ne signifie pas seulement un ultime détachement à l'égard de toutes fondations humaines (que l'Empire soit romain ou chrétien !), mais plutôt un inté-

---

1. Reinhard Kosellek, *Le futur passé. Contribution à la sémantique des temps historiques*, tr. de l'allemand, EHSS, Paris, 1991, p. 209-211.

rêt joyeux et nouveau pour l'histoire (même romaine !), passée et à venir.

Dans l'immense déroulement de ses vingt-deux Livres, *La Cité de Dieu* est une invitation à la conversion dans l'ambiguïté du temps de l'histoire. La distinction conceptuelle qui anime l'ensemble est aussi ce qui peut l'unifier. Un seul mouvement en anime et unifie les deux parties si dissemblables : abandonner les dieux romains (Livres I à X) pour s'approcher du Dieu unique et vrai et entrer dans son dessein (Livres XI à XXII). Une telle œuvre résiste à toute réduction, elle n'est ni seulement apologétique, ni seulement théologique, ni purement historique. C'est aussi pourquoi Augustin manifeste tant de patience et de minutie dans le détail, dans le traitement de l'histoire romaine comme dans celui de l'histoire sainte. Réfuter patiemment les dieux de Rome et des philosophes, c'est préparer les voies du Dieu vivant, déployer les étapes du pèlerinage de la cité de Dieu.

*Perplexae et permixtae* mêlées et compénétrées comme il nous les montre, Augustin accentue cependant la distinction des deux cités, car il faut passer du terrestre au céleste, il faut devenir pèlerin. « Le souci de déterritorialiser, de désancrer les deux *civitates*, tout comme leur spiritualisation n'ont jamais été poussés au point que le déroulement historique ne soit irréversiblement orienté vers le Jugement dernier ; la direction temporelle, l'irréversibilité étaient des facteurs constitutifs portant les événements terrestres devant le tribunal du futur[2]. »

Dynamisme extraordinaire, jamais résolu, de cette vision, qui force à toujours repartir – d'où la récurrence du terme de *civitas peregrina*, qui évoque d'abord la citoyenneté du non-résident – qui voit en mouvement tout homme, toute cité d'hommes, toute civilisation, parmi les variétés du temps et des circonstances, tentés par Dieu, tentés par le mal, pouvant à tout moment verser de côté ou d'autre du chemin. Aujourd'hui encore cette vue est bouleversante, « existentialiste »,

2. R. Kosellek, *op. cit.*, p. 210.

irréductible au discours tout fait, fût-il intitulé philosophie ou
théologie de l'histoire.

Entre ces deux principes spirituels, entre ces deux cités
mystiques qui balisent le champ, le rapport de force peut
changer à tout instant. Entre ces deux principes, les hommes
exercent leur liberté, jouent leur existence : celle-ci, comme
celle des civilisations, en est dramatisée. C'est un champ de
forces au milieu duquel il faut s'orienter. La situation est
instable, ceux qui sont ennemis aujourd'hui peuvent devenir
amis demain. Point fort de la cité de Dieu en tant que *work
in progress* : « Elle doit se souvenir que parmi ses ennemis
mêmes se cachent ses futurs citoyens (*in ipsis inimicis latere
cives futuros*) et qu'elle se garde de penser qu'elle n'a aucun
fruit à espérer même pour eux en les supportant comme
ennemis jusqu'au jour où elle parviendra à les accueillir
comme croyants » (L. I, 35).

Une expression littéraire, la parabole de l'ivraie et du bon
grain mêlés dans le champ du monde, est la référence essentielle, donnant ainsi à l'histoire l'idée d'une transformation :
l'ivraie ne peut être arrachée de l'histoire, car elle peut devenir bon grain. Idée d'une mobilité de l'histoire à tout
moment. Appartenir à la cité de Dieu n'est pour personne
chose faite.

Ainsi Augustin magnifie-t-il l'Église de la terre en la rela-
tivisant. L'Église chrétienne n'est pas le concept premier :
aux païens et aux chrétiens il offre un concept plus englobant, différencié, asymétrique. Un concept dynamique, qui
donne à l'histoire un enjeu dramatique, puisque eu égard aux
deux catégories posées devant nos yeux, rien n'est joué.

Il faut s'orienter. Les anciennes adhésions à la religion
romaine, seraient-elles considérées seulement comme des
mythes auxquels on reste attaché par tradition ou par respect, sont dangereuses parce qu'elles détournent de l'adhésion au vrai Dieu. Avec sa distinction de deux cités mystiques, Augustin fournit à l'homme un fil directeur dans
l'ambiguïté du temps. Avec un sens très vif de la responsabilité, il comprend que pas un pouce de terrain ne doit être
concédé. À la face de tout homme – il n'y a pas ici à distin-

guer entre chrétien et sectateur des valeurs romaines – il pose la question : Comptes-tu sur l'homme ? Comptes-tu sur Dieu ? Vis-tu d'humaine présomption ? Vis-tu de foi, comme le juste ?

## II

Pour cela il fallait balayer la religion romaine, ce que nous appelons le paganisme (et que lui désigne d'un euphémisme : *isti*), et il le fait cruellement. Depuis 391 les sacrifices étaient interdits et vingt ans après, la nostalgie en était encore puissante, réactivée par le désastre de 410. Augustin doit en éverser les racines intellectuelles pour dire : *Circuiti implosa sunt !* Ces cercles ont implosé ! Il orchestre l'événement, l'accentue, donne un dernier coup de boutoir, mais non sans reprendre à sa manière la chose romaine, non sans réfléchir sur le destin de l'Empire romain depuis ses origines, la République et son histoire.

Rome est toujours à l'horizon de la pensée d'Augustin dans *La Cité de Dieu*. Le terme de *civitas* (*Dei*), qu'il substitue au terme évangélique de Royaume de Dieu ne le dit-il pas ? Et les dix Livres qu'il consacre à répondre aux objections romaines avant de raconter la cité de Dieu ? Si une cité comme Rome devait s'effondrer, si l'empire romain touche à sa fin, l'Église chrétienne est prête à lui substituer une cité aussi grandiose et plus grandiose qui, tout en étant cité de Dieu, sera encore étonnamment marquée par Rome ! Augustin demeure un Romain. Varron et Cicéron sont sans cesse présents dans *La Cité de Dieu*, ce sont eux qui fournissent la base philosophique et anthropologique sur laquelle Augustin détruira et construira (plus que les platoniciens grecs). Et Virgile n'est-il pas toujours présent, Virgile dont Augustin s'étonne qu'il ait pu, anticipant ainsi sur l'Évangile, décrire si bien les récompenses dans les Enfers de ceux qui ont fait le bien des autres (*Énéide*, VI,

664, citée en L. XXI, 27) ? Même quand Augustin ironise sur Rome, il la respecte et l'admire. Un Livre entier, le Livre IV, est consacré à sa grandeur. Lui seul nous a conservé les *Antiquités* de Varron. Il s'y ébat en véritable anthropologue. Neuf Livres durant, il reprend les rites romains au moment où ils s'effondrent.

Augustin prend acte du déclin de Rome, mais pas seulement comme d'un fait. De ce fait, il renforce l'effet en le justifiant et en le fondant. Il s'attaque aux fondements de cette civilisation, et au principe qui la fonde : *Parcere subjectis et debellare superbos*, il préfère la maxime biblique : « Dieu résiste aux superbes et donne grâce aux humbles. »

Le vers de l'*Énéide* montre qu'Augustin ne minimise pas les vertus de Rome. Il éprouve le besoin de creuser jusqu'aux racines la religion romaine, mais il honore et intègre les vertus romaines.

Au moment où l'Empire s'effondre, Augustin ne présente pas seulement à sa place une cité surnaturelle meilleure, il introduit une réflexion sur ce qu'est un peuple, une république (Livre XIX). Au moment où Augustin porte une main sacrilège aux fondations de cet Empire (la religion romaine), il réemploie et redéploie la dimension de la citoyenneté. L'ironie et l'intolérance sont ce qui lui permet de réorienter l'histoire, de poser un nouveau commencement ! L'un ne va pas sans l'autre. Romain parmi les Romains, philosophe parmi les philosophes, Augustin tourne les regards vers un avenir, leur ouvre un avenir. Il leur dit que la pensée peut prendre du champ et s'élever à une vue de l'histoire orientée, métapolitique. À la question du bonheur telle que Rome, cité politique et religieuse, l'a résolue, il montre qu'une réponse plus large peut être donnée. Augustin propose d'entraîner ses contemporains dans un mouvement, il présente à Rome un culte plus pur que celui de ses dieux, un culte spirituel et rationnel, un sacrifice nouveau fondé sur la miséricorde et le don de soi (Livre X).

Mais au moment où on croirait Augustin, comme Eusèbe avant lui et bien d'autres après lui, tenté de succomber au

mirage d'une alliance heureuse entre christianisme et nouvelle civilisation, c'est au contraire une distinction et une
distanciation radicale de la cité de Dieu à l'égard de la
société politique et même religieuse qu'il enseigne. Là est sa
véritable fondation, son caractère durable : il établit une catégorie de pensée, de jugement, d'action. En distinguant cité de
Dieu et cité terrestre, il a établi deux principes de jugement
et d'action plus encore que deux principes d'appartenance. La
cité de Dieu ne sera jamais que *peregrinans*, voyageuse ou
même étrangère en ce monde. Elle ne peut prétendre à nulle
réalisation parfaite sur la terre. En portant la distinction de
ces deux principes au-delà du Moyen Âge occidental, où il fut
un maître pas toujours bien compris, Augustin parle encore
et nous aide à éviter toute confusion.

## POSTÉRITÉ DE *LA CITÉ DE DIEU*

Dès l'Antiquité chrétienne et déjà du vivant d'Augustin,
l'influence de *La Cité de Dieu* fut grande. On a pu dire de
cette œuvre, située à la jonction de l'Empire romain décli-
nant et du berceau de l'Europe occidentale, qu'elle a posé la
modernité (Mireille Cadoret). En faisant le bilan du passé et
en ouvrant l'avenir, Augustin a donné une orientation historique et positive au devenir occidental, qui a doté son œuvre
d'un caractère fondateur. Car si *La Cité de Dieu* fut l'œuvre
la plus recopiée pendant tout le Moyen Âge occidental, son
influence ne s'y épuise pas et constitue une fondation
jusqu'à notre époque.

Deux lignes d'influence doivent être marquées :

1. *La cité de Dieu* : politique et théologie ;

2. *La cité de Dieu* et le sens de l'histoire.

## 1. Le retentissement politique de La Cité de Dieu

L'Empire chrétien, il ne faut pas l'oublier, est antérieur d'un siècle à *La Cité de Dieu* et, avant Augustin, des hommes comme Eusèbe ou Prudence nouent sans ambages des liens intellectuels entre le règne du Christ et le règne de l'Empire. En 386, Ambroise, évêque de Milan, ville impériale, dans le sermon contre Auxentium, déclare l'Empereur dans l'Église et non au-dessus de l'Église. Au temps d'Augustin, « l'affaiblissement de l'idée de la cité terrestre (et de l'État) surprend[3] ». Dès lors l'Église prend en compte ce que l'État n'assume plus. Dans ce contexte il faut considérer qu'à la cité de Dieu s'applique le paradoxe des conséquences de Max Weber. À l'inverse de ses frères chrétiens qui établissent des liens entre le politique et le religieux, Augustin écrit pour établir la caducité des civilisations (donc de l'Empire romain) et le caractère permanent de la cité de Dieu. Or, c'est moins cette rigoureuse distinction de deux cités que retiendra la postérité que l'aspiration à une unité de civilisation qui sera nourrie par la méditation de son œuvre. Pendant près de quinze siècles, on lira *La Cité de Dieu* pour inspirer la fondation d'une cité chrétienne sur la terre, et au XVIIe siècle Bossuet présente, dans son *Discours sur l'Histoire universelle*, une histoire unitaire de l'humanité sous l'invocation d'Augustin.

La primauté de la cité de Dieu est en fait comprise comme la primauté du pouvoir spirituel sur le pouvoir temporel. Telle est la doctrine fixée par le pape Gélase (492-496). « Le monde est gouverné par l'autorité sacrée des pontifes et le pouvoir royal… Mais les prêtres portent une charge d'autant plus grande qu'ils doivent rendre compte au Seigneur même pour les rois devant le jugement divin… Vous devez courber une tête soumise devant les ministres des choses divines et c'est d'eux que vous devez recevoir les moyens de votre

3. Bardy, *Introduction à l'édition de la bibliothèque augustinienne*, Desclée de Brouwer, 1981, p. 92.

salut. » Par contre, « dans les choses concernant la discipline publique, les chefs religieux saisissent que le pouvoir impérial vous a été conféré d'En haut et eux-mêmes obéiront à vos lois[4] ». Les puissantes perspectives de la cité de Dieu se réduisent. D'une part, la Jérusalem céleste est réduite à l'Église. D'autre part, on tend à confondre la cité terrestre d'Augustin – cité mystique de la perdition – avec la cité temporelle et politique.

Du pape Grégoire le Grand (590-604) on date souvent l'apparition de « l'augustinisme politique », c'est-à-dire de cette forme de pensée où le pouvoir des rois se trouve absorbé et compénétré par l'idée de chrétienté. Tandis qu'en Orient la structure bipolaire du pouvoir demeurait claire (si intimement associés ou mêlés que fussent les deux pouvoirs), en Occident c'est autour de l'Église que se reconstitue au sortir de l'anarchie barbare une civilisation ; le pouvoir politique est conçu tout entier au service du Royaume des Cieux (conception « ministérielle » du pouvoir). Bien public et pratique des vertus chrétiennes deviennent une seule et même chose. Il faut reconnaître là l'esprit de l'augustinisme.

Dans sa chronique intitulée *Des deux cités*, le cistercien Othon de Freysing déclare vers 1150 : « Jusqu'ici j'ai écrit l'histoire de deux cités ; mais puisque non seulement tous les peuples mais tous les empereurs, sauf un petit nombre, ont été catholiques et soumis à l'orthodoxie, il me semble avoir écrit l'histoire, non de deux cités, mais virtuellement d'une seule, que je nomme Église. Car bien que les élus et les réprouvés se trouvent dans la même maison, je ne peux plus dire que ces cités soient deux, comme j'ai fait précédemment ; je dois dire qu'elles n'en forment proprement qu'une seule, bien que le grain y soit mêlé avec la paille. »

Augustiniens, dira-t-on, sont les esprits pour lesquels le souverain Bien ne peut être cherché et trouvé qu'en Dieu et avec l'assistance de Dieu. « Entre deux solutions possibles

---

4. Lettre 12. Voir L. Dumont, *Essais sur l'individualisme*, Seuil, Paris, 1983.

d'un même problème, une doctrine augustinienne inclinera spontanément vers celle qui accorde moins à la nature et plus à Dieu[5]. » Cela suppose, d'une manière ou d'une autre, une subordination de la cité terrestre et une autorité spirituelle pour marquer cette subordination. Mille ans durant cette doctrine sera admise.

S'opposent au contraire à Augustin ceux qui, chrétiens ou non, défendent l'autonomie de l'ordre temporel et de la politique ; ceux qui refusent de subordonner la cité terrestre, dans son effectivité, à une autorité spirituelle. Dès le début de l'âge moderne, Machiavel, puis Hobbes et Rousseau, enfin la Révolution française, récusent la perspective providentialiste. Au temps de Hobbes les Églises se déchirent, c'est l'État et sa souveraineté qui vont assurer le souverain Bien. Hobbes représente l'inversion radicale du mécanisme augustinien. « De ce que je viens de dire, il s'ensuit nécessairement qu'un État composé de personnes chrétiennes est même chose que l'Église chrétienne[6]. » La dualité augustinienne est encore une fois détruite en faveur de l'unité, au profit cette fois du pouvoir politique.

La Révolution française fonde une cité politique et juridique pleinement autonome. « Faut-il dire que la Déclaration des droits de l'homme et du citoyen de 1789 rend à l'Occident toute sa valeur pélagienne ? » remarque justement Bernard Plongeron. Oui, et depuis, une politique « sans la grâce » est de nouveau possible. Gibbon incrimine les chrétiens improductifs qui décapitent la *civitas*, Michelet voit dans l'Église l'arbitraire de la Grâce contre la Loi : l'un et l'autre sont anti-augustiniens.

Les réponses catholiques à la Révolution française seront longtemps augustiniennes (déjà le bref *Quod Aliquantum* de Pie VI en 1791). La tradition luthérienne des deux règnes aussi. Le document du concile Vatican II sur la liberté religieuse marque, lui, un écart et une rupture à l'égard de

---

5. E. Gilson, *Introduction à l'étude de saint Augustin*, Vrin, Paris, 1989, p. 317.
    6. *De Cive*, Garnier-Flammarion, Paris, p. 321.

l'augustinisme car il suppose une vue plus autonome de la collaboration de la liberté de l'homme avec Dieu.

## 2. La Cité de Dieu *et le sens de l'histoire*

*La Cité de Dieu* a été associée à des combats anti-modernes, mais en son mouvement d'ensemble elle peut se présenter comme moderne. Bien qu'Augustin n'ait pas prétendu écrire une philosophie de l'histoire, mais plutôt une théologie du temps (H.-I. Marrou, M. de Gandillac), « le Moyen Âge s'ouvre sur cet essai d'interprétation de l'histoire de l'humanité dans son ensemble et il demeure toujours marqué par cette vue historique du monde, inconnue de la cité antique[7] ». Il trouve en cette œuvre le vecteur de sa représentation du monde. L'influence de *La Cité de Dieu* est à cet égard sans doute plus fondamentale et diffuse que son influence politico-théologique. Œuvre en elle-même parfaitement non utopique et anti-utopique, s'interdisant toute représentation d'âge d'or, de millénarisme ou seulement d'un âge meilleur, elle se trouve pourtant la première d'une série d'œuvres orientant l'histoire. Car dans le même moment où Augustin subordonne l'histoire, il la valorise : il suffit qu'il pense historiquement ! Le mot d'histoire n'a pas la même densité dans l'orthodoxie et dans le catholicisme, et c'est pourquoi *La Cité de Dieu* reste une œuvre occidentale. inconnue des chrétiens orientaux.

À tel moment les empereurs carolingiens se voient en rêve revêtus par elle de la mission de protéger sur terre la cité de Dieu. Plus tard, elle anime de puissantes utopies, et E. Gilson peut recenser *Les Métamorphoses de la Cité de Dieu* ; tant lui que récemment M. de Gandillac ne peuvent éviter de la mettre en série avec Roger Bacon et Nicolas de Cuse, avec *La Cité du Soleil* de Campanella et *La Nouvelle Atlantide* de

7. Ph. Ariès, *Le Temps de l'histoire*, Seuil, Paris, p. 92.

Francis Bacon[8]. Il y a un « travail » permanent de la cité de Dieu !

Bien que la plupart de ces œuvres n'aient rien à voir avec la pensée duale d'Augustin, un point leur est commun et a été posé par lui : l'entreprise d'appliquer la devise « croire et comprendre » à la matière et à la substance de l'histoire. M. Proust et H. Arendt pourraient s'inscrire dans cette ligne.

La « vision sombre et non menaçante » de la cité de Dieu et son surnaturalisme (ou son platonisme) s'avèrent donner des fruits d'imagination et d'effectivité. Aujourd'hui que sont retombées les grandes utopies et les religions séculières, *La Cité de Dieu* retrouve sa chance. Une philosophie du temps, des commencements, de la fondation, du sacrifice peuvent s'inspirer d'Augustin. Ses thèmes fondamentaux touchant le bonheur, la fondation du politique, l'impossibilité d'attribuer des rôles fixes, l'interversion des rôles dans l'histoire, le triomphe du cadet sur l'aîné, bref « l'ambivalence du temps de l'histoire » (H.-I. Marrou[9]), ces thèmes et leurs harmoniques restent pleins de promesses, surtout en ceci qu'ils supposent, comme leur préalable, l'affrontement des hommes au monde et au temps.

Le concile catholique Vatican II (1962-1965) semblait à certains égards vouloir rivaliser avec *La Cité de Dieu* dans la mesure où il rompt avec tout platonisme et relève d'une vue positive de l'histoire. Henri Holstein s'interrogeait cependant sur les enjeux encore mal perçus d'une telle rupture[10]. Cette interrogation nous incite à conclure que, chrétienne ou non, toute pensée instruite par les temps modernes ne peut éviter d'encourir, à la manière d'Augustin, l'affrontement au monde.

8. M. de Gandillac, *Genèses de la modernité*, Cerf, Paris, 1992.

9. H.-I. Marrou, *L'Ambivalence du temps de l'histoire chez Saint Augustin*, Vrin, Paris, 1950. *Saint Augustin et la fin de la culture antique*, De Boccard, Paris, 5e édition, 1983.

10. H. Holstein, « Le peuple de Dieu et la cité de Dieu » in *Hiérarchie et peuple de Dieu*, Beauchesne, Paris, 1970.

# CHRONOLOGIE

312    Édit de tolérance
313    Édit de Milan
329    Interdiction aux juifs d'admettre des convertis venus du christianisme ou d'empêcher les leurs de se faire chrétiens
330    Fondation de Constantinople
341    Première interdiction des sacrifices païens
354    Naissance d'Augustin
357    Suppression de l'autel de la Victoire
361-363 Règne de l'empereur Julien
       Rétablissement et suppression de l'autel de la Victoire
376    Division entre Empire d'Orient et Empire d'Occident
379    Édit de Gratien contre les hérétiques
381    Interdiction des sacrifices divinatoires
384    Symmaque demande le rétablissement de l'autel de la Victoire
386    Baptême d'Augustin
388    Ambroise intervient contre la synagogue de Calliacum
391    Ambroise contre les Ariens
       Interdiction des sacrifices païens et fermeture des temples
       Augustin ordonné prêtre à Hippone
399    Fermeture des temples païens en Afrique
410    Sac de Rome par Alaric
411    Conférence entre catholiques et donatistes
411    Persécution des hérétiques par l'État finalement admise par Augustin
412    Échange de lettres entre Marcellin, Volusien et Augustin
       Augustin commence *La Cité de Dieu*
413    Exécution de Marcellin
424    Achèvement de *La Cité de Dieu*
430    Mort d'Augustin dans Hippone assiégée par les Vandales
476    Honorius déposé
       Fin de l'Empire romain d'Occident

PREMIÈRE PARTIE :

Livres I à X

*Réponse « aux ennemis de la cité de Dieu
qui préfèrent leurs dieux ».*

*Première séquence :* Livres I à V
Contre ceux qui rendent un culte aux dieux pour le bonheur de cette vie. Les dieux n'ont pas protégé Rome dans la vie temporelle.

L. I.      Le sac de Rome. Accusations contre les temps chrétiens.

L. II.     Les dieux de Rome, école d'immoralité.

L. III.    Les malheurs politiques de Rome et l'impuissance de ses dieux.

L. IV.     La grandeur de Rome et l'impuissance de ses dieux.

L. V.      La grandeur de Rome et l'unique vrai Dieu.

*Deuxième séquence :* Livres VI à X
Contre ceux qui déclarent utile le culte des faux dieux à cause de la vie future.

L. VI.     Critique de la théologie civile.

L. VII.    Critique approfondie de la théologie civile.

L. VIII.   Contestation avec les philosophes platoniciens.

L. IX.     Contre la distinction des bons et des mauvais anges.

L. X.      Idée chrétienne de la religion. Bonheur et culte du Dieu unique.

DE *LA CITÉ DE DIEU*

SECONDE PARTIE :

Livres XI à XXII

*Commencement, progrès et fin des deux cités.*

*Troisième séquence :* Livres XI à XIV
Naissance et fondement de la cité de Dieu.

L. XI.      Création du monde et des anges.
L. XII.     Commencement, nature et dignité du genre
            humain.
L. XIII.    Chute et destinée de l'homme.
L. XIV.     Condition actuelle de l'homme. Vivre selon la
            chair, vivre selon l'Esprit.

*Quatrième séquence :* Livres XV à XVIII
Progrès et développement des deux cités.

L. XV.      Caïn et Abel. Figures successives des deux cités.
L. XVI.     Autour d'Abraham.
L. XVII.    Lecture prophétique des Écritures jusqu'au Christ.
L. XVIII.   Survol de l'histoire séculière.

*Cinquième séquence :* Livres XIX à XXII
Terme et accomplissement des deux cités.

L. XIX.     Rapports mutuels des deux cités.
L. XX.      Le Jugement dernier.
L. XXI.     Destinée finale et châtiment des méchants.
L. XXII.    Bonheur des justes. La résurrection.

# La traduction de Louis Moreau
## et notre révision

Plus qu'aucun autre Père de l'Antiquité chrétienne, latine ou grecque, saint Augustin a contribué au développement et à la fixation du vocabulaire théologique et dogmatique occidental. Quand Louis Moreau traduit *La Cité de Dieu*, dans la première moitié du XIXᵉ siècle, la prégnance de ce vocabulaire sur la langue religieuse française atteint son plus haut étiage. Bien des mots familiers de la langue religieuse, de la prédication et de la catéchèse enfantine du XIXᵉ siècle (purgatoire, prédestination, damnation, crimes, supplices), repris sans état d'âme par Louis Moreau, représentent un développement et un durcissement de l'influence augustinienne. En son temps Louis Moreau ajoute donc des éléments d'augustinisme culturel du XIXᵉ siècle au texte augustinien qu'il traduit. Sa traduction fait rétroagir sur le texte de *La Cité de Dieu* un vocabulaire, certes inspiré par lui, des expressions que quinze siècles de tradition postérieure ont fixées, durcies ou dogmatisées, alors que sous la plume d'Augustin elles ont un caractère non technique de nouveauté et d'essai personnel. Aussi ces expressions doivent-elles être rendues, quand c'est possible, par des mots moins pesants que ceux rendus familiers par la tradition ultérieure.

Ainsi *damnatio*, que L. Moreau traduit par damnation, au sens technique de la théologie, signifie chez Augustin condamnation dans un sens plus général. De même *damnatus*, traduit souvent par damné ou maudit, signifie condamné. Traduire *purgatoria tormenta* par purgatoire, c'est anticiper sur un développement théologique médiéval qu'a étudié Jacques Le Goff ; l'expression garde le sens de tourments purificateurs. Le vocabulaire de la faute, très riche chez Augustin, garde un sens diffus. Pour *peccatum* et *culpa*, nous avons rétabli péché et faute, là où Moreau traduit souvent par crime. Nous avons rétabli détérioré pour *deterior* au lieu de dépravé, peine pour *poena* au lieu de supplice.

Louis Moreau met parfois Incarnation pour *adventum Christi* ; nous avons rétabli avènement ou venue du Christ. Il utilise souvent les expressions : les païens, le paganisme, quand Augustin désigne le plus souvent ses adversaires par un simple *isti*, ceux-ci, démonstratif qui devient adversatif dans la langue juridique de Cicéron ou morale de Sénèque. Le mot *pagani*, fort rare dans *La Cité de Dieu*, apparaît néanmoins dans les derniers Livres, ce qui constitue un témoignage de l'évolution du vocabulaire du vivant d'Augustin déjà. De même nous avons rétabli pour *Gentes* et *nationes*, que Moreau traduit aussi par païens, l'expression technique les Gentils (c'est-à-dire les non-juifs) ou encore les nations ; nous avons traduit *facti* par actions là où Louis Moreau traduit miracles ; *mens* par esprit et non par âme.

Là où Augustin écrit le plus souvent Christ (ou Église du Christ, etc.), Louis Moreau ajoute souvent, selon l'usage du XIXᵉ siècle et du début de ce siècle, Jésus-Christ ou même notre Seigneur Jésus-Christ. Nous avons rétabli Christ, fidèle au langage d'Augustin et conformément au langage contemporain. De même, nous avons établi le tutoiement dans l'invocation de Dieu, selon l'usage actuel et également latin.

Enfin le mot *peregrinans* qui qualifie la cité de Dieu tout au long de l'œuvre doit être traduit en tenant compte du sens technique du mot *peregrinus* dans l'Antiquité : pèlerin, étranger domicilié, résident [11] ; Louis Moreau le traduit le plus souvent par étranger ou exilé ; nous avons souvent traduit *peregrinans* par pérégrinant, pèlerin, voyageant, tout en gardant parfois étranger, pour garder quelque chose de la polysémie de ce terme.

---

11. P. Brown, *Vie de saint Augustin*, Seuil, Paris, 1971, p. 383.

Nous avons cherché à garder au lexique augustinien un
peu de la mobilité et de l'ambivalence qu'il revêtait sous la
plume d'un écrivain novateur ; à ne pas faire peser sur lui le
poids de quinze siècles d'augustinisme théologique et de
culture occidentale dont on lui fait trop facilement crédit ou,
à l'inverse, grief.

# Abréviations des livres de la Bible, par ordre alphabétique

*(Le premier chiffre après l'abréviation indique le chapitre, le second le verset)*

| | | | |
|---|---|---|---|
| Ab | Abdias | Jb | Job |
| Ac | Actes des apôtres | Jc | Épître de Jacques |
| Ag | Aggée | Jdt | Judith |
| Am | Amos | Jg | Juges |
| Ap | Apocalypse | Jl | Joël |
| | | Jn | Évangile de Jean |
| Ba | Baruch | 1 Jn | 1er Épître de Jean |
| | | 2 Jn | 2e Épître de Jean |
| 1 Ch | 1er livre des Chroniques | 3 Jn | 3e Épître de Jean |
| 2 Ch | 2e livre des Chroniques | Jon | Jonas |
| 1 Co | 1er Épître aux Corinthiens | Jos | Josué |
| 2 Co | 2e Épître aux Corinthiens | Jr | Jérémie |
| Col | Épître aux Colossiens | Jude | Épître de Jude |
| Ct | Cantique des Cantiques | | |
| | | Lc | Évangile de Luc |
| Dn | Daniel | Lm | Lamentations |
| Dt | Deutéronome | Lv | Lévitique |
| | | | |
| Ep | Épître aux Ephésiens | 1 M | 1er livre des Maccabées |
| Esd | Esdras | 2 M | 2e livre des Maccabées |
| Est | Esther | Mc | Évangile de Marc |
| Ex | Exode | Mi | Michée |
| Ez | Ezéchiel | Ml | Malachie |
| | | Mt | Évangile de Matthieu |
| Ga | Épître aux Galates | | |
| Gn | Genèse | Na | Nahoum |
| | | Nb | Nombres |
| Ha | Habaquq | Ne | Néhémie |
| He | Épître aux Hébreux | | |
| | | Os | Osée |
| Is | Isaïe | | |

| | | | |
|---|---|---|---|
| 1 P | 1ère Épître de Pierre | 2 S | 2e Livre de Samuel |
| 2 P | 2e Épître de Pierre | Sg | Sagesse |
| Ph | Épître aux Philippiens | Si | Siracide (Ecclésiastique) |
| Phm | Épître à Philémon | So | Sophonie |
| Pr | Proverbes | | |
| Ps | Psaumes | Tb | Tobit |
| | | 1 Th | 1ère Épître aux Thessaloniciens |
| Qo | Qohéleth (Ecclésiaste) | 2 Th | 2e Épître aux Thessaloniciens |
| 1 R | 1er Livre des Rois | 1 Tm | 1ère Épître à Timothée |
| 2 R | 2e Livre des Rois | 2 Tm | 2e Épître à Timothée |
| Rm | Épître aux Romains | Tt | Épître à Tite |
| Rt | Ruth | | |
| 1 S | 1er Livre de Samuel | Za | Zacharie |

# La Cité de Dieu

# Livre I

## Le sac de Rome
## Accusations contre les temps chrétiens

*Chrétiens et païens en un temps d'angoisse : le titre d'un livre de Dodds peut être donné au premier Livre de* La Cité de Dieu, *qui en constitue l'introduction et instruit une première fois la question qui sera reprise au cours de vingt et un autres Livres.*

*À la suite de la prise et du sac de Rome par Alaric (410), est réactivée l'objection des anciens Romains qui résistent au christianisme (Augustin en général ne les nomme pas païens, mais les désigne de ce démonstratif :* isti*) : du désastre sont responsables les temps chrétiens,* tempora christiana, *et l'abandon des dieux de Rome. Le reproche avait une portée d'actualité : vingt ans auparavant, en 391, l'empereur Théodose avait interdit le culte rendu aux dieux romains et fermé leurs temples. Depuis presque un siècle, l'Empire romain était sous l'influence des temps chrétiens. Les représentants de la philosophie et de la religion traditionnelle, à l'occasion du désastre, dressaient un bilan négatif, tenant les temps chrétiens pour responsables d'une catastrophe qui ne se serait jamais produite si Rome avait été protégée par ses dieux traditionnels.*

*Pour répondre et surtout retourner l'objection sur ses adversaires, en citant Virgile, Salluste et Tite-Live, Augustin procède à une relecture de l'histoire romaine, qui lui permet de montrer qu'il n'est pas moins romain que ses objectants, mais que le reproche ne porte pas et que la réalité est infi-*

*niment moins simple que ne le laisse supposer le slogan des païens. C'est en relisant l'histoire de Troie et l'histoire romaine, en revenant sur ses figures héroïques, qu'Augustin interprète les événements dramatiques de son époque : l'expérience historique devrait suffire à remettre en mémoire aux « ingrats » quelques sujets d'enseignement.*

*• Quand a-t-on vu des ennemis maîtres de la place épargner les habitants, comme l'ont été cette fois femmes et hommes aussi bien païens que chrétiens ? Ceux qui ont gardé la vie par l'effet de la protection chrétienne ont le front de se plaindre et veulent confier la cité à la protection de dieux qui n'ont jamais su les protéger du désastre !*

*• Virgile n'atteste-t-il pas dans des vers que tout Romain connaît : les dieux de Troie n'ont-ils pas été vaincus ? Les dieux et les pénates de Troie n'ont-ils pas été confiés à Énée bien plus qu'ils ne l'ont protégé ? L'expérience historique atteste que, hors des vertus de Rome, les dieux romains n'ont jamais protégé Rome.*

*À partir de là Augustin peut déployer une première argumentation qui sera la répétition générale de la démarche suivie par la suite : à travers les figures connues et respectées de Regulus, Lucrèce, Caton, il faut apprendre qu'il y a plus de dignité à supporter le malheur avec courage qu'à s'y soustraire par le suicide. Entrer dans le vif du débat éthique qui fait parler de viol et de suicide, des problèmes éthiques du moment, permet à Augustin d'introduire, sur un mode concret et mineur, ce qui sera le thème majeur de* La Cité de Dieu, *déployé sous des figures toujours nouvelles : la rivalité et la concurrence de deux manières de vivre, de deux philosophies, de deux théologies : celle des chrétiens et celle des Romains.*

*Dans cet espace de dialogue ou de discussion qu'il ouvre, Augustin peut assez vite introduire ses positions : malheur et bonheur atteignent certes indifféremment les bons et les mauvais, mais ce qui importe, ce n'est pas le fait de l'adversité ou du bonheur, mais l'usage (*usus*) qu'on en fait. « Du*

bon usage des maux temporels » deviendra un classique de
la littérature chrétienne. Plutôt qu'aux chrétiens, les anciens
Romains nous apprennent à nous en prendre aux Romains
dépravés !

   Dans ce vif débat, la cité de Dieu pérégrinante ne doit
jamais oublier que ses adversaires d'aujourd'hui seront
peut-être ses citoyens de demain, qu'inversement certains de
ceux qui prennent part aujourd'hui à ses sacrements ne
seront peut-être pas associés à sa gloire future. « Car les deux
cités sont mêlées et enchevêtrées l'une dans l'autre en ce
siècle jusqu'au jour où le Jugement définitif les séparera. »
Cet enchevêtrement, Augustin s'attachera à le mettre en
lumière spécialement à partir du Livre XI (In hoc interim sae-
culo perplexas quodammodo diximus invicemque permixtas
*XI, 1*).

# LIVRE PREMIER

La glorieuse cité de Dieu, soit ici-bas dans le cours du temps où elle poursuit son pèlerinage, vivant de la foi[1] au milieu de l'impiété ; soit dans la stabilité du séjour éternel qu'elle attend maintenant dans la patience[2], jusqu'au jour où « la justice sera changée en jugement[3] » et qu'elle obtiendra ensuite dans une victoire dernière et une paix parfaite, – cette cité, Marcellin, fils très cher, à ta prière et suivant mes promesses, j'entreprends de la défendre contre ces hommes qui préfèrent leurs dieux à son divin fondateur. Œuvre immense et ardue ! Mais Dieu est notre aide[4]. Eh ! quelle force en effet ne faut-il pas pour convaincre les superbes de toute la puissance de l'humilité ? L'humilité ! elle nous transporte par-delà ces élévations mondaines, jouets mobiles du temps, jusqu'à cette hauteur qui n'est plus une usurpation de l'orgueil humain, mais un don de la grâce divine. Aussi le roi et le fondateur de cette cité a-t-il révélé à son peuple cet article de la législation suprême : « Dieu résiste aux superbes et donne sa grâce aux humbles[5]. » Et toutefois cet attribut souverain, l'âme enflée de présomptueux orgueil se l'approprie et se complaît à cet éloge : « Pardonner aux vaincus et

1. Ha 2, 4.
2. Rm 8, 25.
3. Ps 93, 15.
4. Ps 61, 9.
5. Pr 3, 34.

dompter les superbes[6]. » Je parlerai donc aussi de cette cité
de la terre, maîtresse des peuples asservis, dominée à son
tour par sa passion de dominer ; et ici, je ne refuserai rien à
l'occasion, rien à la convenance de mon sujet.

I. N'est-ce pas en effet de cette cité terrestre que sortent
ces ennemis contre lesquels il faut défendre la cité divine ?
Quelques-uns, il est vrai, abjurant l'erreur de leur impiété,
rentrent dans son enceinte, citoyens assez fidèles ; mais
ailleurs, combien de haines allumées, combien de cœurs fermés par l'ingratitude aux bienfaits du Rédempteur, bienfaits
si évidents qu'aujourd'hui ces langues seraient muettes pour
le blasphème, si les impies, pressés par le glaive ennemi,
n'eussent trouvé dans ces saints asiles la vie dont leur orgueil
abuse ! Car ces adversaires du nom du Christ, ne sont-ce pas
ces mêmes Romains que les barbares ont épargnés au nom
du Christ ? J'en atteste les monuments des martyrs et les
basiliques des apôtres, qui, dans cette désolation de Rome,
ont ouvert leur sein à tout ce qui venait s'y réfugier, fidèle ou
étranger à la foi. Jusqu'au seuil sacré, l'ennemi furieux se
baignait dans le sang ; mais à cette barrière expirait la rage du
meurtre. Là des vainqueurs, touchés de compassion, ame-
naient ceux qu'ils avaient épargnés hors même des lieux
saints, pour les soustraire à des mains plus farouches ; eux-
mêmes, un peu plus loin, cruels et impitoyables aussi, désarmés à l'approche de ces lieux où leur était interdit ce que le
droit de la guerre leur eût permis ailleurs ! Là s'arrêtait la
férocité qui fait des victimes, là se brisait la cupidité qui veut
des captifs. Ainsi, pour la plupart, ont échappé à la mort ces
calomniateurs de notre âge chrétien qui imputent au Christ
les maux que Rome a soufferts, et ce bienfait de la vie dont
ils sont redevables au nom du Christ, ce n'est pas à notre
Christ qu'ils l'attribuent, mais à leur destin ; tandis qu'avec
un peu de droiture, ils sauraient, dans ce qu'ils ont enduré de
misères, reconnaître cette Providence qui se sert du fléau de
la guerre pour corriger, pour broyer la corruption humaine ;

6. Virgile, *Énéide*, VI, 853.

qui, exerçant par de semblables afflictions les âmes justes et méritantes, les fait passer au sortir de l'épreuve à une destination meilleure, ou les retient encore sur la terre à d'autres desseins.

Mais quant à la miraculeuse protection dont le nom du Christ les a environnés, et partout, et dans les plus divins, dans les plus vastes édifices, désignés à la multitude comme offrant plus d'espace au refuge et à la clémence, clémence nouvelle, inconnue jusqu'alors des vainqueurs, de farouches barbares, ne devraient-ils pas en rendre honneur au christianisme, grâce à Dieu, et accourir à son nom avec une foi sincère pour se dérober aux peines du feu éternel ? Ce nom, plusieurs ne l'ont usurpé par le mensonge que pour fuir les angoisses de la mort présente ; car entre tous ceux que tu vois insulter avec une cynique effronterie aux serviteurs du Christ, combien eussent échappé au glaive ensanglanté, s'ils ne s'étaient couverts du titre de serviteurs du Christ ? Et maintenant, ô superbe ingratitude ! ô délire d'impiété ! leur cœur perverti court au supplice des ténèbres éternelles en s'élevant contre ce nom dont leur bouche menteuse ne leur a fait un asile que pour leur sauver la jouissance de la lumière temporelle !

II. Ouvrez les histoires de tant de guerres, soit avant la fondation de Rome, soit depuis sa naissance et l'établissement de son Empire, lisez, et montrez-nous des étrangers, des ennemis, maîtres d'une cité, épargnant ceux qu'ils savent réfugiés dans les temples de leurs dieux ; montrez-nous un chef barbare donnant l'ordre, la ville forcée, de faire grâce à quiconque sera trouvé dans tel ou tel temple. Énée ne voit-il pas « Priam, immolé sur l'autel, éteindre de son sang les feux que lui-même a consacrés[7] » ? Diomède et Ulysse « ont égorgé les gardes de la citadelle, et saisissant la statue de la déesse, ils osent, de leurs sanglantes mains, toucher ses chastes bandelettes[8] » ! Et toutefois il n'est pas vrai que,

7. Virgile, *Énéide*, II, 501.
8. Virgile, *Énéide*, II, 166-170.

« depuis, les fils de Danaos aient senti leurs espérances
s'évanouir, s'écouler de leurs mains » ; car depuis, ils furent
vainqueurs ; depuis, ils livrèrent Troie au fer et aux flammes ;
depuis, à la face des autels, ils firent rouler la tête de Priam.
Et Troie ne périt point pour avoir perdu Minerve ; car
Minerve elle-même, pour périr, n'avait-elle rien perdu ? Ses
gardes peut-être ? Oui, certes ; ses gardes morts, on put
l'enlever. Car ce n'était pas la statue qui veillait sur les
hommes, mais les hommes qui veillaient sur la statue. Et le
culte public plaçait la patrie et les citoyens sous la garde de
cette déesse impuissante à garder ses propres gardes !

III. Voilà donc à quels dieux les Romains s'applaudissaient de confier la tutelle de Rome ! Ô erreur digne d'une
immense pitié ! Et ils s'emportent contre nous quand nous
parlons ainsi de leurs dieux, et ils ne s'emportent pas contre
leurs poètes. Loin de là, ils paient pour les apprendre ; un
salaire public, des honneurs ne sont à leurs yeux que la juste
récompense des professeurs mêmes. Eh bien ! Virgile, ce
grand poète, remis aux mains de l'enfance comme le plus
excellent et le plus sage, afin que les jeunes années imbues de
sa lecture permettent moins à l'oubli d'en effacer la trace.
car « une fois pénétré du premier parfum, le vase en conser-
vera longtemps l'odeur » (Horace[9]) ; Virgile, dis-je, nous
représente Junon, ennemie des Troyens, soulevant contre
eux Éole, le roi des tempêtes :

« Une race que je hais, s'écrie-t-elle, fait voile sur la mer
Tyrrhénienne ; elle porte en Italie Ilion et ses pénates
vaincus.[10] »

Est-ce donc à ces pénates vaincus que la prudence devait
recommander Rome pour lui assurer la victoire ? Junon parle
en femme irritée, ne sachant ce qu'elle dit. Mais quoi ? Écoutez Énée lui-même, le pieux Énée :

« Panthus, fils d'Othrys, prêtre de la citadelle et du temple
d'Apollon, chargé des choses sacrées, de nos dieux vaincus,

9. Horace, *Épîtres*, I, 2, 69.
10. Virgile, *Énéide*, I, 67.

traînant par la main son petit-fils, accourt éperdu au seuil de
ma demeure[11]. »

Et ces dieux, que le héros ne craint pas de dire vaincus, ne
sont-ils pas, de son aveu, plutôt confiés à sa tutelle que lui-
même à la leur, lorsqu'il entend cette parole : « Troie te
confie son culte et ses pénates[12] » ?

Ainsi ces dieux, et quels dieux, Virgile les déclare vaincus, et pour échapper aux vainqueurs, n'importe par quelle
voie, confiés à un homme ! Et Rome sagement commise à de
tels protecteurs ? Et sans leur perte, sa perte impossible ?
Quelle folie ! Quoi donc ? Honorer comme tuteurs et patrons
ces dieux vaincus, qu'est-ce, sinon vouer ses destinées plutôt à de néfastes auspices qu'à des divinités bienfaisantes ?
Car n'est-il pas infiniment plus sage de croire, non que
Rome, en prévenant leur perte, eût conjuré sa ruine, mais
que leur perte l'eût précédée dès longtemps, si Rome ne les
eût généreusement placés sous la protection de sa puissance ? Qui ne voit, après un instant d'examen, combien
vaine est cette présomption d'être invincible sous des défenseurs vaincus, et d'attribuer sa perte à celle de ses dieux protecteurs, lorsqu'il suffit pour périr d'avoir voulu des protecteurs périssables ? Oh ! non, quand ils nous parlent ainsi,
dans leurs chants, des dieux vaincus, ces poètes ne sont plus
de capricieux artisans de mensonge, mais des hommes, avec
un cœur dont la vérité exprime cet aveu. Remettons toutefois
le développement de ces considérations en temps et lieu plus
convenables. Je reviens maintenant à mon discours, impatient de flétrir d'un dernier mot l'ingratitude de ces blasphémateurs, imputant au Christ les maux que leur perversité
souffre avec tant de justice : eux si indignes de pardon, et
pardonnés pour l'amour du Christ sans qu'ils y pensent ! Eux
dont l'arrogante démence aiguise contre ce nom divin, ici,
ces langues sacrilèges qui ont faussement usurpé ce nom
pour les sauver de la mort ; là, ces langues pusillanimes,
muettes naguère aux lieux saints, sûrs asiles, inviolables

11. Virgile, *Énéide*, II, 319.
12. Virgile, *Énéide*, II, 293.

remparts qui les ont préservés, les ingrats, de la fureur de l'ennemi, et d'où ils ne s'élancent qu'ennemis furieux et pleins de malédiction contre leur libérateur !

IV. Troie, dis-je, Troie, cette mère du peuple romain, ne put dans les temples de ses dieux défendre ses propres citoyens contre les flammes ennemies, contre le glaive des Grecs adorateurs des mêmes divinités. « Dans la demeure de Junon elle-même, sentinelles d'élite, Phénix et le cruel Ulysse veillent à la garde du butin. C'est là que de toutes parts s'entassent les trésors de Troie, ravis aux sanctuaires en flammes, et les tables des dieux et les vases d'or pur et les dépouilles captives. Tout à l'entour, debout, se pressent des enfants et de longues files de mères tremblantes[13]. » Ainsi le lieu consacré à une si grande déesse est choisi pour servir, non de refuge, mais de prison aux vaincus ; et cet asile dédié non à quelque obscure divinité, confondue dans le troupeau de la plèbe divine, mais à la sœur, à la femme de Jupiter, à la reine de tous les dieux, compare-le maintenant aux monuments de nos apôtres. Là, on apporte les dépouilles des dieux et de leurs temples consumés, non pour les rendre aux vaincus, mais pour les partager entre les vainqueurs. Ici, tout objet reconnu comme appartenant à ces saints lieux est rapporté avec honneur et vénération. Là, liberté perdue, ici, liberté sauve ; là, des chaînes, ici, plus d'esclavage ! Là, un bétail humain entassé par l'ennemi, maître cruel, ici, des captifs conduits à leur délivrance par l'ennemi compatissant ; là, enfin, le temple de Junon élu de préférence par la cupidité superbe de ces Grecs polis, ici, les basiliques du Christ, par la miséricordieuse piété de ces barbares farouches ! Mais peut-être les Grecs, dans leur victoire, respectent-ils les temples de ces divinités qu'ils honorent ? Peut-être ces temples sont-ils un refuge où le glaive, où la captivité n'osent atteindre les malheureux Troyens ? Et le récit de Virgile n'est qu'un poétique mensonge ? Non, non, c'est le fidèle tableau de la désolation ordinaire d'une ville au pouvoir de l'ennemi.

13. Virgile, *Énéide*, II, 761-767.

V. César même (au témoignage de Salluste, célèbre et véridique historien), César, dans son discours au Sénat sur les conjurés, expose cette sauvage coutume : « Vierges enlevées, enfants arrachés des bras de leurs mères ; femmes livrées aux outrages des vainqueurs ; maisons et temples pillés ; des armes partout ; des cadavres partout ; le sang et le deuil partout[14] ! » S'il n'eût point parlé des temples, l'on croirait que d'ordinaire la victoire respectait les demeures divines. Et ce n'est pas ici un vainqueur étranger, c'est Catilina et ses partisans, les plus nobles du Sénat et de Rome, que des temples romains ont à craindre ! Citoyens pervers, dira-t-on, et parricides envers la patrie !

VI. Mais pourquoi nous égarer au milieu de tant de peuples qui se sont fait la guerre sans jamais épargner les vaincus réfugiés aux temples de leurs dieux ? Fixons nos yeux et nos souvenirs sur les Romains ; ces Romains à qui l'on a fait un si grand mérite de pardonner à la soumission en domptant l'orgueil, et d'aimer mieux remettre une injure que d'en poursuivre la vengeance[15], lorsqu'ils prennent et détruisent tant de villes florissantes pour étendre au loin leur empire, à quels temples exceptés de la ruine générale ont-ils coutume d'accorder la vie et la liberté des vaincus ? Le font-ils donc ? Et les historiens de leurs exploits taisent cette clémence ! Quoi ! eux qui cherchent tant à louer laisseraient en oubli des témoignages de piété à leurs yeux si recommandables ! Marcus Marcellus, ce grand nom romain, vainqueur de la ville de Syracuse, pleure, dit-on, cette belle victime qu'il va frapper, et avant de répandre son sang, il lui donne ses larmes. Que dis-je, il prend soin de sauver l'honneur de l'ennemi. Près d'ordonner l'assaut victorieux, il porte défense expresse de ne faire violence à aucune personne libre[16]. La ville cependant est abandonnée au sort de la

14. Salluste, *Catilina*, LI, 9.
15. Salluste, *Catilina*, IX, 5.
16. Tite-Live, *Histoire*, XXV, 24.

guerre, et nul récit ne nous atteste qu'un vainqueur si chaste
et si clément ait désigné tel ou tel temple comme une retraite
inviolable. Ce fait serait-il donc oublié de l'histoire, qui
n'oublie ni ces larmes ni cet édit protecteur de la chasteté ?
Fabius, destructeur de Tarente, est loué pour s'être abstenu
du pillage des dieux. Son scribe lui demandant ce qu'il a
décidé de faire de ce riche butin, il relève la modération de
sa conduite par le sel de sa réponse. Il s'informe de ces statues, et apprenant que plusieurs sont de taille colossale et
armées : « Laissons aux Tarentins, dit-il, leurs dieux irrités. »
Ainsi les fastes de Rome conquérante n'omettent ni les
larmes et la chaste compassion de l'un, ni la modération spirituelle et ironique de l'autre. Comment donc passeraient-ils
sous silence cette piété clémente qui eût permis aux temples
de tel ou tel dieu de soustraire quelques hommes à la mort ou
à l'esclavage ?

VII. Ainsi, ruines, meurtres, pillage, incendie, désolation,
tout ce qui s'est commis d'horreurs dans ce récent désastre
de Rome, la coutume de la guerre en est la cause. Mais ce qui
s'est rencontré d'étrange et de nouveau, la férocité des barbares devenue ce prodige de clémence qui choisit, qui
désigne à la multitude les plus vastes basiliques comme
l'asile où nul ne sera frappé, d'où nul ne sera arraché, où les
vainqueurs plus humains amèneront leurs captifs pour leur
assurer la liberté, d'où les vainqueurs plus cruels ne pourront
les emmener pour les rendre à l'esclavage, c'est au nom du
Christ, c'est à l'ère chrétienne qu'il faut en faire honneur.
Qui ne le voit est aveugle ; qui le voit en silence est ingrat ;
qui s'élève contre les actions de grâces est insensé. À Dieu
ne plaise que nul homme sage en rapporte la gloire à ces
cœurs sauvages et barbares ! Celui-là seul les a maîtrisés par
le frein de l'épouvante, par les admirables tempéraments de
sa douceur, qui a dicté au prophète cet oracle antique : « Je
visiterai leurs iniquités avec la verge et leurs péchés avec le
fouet ; mais je ne leur retirerai pas ma miséricorde[17]. »

17. Ps 88, 83.

VIII. Mais, dira-t-on, pourquoi donc cette divine miséricorde s'est-elle étendue jusqu'aux impies, jusqu'aux
ingrats ? Pourquoi ? C'est qu'assurément elle est venue de
celui qui, chaque jour, fait lever son soleil sur les bons et les
méchants et pleuvoir sur les justes et les injustes[18]. Quoique
plusieurs, en y songeant, se corrigent de leur impiété par le
repentir, et que d'autres, « dans la dureté impénitente de leur
cœur, méprisant les richesses de sa bonté et de sa patience,
s'amassent un trésor de colère pour le jour de la vengeance
et du jugement où l'infaillible justice rendra à chacun selon
ses œuvres[19] », toutefois la patience de Dieu invite les
méchants à la pénitence, comme les fléaux exercent les bons
à la patience. Et comme la miséricorde de Dieu embrasse les
bons pour les soutenir, sa sévérité s'empare des méchants
pour les châtier. Car il a plu à la divine Providence de préparer aux justes, dans l'avenir, des biens dont les injustes ne
jouiront pas, et aux impies, des maux dont les bons ne seront
pas tourmentés. Pour les biens et les maux temporels, elle
veut qu'ils soient communs aux uns et aux autres, afin que
l'on ne recherche pas avec trop d'ardeur ces biens que l'on
voit aussi entre les mains des méchants, et que l'on n'évite
pas comme une honte ces maux qui, d'ordinaire même, affli-
gent les bons.

Mais l'intérêt sérieux dont il s'en va est dans l'usage de
ce qu'on appelle bonne ou mauvaise fortune. L'homme vertueux ne se laisse ni exalter par l'une, ni briser par l'autre.
Pour le méchant, le malheur temporel n'est un supplice que
parce que le bonheur fut une corruption. Souvent néanmoins, dans la dispensation des biens et des maux, Dieu
montre son action plus évidente. En effet, s'il frappait maintenant tout péché d'un châtiment manifeste, rien ne serait
réservé, selon nous, au dernier jugement ; et d'autre part, si
tout péché échappait aujourd'hui aux poursuites éclatantes
de la justice divine, on ne croirait point à la Providence. Il

18. Mt 5, 45.
19. Rm 2, 4-6.

en est de même des faveurs temporelles. Si Dieu, par une libéralité visible, ne les accordait quelquefois à la prière, nous dirions que cela n'est pas à sa disposition ; s'il les accordait toujours, nous croirions qu'il ne le faut servir que pour être ainsi récompensés, et un tel culte ne serait point une école de piété, mais d'avarice et d'intérêt. Ainsi, malgré ce commun partage d'afflictions, les bons et les méchants ne sont pas confondus entre eux, pour être confondus dans les épreuves. La similitude des souffrances n'exclut pas la différence de ceux qui souffrent, et l'identité des tourments ne fait pas l'identité du vice et de la vertu. Sous l'action du même foyer, l'or brille, la paille fume ; le même fléau brise le chaume et sépare le froment ; l'huile et la lie ne se mêlent point, pour couler sous le même pressoir. Ainsi le même creuset éprouve, purifie, fond dans l'amour les âmes vertueuses ; condamne, ruine, anéantit les impies ; ainsi, dans une même affliction les méchants se répandent en imprécations et en blasphèmes ; les bons en prières et en bénédictions. Tant importe, non ce que l'on souffre, mais de quel cœur on souffre ! Le même mouvement qui remue de la fange ou des parfums, dégage là des miasmes fétides, ici une odeur exquise.

IX. Eh ! dans cette désolation publique, qu'ont donc souffert les chrétiens qui, au regard de la foi, ne tourne à leur progrès ? Et d'abord, s'ils méditent humblement sur ces péchés dont la colère divine se venge en remplissant le monde d'effroyables catastrophes, quoique fort éloignés du crime, des désordres et de l'impiété, se croiront-ils toutefois tellement exempts de faute, qu'ils n'aient besoin d'expier par quelque peine temporelle ? Car, outre qu'il n'est point de fidèles dont la vie, si irrépréhensible qu'elle soit, ne cède parfois aux instincts charnels, et sans tomber dans l'énormité du crime, dans le gouffre de la débauche, ne s'abandonne à certains péchés ou rares ou d'autant plus fréquents qu'ils sont plus légers ; où trouver celui qui, en présence de ces monstres d'orgueil, de luxure, d'avarice, dont l'iniquité, dont l'exécrable impiété force Dieu de briser la terre, selon son antique menace, celui, dis-je, qui soit devant eux ce qu'il doit être ; qui traite avec eux comme il faut traiter avec de telles âmes ? Quand il s'agirait de les éclairer, de les avertir, et même de les reprendre et de les corriger, trop souvent une funeste dissimulation nous retient ; soit indifférence paresseuse, soit respect humain qui n'ose braver un front ému, soit crainte de ces ressentiments qui pourraient nous troubler et nous nuire dans ces biens temporels dont notre cupidité convoite la possession, dont notre infirmité redoute la perte. Quoique la vie du méchant soit haïe des gens de bien, et que cette aversion les préserve de la chute dans l'abîme qui attend les réprouvés au sortir de ce monde, toutefois cette faiblesse indulgente aux mortelles iniquités par crainte de représailles contre ses propres fautes, fautes légères et vénielles cependant ; cette faiblesse, sauvée de l'éternité des supplices, c'est justice qu'elle soit avec le crime châtiée par les verges temporelles, c'est justice que dans l'envoi providentiel des afflictions, elle sente l'amertume de cette vie qui, l'enivrant de ses douceurs, l'a détournée d'offrir aux méchants la coupe de salutaire amertume.

Si l'on remet cependant la réprimande et la correction des pécheurs à un temps plus favorable, dans leur propre intérêt, de peur qu'ils ne deviennent pires, ou qu'ils n'empêchent l'initiation des faibles aux pratiques de la piété et de la vertu, en les opprimant, en les détournant de la foi, ce n'est plus ici instinct de cupidité, c'est prudence et charité. Le mal est que ceux dont la vie témoigne d'une profonde horreur pour les exemples des méchants épargnent les péchés de leurs frères, parce qu'ils appréhendent les inimitiés, parce qu'ils craignent d'être lésés dans des intérêts légitimes, il est vrai, mais trop chers à des hommes voyageurs en ce monde, guidés par l'espérance de la céleste patrie. Car ce n'est pas seulement aux plus faibles engagés dans la vie conjugale, ayant enfants ou désirant en avoir, pères et chefs de famille (ceux à qui l'apôtre s'adresse pour leur enseigner les devoirs chrétiens des maris envers leurs femmes, des femmes envers leurs maris ; des parents envers leurs enfants, des enfants envers leurs parents ; des serviteurs envers leurs maîtres, des maîtres envers leurs

serviteurs[20]) ; ce n'est pas à eux seuls que l'amour de certains
biens temporels et terrestres, dont la jouissance ou la perte leur
est trop sensible, ôte le courage de braver la haine de ces
hommes de qui la vie infâme et criminelle leur est odieuse ;
mais les fidèles mêmes, élevés à un degré supérieur, libres du
lien conjugal, simples dans la table et le vêtement, sacrifient
trop souvent à leur réputation, à leur sûreté, quand, pour
décliner les ruses ou la violence des méchants, ils s'abstien-
nent de les reprendre, et sans toutefois se laisser intimider par
les menaces, si terribles qu'elles soient, jusqu'à suivre leurs
sinistres exemples, cependant ils n'osent blâmer ce qu'ils
refuseraient d'imiter. Peut-être en eussent-ils sauvé plusieurs
en accomplissant ce devoir de réprimande qu'ils font céder à
la crainte d'exposer leur réputation et leur vie ; et ce n'est plus
ici cette prudence qui garde l'une et l'autre en réserve pour
l'instruction du prochain, mais plutôt cette faiblesse qui se
complaît aux paroles flatteuses, au faux jour des jugements
humains, qui redoute l'opinion du monde, les meurtrissures
et la mort de la chair ; faiblesse enchaînée par des liens de cupidité et non par un devoir de charité. Voilà pourquoi (et cette
raison me paraît puissante), quand il plaît à Dieu de frapper
la corruption des hommes de peines même temporelles, les
bons sont châtiés avec les méchants ; châtiés comme eux, non
pour vivre comme eux, mais pour aimer comme eux, moins
qu'eux cependant, cette vie temporelle qu'ils devraient
mépriser. Grâce à ce mépris, leurs libres réprimandes obtien-
draient peut-être aux méchants la vie éternelle. Et s'ils ne
pouvaient les avoir pour compagnons dans les voies de salut,
ils les sauraient du moins souffrir et aimer comme ennemis ;
car tant qu'ils vivent, on ignore toujours s'ils ne renaîtront pas
à une volonté meilleure. Et ceux-là sont encore plus coupables à qui il est dit par la bouche du prophète : « Cet homme
mourra dans son péché, mais je demanderai compte de sa vie
à qui doit veiller sur lui[21]. » Car ces surveillants, ces pasteurs
des peuples ne sont établis dans l'Église que pour traiter les

20. Col 3, 18.
21. Ez 33, 6.

péchés avec une inflexible rigueur; et cependant, quoique étranger au saint ministère, le fidèle n'est pas entièrement exempt de faute, qui voyant beaucoup à reprendre en ceux qui lui sont unis par le lien social, leur épargne l'avertissement ou le blâme, de peur que leur ressentiment ne l'inquiète dans ces biens dont il fait un légitime usage, mais avec une complaisance de cœur illégitime. Une autre raison qui soumet les gens de bien aux afflictions temporelles : Job en est l'exemple. C'est afin que le Seigneur révèle à l'esprit de l'homme la force de sa piété, et qu'il se rende à lui-même témoignage s'il aime Dieu sans intérêt.

X. Réfléchis sur ces considérations, et vois s'il est arrivé aux hommes de foi et de piété quelque mal qui ne puisse leur devenir un bien. Car serait-elle vaine cette parole apostolique : « Nous savons que tout concourt au bien de ceux qui aiment Dieu[22] » ? Mais ils ont perdu tout ce qu'ils possédaient. Quoi donc ! la foi ? Quoi ! la piété ? Quoi ! ces biens de l'homme intérieur, riche devant Dieu ? Voilà l'opulence du chrétien, l'opulence de l'apôtre qui nous dit : « C'est un beau revenu que la piété accompagnée de modération d'esprit. Nous n'avons rien apporté en ce monde ; nous n'en devons rien emporter. Ayant de quoi vivre et nous vêtir, soyons contents. Car ceux qui veulent devenir riches tombent dans les pièges du tentateur ; ils s'égarent en ces désirs insensés et funestes, qui précipitent l'homme dans l'abîme de la mort. La cupidité est la racine de tous les maux. Esclaves de cette passion, plusieurs se sont détournés de la foi pour s'engager en des voies douloureuses[23]. » Or, ceux qui, dans la ruine de Rome ont perdu les richesses de la terre, s'ils les possédaient suivant l'enseignement de ce pauvre, riche intérieur, c'est-à-dire usant du monde comme n'en usant pas[24], ils ont pu s'écrier avec l'homme invincible aux plus rudes tentations : « Nu je suis sorti du sein de ma mère,

22. Rm 8, 28.
23. 1 Tm 6, 6-10.
24. 1 Co 7, 31.

et nu je retournerai en terre. Dieu m'a tout donné ; Dieu m'a tout ôté. Il m'est advenu selon le bon plaisir du Seigneur. Que son nom soit béni[25] ! » Fidèle serviteur, ses richesses, c'est la volonté de son maître. Cette soumission accroît son épargne spirituelle, et il ne s'afflige pas d'être abandonné, pendant la vie, de ce qu'il doit bientôt abandonner à la mort. Quant aux plus faibles qui, sans préférer ces biens au Christ, leur laissaient néanmoins quelque racine en leur cœur, à la douleur de cette perte, ils ont senti le péché de leur attachement. Ils n'ont souffert qu'autant qu'ils se sont engagés dans les voies de douleur, suivant la parole de l'apôtre, que je viens de rappeler. Ne fallait-il pas que l'enseignement de l'expérience vengeât le long mépris des enseignements de la parole ? Car en disant : « Ceux qui veulent devenir riches tombent dans la tentation », l'apôtre blâme le désir et non l'usage des richesses, puisqu'il recommande ailleurs « aux riches du monde de ne point s'élever dans leurs pensées, de ne point établir leurs espérances sur l'incertitude de leur fortune, mais sur le Dieu vivant qui nous donne tout en abondance pour en jouir ; d'être bienfaisants, riches en bonnes œuvres, généreux, faciles à l'aumône, et d'élever sur ces trésors de charité le solide fondement de l'avenir pour atteindre la véritable vie[26]. » Les fidèles qui usaient ainsi de leurs biens se sont consolés d'une perte légère par de grands bénéfices, et ces faciles placements de l'aumône leur ont donné plus de joie que ne leur a laissé de tristesse la perte, encore plus facile, des timides épargnes de la cupidité. La terre devait leur prendre ce qu'ils n'ont pas voulu lui dérober. En effet, les chrétiens ont entendu ce commandement de leur Seigneur : « Ne vous amassez pas de trésor caché dans la terre où le ver et la rouille les dévorent, d'où les voleurs les exhument et les dérobent ; mais amassez-vous des trésors au ciel, où le voleur ne pénètre point, où le ver ne peut rien corrompre. Car où est ton trésor, là aussi est ton cœur[27]. » Ces

25. Jb 1, 21.
26. 1 Tm 6, 17-19.
27. Mt 6, 19-21.

chrétiens ont éprouvé au jour des tribulations quelle a été
leur sagesse de ne pas mépriser ce maître de vérité, le plus
sûr et le plus invincible gardien de leur trésor. Que si plusieurs se sont applaudis d'avoir confié leur or à certaines
retraites que le hasard a préservées de la visite de l'ennemi,
quelle dut être la sécurité et la joie de ces croyants qui, sur la
foi de la parole divine, l'avaient fait passer aux lieux dont
l'accès est impossible ! Aussi notre cher Paulin, évêque de
Nole, ce riche qui a échangé ses richesses contre la pauvreté
volontaire, et l'opulence du monde contre l'opulence spirituelle, captif des barbares au sac de Nole, adressait en son
cœur cette prière à Dieu (il nous l'a dit lui-même) :
« Seigneur, ne me laisse pas livré aux tortures pour de l'or,
pour de l'argent ; car où est tout mon bien, tu le sais. » Tout
était caché où le divin prophète des calamités du monde lui
avait recommandé d'enfouir et de thésauriser. Ainsi donc les
fidèles, dociles aux avis du Seigneur qui leur enseigne où et
comment ils doivent amasser, ont su dérober aux mains des
barbares même leur fortune temporelle. Quant à ceux qui ont
dû se repentir de leur désobéissance, ils ont appris l'usage
qu'il faut faire de ces biens, sinon par la sagesse qui eût pré-
venu leur perte, du moins par l'expérience qui l'a suivie.
Mais, dit-on, de bons chrétiens ont été torturés pour livrer le
secret de leur trésor. Or, ils n'ont pu ni découvrir, ni perdre
le bien qui les rendait bons. S'ils ont mieux aimé souffrir
que de révéler leur malheureuse richesse, ils n'étaient pas
bons. Ces hommes qui enduraient tant pour l'or avaient
besoin d'être avertis combien plus il fallait endurer pour le
Christ, afin d'apprendre à l'aimer, lui qui enrichit d'une félicité éternelle ceux qui souffrent pour lui, de préférence à l'or,
à l'argent, déplorables sujets de souffrance, que sauve un
mensonge, que perd la vérité. Dans les tortures, nul n'a perdu
le Christ en confessant le Christ, nul n'a sauvé l'or qu'en
reniant l'or. Ainsi, en leur apprenant à aimer un bien incorruptible, ces tortures leur étaient peut-être plus utiles que ces
biens dont l'amour consumait de stériles angoisses leurs
misérables possesseurs. Mais plusieurs, n'ayant rien, ont été
tourmentés parce qu'on ne les croyait pas. Peut-être dési-

raient-ils avoir ; leur volonté n'avait pas élu la pauvreté sainte, et il leur fallait apprendre que ce n'est point aux richesses, mais à la passion des richesses que sont dus de tels supplices. En est-il qui, faisant profession d'une vie meilleure, n'ayant ni or, ni argent caché, mais passant pour en avoir, aient été tourmentés ? Je l'ignore. Eh bien ! même, en fût-il ainsi, celui-là, certes, qui dans les tourments confessait la sainte pauvreté, confessait le Christ. Victime d'une barbare incrédulité, un confesseur de la pauvreté sainte n'a pu souffrir sans recevoir une récompense céleste.

XI. Mais une foule de chrétiens ont été consumés par une longue famine. Et n'est-ce pas encore une épreuve que la pieuse résignation des vrais fidèles sait tourner à leur avantage ? Pour ceux qu'elle tue, cette famine est, comme la maladie, une délivrance des maux de cette vie ; pour ceux qu'elle épargne, une leçon d'abstinence plus étroite, et de jeûnes plus longs. Mais combien d'autres chrétiens massacrés, dévorés par cette impitoyable mort qui se multiplie hideusement ! Sort cruel, et cependant commun à tous ceux qui furent destinés à cette vie. Toutefois ce que je sais, c'est que personne n'est mort qui ne dût mourir un jour. Or, la fin de la vie réduit la plus longue et la plus courte à la même mesure. Car rien n'est plus ni meilleur, ni pire, ni plus long, ni plus court dans l'égalité du néant. Qu'importe donc de quel genre de mort on meure, puisqu'un mourant ne saurait être contraint à mourir de nouveau ? Et comme les accidents journaliers de la vie suspendent, pour ainsi dire, sur chaque tête mortelle la menace d'un nombre infini de morts, tant que dure l'incertitude de celle qui doit venir, ne vaut-il pas mieux, je le demande, en souffrir une et mourir, que de vivre à les craindre toutes ? Et je n'ignore pas que notre lâcheté préfère vivre longtemps sous la crainte de tant de morts, que de mourir une fois pour n'en avoir plus à craindre. Mais autre chose est ce qui fait horreur aux sens et à la chair, autre chose la conviction éclairée et profonde de la raison. La mort n'est pas un mal quand elle succède à une bonne vie ; elle ne peut être un mal que par l'événement qui la suit. Qu'importe donc à des êtres nécessairement dévoués à la mort de quel accident ils meurent ? Mais il importe où il leur faut aller en mourant. Or, les chrétiens savent que la mort du bon pauvre sous les langues des chiens qui lèchent ses plaies est incomparablement meilleure que celle du riche expirant dans la pourpre et le lin. Eh bien ! comment ces trépas affreux auraient-ils pu nuire à leurs frères, s'ils ont bien vécu ?

XII. Mais dans cette épouvantable moisson de cadavres, combien de fidèles ont dû être privés de sépulture ? C'est encore un malheur qu'une foi vive redoute peu. Ne tient-elle pas pour certain que la rage des animaux dévorants ne pourra rien contre la résurrection des corps de leurs victimes, dont il ne périra pas un seul cheveu de la tête[28] ? Et la Vérité eût-elle dit : « Ne craignez point ceux qui tuent le corps et ne peuvent tuer l'âme[29] », si la cruauté ingénieuse des meurtriers sur les cadavres ennemis pouvait y étouffer le germe de la vie future ? Si ce n'est qu'il se trouve peut-être un homme assez insensé pour prétendre que les assassins du corps ne sont pas à craindre, avant qu'ils le tuent, avant la mort, mais après la mort, lorsqu'ils l'ont tué, parce qu'ils peuvent le priver de sépulture. Donc elle serait fausse cette parole du Christ : « Ceux qui tuent le corps, et ne peuvent plus rien[30] », s'il leur est encore loisible de faire tant de mal à des cadavres.

Quoi ! la parole de la Vérité, fausse ? Loin de nous ce blasphème ! Il est écrit que les meurtriers ont quelque puissance au moment où ils tuent, parce que le corps est sensible au coup qui le tue, mais qu'ensuite ils ne peuvent plus rien, parce qu'un cadavre n'a plus de sentiment. La terre, il est vrai, n'a pas reçu les corps d'un grand nombre de chrétiens ; mais qui donc les a retranchés, et du ciel, et de la terre que remplit toute de sa présence celui qui sait d'où rappeler à la vie ce qu'il a su créer ? Le psalmiste dit bien : « Ils ont

28. Lc 21, 18.
29. Mt 10, 28.
30. Lc 12, 4.

répandu leur sang comme l'eau à l'entour de Jérusalem, et il n'était là personne pour les ensevelir[31]. » Mais il parle ainsi plutôt pour flétrir la cruauté des bourreaux que pour déplorer le malheur des victimes. Dure et cruelle aux yeux des hommes, toujours est précieuse devant le Seigneur la mort de ses saints[32]. Pour le reste, soin des funérailles, choix de la sépulture, pompes de l'enterrement, tout cela consolation des vivants plutôt que soulagement des morts. Quoi ! des honneurs funèbres profiteraient à cet impie ! Ce serait donc un malheur pour le juste que la médiocrité ou l'absence de sépulture. Un nombreux cortège d'esclaves a fait à ce riche voluptueux de magnifiques obsèques aux yeux des hommes ; mais combien plus éclatantes aux yeux de Dieu celles que le ministère des anges préparait à ce pauvre couvert d'ulcères. Ils n'élèvent point à ses restes un tombeau de marbre, mais ils l'enlèvent au sein d'Abraham. Je vois rire ceux contre qui je défends la cité divine, et cependant leurs philosophes mêmes méprisent le soin de la sépulture, et souvent des armées entières s'inquiètent peu, mourant pour leur patrie d'ici-bas, où giront leurs corps expirés et de quelles bêtes ils seront la pâture. Aussi les poètes ont-ils pu dire avec applaudissement : « Le ciel couvre celui qui n'a point de tombeau[33]. » Eh ! quelle est donc leur folie d'insulter les chrétiens sur ces cadavres laissés sans sépulture, puisque les fidèles ont la promesse que leur chair elle-même et tous ses membres, rappelés soudain de leur profond évanouissement au sein de la terre, au plus secret abîme des éléments, seront rendus à la vie et restitués dans leur intégrité primitive ?

XIII. Ce n'est pas néanmoins une raison d'abandonner avec dédain la dépouille des morts, surtout des justes et des fidèles, organe et instrument du Saint-Esprit pour toute bonne œuvre. Si le vêtement d'un père, son anneau, ou tel autre objet semblable est d'autant plus précieux aux enfants

31. Ps 78, 2.
32. Ps 115, 15.
33. Lucain, *Pharsale*, VII, 819.

que leur piété filiale est plus tendre, quels égards ne devons-nous pas à nos corps qui nous sont plus intimement unis qu'un vêtement quel qu'il soit ? Car ils ne sont pas seulement pour l'homme ornement, secours extérieur, ils font partie de sa nature. De là, ces derniers devoirs de piété solennellement rendus aux justes des anciens jours, et la pompe de leurs obsèques, et le soin de leur sépulture ; et ces ordres qu'eux-mêmes, pendant leur vie, confiaient à leurs enfants pour ensevelir ou transférer leurs restes. Le soin des morts, au témoignage de l'ange, attire sur Tobie les grâces de Dieu. Et Notre Seigneur lui-même, qui va ressusciter le troisième jour, publie et veut qu'on publie la bonne action de cette sainte femme qui répand sur lui un parfum précieux, comme pour l'ensevelir d'avance. Et l'Évangile rappelle avec honneur ceux qui, à la descente de la croix, reçoivent pieusement son corps, le couvrent d'un linceul et le déposent dans le sépulcre. Ces exemples vénérables ne prouvent point que les cadavres ne conservent aucun sentiment, mais que la Providence de Dieu veille sur les restes des morts, et que ces devoirs de piété lui sont agréables, parce qu'ils établissent la foi de la résurrection. Et puis il y a là pour nous une instruction salutaire ; combien peut être grande la rémunération des aumônes faites au pauvre qui a le sentiment et la vie, si rien n'est perdu devant Dieu de ces charitables tributs que nous payons à ses restes inanimés ? Il est encore d'autres commandements pour la sépulture, pour la translation de leurs corps, où les saints patriarches ont voulu faire sentir l'inspiration prophétique. Mais ce n'est pas ici le lieu d'approfondir ces mystères, puisqu'il suffit de ce que nous venons de dire. Si donc la privation des choses nécessaires au soutien de la vie, comme la nourriture et le vêtement, cruelle épreuve, mais impuissante contre la patience inaltérable de l'homme vertueux, loin de déraciner la piété dans son cœur, l'exerce et la féconde ; combien est-il plus vrai que l'absence des solennités funèbres ne saurait troubler le repos de l'âme aux saintes et bienheureuses demeures ? Que les derniers devoirs aient donc manqué aux corps des chrétiens dans la désolation de Rome ou des autres villes, ce n'est ni une faute aux vivants, parce qu'ils n'ont rien pu faire, ni une peine pour les morts, parce qu'ils n'ont pu rien sentir.

XIV. Mais des chrétiens ont été emmenés captifs ! Ah ! c'est le comble de l'infortune, s'ils ont pu être emmenés quelque part où ils n'aient point trouvé leur Dieu. Les saintes Écritures nous présentent encore des consolations pour une telle adversité. Les trois enfants, et Daniel, et d'autres prophètes furent captifs ; mais Dieu ne faillit jamais à les consoler. Il n'a pas délaissé ses fidèles sous l'oppression des barbares, hommes toutefois, lui qui n'a pas abandonné son prophète dans les entrailles mêmes du monstre. Ici nos adversaires aiment mieux rire que croire, et cependant ils croient, sur la foi de leurs auteurs, qu'Arion de Méthymne, le célèbre musicien, précipité du navire dans la mer, fut reçu et porté au rivage sur le dos d'un dauphin. Mais l'histoire de notre prophète est plus incroyable ? Oui ; car elle est plus merveilleuse ; elle est plus merveilleuse, car une main plus puissante est là.

XV. Ils ont cependant, même parmi leurs hommes illustres, un généreux exemple de captivité volontaire pour cause de religion, M. Regulus, chef des armées du peuple romain, captif à Carthage. Les Carthaginois, aimant mieux recouvrer leurs prisonniers que de retenir ceux des Romains, l'envoient lui-même avec leurs ambassadeurs à Rome, pour traiter de l'échange, et l'obligent par serment de revenir à Carthage, si leur proposition n'est pas accueillie. Il part, mais ne croyant pas l'échange avantageux à la République, il en dissuade le Sénat ; puis, sans y être forcé par ses concitoyens, fidèle à sa parole, il retourne chez l'ennemi. La mort l'y attend avec d'affreux supplices inventés pour lui. On l'enferme dans un coffre étroit, hérissé de clous aigus, où contraint de se tenir debout, ne pouvant s'appuyer d'aucun côté sans d'horribles souffrances, il meurt, exténué de veilles. C'est assurément à juste titre qu'on exalte la vertu de cet homme, plus grande encore que son malheur. Et cependant, il avait juré par ces dieux dont le culte aujourd'hui défendu est, dit-on, la cause de toutes les calamités du monde. Si donc ces dieux, honorés en vue du bonheur temporel, ont voulu ou permis un tel supplice pour ce noble observateur de la foi jurée, leur colère pouvait-elle rien de pis contre un parjure ? Mais qu'il me soit permis de tirer de ce raisonnement une double induction. Tel est le respect de Regulus pour les dieux, que la fidélité qu'il croit devoir à son serment ne lui permet pas de rester dans sa patrie, ni de se retirer ailleurs ; et il n'hésite pas à retourner parmi ses plus cruels ennemis. Cette résolution lui paraît-elle donc avantageuse pour la vie présente ? Mais l'horreur de sa fin prouve son erreur. Il montre par son exemple que le culte des dieux ne sert de rien pour la félicité temporelle, puisqu'en récompense de son dévouement à leur culte, il est vaincu, il est emmené captif, et pour prix de sa fidélité au serment fait en leur nom, il trouve la mort, une mort affreuse, des supplices jusqu'alors inconnus ! Que si la piété envers les dieux n'obtient son salaire de bonheur qu'après cette vie, pourquoi donc calomnier le christianisme ? Pourquoi dire que Rome ne doit sa ruine qu'à son infidélité, puisque malgré le plus inviolable attachement à leurs autels, elle eût pu devenir aussi malheureuse que Regulus ? Si ce n'est peut-être qu'en face d'une vérité si éclatante, un insensé pousse l'orgueil de l'aveuglement jusqu'à prétendre qu'une ville entière, honorant ces dieux, ne saurait être malheureuse, quoiqu'un seul puisse l'être ; comme si leur puissance était plus *intéressée* dans la conservation de plusieurs que d'un seul, la multitude n'étant jamais composée que d'individus ? Diront-ils donc que Regulus, captif, torturé, est heureux par la vertu intérieure ? Eh bien ! qu'ils cherchent donc cette vraie vertu qui puisse également rendre une ville heureuse. Autre n'est pas le bonheur d'une ville, autre le bonheur d'un homme, car une ville n'est qu'une société d'hommes vivant dans l'union. Je ne veux point encore discuter la vertu de Regulus. Il suffit qu'un tel exemple les oblige de confesser que ce n'est point pour les biens du corps, pour les avantages passagers, extérieurs à l'homme, qu'il faut servir les dieux ; car cet homme aime mieux renoncer à tout cela que de trahir leur nom pris à témoin. Et cependant qu'attendre de ces insensés qui se glorifient d'un tel citoyen, craignant toutefois que la cité lui ressemble ? S'ils n'ont pas cette crainte, qu'ils reconnaissent donc que le malheur de Regulus peut arriver à une ville aussi fidèle que lui au culte des dieux ; qu'ils cessent leurs calomnies contre le christianisme ! Mais puisque la question s'est élevée au sujet des chrétiens emmenés captifs, imprudents et impudents railleurs de la religion du salut, qu'ils considèrent cet exemple et se taisent ! Car si ce n'est point une honte à ces dieux qu'un de leurs plus scrupuleux adorateurs, pour leur garder la foi de ses serments, ait renoncé à sa patrie sans en attendre une autre, et qu'entre les mains des ennemis il ait épuisé dans une longue agonie tous les raffinements d'une cruauté inouïe, de quel droit jeter avec insulte à la foi chrétienne la captivité de plusieurs fidèles qui, dans l'attente infaillible de la céleste patrie, « se savent étrangers en leurs propres demeures[34] » ?

XVI. On croit sans doute couvrir les chrétiens d'opprobre, quand au sombre tableau de leur captivité on ajoute celui des violences exercées sur des femmes, des jeunes filles, sur des religieuses mêmes. Or ici, ce n'est ni la foi, ni la piété, ni cette vertu qu'on nomme chasteté, mais notre pensée seule qui s'inquiète et des alarmes de la pudeur, et du calme de la raison. Aussi songeons-nous moins à donner une réponse à nos ennemis que des consolations à nos sœurs. Qu'il soit donc posé d'abord comme certain que la vertu, principe essentiel d'une bonne vie, commande, du haut de l'âme, son siège, aux membres du corps, et que le corps est sanctifié par l'usage d'une volonté sainte. Tant que cette volonté demeure ferme et constante, quoi qu'il advienne du corps ou au corps, si l'on ne peut fuir sans péché, on est innocent de ce que l'on souffre. Mais de ces violences dont le corps est passible, il en est qui peuvent y produire un autre sentiment que celui de la douleur. Or un tel attentat n'enlève pas à l'âme la chasteté qu'elle embrasse, mais il soulève en elle la

34. Voir He 11, 13.

pudeur. Elle tremble que l'on ne croie à certaine adhésion de l'esprit dans un acte où peut-être l'indifférence fut impossible à la chair. Ainsi donc, à ces infortunées qui se sont tuées pour ne pas souffrir de tels outrages, quel cœur refuserait le pardon ? Et celles qui n'ont pas voulu se tuer de peur de se défendre du crime d'autrui par leur propre crime, qui pourrait les accuser sans encourir l'accusation de folie ?

XVII. S'il n'est point permis de tuer de son autorité privée, pas même un criminel, car aucune loi n'accorde ce droit à personne, assurément celui qui se tue lui-même est homicide ; et d'autant plus coupable en se donnant la mort, qu'il l'est moins dans la cause pour laquelle il se condamne à mourir. Car si le crime de Judas nous est justement odieux, et si la Vérité prononce que son désespoir fut le comble et non l'expiation de son parricide (cet abominable repentir, incrédule à la miséricorde de Dieu, lui fermant toutes les voies de salutaire pénitence[35]), combien doit-on s'abstenir du meurtre de soi-même quand la conscience n'a rien à expier si cruellement ? Judas se tue, et cependant ce n'est pas de la mort seule du Christ, c'est de la sienne aussi qu'il meurt coupable ; c'est pour son crime, mais par un second crime qu'il se tue.

XVIII. Pourquoi donc un homme, qui ne fait point de mal, s'en ferait-il à lui-même ? En se tuant, il tuerait donc un innocent, pour prévenir en lui le crime d'un autre ? Il commettrait contre lui-même un attentat personnel, pour qu'un attentat étranger ne fût pas commis sur lui ? Il craint peut-être d'être souillé par l'impureté étrangère ; cette impureté ne peut le souiller : s'il en est souillé, elle n'est plus étrangère. Mais comme la pureté est une vertu de l'âme, et que la force, sa compagne ordinaire, la rend capable de supporter tous maux plutôt que de consentir au mal ; comme nul, malgré sa constance et sa chasteté, ne peut répondre des accidents dont sa chair est passible, mais seulement des adhésions ou des refus

35. Mt 27, 5.

de sa volonté, qui serait donc assez insensé pour se croire déchu de la chasteté, parce que la chair est livrée aux brutales passions d'autrui ? Si la chasteté se perd ainsi, certes elle n'est plus une vertu de l'âme ; elle ne compte plus au nombre des biens qui font la bonne vie ; mais parmi ces biens temporels, tels que les forces, la beauté, la santé et autres avantages semblables, dont l'altération n'ôte rien à la sagesse, rien à l'innocence des mœurs. Si la chasteté n'est rien de plus que ces biens fragiles, pourquoi se mettre en peine de la sauver au péril même de la vie ? Si elle est un bien de l'âme, est-elle donc à la merci de la violence exercée sur le corps ? Que dis-je ? en résistant aux assauts de la volupté, la sainte continence sanctifie le corps lui-même, et avec l'inébranlable persévérance de l'intention, la sainteté corporelle demeure. Car, à la volonté persévérante d'user saintement du corps, le corps, autant qu'il dépend de lui, en laisse le pouvoir. Cette sainteté corporelle, en effet, ne consiste pas dans l'intégrité des membres préservés de tout contact, puisqu'ils sont exposés, en maintes circonstances, aux violences, aux blessures, et que souvent leur salut exige des opérations dont la vue fait horreur. Soit malice, soit ignorance ou hasard, la main d'une sage-femme flétrit la virginité d'une jeune fille ; n'est-il pas insensé de croire qu'elle est profanée dans la sainteté de son corps pour en avoir perdu la fleur ? Tant que l'âme persiste dans la résolution par laquelle le corps a mérité d'être sanctifié, la brutalité d'une passion étrangère n'ôte rien au corps de cette sainteté que protège une persévérante continence. Mais qu'une femme dont la volonté est séduite, violant la foi qu'elle a vouée à Dieu, coure s'abandonner à son séducteur, dira-t-on que dans le chemin, elle conserve encore la sainteté extérieure, quand elle a perdu, quand elle a étouffé cette sainteté intérieure qui sanctifiait tout en elle ? Loin de nous cette erreur. Concluons, au contraire, que le corps opprimé par la violence, tant que l'âme est pure, ne perd rien de sa sainteté, comme il la perd malgré son intégrité, lorsque la sainteté de l'âme est violée. Une femme n'a rien en sa personne à punir d'une mort volontaire, quand le péché d'autrui l'a réduite par force, à plus forte raison, avant de succomber ;

car elle commettrait un homicide certain, lorsqu'elle est incertaine encore du crime, de ce crime étranger ! Nous soutenons donc que si la volonté reste chaste, quand le corps succombe, le crime est à l'oppresseur et non à la victime. Cette raison est-elle claire ? Oseront-ils y résister, ceux contre qui nous défendons la sainteté intérieure et la sainteté corporelle des femmes chrétiennes outragées dans leur captivité ?

XIX. Mais ils exaltent la chasteté de Lucrèce, cette noble dame de la vieille Rome. Profanée dans son corps par la honteuse passion du fils de Tarquin, elle révèle le crime de l'infâme jeune homme à Collatin, son mari, à Brutus, son parent, nobles tous deux de naissance et de cœur ; tous deux elle les lie par un serment de vengeance ; puis cédant à sa douleur, impatiente d'un tel outrage, elle se tue. Quoi donc ? est-elle adultère ? est-elle chaste ? Qui serait en peine à cette question ? « Ils étaient deux, un seul fut adultère. » Mot sublime de vérité, mot admirable d'un déclamateur. Il a distingué dans cette honteuse action les obscènes désirs de l'un et la chaste volonté de l'autre. Frappé non pas de l'union des corps, mais du divorce des âmes, il s'écrie : « Ils étaient deux, un seul fut adultère ! » Mais quoi ! la vengeance tombe plus terrible sur la tête innocente ? À lui, l'exil avec son père ; à elle, le dernier supplice. Si l'impudicité ne réside pas dans l'affront souffert, est-ce justice que la chasteté soit punie ? C'est à vous que j'en appelle, lois et juges de Rome ! Quel que soit le forfait, laissez-vous frapper impunément le coupable, s'il n'est condamné ? Que ce crime soit déféré à votre tribunal : une femme reçoit la mort, et cette femme n'a pas été condamnée ; et cette femme est chaste, elle est innocente : tout cela est prouvé. Quel châtiment votre sévère justice ne réserve-t-elle pas à l'assassin ! Mais cet assassin, c'est Lucrèce, cette Lucrèce tant vantée, c'est elle qui a versé le sang de la chaste et malheureuse Lucrèce. Prononcez maintenant. Vous ne pouvez. Son absence la soustrait à vos jugements. Eh bien ! pourquoi ces éloges prodigués à la meurtrière d'une femme vertueuse ? Et pourriez-vous même la

défendre devant ces juges d'enfer, tels que vos poètes les
représentent ? N'est-elle pas au séjour où descendent ces
infortunés « qui se sont de leur propre main arraché une vie
innocente, et, par dégoût de la lumière, ont jeté au loin leurs
âmes » ? Ne désire-t-elle pas aussi revenir au jour ? « Le destin est inflexible, et l'onde morte du marais sinistre
l'enchaîne à jamais[36]. » Peut-être n'est-elle pas là ; car peut-
être en se tuant, a-t-elle cédé non au désespoir de la pudeur,
mais au reproche secret de sa conscience ? Que serait-ce, en
effet (elle seule put le savoir), si, victime d'une irrésistible
violence, elle-même cependant eût consenti au plaisir ; puis,
dans l'impatience de ses remords, voulu expier sa faute avec
son sang ? Et néanmoins elle ne devait pas se tuer, s'il lui
était possible de sacrifier à de faux dieux par un véritable
repentir. Mais s'il en est ainsi ; s'il n'est pas vrai que des
deux un seul fût adultère ; si tous deux sont coupables, l'un
de violence ouverte, l'autre de consentement secret, ce n'est
pas une Lucrèce innocente qu'elle a tuée, et ses savants
défenseurs peuvent dire qu'elle n'est pas aux enfers « avec
ces infortunés qui, de leur propre main, se sont arraché une
innocente vie ». Ici toutefois deux extrémités inévitables :
l'homicide est-il écarté, l'adultère s'établit ; est-elle acquit-
tée comme adultère, elle est convaincue d'homicide. Et point
d'issue possible à ce dilemme : si elle est adultère, pourquoi
ces éloges ? si elle est chaste, pourquoi cette mort ?

Mais il nous suffit du célèbre exemple de cette femme
pour réfuter ces hommes, étrangers à tout sentiment de sainteté, qui insultent nos sœurs outragées dans les fers ; il nous
suffit qu'on ait dit à sa louange : « Ils étaient deux, un seul
fut adultère. » Car jamais on n'a voulu croire qu'un consentement criminel eût flétri la vertu de Lucrèce. Si donc elle
s'est frappée, victime et non complice de l'adultère, ce n'est
plus amour de la chasteté, c'est faiblesse de la honte. Elle
rougit du crime commis sur elle, et non pas avec elle. Cette
fière Romaine, trop jalouse de la gloire, craint que survivre
ne l'expose au soupçon, que la patience ne l'accuse de com-

36. Virgile, *Énéide*, VI, 434-438.

plicité. Elle produit donc la mort comme témoin de son âme qu'elle ne peut dévoiler aux yeux des hommes. Dans cette cruelle épreuve, les femmes chrétiennes n'ont pas imité son exemple. Elles ont su vivre ; elles n'ont pas vengé sur elles un crime étranger par un autre crime ; et, pour avoir été la proie d'une concupiscence adultère, elles n'ont pas cru devoir s'abandonner à une honte homicide. La gloire de la chasteté, le témoignage de leur conscience, est en elles ; il est aux yeux de leur Dieu ; elles ne s'inquiètent plus, n'ayant plus rien à faire qui puisse être légitime. Fuir par un mal l'injure des soupçons humains, ne serait-ce pas décliner l'autorité de la loi divine ?

XX. Et ce n'est pas sans raison que, nulle part dans les Livres saints et canoniques, on ne saurait trouver qu'en vue même de l'immortalité, pour prévenir ou conjurer un mal, Dieu nous ait jamais commandé ou permis de nous donner la mort. Nous en devons lire au contraire la défense dans la loi qui nous dit : « Tu ne tueras point[37] », sans ajouter « ton prochain », comme pour la prohibition de faux témoignage : « Tu ne porteras point faux témoignage contre ton prochain[38]. » Et cependant le faux témoin contre lui-même devra-t-il se croire exempt de crime puisque l'amour du prochain a sa règle dans l'amour de soi ? Car il est écrit : « Tu aimeras ton prochain comme toi-même[39]. » Si donc l'on n'est pas moins coupable de faux témoignage contre soi que contre son frère, quoique la loi ne parlant que du prochain semble ne pas étendre la défense au faux témoignage porté contre soi-même, à plus forte raison faut-il penser qu'il n'est pas permis à l'homme de se tuer, puisque cette injonction absolue : « Tu ne tueras point », n'excepte personne, pas même celui qui la reçoit. Aussi plusieurs cherchent-ils à comprendre dans ce commandement les animaux mêmes ; et pourquoi pas les plantes et tout ce qui tient à la terre et s'y

37. Ex 20, 13.
38. Ex 20, 16.
39. Mc 12, 31.

nourrit par racines ? Quoique privés de sentiment, n'est-il pas dit de ces êtres qu'ils vivent ; donc on peut dire qu'ils meurent, et, s'ils périssent par violence, qu'ils sont tués ? Ainsi l'apôtre parlant de ces semences : « Rien de ce que tu sèmes ne saurait vivre, dit-il, s'il ne meurt auparavant[40]. » Et nous lisons dans le psaume : « Il a tué leurs vignes par la grêle[41]. » Est-ce à dire que cette parole de la loi : « Tu ne tueras point » nous fasse un crime d'arracher un arbrisseau, et serons-nous assez insensés pour adopter l'erreur de Manès ? Si donc, rejetant ces rêveries, nous n'appliquons le précepte ni aux plantes privées de sentiment, ni aux animaux privés d'intelligence, à qui l'absence de la raison interdit toute société avec nous (d'où il suit qu'un juste conseil de la Providence a mis leur vie et leur mort à la disposition de nos besoins), nous n'avons plus qu'à entendre de l'homme seul cette parole : « Tu ne tueras point » ni un autre, ni toi-même. Car celui qui se tue n'est-il pas le meurtrier d'un homme ?

XXI. Mais cette même autorité divine a établi certaines exceptions à la défense de tuer l'homme. Quelquefois Dieu ordonne le meurtre soit par une loi générale, soit par un commandement temporaire et particulier. Or, celui-là n'est pas moralement homicide, qui doit son ministère à l'autorité ; il n'est qu'un instrument comme le glaive dont il frappe. Aussi n'ont-ils pas enfreint le précepte, ceux qui, par l'ordre de Dieu, ont fait la guerre ; ou, dans l'exercice de la puissance publique, ont, suivant ses lois, c'est-à-dire suivant la volonté de la plus juste raison, puni de mort les criminels : aussi n'accuse-t-on pas Abraham de cruauté, mais on loue sa piété, quand, meurtrier par obéissance, il veut frapper son fils. Et l'on demande justement s'il faut reconnaître un ordre divin dans la mort de la fille de Jephté, accourue au-devant de son père, qui a fait vœu d'immoler à Dieu le premier objet offert à sa vue au retour du combat et de la victoire. Et si l'on excuse Samson de s'être enseveli lui-même avec les ennemis

40. 1 Co 15, 36.
41. Ps 77, 47.

sous les ruines d'un édifice, c'est qu'il obéissait au commandement intérieur de l'Esprit qui par lui faisait des
miracles. Hors ces exceptions où le meurtre est ordonné soit
par une loi générale et juste, soit par un ordre exprès de Dieu,
source de toute justice, celui qui tue ou son frère ou lui-
même est tenu du crime d'homicide.

XXII. Et tous ceux qui ont attenté sur eux-mêmes, on peut
admirer la grandeur de leur courage ; on ne saurait louer la
vérité de leur sagesse. Et cependant, la raison, mieux consul-
tée, permet à peine d'appeler grandeur de courage ce désespoir impatient de l'affliction ou des péchés d'autrui. C'est
plutôt faiblesse d'âme de ne pouvoir souffrir ou la dure servitude du corps, ou la folie de l'opinion ; et n'est-il pas plus
magnanime de supporter que de fuir les misères de la vie, et
de mépriser, à la lumière d'une conscience pure, ces ténèbres
d'erreur qui enveloppent d'ordinaire le jugement humain, et
surtout celui du vulgaire ? Mais si l'on ne peut refuser un
certain héroïsme à l'homme qui se donne la mort, c'est
Cléombrotus qu'il faut admirer. Après une lecture du livre
où Platon discute l'immortalité de l'âme, il se précipita, dit-
on, du haut d'un mur pour passer de cette vie dans une autre
qu'il croyait meilleure. Et rien toutefois qui le pousse au
désespoir, ni malheur, ni crime faux ou réel dont le joug lui
pèse ; rien qui le décide à embrasser la mort, à briser les doux
liens de cette vie, rien que son grand cœur. Et cependant, au
témoignage de Platon même qu'il vient de lire, c'est une
action plutôt grande que bonne. Platon l'eût faite le premier ;
il eût prescrit de la faire, si, par cette même intuition qui lui
révéla l'immortalité de l'âme, il n'eût compris qu'elle n'est
pas seulement à éviter, mais à défendre.
Plusieurs, dit-on, se sont frappés pour ne point tomber
entre les mains de leurs ennemis. Or, nous ne cherchons pas
ici ce qui s'est fait mais ce qui s'est dû faire ; car la saine raison est préférable aux exemples ; et il est des exemples,
d'accord avec elle, d'autant plus dignes d'imitation, qu'ils
viennent d'une piété plus sublime. Ni les patriarches, ni les
prophètes, ni les apôtres n'ont ainsi disposé d'eux-mêmes ; et

le Christ, qui les avertit de fuir la persécution de ville en ville[42], ne pouvait-il pas aussi leur conseiller de se soustraire aux persécuteurs par une mort volontaire ? S'il n'a jamais ordonné ni conseillé semblable sortie de la vie aux siens qu'attendent au jour de leur migration ces éternelles demeures qu'il a promises et préparées, quels que soient les exemples qu'opposent les Gentils dans leur ignorance de Dieu, il est évident que rien de tel n'est permis aux adorateurs du seul et vrai Dieu.

XXIII. Cependant, après Lucrèce, sur qui j'ai suffisamment exprimé mon sentiment, il leur est difficile d'invoquer une autre autorité que celle du fameux Caton qui se tue à Utique. Non que son exemple soit le seul, mais c'est que la renommée de sa science et de sa vertu semble accréditer l'opinion qu'on a pu, qu'on peut encore faire comme lui. Que dirai-je donc en particulier de l'action de cet homme, sinon que ses amis, non moins éclairés, mais plus sages, jugeaient, en le dissuadant d'une telle résolution, qu'elle accuse plutôt la pusillanimité que la force d'âme, et que l'on y découvre non un principe d'honneur en garde contre la honte, mais une faiblesse impatiente de l'adversité ? Et ce sentiment, Caton lui-même le trahit par ses conseils à son fils. Car s'il est honteux de vivre sous la victoire de César, pourquoi conseille-t-il cette honte à son fils, en lui ordonnant d'espérer tout de la clémence du vainqueur ? Que ne lui fait-il plutôt partager sa mort ? Si Torquatus est loué d'envoyer au supplice son fils vainqueur, mais vainqueur contre ses ordres, pourquoi Caton, vaincu, épargne-t-il son fils vaincu comme lui, quand il ne s'épargne pas lui-même ? Est-il donc plus honteux d'être vainqueur, malgré la défense, que de souffrir un vainqueur, malgré la honte ? Non, Caton ne croit pas honteux de vivre sous l'empire de César ; autrement, le glaive paternel affranchirait un fils de cette infamie. Mais autant il aime son fils, pour lequel il espère et veut la clémence de César, autant il envie à César (César l'a dit lui-

42. Mt 10, 23.

même) la gloire de lui pardonner : soyons justes, c'est moins
sentiment d'envie que de honte.

XXIV. Nos adversaires ne nous permettent pas de préférer à Caton le saint homme Job, qui aime mieux souffrir dans
sa chair les plus cruels tourments, que de défier tous les
maux en se donnant la mort, ni les autres saints que l'Écriture, ce livre si sublime d'autorité et si digne de foi, nous
représente résignés à supporter les fers et la domination des
ennemis, plutôt que de s'en délivrer volontairement. Eh
bien ! les livres profanes à la main, osons préférer à Marcus
Caton Marcus Regulus ! Caton n'avait jamais vaincu César,
et il dédaigne de se soumettre à César vainqueur ; et, pour ne
pas fléchir devant lui, il décide de se tuer. Regulus, lui, déjà
vainqueur des Carthaginois, chef des armées romaines à la
gloire de Rome, vainqueur des ennemis, et non de ses concitoyens, Regulus avait remporté une de ces victoires qui font
couler les larmes de l'étranger, et non celles de la patrie.
Vaincu depuis, il préfère un lourd esclavage à un trépas libérateur. Sa patience ne faiblit pas sous le joug de Carthage, non
plus que son inviolable amour pour Rome. Il laisse à ses
ennemis ce corps vaincu ; aux Romains il conserve ce cœur
invincible. S'il ne renonce pas à la vie, ce n'est point par attachement pour elle. Il le prouve, quand, fidèle à son serment,
sans hésiter, il sort du Sénat pour retourner à ces mêmes
ennemis, plus mortellement blessés par sa parole que par son
épée. Résolu d'épuiser tous les raffinements d'une cruauté
ingénieuse en supplices, plutôt que de s'y soustraire par la
mort, ce généreux contempteur de la vie regardait sans doute
comme un grand crime l'attentat de l'homme sur soi-même.
Entre les plus grands, entre les plus vertueux de leurs concitoyens, les Romains en pourraient-ils citer un meilleur ?
Incorruptible dans la prospérité, une telle victoire le laisse
pauvre ; invincible dans l'adversité, de tels supplices ne
retardent pas son intrépide retour. Ainsi ces illustres et
magnanimes défenseurs de la patrie terrestre, adorateurs,
mais adorateurs en vérité de ces dieux de mensonge dont ils
ne jurent pas les noms en vain, malgré la coutume et le droit

de la guerre qui permet de frapper l'ennemi vaincu, vaincus
par l'ennemi, ne veulent pas se frapper eux-mêmes, et préfèrent les humiliations de la servitude à la mort qu'ils aborderaient sans crainte ! Quel devoir n'est-ce donc pas aux
chrétiens, serviteurs du vrai Dieu, amants de la céleste patrie,
de s'abstenir d'un tel crime, quand la Providence, soit
épreuve, soit châtiment, les livre pour un temps au pouvoir
de leurs ennemis ? Ne savent-ils pas que leur humilité n'est
point délaissée de celui qui est venu, si humble, de si haut ?
Et puis, ne sont-ils pas affranchis de cette discipline barbare,
de ce droit sauvage qui voulait le sang du vaincu ?

XXV. Quelle est donc cette pernicieuse erreur ? Quoi !
pour expier ou prévenir le crime d'autrui dont il est ou doit
être victime, un homme se tue, lorsqu'il n'oserait faire à la
crainte ou à la vengeance d'un tel outrage le sacrifice de son
ennemi même ? Mais il est à craindre, dit-on, que, gagné par
cette volupté brutale qui le domine, le corps ne surprenne à
l'esprit un coupable consentement. Ce n'est donc pas pour
éviter le péché d'autrui, mais le sien propre, qu'il faut se tuer.
Non, il est impossible qu'à ces honteux mouvements de la
chair soulevés par une brutalité étrangère, consente jamais le
cœur esclave de Dieu et de sa sagesse, et non des instincts
charnels. Et si c'est un odieux et damnable forfait de tuer un
homme en se tuant soi-même, comme la Vérité le crie, qui
serait assez insensé pour dire : péchons maintenant, de peur
de pécher plus tard. Commettons cet homicide, pour ne pas
tomber dans cet adultère ? Quoi ! si l'iniquité est tellement
maîtresse que nous soyons réduits non plus à l'alternative
entre l'innocence et le crime, mais au seul choix des forfaits,
l'incertitude de l'adultère à venir n'est-elle pas préférable à
la certitude de l'homicide actuel, et le péché, que peut guérir la pénitence, à celui qui défie le repentir ? J'adresse ces
paroles aux fidèles qui, dans la crainte de succomber à leur
propre faiblesse en succombant à la brutalité d'autrui, croient
devoir se livrer contre eux-mêmes à une violence meurtrière.
Mais loin de l'âme chrétienne qui a sa confiance, son espoir,
sa force en son Dieu, loin de cette âme l'ombre d'un consen-

tement impur à la volupté des sens ! Que si cette rebelle
concupiscence, qui habite en nos membres de mort, se meut
comme par sa loi propre contre la loi de l'esprit, n'est-elle
pas sans faute dans le refus de la volonté, puisqu'elle est sans
faute dans le sommeil ?

XXVI. Mais au temps de la persécution, disent-ils, de
saintes femmes, pour échapper au déshonneur, ont cherché
dans le fleuve où elles périrent leur ravisseur et leur meurtrier : et toutefois l'Église catholique célèbre avec dévotion
la solennité de leur martyre. Je m'abstiens ici de tout jugement téméraire. L'autorité divine, par certaines communica-
tions dignes de foi, a-t-elle inspiré à l'Église d'honorer ainsi
leur mémoire ? Je l'ignore ; peut-être est-il ainsi. Que dire, en
effet, si elles ont cédé non à l'entraînement humain, mais à
l'ordre de Dieu, à l'obéissance, non à l'erreur, comme
Samson, dont il n'est pas permis de croire autrement ? Or,
quand Dieu commande et intime clairement ses volontés, qui
donc oserait s'élever contre l'obéissance ? Qui saurait accuser une pieuse soumission ? Est-ce à dire qu'on puisse songer sans crime à immoler son fils à Dieu, parce qu'Abraham
l'a fait saintement ? Le soldat qui tue par obéissance à l'autorité légitime n'est tenu d'homicide devant aucune loi civile.
Que dis-je ? s'il ne frappe, il est coupable de trahison et de
révolte ; s'il agit de son autorité privée, il doit répondre du
sang humain qu'il a versé : puni du même acte, qu'il fait sans
ordre, ou ne fait pas, malgré l'ordre. S'il en est ainsi quand
un chef ordonne, qu'est-ce, alors que le Créateur commande ? Qu'il se frappe donc le fidèle qui, sachant la défense
de se tuer soi-même, se frappe pour obéir à celui dont il n'est
pas permis de mépriser l'ordre ! Seulement, qu'il s'assure
que l'évidence de la volonté divine ne lui permet aucun
doute. Pour nous, l'ouïe est notre seul guide dans la direction
de la conscience ; nous ne prétendons pas au jugement des
choses cachées. « Personne ne sait ce qui se passe en
l'homme, que l'esprit de l'homme qui est en lui[43]. » Mais

___

43. 1 Co 2, 11.

telle est notre pensée, notre conviction, notre doctrine : personne ne doit se donner la mort, ni pour fuir les afflictions temporelles, crainte des abîmes éternels, ni à cause des péchés d'autrui, car la fuite de ce crime étranger qui nous laisse purs va nous entraîner dans un crime personnel ; ni à cause des péchés passés, car la pénitence, au contraire, a besoin de la vie pour les guérir, ni par le désir d'une vie meilleure, dont l'espérance est après le trépas ; car le port d'une vie meilleure outre-tombe ne s'ouvre pas aux coupables auteurs de leur propre mort.

XXVII. Enfin, dernière raison que j'ai déjà touchée, on croit utile de se donner la mort, de peur que l'attrait du plaisir ou l'excès de la douleur ne nous précipite dans le péché. Si cette raison pouvait s'admettre, nous serions successivement amenés à conseiller de préférence le meurtre de soi-même au moment où, purifié par l'eau sainte du sacrement régénérateur, l'homme vient de recevoir la rémission de tous ses péchés. Car alors c'est le temps de conjurer les iniquités à venir quand le passé est aboli ; et si la mort volontaire est un moyen permis, pourquoi différer ? Ce fidèle sort du baptême, pourquoi tient-il à la vie ? Pourquoi va-t-il encore offrir à tous les dangers de ce monde ce front nouvellement affranchi ? Il lui est facile de s'y soustraire par la mort ; et n'est-il pas écrit : « Celui qui aime le péril y tombera[44] » ? Pourquoi donc aimer tant et de si grands périls ? Et si on ne les aime pas, pourquoi s'y engager ? Pourquoi demeurer en cette vie, s'il est loisible d'en sortir ? Notre âme serait-elle donc si remplie des ténèbres de nos crimes, et dans sa bassesse tellement détournée de la face de la vérité, qu'elle reconnaisse comme un devoir de mourir pour n'être point poussée dans le crime par la tyrannie d'un homme, et comme un devoir de vivre pour souffrir le monde, à toute heure rempli de ces tentations que l'on craint sous un seul maître, et d'une infinité d'autres, inévitables compagnes de notre pèlerinage ? Pourquoi donc perdre le temps en exhortations aux

44. Si 3, 37.

baptisés, à leur inspirer l'amour de la pureté virginale, de la
continence dans le veuvage, ou de la fidélité au lit conjugal,
quand une voie se suggère plus courte, plus sûre, à l'abri du
péché, la mort, où toute notre éloquence doit convier le zèle
des nouveaux enfants de la grâce, pour les envoyer au
Seigneur plus sains et plus purs ? Mais, non : croire que cela
puisse se faire et se conseiller, ce n'est pas seulement déraison, c'est démence. Et de quel front dire à un homme : —
Meurs ; car, esclave d'un barbare impudique et brutal, tu es
en danger d'ajouter à des fautes vénielles une offense capitale ; s'il est impossible de dire sans abomination : — Meurs,
profite de l'absolution récente pour éviter de terribles
rechutes en vivant dans ce monde, qui n'est qu'impures
voluptés, cruautés inouïes, erreurs et terreurs ; séduction,
fureur et menace éternelle ! Oui, c'est un crime de parler
ainsi ; c'est donc un crime de se tuer. S'il était jamais une raison légitime à la mort volontaire… Mais il n'en est pas
même ici ; donc il n'en est pas. Ainsi, ô saintes filles du
Christ, que la vie ne vous soit point à charge si les ennemis
se sont fait un jeu de votre pudeur. Vous avez une grande et
véritable consolation, si votre conscience vous rend ce sincère témoignage de n'avoir point consenti au péché qui a été
permis contre vous.

XXVIII. Mais, direz-vous peut-être, pourquoi donc a-t-il
été permis ? Ô abîme de la Providence qui a créé et gouverne
le monde ! Incompréhensibles sont ses jugements et impé-
nétrables ses voies. Cependant, interrogez sincèrement vos
âmes. Ces dons de pureté, de continence et de chasteté
n'auraient-ils pas élevé votre orgueil ? Votre complaisance
aux louanges humaines n'aurait-elle pas envié dans vos
sœurs ces mêmes vertus ? Je n'accuse point, j'ignore et je
n'entends point ce que vos cœurs vous répondent. Mais s'ils
vous disent qu'il en est ainsi, ne vous étonnez pas d'avoir
perdu ce qui vous rendait si jalouses de plaire aux hommes,
et conservé ce qui échappe à leur vue. Si vous n'êtes pas
complices du péché, c'est qu'un secours divin s'unit à la
grâce divine pour vous garder de la perdre ; mais l'opprobre

humain succède à la gloire humaine pour vous garder de l'aimer. Que l'un et l'autre vous consolent, faibles âmes ; là, c'est l'épreuve qui justifie ; ici, c'est le châtiment qui enseigne. Quant à celles que leur conscience assure de n'avoir jamais cédé à l'orgueil de la virginité ou de la continence, inclinées de cœur à toute humilité, et jouissant avec crainte du don de Dieu ; qui, indifférentes aux louanges humaines d'autant plus vives d'ordinaire que la vertu qui les mérite est plus rare, et loin d'envier à personne la possession du même trésor de charité et d'innocence, eussent préféré d'être confondues dans le nombre que distinguées dans la solitude des saintes âmes ; si quelques-unes d'entre elles ont souffert de la brutalité barbare, qu'elles n'accusent point Dieu qui l'a permis, qu'elles ne doutent point de sa Providence qui permet ce que nul ne commet impunément ; car souvent en cette vie un secret mouvement de Dieu relâche la chaîne des mauvaises passions, les réservant pour la justice dernière. Et ces mêmes femmes, victimes de la violence ennemie, quoique leur conscience ne leur reproche pas l'orgueil de la vertu, peut-être nourrissaient-elles quelque faiblesse secrète qui pouvait dégénérer en fierté superbe, si dans le désastre public cette humiliation leur eût été épargnée ? Quelques-uns sont ravis par la mort, de peur que la corruption ne séduise leur volonté ; et quelque chose est à elles ravi par la violence, de peur que la prospérité n'altère leur modestie. Ainsi, ni ces femmes trop fières de leur honneur intact, ni leurs sœurs que l'infortune a préservées de cet orgueil n'ont perdu la chasteté ; mais l'humilité leur est venue. Guérison d'une part, préservation de l'autre ? Enfin, n'oublions pas que plusieurs ont pu regarder la continence comme un de ces dons corporels qui demeurent tant que le corps est pur de toute souillure étrangère ; mais non comme un bien dépendant de la seule force de la volonté, aidée de la grâce divine qui sanctifie la chair et l'esprit ; non comme un bien dont la perte soit impossible sans le consentement intérieur. Peut-être sont-elles délivrées de cette erreur. Lorsqu'elles songent, en effet, dans quelle sincérité de cœur elles ont servi Dieu, leur foi inébranlable les garde de croire qu'il puisse abandonner ceux qui le servent et l'invoquent ainsi ; elles savent combien la chasteté lui plaît, et concluent, avec une évidente certitude, qu'il n'eût jamais permis que telle infortune advînt à ses saints, si la sainteté qu'il leur a donnée et qu'il aime en eux pouvait ainsi se perdre.

XXIX. Toute la famille du Dieu souverain et véritable a donc sa consolation ; consolation qui ne trompe pas, qui n'est pas fondée sur l'espérance des choses éphémères. Et cette vie temporelle même a-t-elle sujet de la prendre en dégoût, cette vie, noviciat de l'éternité, où elle use des biens terrestres comme une étrangère, sans y arrêter son cœur ; où les maux ne sont pour elle qu'épreuve ou correction ? Et ces insulteurs de sa souffrance, qui lui crient aux jours d'épreuve : « Où est ton Dieu[45] ? » Qu'ils répondent à leur tour : « Où sont leurs dieux, quand ils souffrent comme elle ? » C'est pourtant afin de conjurer ces maux qu'ils servent ou prétendent qu'il faut servir leurs dieux. Pour elle, voici sa réponse : « Mon Dieu est présent partout, tout entier partout, et il ne connaît point de clôture, lui dont la présence est secrète et l'absence sans déplacement. Quand il me pique de l'aiguillon d'adversité, c'est qu'il éprouve ma vertu ou châtie mes offenses ; et pour ces maux temporels pieusement soufferts, il me destine une récompense éternelle. Mais vous, qui êtes-vous pour qu'on vous parle, même de vos dieux ; pour qu'on vous parle de mon Dieu ? ce Dieu terrible pardessus tous les autres ! car tous les dieux des Gentils sont des démons ; le Seigneur est celui de qui les cieux sont l'ouvrage[46]. »

XXX. S'il vivait cet illustre Scipion Nasica, autrefois votre pontife, lui que sous l'épouvante de la guerre punique, le Sénat, en quête du citoyen le plus vertueux, élut d'une voix unanime pour aller recevoir la déesse phrygienne, ce grand homme dont peut-être vous n'oseriez regarder la face ; s'il

45. Ps 41, 4.
46. Ps 95, 4.

vivait, lui-même réprimerait votre impudence. Car pourquoi, dans votre malheur, accuser par vos plaintes l'avènement du Christ ? N'est-ce pas, en effet, que vous désirez jouir sans trouble de vos vices, et libres de toute géhenne importune, vous plonger à loisir dans votre corruption ? La paix, l'abondance, ces biens que vous convoitez, est-ce pour en user honnêtement, c'est-à-dire avec modération, tempérance, piété ? Mais, non ; inépuisable diversité de jouissances, folles prodigalités pour y suffire ; enfin, cette prospérité féconde en ruines morales, plus terribles que le glaive ennemi : voilà ce que vous cherchez ! Scipion le prévoyait, Scipion, votre grand pontife et le plus vertueux des Romains au jugement du Sénat, lorsqu'il s'opposait à la destruction de Carthage, alors rivale de l'empire, contre le sentiment de Caton, impatient de sa ruine. Il redoutait un autre ennemi pour les âmes amollies, la sécurité ; et ne voulait pas émanciper le pupille romain de son tuteur nécessaire, la crainte. L'événement justifie sa prévoyance. Carthage détruite, sous ces ruines l'éternelle terreur de Rome étouffée et ensevelie, c'est alors que la fortune engendre une déplorable suite de calamités. Le joug de la concorde est brisé et vole en éclats ; puis, de sanglantes séditions, et par un enchaînement de causes funestes, les guerres civiles ; effroyables désastres, le sang coule à torrents ; une soif cruelle de proscriptions et de rapines s'allume ; les Romains qui, dans les âges de vertu, ne craignaient rien que de leurs ennemis, déchus des mœurs héréditaires, ont tout à souffrir de leurs concitoyens ; et cet appétit de domination, entre toutes les passions du genre humain, la plus enivrante pour toute âme romaine, étant demeuré vainqueur dans un petit nombre des plus puissants, trouve le reste accablé, abattu, et le plie à l'esclavage.

XXXI. Infatigable passion, pouvait-elle se reposer dans ces cœurs superbes avant d'arriver, par des honneurs continués, jusqu'à la puissance royale ? Et cette continuation d'honneurs était-elle possible, si l'ambition n'eût prévalu ? Or, l'ambition ne pouvait prévaloir que chez un peuple corrompu par l'avarice et la débauche, filles de cette prospérité dont la prudence de Nasica voulait sauver Rome, en conservant sa puissante et redoutable rivale. Il voulait que la crainte réprimât l'instinct de la licence, que le même frein contînt la débauche, que le frein de la débauche fût celui de l'avarice ; qu'enfin l'oppression du vice laissât fleurir et s'enraciner la vertu nécessaire à la république, et la liberté nécessaire à la vertu. Et c'est encore ce prévoyant amour de la patrie qui l'inspire, lui, le pontife souverain, unanimement reconnu par le Sénat d'alors (on ne saurait trop le redire) pour l'homme le plus vertueux, quand il détourne ses collègues du projet corrupteur de bâtir un amphithéâtre, et les persuade, avec une mâle éloquence, de ne point souffrir, complices de la licence étrangère, que la volupté grecque se glisse au foyer des mœurs antiques pour amollir et corrompre l'austère virilité de la vertu romaine. Son ascendant, ses paroles éveillent la sollicitude du Sénat qui, sur l'heure, prohibe les sièges mêmes dont les citoyens commençaient à se servir pour assister aux jeux scéniques. Et ces jeux, de quel zèle ce grand homme les eût proscrits, s'il eût osé s'élever contre l'autorité de ceux qu'il croyait dieux, et ne savait pas être de funestes démons ! Peut-être le sut-il ; mais il crut qu'il les fallait plutôt apaiser que mépriser ; car elle n'avait pas encore été révélée aux nations, cette doctrine céleste qui élève au ciel, au-delà même des cieux, le cœur humain purifié par la foi ; transforme son amour par l'humble piété, et l'affranchit de la superbe tyrannie des esprits de malice.

XXXII. Car apprenez, vous qui l'ignorez, vous qui affectez l'ignorance, et, délivrés de pareils tyrans, murmurez contre votre libérateur, apprenez que ces jeux scéniques, spectacles d'infamie, libertinage de vanités, ont été institués à Rome non par les vices des hommes, mais par l'ordre de vos dieux. Et ne vaudrait-il pas encore mieux décerner les honneurs divins à Scipion, que de les rendre à de tels dieux ? Ces dieux valaient-ils donc leur pontife ? Écoutez, si toutefois votre raison, dès longtemps enivrée des breuvages de l'erreur, vous laisse encore quelques instants lucides, écoutez, c'est pour apaiser la peste, meurtrière des corps, que vos dieux réclament ces jeux scéniques ; c'est pour prévenir la peste morale que votre pontife s'oppose même à la construction d'un théâtre. S'il vous reste encore quelque lueur d'intelligence pour préférer l'âme au corps, choisissez donc ici vos divinités ; car la contagion s'est-elle retirée des corps parce que la contagion plus subtile des jeux de la scène s'est insinuée dans ces esprits guerriers, jusqu'alors accoutumés à la seule rudesse des jeux du cirque ? Non ; mais la malice des esprits infernaux, prévoyant que de ces deux contagions l'une devait bientôt finir, saisit avec une affreuse joie cette occasion de livrer un assaut plus dangereux non à la vie, mais aux mœurs. Quelles épaisses ténèbres d'aveuglement ! quelle hideuse corruption ! La postérité croira-t-elle, qu'échappées au désastre de Rome, à peine réfugiées à Carthage, ces âmes malades vont chaque jour, au théâtre, faire éclater à l'envi leur frénétique enthousiasme pour des histrions ?

XXXIII. Ô esprits en délire ! quel est donc ce prodige d'erreur ? Que dis-je ? de frénésie ? Quoi ! tous les peuples de l'Orient pleurent la perte de Rome ! Aux extrémités de la terre, dans les plus grandes cités, c'est une consternation profonde, un deuil public ! Et vous, vous courez aux théâtres, vous les assiégez, vous les encombrez, et votre folie irrite encore la malignité de leur influence ! C'est cette maladie, ce fléau des âmes, cette entière subversion de probité et d'honneur que Scipion redoutait pour vous, quand il s'opposait aux théâtres, quand il prévoyait quelle facilité l'heureuse fortune aurait à vous corrompre et à vous perdre, quand il ne voulait pas vous affranchir de la peur de Carthage ; car il ne croyait pas à la félicité d'une ville où les murailles sont debout et les mœurs en ruine. Mais les esprits de perversité ont eu sur vous plus de crédit pour vous séduire, que les hommes de prévoyance pour vous sauver. Aussi vous ne vous laissez pas imputer le mal que vous faites, et vous imputez au christianisme le mal que vous souffrez ; car, dans la sécurité, ce n'est pas la paix de la république, c'est l'impunité du désordre que vous aimez ; la prospérité vous a dépravés, et l'adversité vous trouve incorrigibles. Il voulait, ce grand Scipion, que la crainte de l'ennemi vous préservât de la défaillance dans le vice ; et vous, brisés par l'ennemi, vous ne vous êtes pas même retournés contre le vice, vous perdez le fruit du malheur, devenus les plus misérables sans cesser d'être les plus méchants des hommes. Et vous vivez pourtant ; et c'est un bienfait de Dieu, lui dont la clémence vous invite à vous corriger par la pénitence, lui qui a déjà permis à votre ingratitude d'échapper, sous le nom de ses serviteurs, dans les monuments de ses martyrs, à la fureur de vos ennemis.

XXXIV. Romulus et Remus ouvrirent, dit-on, un asile où l'impunité était assurée à quiconque y chercherait refuge. Ils voulaient peupler la cité qu'ils créaient. Merveilleux précédent de cette clémence proclamée naguère en l'honneur du Christ ! Les destructeurs de Rome reproduisent l'ancien édit de ses fondateurs ; mais faut-il s'étonner que ceux-ci aient ordonné, pour accroître le nombre de leurs citoyens, ce qu'ont ordonné ceux-là pour sauver la multitude de leurs ennemis ? Qu'elle réponde ainsi à ses adversaires, qu'elle réponde plus éloquemment ou plus à propos, s'il est possible, la famille rachetée du Christ Seigneur, notre Roi, et sa cité étrangère ici-bas !

XXXV. Qu'elle se souvienne toutefois que ses ennemis mêmes cachent dans leurs rangs plusieurs de ses futurs concitoyens, de peur qu'elle ne croie stérile à leur égard la patience qui les supporte comme ennemis, en attendant la joie de les recevoir comme confesseurs ! Qu'elle se souvienne aussi que pendant son pèlerinage en ce monde, plusieurs lui sont unis par la communion des sacrements qui ne seront pas associés à sa gloire dans l'éternelle félicité des saints. Connus ou inconnus, ces hommes marqués du sceau divin ne craignent pas de se réunir aux ennemis de Dieu pour murmurer contre lui, et tantôt remplissent les théâtres avec eux, tantôt les églises avec nous. Or, il ne faut nullement désespérer du retour de plusieurs d'entre eux, si parmi nos plus francs adversaires se cachent des amis prédestinés, encore inconnus à eux-mêmes. Car les deux cités s'enlacent et se confondent dans le siècle jusqu'à ce que le dernier jugement les sépare. C'est sur leur origine, leur progrès, la fin qui les attend, que je veux développer mes pensées, avec l'assistance divine, et pour la gloire de la cité de Dieu que le rapprochement de tant de contrastes rendra plus éclatante.

XXXVI. Mais il me reste encore quelques mots à dire contre ceux qui rejettent les malheurs de Rome sur notre religion, parce qu'elle défend de sacrifier à leurs dieux. Rappelons donc, suivant l'étendue de nos souvenirs ou le besoin de notre sujet, tous les désastres qui, avant la proscription de ces sacrifices, ont accablé cette cité ou les provinces dépendantes de son Empire ; désastres qu'ils nous attribueraient sans doute, si dès lors notre religion eût fait luire à leurs yeux sa lumière et prohibé leurs sacrilèges cérémonies. Montrons à quelles vertus, et dans quel but, Dieu a daigné prêter son assistance pour l'agrandissement de l'Empire, le vrai Dieu qui tient dans sa main tous les empires, et non ces prétendues divinités, dont les séductions et les prestiges ont été plutôt si funestes. Il faut s'élever enfin contre ceux qui, réfutés et convaincus par les plus évidents témoignages, s'obstinent encore à soutenir qu'il faut servir les dieux pour l'intérêt non de la vie présente, mais de la vie qui succède à la mort. Question autrement laborieuse, si je ne me trompe, controverse des plus hautes, où nous entrons en lice contre les philosophes, et les philosophes les plus célèbres, en possession de la gloire la plus légitime, d'accord avec nous sur l'immortalité de l'âme, sur la vérité d'un seul Dieu créateur du monde, sur sa Providence qui gouverne son œuvre. Mais comme ils professent par ailleurs des sentiments contraires aux nôtres, il faut les combattre ; c'est un devoir auquel nous ne saurions faillir ; et après avoir ruiné toutes les objections de l'impiété, selon les forces que Dieu nous prêtera, nous pourrons affermir la cité sainte, la piété véritable et le culte du Dieu en qui seul la béatitude éternelle nous est promise en vérité. Ici donc mettons fin à ce Livre, pour introduire par un début nouveau la suite de ces considérations.

# Livre II

# Les dieux de Rome,
école d'immoralité

*Avant d'entreprendre l'histoire parallèle de la cité de Dieu et de la cité terrestre, Augustin estime devoir s'opposer encore à ceux qui rejettent la responsabilité des désastres récents subis par Rome sur la religion chrétienne, du fait de laquelle il leur a été interdit de sacrifier aux dieux.*

*Augustin retourne l'argument et répond par une mise en cause des dieux romains. Le thème majeur du Livre II souligne cruellement que les dieux de Rome ont été pour la cité une école d'immoralité.*

*Augustin argumente que bien avant l'actuelle ruine de Rome, où « ce sont des pierres et du bois qui se sont écroulés », c'est dans la vie même des Romains que s'est écroulée la vertu et tout ce qui est susceptible de fortifier les mœurs. Une ruine morale a précédé les ruines matérielles. « Leurs cœurs ont brûlé de passions plus pernicieuses que les flammes qui ont dévoré leurs maisons. » La corruption morale est la cause des malheurs publics. Bien avant que ne paraisse le christianisme, les dieux n'ont pas empêché les malheurs de Rome. La ruine est en définitive imputable aux dieux dont l'autorité n'a rien empêché. Jamais ils n'ont enseigné aux Romains à vivre honnêtement ; bien plus, au théâtre et dans le culte même, ils ont donné l'exemple de tout dérèglement des mœurs. Les plus vertueux des Romains, tel Scipion Nasica, Scipion l'Africain, en témoignent dans les discussions de la* République *de Cicéron. Les* anciens Romains, soucieux de la moralité des citoyens, étaient impuissants à se soucier de la moralité des dieux. Ainsi c'est l'immoralité de la religion romaine qui de long-temps est cause de la corruption de l'Empire romain.

Les plus nobles citoyens en témoignent : les fêtes théâtrales et les cultes en l'honneur des dieux nourrissent l'image de l'immoralité, qui a causé de longtemps la ruine de la République. Le schéma est clair, il est établi pour des siècles : la corruption religieuse entraîne la corruption morale qui entraîne la corruption politique. On ne demande plus à l'État que la sécurité, tandis que l'on vaque à ses plaisirs !

Au chapitre 21, Augustin introduit une interrogation célèbre et déstabilisatrice, qui sera reprise au Livre XIX : y a-t-il encore un peuple, une cité, une République là où il n'y a plus de vraie justice ? là où le droit n'est plus observé ?

Qu'on ne dise donc pas que Rome a été ruinée parce que « les dieux se sont retirés » (Virgile), mais qu'on mette en cause l'immoralité des citoyens, et que le peuple romain, héritier des Scipion, Scévola, Regulus, Cicéron, convoite les vrais biens, qu'il se réveille et retrouve le chemin de la vraie patrie !

La démarche d'Augustin en ce Livre établit un lien étroit entre :
• la religion romaine et l'image qu'elle offre au théâtre et dans le culte ;
• la corruption des mœurs privées, sociales et politiques ;
• la ruine politique de Rome.

Les chrétiens sont attaqués pour avoir organisé le discrédit institutionnel des dieux de la cité. Augustin répond que le discrédit moral, l'image de la vie donnée par les dieux ont précédé le discrédit institutionnel. La représentation, l'image ou l'idéologie sont premiers pour Augustin. C'est dans les images qu'elle projette que se juge une religion. Des dieux qui ne donnent pas de beaux exemples, de nobles images, sont condamnés, car ce sont d'images que se nourrissent les hommes.

# LIVRE DEUXIÈME

I. Si la raison humaine, faible et malade ici-bas, loin de
résister à l'éclat de la vérité soumettait ses langueurs au traitement d'une doctrine salutaire, en attendant que par la foi et
l'amour elle obtînt sa guérison de la grâce divine, un sens
droit et la faculté de s'exprimer suffiraient, sans long discours, pour convaincre toute erreur de son néant. Mais cette
maladie qui travaille les esprits égarés est d'autant plus pernicieuse aujourd'hui, qu'après toutes les raisons possibles, et
telles que l'homme en doit attendre de l'homme, soit aveuglement profond qui ne voit plus l'évidence, soit indomp-
table opiniâtreté qui ne saurait la souffrir, ils défendent les
emportements de leur délire comme la raison et la vérité
mêmes. C'est donc souvent une nécessité de s'étendre longuement sur des réalités manifestes, non pour les montrer à
ceux qui voient, mais pour les faire toucher du doigt, pour en
frapper les yeux qui se détournent. Et pourtant, quel terme
aux débats et aux discours si nous croyions toujours devoir
une réponse aux réponses ? Car le défaut d'intelligence ou
l'entêtement rebelle répondent comme dit l'Écriture « par
des paroles d'iniquités[1] » et « leur vanité ne les fatigue
point ». Si donc nous voulions réfuter leurs opinions autant
de fois qu'ils ont obstinément pris leur parti de se soucier
peu de ce qu'ils disent pourvu qu'ils nous contredisent,
quelle œuvre interminable, désespérante, stérile ! Aussi ne

1. Ps 93, 4.

voudrais-je pour juges de mes écrits ni toi-même, cher
Marcellin, ni aucun de ceux à qui, pour l'amour du Christ, je
dévoue ce fruit de mes veilles, si vous réclamiez toujours
une réponse à chaque contradiction qui s'élève, semblables
à ces femmes dont parle l'apôtre « apprenant toujours et
n'arrivant jamais à la connaissance de la vérité[2] ».

II. J'ai abordé au Livre précédent cette œuvre de la cité
sainte que j'entreprends d'élever avec l'aide de Dieu ; et j'ai
cru devoir préalablement répondre aux impies qui attribuent
ces fléaux de la guerre dont le monde est brisé, surtout cette
récente désolation de Rome, à la religion chrétienne parce
qu'elle leur défend le culte abominable des démons, quand
plutôt ils devraient rendre grâces au Christ de cette clémence
inouïe des barbares qui, par le seul amour de son nom, ouvre
pour refuge à la liberté des vaincus les plus saints, les plus
vastes asiles, et respecte en plusieurs la profession du christianisme, ou sincère ou usurpée par la crainte, jusqu'à regarder comme illicite à leur égard l'exercice du droit de la
guerre. Ici s'est présentée cette question : Pourquoi ce divin
privilège s'est-il étendu à des impies, à des ingrats ? Et pourquoi les calamités de la guerre ont-elles enveloppé dans une
même infortune les justes et les impies ? Mêlée aux vicissitudes journalières du siècle où les faveurs divines et les
afflictions humaines semblent indifféremment tomber en
partage aux bons et aux méchants, cette question, qui trouble
un grand nombre d'esprits, je me suis arrêté quelque temps
à la résoudre selon le dessein de cet ouvrage, mais surtout
pour consoler les saintes femmes flétries dans leur pudeur et
non dans leur chasteté, afin que la vie ne leur soit point un
remords quand leur âme n'a pas à connaître le repentir. Puis,
en peu de mots, je me suis adressé à ces lâches dont la
cynique impudence insulte aux afflictions des fidèles et surtout à la pudeur outragée de nos saintes et chastes sœurs ; eux,
les plus dépravés, les plus effrontés des hommes ! race dégé-
nérée de ces mêmes Romains dont l'histoire a gardé tant de

2. 2 Tm 3-7.

nobles souvenirs ; que dis-je ? mortels ennemis de la gloire de leurs pères. Car cette Rome, enfantée, élevée par le courage des ancêtres, ils l'avaient faite dans sa grandeur plus honteuse qu'elle ne fut dans sa chute. Ici, ce n'est qu'une ruine de bois et de pierres, mais dans leur vie, c'était la force, c'était la beauté morale qui s'était écroulée : ces cœurs brûlaient de passions plus funestes que les flammes qui ont dévoré leurs toits. Ainsi j'ai terminé le premier Livre ; je veux maintenant rappeler tous les maux dont Rome a soufferts, soit à l'intérieur, soit dans les provinces soumises à son Empire, maux dont ils chargeraient infailliblement le christianisme, si alors la liberté de la parole évangélique eût élevé contre leurs dieux faux et trompeurs sa puissante protestation.

III. Or, souviens-toi qu'ici je plaide encore contre ceux dont l'ignorance a fait naître ce proverbe : « Il ne pleut pas, les chrétiens en sont cause. » Quoique dans ce nombre il s'en trouve plusieurs dont l'esprit cultivé aime l'histoire où ils ont sans peine appris les faits que je vais dire. Mais afin de soulever contre nous la multitude grossière, ils feignent l'ignorance, et cherchent à persuader le vulgaire que ces désastres dont, à certaines distances de temps et de lieux, le genre humain est nécessairement affligé, n'ont d'autre cause que le nom chrétien qui étend partout pour la ruine de leurs dieux sa renommée immense, son éclatante popularité. Que leur souvenir remonte donc aux temps antérieurs à la venue du Christ, à cette glorieuse propagation de son nom, dont ils sont si vainement jaloux, qu'il leur souvienne combien de calamités différentes ont brisé la république romaine ; et s'il est possible, qu'on les défende ces dieux qu'il ne faut servir que pour détourner les maux dont on nous impute aujourd'hui la souffrance. Car pourquoi ont-ils permis ces afflictions de leurs serviteurs, avant que la gloire du nom du Christ offensât leur majesté et interdît leurs autels ?

IV. Et d'abord, pourquoi cette indifférence des dieux à prévenir le dérèglement des mœurs ? C'est avec justice que le vrai Dieu a négligé ceux qui ne le servent pas ; mais ces

dieux, que des hommes profondément ingrats murmurent de
ne pouvoir servir, pourquoi laissent-ils leurs adorateurs sans
lois, sans lumière pour bien vivre ? Si les hommes veillent au
culte des dieux, n'est-il pas juste que les dieux veillent aux
actions des hommes ? Mais, dit-on, nul n'est méchant que
de sa propre volonté. Et cependant, n'était-ce pas pour ces
dieux un devoir de providence de ne point cacher à leurs
fidèles les préceptes de la vertu, mais de les professer à haute
voix, et, par l'organe de leurs pontifes, de reprendre, d'accuser les pécheurs, de présenter au crime la menace des châtiments, à la justice, la promesse des récompenses ? L'écho
de vos temples a-t-il jamais résonné de tels enseignements ?
Et moi aussi, à l'âge de l'adolescence, j'assistais à ces spectacles, à ces sacrilèges parades. Je prenais plaisir à ces
fureurs étranges, à ces concerts, à ces jeux infâmes célébrés
en l'honneur des dieux et des déesses. Au jour de l'ablution
solennelle de la Vierge céleste Bérécynthia, mère de tous les
dieux, en public devant sa litière, les plus vils histrions chan-
taient de telles obscénités qu'il eût été honteux de les
entendre, non pas à la mère des dieux, mais à la mère d'un
sénateur, mais à la mère d'un citoyen honnête ; que dis-je ?
l'un de ces bouffons en eût rougi pour sa mère, car l'homme
conserve en son cœur pour ses parents un sentiment de
pudeur que la dernière dépravation ne saurait effacer. Oui,
qui de ces bouffons mêmes n'eût rougi de répéter dans sa
maison, devant sa mère, ces cyniques refrains, ces postures
lascives, dont, en présence de la mère des dieux et d'une
multitude de témoins de l'un et de l'autre sexe, il affligeait
sans pudeur les yeux et les oreilles ? Cette foule immense et
confuse qu'attirait la curiosité, ne devait-elle pas se retirer
avec le dégoût et la confusion de la honte ? Si c'est là une
cérémonie sacrée, qu'est-ce donc qu'un sacrilège ? Si c'est là
une ablution, qu'est-ce donc qu'une souillure ? Et tout cela
s'appelait *fercula* ; festin en effet où l'on servait à la faim
des démons, les aliments de leur goût ! Qui ne sait quels
esprits se complaisent à de telles infamies, à moins d'ignorer l'existence même des esprits immondes, séducteurs des
hommes sous le nom de dieux ; à moins de vivre d'une vie

telle qu'au mépris du vrai Dieu, on recherche leur faveur, on redoute leur colère ?

V. Et ce n'est pas ces insensés qui, loin de lutter contre les débordements de cette honteuse coutume, s'y complaisent avec délices, c'est cet illustre Scipion Nasica envoyé par le Sénat comme le plus vertueux citoyen au-devant de l'impure idole, c'est Scipion que je voudrais ici pour juge. Nous saurions s'il désirerait que sa mère eût rendu à la république des services assez éminents pour mériter les honneurs divins ; honneurs que les Grecs, les Romains et les autres peuples ont, dans leur reconnaissance, décernés à plusieurs de leurs bienfaiteurs mortels, qu'ils croyaient devenus immortels et admis au nombre des dieux. Certes, s'il était possible, il souhaiterait à sa mère cette glorieuse félicité ; mais voudrait-il que ces divins honneurs fussent célébrés par de telles infamies ? À cette question il s'écrierait sans doute : « Non ! que ma mère demeure privée de sentiment et de vie plutôt que de vivre déesse pour prêter l'oreille à ces horreurs ! » Loin, loin de notre pensée qu'un sénateur romain, d'une raison assez magnanime pour proscrire le théâtre dans cette cité de fortes âmes, souhaite à sa mère un culte où, déesse, on l'invoque par des prières qui l'eussent offensée simple mortelle comme de honteuses paroles. Non, il ne croirait pas que l'apothéose corrompît à ce point les sentiments d'une vertueuse femme qu'elle agréât comme de pieux hommages ces obscénités infâmes, auxquelles, pendant sa vie, elle eût dû fermer l'oreille et se dérober par la fuite, à moins de faire rougir pour elle ses parents, son mari, ses enfants. Ainsi, cette mère des dieux, que le dernier des hommes n'eût pas avouée pour sa mère, voulant s'emparer des âmes romaines, réclame le plus vertueux citoyen. Est-ce afin de le rendre tel en effet par ses conseils et son assistance ? Non, elle veut le séduire, semblable à cette femme « chasseresse des âmes précieuses[3] » comme dit l'Écriture. Elle veut que ce grand cœur, fier d'un témoignage tenu pour divin, et croyant lui-même à l'émi-

3. Pr 6, 26.

nence de sa vertu, ne se mette point en quête de la piété, de
la religion véritable sans quoi les plus nobles caractères tombent dans le néant de l'orgueil ? Et que prétend cette déesse
en demandant un homme de bien, sinon le surprendre, elle qui
demande pour ses solennités des divertissements que les
gens de bien repousseraient avec horreur de leurs banquets ?

VI. De là l'insouciance de ces dieux pour régler la vie et
les mœurs des peuples, ces cités dévouées à leur culte ; pour
détourner par de terribles menaces ces maux affreux qui
dévorent non le champ et la vigne, non la maison et la fortune, mais l'honneur même et cette chair soumise à l'âme, et
cette âme et cet esprit recteur de la chair. Loin de là ; ils permettent plutôt à la malice humaine de combler la mesure.
L'ont-ils jamais réprimée ? Qu'on nous le montre donc,
qu'on nous le prouve ! Et qu'on n'allègue pas ici de vains
chuchotements murmurés à l'oreille de quelques rares initiés, timides secrets d'une tradition mystérieuse ; mais que
l'on rappelle, que l'on signale les lieux consacrés à de
pieuses réunions, exempts de ces jeux, déshonorés par des
chants et des postures cyniques ; déroutes[a] solennelles où la
bride était lâchée à toutes les infamies, véritables déroutes de
l'honneur et de la honte ; mais où le peuple reçût les enseignements des dieux pour contenir l'avarice, briser l'ambition, réfréner la luxure ; où l'homme misérable apprît ce que
Perse veut qu'il apprenne :

« Apprenez, malheureux, s'écrie le poète avec amertume ;
remontez aux causes ; apprenez ce que nous sommes ; pour
quelle vie nous recevons l'être ; quel est l'ordre imposé ; où
se doit imprimer à la roue le mouvement de la courbe
flexible ; la misère des richesses et celle des désirs ; l'utilité
de cet écu tout rude encore ; quelle part s'en doit à la patrie
et à des parents aimés ; ce que Dieu veut que tu sois, et dans
quelle condition de l'humanité sa Providence t'a placé[4]. »

Qu'on nous le dise, où professait-on ces maximes au nom

a. *Fugalia* : fêtes commémorant l'expulsion des rois.
4. Perse, *Satires*, III, 66-72.

des dieux ? Où s'assemblaient les peuples pour entendre ces divins préceptes ? En quels lieux semblables à nos églises que nous montrons instituées pour de telles réunions, partout où la religion chrétienne se répand ?

VII. Peut-être va-t-on nous citer les écoles et les disputes des philosophes ? D'abord elles ne sont pas d'origine romaine, mais grecque ; ou s'il faut les tenir pour romaines parce que la Grèce est devenue province de l'Empire romain, encore ne publient-elles point les préceptes des dieux mais les inventions des hommes dont le génie pénétrant et subtil a entrepris de découvrir rationnellement ce que la nature recèle de plus secret ; ce qu'il faut rechercher ou fuir dans la conduite de la vie ; quelle induction certaine l'art de raisonner exprime de l'enchaînement des pensées ; ce qui ne conclut pas, ou répugne aux conclusions qu'on veut tirer. Et quelques-uns ont découvert de grandes vérités en tant que Dieu leur a prêté son aide, mais en tant qu'esclaves de l'infirmité humaine, ils sont tombés dans l'erreur, et la Providence divine a résisté justement à leur orgueil pour montrer par l'exemple même de ces hommes la voie de la piété qui, du fond de l'humilité s'élève jusqu'au ciel : question que nous aurons sujet d'approfondir et de discuter avec la grâce du vrai Dieu et Seigneur. Si toutefois les philosophes ont découvert quelque secret de s'acheminer par une bonne vie à la vie bienheureuse, combien serait-il plus juste de décerner à de tels hommes les honneurs divins ? Ne serait-il pas plus conforme à la bienséance et à la vertu de lire les livres de Platon dans son temple que d'assister dans le temple des démons à ces mutilations volontaires des prêtres galles, à ces consécrations cyniques, à ces blessures forcenées, enfin à toutes ces turpitudes cruelles, à toutes ces cruautés honteuses solennellement pratiquées dans les fêtes de ces infâmes divinités ? Combien serait plus utile à l'éducation morale de la jeunesse, la publique lecture d'un code de lois divines que ces stériles éloges des lois et institutions de nos ancêtres ! Car les adorateurs de ces dieux ne sentent pas plutôt fermenter dans leur âme le venin d'un coupable désir, selon

l'expression de Perse[5], qu'ils songent aux actions de Jupiter
de préférence aux leçons de l'académie et à l'austère discipline de Caton. Aussi dans Térence un jeune débauché voit
en peinture sur une muraille comment Jupiter répand certaine pluie d'or au sein de Danaé ; et couvrant sa honte d'une
autorité si grande, il se vante d'avoir suivi les traces d'un
Dieu. « Eh ! quel Dieu ! dit-il, celui qui fait trembler de son
tonnerre la voûte profonde des cieux. Pygmée que je suis,
j'aurais honte de l'imiter ? Non ! non ! je l'ai imité et de
grand cœur[6] ! »

VIII. Ce n'est pas, dira-t-on, aux fêtes des dieux, c'est aux
fictions des poètes qu'il faut rapporter de tels enseignements.
Qui m'empêche de répondre que les mystères de la religion
sont plus honteux que les débauches du théâtre ! Toutefois je
me borne à dire, ce que l'on ne peut nier sans être convaincu
par l'histoire, que ces jeux où règnent les fables des poètes
n'ont pas été introduits dans les cérémonies religieuses par
l'ignorante superstition des Romains, mais que les dieux
eux-mêmes en ont impérieusement et presque avec menace
ordonné la solennelle représentation, comme je l'ai rappelé
en peu de mots au Livre premier. Car, ce fut sous le fléau
d'une contagion désastreuse que les jeux scéniques furent
primitivement institués à Rome par l'autorité des pontifes.
Qui donc ne se proposerait pas pour règle de vie les actions
représentées dans ces jeux d'institution divine, plutôt que
ces articles écrits dans les codes de la sagesse humaine ? Si
le maître des dieux ne fut jamais adultère que dans les coupables fictions des poètes, ce n'est pas l'omission mais la
sacrilège licence de ces jeux que dut venger le juste courroux de ces chastes divinités. Et cependant, c'est encore là le
divertissement le plus tolérable ; ces tragédies, ces comédies,
imagination des poètes, exposées sur la scène, savent du
moins voiler l'obscénité des sujets par une certaine décence
d'expressions. Ainsi font-elles partie des études dites hon-

5. Perse, *Satires,* III, 36 sv.
6. Térence, *L'Eunuque*, 584.

nêtes et libérales, et des vieillards les font lire et apprendre
aux enfants !

IX. Mais quel était le sentiment des vieux Romains sur
les jeux de la scène ? Cicéron nous l'apprend dans ses livres
de la *République* où Scipion en discutant s'exprime ainsi :
« Jamais, si les mœurs privées ne l'eussent souffert, la comédie n'eût fait recevoir ses débauches au théâtre[7]. » Pour les
Grecs plus anciens, ils avaient peut-être une excuse au libertinage de leur préjugé. La loi d'ailleurs permettait à la comédie de parler librement et nominativement, de tout et de tous.
Aussi, dans les mêmes livres, Scipion l'Africain ajoute :
« Qui n'a-t-elle pas atteint ? Ou plutôt, sur qui ne s'est-elle
pas acharnée ? Qui a-t-elle épargné ? Qu'elle ait blessé des
flatteurs de peuple, citoyens pervers et séditieux, un Cléon,
un Cléophon, un Hyperbolus, passe encore ; souffrons-le,
bien qu'il soit préférable que de tels hommes soient notés
par le censeur plutôt que par le poète ; mais que Périclès,
depuis tant d'années gouvernant la République avec une souveraine autorité dans la paix et dans la guerre, soit outragé
par des vers et qu'on les récite sur la scène, cela n'est pas
moins choquant que si parmi nous Plaute ou Nævius eût
voulu médire des Scipion, ou Cæcilius de Caton. » Et un peu
plus bas : « Nos lois des douze tables au contraire, si avares
de la peine capitale, l'ont portée contre tout citoyen qui flé-
trirait l'honneur d'autrui par des poésies ou représentations
outrageantes. C'est en effet au jugement, à la censure légitime des magistrats et non au caprice des poètes que notre vie
doit être soumise, et nous devons être à l'abri de l'injure, s'il
ne nous est permis de répondre et de nous défendre en justice. » Tel est le passage du quatrième livre de la *République*
de Cicéron que j'ai cru devoir extraire littéralement sauf
quelques omissions ou de légers changements pour en faciliter l'intelligence : car il importe beaucoup à mon sujet.
Suivent d'autres développements dont la conclusion montre
que les anciens Romains ne souffraient pas volontiers qu'un

7. Cicéron, *De republica*, IV, 10.

homme fût pendant sa vie loué ou blâmé sur la scène. Les
Grecs, je l'ai déjà dit, en admettant cette licence, n'étaient
pas moins cyniques, mais plus conséquents ; car ils voyaient
leurs dieux applaudir à l'opprobre dont la scène couvrait et
les hommes et les dieux mêmes, soit pures fictions des
poètes, soit récit et représentation véritable de ces crimes
divins ; et plût au ciel que les hommes se fussent contentés de
les prendre pour divertissement et non pour modèles. C'eût
été trop d'orgueil en effet d'épargner la réputation des principaux de la ville et des autres citoyens, quand les dieux ne
voulaient pas que leur propre réputation fût épargnée. Pour
cette excuse alléguée d'ordinaire, que les forfaits attribués
aux dieux ne sont qu'imagination et mensonge, quoi de plus
criminel si l'on consulte la véritable piété ? Si l'on considère
la malice des démons, quoi de plus artificieux, quoi de plus
perfide ? Car si la diffamation d'un citoyen vertueux et
dévoué à la patrie est d'autant plus indigne qu'elle calomnie
davantage et ses mœurs et la vérité, quels supplices pourront
suffire quand cette injure, si horrible, si criminelle, atteint la
divinité même ?

X. Mais qu'importe à ces esprits de malice, qu'on prend
pour des dieux, que des crimes imaginaires leur soient attribués pourvu qu'ils enveloppent les âmes humaines dans ces
filets d'opinions étranges, et les entraînent avec eux à leur
inévitable supplice ? Que ces crimes aient été commis par
des hommes dont l'apothéose réjouit ces amis des erreurs
humaines, subtils artisans de malfaisance et d'imposture,
habiles à se substituer aux objets mêmes de ce culte idolâtre ;
ou que nul homme n'en soit coupable, qu'importe ? Ils veulent que la fiction les prête aux dieux, afin que toute atrocité, toute infamie s'autorise de tels exemples comme s'il y
avait commerce de crimes du ciel à la terre ! Ainsi les Grecs
se sentant esclaves de pareilles divinités n'ont pas cru que
sur cette scène retentissante d'outrages, les poètes dussent
les épargner eux-mêmes ; soit ambition d'être assimilés à
leurs dieux, soit crainte de les irriter en s'élevant au-dessus
d'eux par la recherche d'une réputation meilleure. C'est

aussi sur ce principe qu'ils admettaient les acteurs aux plus hautes dignités. Car ce même livre de la *République* rapporte qu'Eschine, l'éloquent orateur d'Athènes, après avoir joué la tragédie dans sa jeunesse, parvint au gouvernement de l'État, et qu'Aristodème, acteur tragique aussi, fut souvent envoyé par les Athéniens en mission auprès de Philippe pour traiter les importantes affaires de la guerre et de la paix[8]. Et en effet, l'art et les jeux scéniques étant agréables aux dieux, était-il raisonnable d'en reléguer les acteurs au rang des citoyens infâmes ?

XI. C'était une honte aux Grecs ; mais ils s'accommo-daient à la fantaisie de leurs dieux. Ils n'osaient pas dérober la vie des citoyens aux langues homicides des poètes et des histrions qui déchiraient la vie des dieux, de l'aveu, avec l'agrément des dieux mêmes. Et loin de mépriser les acteurs de ces fictions si agréables à leurs divinités, ils les jugèrent dignes des plus grands honneurs. Quelle raison en effet d'honorer les prêtres qui rendent les dieux propices par le sang des victimes et noter comme infâmes les acteurs, ins-truments de ces plaisirs scéniques réclamés des dieux comme un honneur dont l'omission, suivant leurs propres menaces, provoquerait les célestes courroux ? Et d'ailleurs, le célèbre Labéon, si profond dans la science sacrée, ne veut-il pas que la différence de culte distingue les divinités bonnes et mau-vaises ? Aux mauvaises, des libations sanglantes, de funèbres prières ; aux bonnes, des hommages de plaisir et de joie, « les jeux, dit-il, les festins, le *lectisternium*[b] ». Plus tard avec l'aide de Dieu nous discuterons le fond de toutes ces opinions. Quant à la question présente, soit que l'on rende ces honneurs indifféremment à tous les dieux comme bons (et il sied bien aux dieux d'être méchants ! ou plutôt ils le sont tous, car ils ne sont que des esprits impurs) ; soit qu'au gré de Labéon, on établisse certaine distinction d'hommages ; c'est toujours avec beaucoup de raison que les Grecs honorent à la fois les

b. Festin offert aux dieux.
8. Cicéron, *De republica*, IV, 11-13.

prêtres qui offrent les victimes et les acteurs qui célèbrent les
jeux. Ne seraient-ils pas en effet convaincus de faire injure
à tous les dieux si la scène est un plaisir pour tous ; ou, pis
encore, aux dieux bons, si les bons seuls s'y plaisent ?

XII. Quant aux Romains, et Scipion en fait gloire dans ce
même traité de la *République*, ils n'ont pas voulu laisser leur
vie et leur réputation en proie à l'injurieuse malignité des
poètes, et ils ont même décerné la peine capitale contre tout
citoyen coupable de vers diffamatoires. Noble respect de soi-
même ! mais orgueil, mais impiété à l'égard des dieux ! Igno-
rait-on qu'ils souffraient avec patience, que dis-je ? avec
plaisir, d'être déchirés par la dent envenimée des poètes ? Et
l'on se croyait plus digne de ménagements que les dieux
mêmes, et le rempart de la loi protégeait l'homme contre les
outrages, tandis que les dieux en étaient abreuvés dans les
jeux célébrés en leur honneur ! « Eh quoi ! Scipion, tu loues
la défense faite aux poètes de Rome d'insulter un citoyen
romain, et tu vois qu'aucun dieu n'est épargné ! Tu fais donc
plus d'état de la dignité du Sénat que de la gloire du Capitole,
de la seule Rome que de tout le ciel ? Et les poètes ne pourront darder contre les citoyens leur langue malfaisante : la loi
les retient. Mais, libres à l'égard des dieux, sans craindre ni
sénateur, ni prince du Sénat, ni censeur, ni pontife, ils pourront impunément leur lancer l'outrage ! Chose indigne,
n'est-ce pas, que Plaute ou Nævius médisent des Scipion, ou
Cæcilius de Caton ? Mais il est juste que votre Térence irrite
le désir de la jeunesse par l'exemple de Jupiter très grand et
très bon ! »

XIII. Scipion me répondrait peut-être s'il vivait :
Comment refuser l'impunité à ce qui est consacré par les
dieux mêmes ? Et n'ont-ils pas introduit dans les mœurs
romaines ces jeux scéniques où se représente, où se dit, où se
fait tout cela ? N'en ont-ils pas ordonné la dédicace et la célébration en leur honneur ? Eh quoi ! un tel commandement ne
les a pas convaincus de n'être que des dieux de mensonge,
absolument indignes de recevoir d'une telle république les

honneurs divins ? N'eût-il pas été contre la décence et la raison de les adorer s'ils eussent réclamé des représentations
injurieuses aux Romains ? Comment donc, au nom du ciel, a-
t-on pu les prendre pour des dieux dignes d'adoration au lieu
de les reconnaître comme des esprits dignes de haines,
quand, jaloux de tromper les hommes, ils ont voulu que leur
culte même publiât leurs crimes ? Et toutefois, quoique déjà
dominés par une funeste superstition au point d'honorer des
divinités qui demandaient à la scène l'hommage de ces turpitudes, les Romains conservèrent assez de dignité et de
pudeur pour ne pas honorer les acteurs à l'exemple des
Grecs ; mais, suivant les paroles du même Scipion dans
Cicéron, « tenant pour infâmes l'art et les jeux scéniques,
non seulement ils ont jugé les gens de cette profession inad-
missibles aux emplois, ils ont encore voulu que la note du
censeur les exclût même de leur tribu[9] ». Admirable sagesse,
et qui doit compter entre les vraies vertus de Rome ! Mais
que n'est-elle à soi-même son guide et son modèle ? Un
citoyen romain choisit la profession d'acteur, toute voie aux
honneurs lui est fermée, que dis-je ? la sévérité du censeur ne
le souffre pas même dans sa propre tribu ; cela est juste. Ô
noble instinct de la gloire ; ô inspiration naïvement romaine !
Mais qu'on me réponde : quelle raison d'exclure des honneurs les hommes de la scène, et d'introduire les jeux de la
scène dans les honneurs des dieux ? Longtemps inconnu à la
vertu des Romains, cet art théâtral n'est recherché que pour
le plaisir de l'homme, il ne se glisse qu'au sein de la corruption, et les dieux cependant en réclament l'hommage ? Et
l'on rejette avec mépris l'acteur, l'un des ministres du culte
divin ! Et l'on ose noter qui représente ces infamies, en adorant qui les exige ? C'est un différend à vider entre les Grecs
et les Romains. Les Grecs trouvent raisonnable d'honorer
les hommes de la scène puisqu'ils adorent des dieux sollici-
teurs de jeux scéniques ; les Romains au contraire ne souffrent pas que leur présence déshonore l'assemblée du Sénat,
que dis-je ? la tribu même où la plèbe est admise ? Mais, dans

9. Cicéron, *De republica*, IV, 10.

cette question, toute difficulté est tranchée par ce raisonnement. Les Grecs posent en principe : si l'on doit un culte à de
tels dieux, on doit des honneurs à de tels hommes. Mais il est
impossible d'honorer de tels hommes, objectent les
Romains ; et les chrétiens concluent : donc il est impossible
d'adorer de tels dieux.

XIV. Et je le demande maintenant, ces poètes auteurs de
pareilles fables à qui la loi des douze tables défend d'attenter à la réputation des citoyens quand ils couvrent les dieux
d'opprobres et d'outrages, pourquoi ne sont-ils pas réputés
infâmes comme les comédiens, notés comme ceux qui représentent ces poétiques fictions, ces ignominieuses divinités ?
Est-ce justice de flétrir les acteurs et d'honorer les auteurs ?
Et n'est-ce pas plutôt à un Grec, à Platon qu'il faut décerner
la palme de l'équité lorsque, formant selon la raison l'idéal
d'un État, il pense qu'il faut en bannir les poètes comme des
ennemis. Car il ne saurait souffrir ni ces insultes sacrilèges,
ni ces fables trompeuses et corruptrices. Et c'est Platon, c'est
un homme, qui, proscrivant les poètes, bannit le mensonge
de la cité, tandis que les jeux scéniques sont réclamés par les
dieux comme un honneur. Compare maintenant l'homme à
la divinité. L'homme ne veut pas même que l'on écrive de
telles infamies, il en dissuade sans les persuader la légèreté
et la mollesse grecques ; la divinité veut même qu'on les
représente, et son ordre arrache ces représentations à la gravité, à la modestie des Romains ! Que dis-je ? elle veut
encore que ces jeux lui soient dédiés, consacrés, célébrés
solennellement en son honneur. Qui donc enfin serait-il plus
honorable de diviniser ou le sage qui défend tant d'obscènes
délires, ou ces démons charmés de l'erreur des hommes que
Platon n'a pu persuader de la vérité ? Cet homme, Labéon a
cru devoir l'élever au rang des demi-dieux, comme Hercule,
comme Romulus. Or, il préfère les demi-dieux aux héros, et
tous il les met au nombre des divinités. Pour moi, je le tiens
non seulement préférable aux héros, mais aux dieux mêmes,
celui que Labéon appelle un demi-dieu. Les lois romaines
approchent des sentiments de Platon ; car s'il condamne

toutes fictions poétiques, les Romains refusent du moins aux
poètes la licence de médire des hommes ; s'il leur interdit le
séjour même de la cité, ils bannissent les acteurs de la société
civile ; et peut-être les banniraient-ils tout à fait s'ils avaient
quelque courage contre ces dieux qui leur imposent les jeux
de la scène. Les Romains ne pourraient donc jamais obtenir
ni attendre pour régler ou corriger leurs mœurs, aucune loi de
ces dieux que la loi romaine humilie et confond. Ils réclament des jeux scéniques en leur honneur ; elle repousse des
honneurs les hommes de la scène ; ils exigent que les fictions
poétiques proclament leur divine infamie ; elle défend à
l'impudence des poètes de diffamer les hommes. Platon, ce
demi-dieu, s'est élevé contre la honteuse passion de ces
dieux, et quels dieux ! Il a montré ce que le caractère romain
devait accomplir en exilant de toute ville bien réglée les
poètes, artisans de mensonge ou séducteurs des faibles mortels qu'ils convient à imiter les plus odieux forfaits comme
des actions divines. Pour moi, sans donner Platon ni pour un
dieu, ni pour un demi-dieu, sans le comparer à aucun des
saints anges du Dieu souverain, à aucun des prophètes de
vérité, à nul apôtre, à nul martyr du Christ, non pas même à
un simple chrétien (et ce sentiment, avec la grâce du
Seigneur, j'en développerai les raisons en lieu convenable),
cependant ce demi-dieu de leur fantaisie, je le préfère sinon
à Romulus, à Hercule, quoique nul récit, nulle fiction d'historien ou de poète ne lui attribuent ou le meurtre d'un frère
ou tout autre crime ; mais assurément je le préfère à un
Priape, à un Cynocéphale, à la Fièvre enfin, divinités que
Rome a empruntées aux autels étrangers ou qu'elle-même a
consacrées. Et comment ces dieux auraient-ils soin de prévenir ou de déraciner par des préceptes ou des lois une telle
corruption de l'esprit et des mœurs, ces dieux qui s'intéres-
sent au développement, à la propagation des vices, en requé-
rant du théâtre la solennelle publicité de leurs crimes véritables ou imaginaires, afin que les honteux instincts de
l'homme s'allument d'eux-mêmes, comme divinement autorisés. Aussi c'est en vain que Cicéron s'écrie au sujet des
poètes : « Lorsqu'ils se sentent soutenus des acclamations et

des suffrages du peuple, sage et merveilleux précepteur sans doute, quelles ténèbres ils répandent ! quelles terreurs ils inspirent ! quelles passions ils enflamment[10] ! »

XV. Et quelle raison a décidé le choix de ces dieux, de ces faux dieux ? Raison, ou plutôt flatterie ? Car ce sage qu'ils érigent en demi-dieu, Platon lui-même qui, par ses nobles travaux a tant lutté contre les maux si funestes de l'âme et leur désastreuse influence sur les mœurs humaines, ils ne le jugent pas digne du plus humble temple, et ils préfèrent à plusieurs dieux leur Romulus, quoique la doctrine secrète lui assigne plutôt le culte d'un demi-dieu que d'un dieu. N'ont-ils pas institué pour lui un flamine, dignité sacerdotale si éminente dans les rites anciens, témoin la hauteur de la mitre, qu'il n'existait que trois flamines attachés à trois divinités : le Dialis à Jupiter, le Martialis à Mars, le Quirinalis à Romulus ? Car ce prince étant comme admis au ciel par la faveur de ses concitoyens reçut le nom de Quirinus. Ainsi Romulus est élevé en honneur au-dessus de Neptune, au-dessus de Pluton, frères de Jupiter, au-dessus même de Saturne leur père, puisqu'on affecte à ses autels ce grand sacerdoce, réservé à Jupiter, et qui n'est accordé peut-être à Mars, père de Romulus, qu'en faveur de son fils.

XVI. Si les Romains avaient pu recevoir de leurs dieux des lois morales, ils n'iraient pas, quelques années après la fondation de Rome, emprunter aux Athéniens les lois de Solon. Encore ne les observent-ils pas telles qu'ils les ont reçues ; ils cherchent à les rendre meilleures et plus parfaites, laissant à Lacédémone les lois de Lycurgue, quoique ce législateur les présente comme instituées par l'autorité d'Apollon. Mais sagement incrédules, les Romains n'en veulent point. Numa Pompilius, successeur de Romulus, passe pour l'auteur de certaines lois insuffisantes au règlement de l'État. Quoique les dieux lui dussent l'institution de plusieurs cérémonies sacrées, on ne dit point qu'en retour il

10. Cicéron, *De republica*, IV, 9.

ait reçu d'eux ces lois. Ainsi, maux de l'âme, dérèglement de la vie, contagions morales, fléaux si terribles qu'au témoignage des plus savants hommes du paganisme ils ruinent les cités dont les murs sont debout, ces dieux se mettent peu en peine d'en préserver leurs adorateurs ; loin de là ils travaillent, comme nous l'avons déjà dit, à les aggraver encore.

XVII. Mais peut-être les dieux n'ont-ils pas donné de lois au peuple romain, parce que, à Rome, selon Salluste, « le juste et l'honnête régnaient autant par la conscience que par la loi[11] » ? C'est sans doute à cette équité naturelle qu'il faut attribuer le rapt des Sabines ? Des filles étrangères se laissent prendre au piège d'un spectacle ; la violence les enlève à leurs parents ; chacun, comme il peut, s'assure d'une femme. Quoi de plus légitime ? Quoi de plus juste ? Mais si les Sabins étaient injustes de refuser, combien plus les Romains de ravir ? N'eût-il pas été plus juste de combattre des voisins qui refusent leurs filles que des pères qui les redemandent à leurs ravisseurs ? Qui retenait donc le fils du dieu Mars assuré de l'assistance paternelle ? Que ne poursuivait-il par les armes la vengeance, la réparation de l'injure de ces hymens refusés ? La guerre pouvait offrir au vainqueur quelque droit de ravir l'objet d'injustes refus, mais la paix n'en accordait aucun, et la guerre fut injuste contre des pères justement indignés. Cette perfidie toutefois eut un heureux succès. Et quoique le spectacle des jeux du cirque en ait jusqu'à nous perpétué la mémoire, cependant Rome n'a pas approuvé un tel exemple. Son erreur put aller à faire de Romulus un dieu, mais non à autoriser par la coutume ou la loi l'imitation de ce crime. N'est-ce pas aussi par ce sentiment naturel d'équité qu'après l'expulsion du roi Tarquin dont le fils avait déshonoré Lucrèce, le consul Junius Brutus contraignit son collègue Tarquin Collatin, mari de la victime, homme vertueux et sans reproche, d'abdiquer le consulat, et ne lui permit pas de vivre dans Rome ? Injustice étrange, qui trouve pour fauteur ou complice ce peuple dont Collatin,

11. Salluste, *Catilina*, IX, 1.

comme Brutus lui-même, tenait sa dignité. Et quand, après une guerre de dix années où l'armée romaine avait rendu tant de combats malheureux contre les Véiens, quand Rome épouvantée doutait encore de son salut, n'est-ce pas ce même sentiment qui s'élève contre le héros de cet âge, Marcus Camillus, rapide vainqueur de ces terribles ennemis et de leur puissante cité ? L'envie des détracteurs de sa vertu, l'insolence des tribuns du peuple l'accusent, et telle est l'ingratitude de cette ville qu'il vient de sauver, que certain de sa condamnation, il la prévient par un exil volontaire ; on le condamne absent à dix mille pesants d'airain, lui le pré-destiné vengeur de son ingrate patrie qu'il va bientôt arra-cher aux Gaulois ! Rappellerai-je tant de scènes d'injustice et de violence dont Rome fut émue quand les patriciens s'efforçaient d'asservir le peuple, quand le peuple se raidis-sait contre l'asservissement, et que de part et d'autre les chefs étaient plutôt possédés de la passion de vaincre qu'inspirés par la raison et l'équité ?

XVIII. Je me borne donc et ne veux d'autre témoin que Salluste lui-même. Il a dit à la louange des Romains ces paroles qui servent de texte à ce discours : « Chez eux le juste et l'honnête régnaient autant par la conscience que par la loi », désignant l'époque où délivrée des rois, Rome déve-loppa sa croissance avec une rapidité inouïe. Et cependant au premier livre de ses *Histoires*, au début de ce livre[12], il avoue que « dès le temps même où la république passa des rois aux consuls, les injustices des puissants provoquèrent la sépara-tion du Sénat et du peuple, et d'autres dissensions inté-rieures ». Puis il rappelle que « entre la seconde et la dernière guerre punique le peuple romain vécut dans l'union et la vertu » attribuant cette heureuse harmonie non à l'amour de la justice, mais, tant que Carthage fut debout, à la crainte d'une paix infidèle ; crainte salutaire pour réprimer le désordre, préserver les mœurs, contenir les vices, qui décidait le sage Nasica à s'élever contre la destruction de Carthage ;

12. Salluste, *Histoires*, I, 11.

et l'historien ajoute aussitôt : « Mais la discorde, l'avarice, l'ambition, filles ordinaires de la prospérité, se développèrent surtout après la ruine de Carthage », pour nous faire entendre qu'auparavant même, elles avaient déjà pris naissance et accroissement. Il explique ainsi sa pensée : « Les injustices des puissants, dit-il, provoquèrent la séparation du Sénat et du peuple et les autres dissensions intérieures. Ce ne fut, dès le principe, qu'au moment même de l'expulsion des rois, tant que l'on eut Tarquin à craindre, et sur les bras une rude guerre contre l'Étrurie, que dura le pouvoir légitime de la modération et de l'équité. » Encore, ce règne si court de la justice qui suivit la proscription de la royauté, faut-il en faire honneur à la crainte. On redoutait la guerre dont le roi banni, soutenu de l'alliance des Étrusques, menaçait les Romains. Jetons un regard sur la suite du récit de Salluste. « Plus tard, dit-il, les patriciens veulent plier le peuple sous un joug d'esclaves ; ils disposent en rois de la vie et de la personne du citoyen, le chassent de son champ, partout maîtres et despotes. Impatiente de tant de violence, accablée sous le poids de l'usure quand d'ailleurs une guerre continuelle l'écrase de tributs et de milice, la plèbe se retire armée sur les monts Aventin et Sacré. Alors, elle obtient ses tribuns et d'autres garanties. À tant de discordes et de luttes la seconde guerre punique met seule un terme. » Voilà donc en ce peu de temps écoulé depuis l'exil des rois quels furent ces Romains dont l'historien nous dit : « Chez eux, le juste et l'honnête régnaient autant par la conscience que par la loi. » Si telle il a trouvé l'époque reconnue l'une des plus belles et des plus vertueuses de la république, que dire ou que penser de l'âge suivant où « changée peu à peu, selon l'expression même de Salluste, déchue de tant de vertu et de beauté, Rome se précipita dans le vice et la corruption[13] », c'est-à-dire, et l'historien l'assure, après la ruine de Carthage ? On peut lire dans les rapides tableaux que Salluste a tracés par quels désordres nés de la prospérité on en vint aux guerres civiles. « Dès lors, dit-il, les mœurs antiques ne dérivent plus peu à peu, elles rou-

---

13. Salluste, *Catilina*, V, 11.

lent comme un torrent. Le luxe et l'avarice ont tellement travaillé le cœur des jeunes gens que l'on peut dire avec raison
qu'il leur est aussi naturellement impossible de garder leur
patrimoine que d'en souffrir l'épargne en autrui. » Salluste
s'arrête encore sur les vices de Sylla, sur les hontes de la
République, et d'autres écrivains s'accordent avec lui sans
égaler son éloquence. Il est aisé de voir, et un coup d'œil suffit je pense, dans quelle sentine d'infamie Rome était plongée avant la venue du Roi de gloire. Car tout cela est arrivé
avant que le Christ présent en la chair eût commencé d'enseigner, avant même qu'il eût pris naissance d'une vierge. Ainsi
donc les iniquités de ces temps, tolérables d'abord, puis,
après la ruine de Carthage, odieuses et intolérables, ils
n'osent pas les imputer à leurs dieux ; ces dieux de qui
l'infernale malice sème dans les intelligences humaines les
erreurs d'où s'élance cette audacieuse végétation de crimes,
et ils accusent le Christ des afflictions présentes, le Christ dont
la doctrine salutaire proscrit le culte de ces fausses et trompeuses divinités, le Christ qui frappant d'un divin anathème
les instincts prévaricateurs, soustrait peu à peu toute sa
famille à la chute menaçante de ce monde ruineux, pour élever, non sur les applaudissements de la vanité, mais sur le
jugement de la vérité même, sa glorieuse et éternelle cité !

XIX. Voilà donc la République romaine « peu à peu changée, tombée de sa gloire et de sa vertu dans le vice et la
honte[14] ». Et je ne suis pas le premier à le dire, je rappelle ce
que les historiens, dont on nous a vendu la connaissance, ont
dit longtemps avant l'ère du Christ ; voilà donc, avant lui,
après la ruine de Carthage, « les mœurs antiques qui ne dérivent plus avec lenteur, mais se précipitent comme un torrent,
tant le luxe et l'avarice ont corrompu la jeunesse ». Lisez-
nous donc des prescriptions données au peuple romain par
ses dieux contre l'avarice, contre le luxe. Ah ! plutôt que ne
se sont-ils bornés, ces dieux, à taire les lois de la pudeur et de
la modestie, sans exiger de ce peuple de honteuses obscéni-

14. Salluste, *Catilina*, V, 9.

tés pour obtenir, à la faveur de leur divinité feinte, une pernicieuse autorité ! Lisez au contraire nos Écritures ; quels sublimes et divins commandements donnent aux peuples assemblés pour les entendre, et les prophètes, et le saint Évangile, et les Actes des apôtres et leurs Épîtres ! Ce n'est plus le vain bruit des discussions philosophiques, c'est le tonnerre des divins oracles qui roule dans les nuées du ciel. Et les impies n'accusent pas leurs dieux de cette dépravation qui, avant Jésus-Christ, entraîne Rome au plus profond du vice et de la honte ; mais ces récentes calamités, juste salaire de leur orgueil et de leur mollesse, ils les rejettent avec blasphème sur la religion chrétienne ! Ah ! plutôt si ses maximes de justice et de probité avaient l'oreille et la sollicitude des rois, peuples, princes et juges d'ici-bas, des jeunes gens et des vierges, des vieillards et des enfants[15], et de ceux à qui s'adresse Jean-Baptiste, publicains et soldats, la République comblerait de sa félicité les domaines de la vie présente et gravirait les cimes de la vie éternelle, pour y régner dans la béatitude. Mais l'un écoute, l'autre méprise, plus amis, la plupart, des perfides caresses du vice que des salutaires épines de la vertu. Et la patience est ordonnée à tous les serviteurs du Christ, quels qu'ils soient, rois, princes, juges, soldats, provinciaux ; riches ou pauvres, libres ou esclaves de l'un et l'autre sexe ; il leur faut supporter cette République si avilie, si dégradée qu'elle soit ; résignation qui leur assure un rang glorieux dans cette sainte et auguste cour des anges, dans cette céleste République où la volonté de Dieu est l'unique loi.

XX. Mais qu'importe aux serviteurs de ces misérables divinités, passionnés imitateurs de leurs crimes et de leurs débauches ; qu'importe à de tels hommes la corruption, la honte de la République ? Qu'elle soit debout, disent-ils, florissante par la force de ses armées, par l'éclat de ses victoires, ou mieux encore par la sécurité et la paix, il suffit ; que nous importe ? ou plutôt, il nous importe que chacun aug-

15. Ps 148, 21.

mente ses richesses pour suffire aux prodigalités journalières, pour réduire le faible à la merci du puissant ; que le
besoin soumette le pauvre au riche, et que le patronage de
l'un assure à l'autre une tranquille oisiveté ; que les riches
abusent des pauvres, instruments d'une fastueuse clientèle ;
que les peuples applaudissent, non pas aux ministres de leurs
intérêts, mais aux pourvoyeurs de leurs plaisirs ; que rien de
pénible ne soit ordonné, rien d'impur défendu ; que les rois
ne s'inquiètent pas de la vertu mais de l'obéissance de leurs
sujets ; que les sujets obéissent aux rois non comme direc-
teurs de leurs mœurs, mais comme arbitres de leur fortune,
comme intendants de leurs voluptés, et que cet hommage
trompeur ne soit que le criminel et servile tribut de la
crainte ; que les lois protègent plutôt la vigne que l'innocence
de l'homme ; que nul ne comparaisse devant le juge, s'il n'a
entrepris sur le bien ou la vie d'autrui, s'il n'a été malfaisant
et nuisible par violence ; mais que des siens avec les siens,
avec quiconque le voudra souffrir, il soit permis de tout
faire ; que les courtisanes abondent, au gré de qui veut jouir,
et de qui surtout ne peut entretenir de concubine ! Partout
des palais somptueux ! partout de splendides festins ! partout, à votre fantaisie, où vous pourrez, jour et nuit, fêtez le
jeu, la table, le vomitoire, le lupanar ! Partout le bruit de la
danse ! partout que le théâtre frémisse des clameurs d'une
joie dissolue et des émotions de toute volupté cruelle ou
infâme ! Que celui-là soit ennemi public à qui telle félicité
déplaît ! Que si, pour la troubler, quelque citoyen s'élève,
que la libre multitude sans l'entendre le repousse, qu'il soit
chassé, qu'il soit proscrit ! Qu'il n'y ait de dieux véritables
que les auteurs et les protecteurs de cette félicité ! Qu'on les
honore à leur volonté, qu'ils demandent tels jeux qu'il leur
plaise, qu'ils les obtiennent avec ou de leurs adorateurs !
Qu'ils veillent seulement pour que ni la guerre, ni la peste, ni
aucun autre désastre n'altère tant de prospérité ! Est-ce là, je
le demande, à tout homme en possession de la raison, est-ce
là l'Empire romain, ou plutôt n'est-ce pas le palais de
Sardanapale, cet ancien roi, esclave des voluptés, qui fait
graver sur son tombeau qu'il n'emporte rien dans la mort

que ses débauches n'aient englouti pendant sa vie ? Ah ! que nos adversaires ne jouissent-ils d'un tel roi, si complaisant à leurs désirs, et que nul vice ne trouve sévère ? À lui, de plus grand cœur que les anciens Romains à Romulus, ils consacreraient un temple et un flamine !

XXI. Ils méprisent peut-être celui dont le témoignage flétrit tant de désordres et de corruption. Que leur importe la honte, la dégradation morale de Rome, pourvu qu'elle subsiste et demeure ? Eh bien ! qu'ils écoutent non plus le récit de Salluste, mais le jugement de Cicéron, qui prononce que dès lors même la République était anéantie, qu'il n'existait plus de République. Il introduit Scipion, le vainqueur même de Carthage, dans cette discussion sur la république, débattue à l'époque où la corruption tracée par Salluste faisait pressentir une décadence prochaine : au moment où venait de périr l'un des Gracques, premier auteur, suivant Salluste[16], des grandes séditions ; car, dans ce même ouvrage, il est parlé de sa mort. Or Scipion vient de dire à la fin du second livre[17] que, s'il faut, dans un concert de voix ou d'instruments, maintenir un certain accord entre des sons distincts, sous peine de blesser par une discordance l'oreille délicate, et que si la mesure établit l'unisson entre les voix les plus différentes, il n'est pas moins vrai qu'une semblable tonalité dans l'ordre politique admise entre les classes élevée, moyenne et inférieure forme l'union des citoyens ; car l'harmonie dans la musique est la concorde dans l'État, lien étroit, forte et légitime garantie de sa conservation, qui ne saurait subsister sans la justice. Scipion développe avec étendue les avantages de la justice dans l'État et les dangers de son absence ; mais l'un des interlocuteurs, Pilus, prend la parole et demande que la question soit plus sérieusement approfondie ; que l'on discute de nouveau sur la justice, à cause du préjugé déjà répandu de l'impossibilité de gouverner la république sans injustice. Scipion consent que l'on poursuive la solution du problème,

16. Salluste, *Catilina*, V, 9.
17. Cicéron, *De republica*, II, 42.

ajoutant qu'il regarde comme nuls tous les précédents discours, et comme impossible tout développement ultérieur, si
l'on ne pose d'abord que non seulement il est faux que la
république ne puisse être gouvernée sans injustice, mais qu'il
est au contraire de la plus exacte vérité qu'on ne la saurait
gouverner sans une souveraine justice. Remise au lendemain, la question est discutée avec chaleur au troisième livre.
Pilus soutient la première opinion, et proteste toutefois
qu'elle n'est pas la sienne. Il plaide à fond pour l'injustice
contre la justice, et, ne négligeant aucune raison, aucun
exemple spécieux, il semble s'étudier à démontrer réellement l'utilité de l'une et l'inutilité de l'autre. Alors Lelius,
sollicité d'une commune voix, prend en main la défense de
la justice, et soutient de tout son pouvoir qu'il n'est pas pour
un État d'ennemi plus dangereux que l'injustice : sans une
justice rigoureuse, point de gouvernement, point de stabilité
possible. Cette question paraissant suffisamment débattue,
Scipion reprend son discours, il rappelle et recommande
cette courte définition qu'il a donnée de la république, la
chose du peuple, selon lui. Or, le peuple n'est pas une
réunion fortuite, mais une association qui repose sur la sanc-
tion du droit et la communauté d'intérêt. Il montre ensuite
l'importance logique de la définition, et conclut de la sienne
que la république, la chose du peuple, n'existe en vérité
qu'autant qu'elle est bien et sagement gouvernée ou par un
roi, ou par quelques citoyens recommandables, ou par tout le
peuple. Or, que le roi soit injuste, tyran, disent les Grecs ; que
les oligarques soient injustes, par un accord qu'il nomme
faction ; qu'enfin le peuple lui-même soit injuste, et, faute
d'expression usitée, il lui donne aussi le nom de tyran, dès lors
la république n'est pas seulement corrompue, suivant les
conclusions de la veille ; mais, aux termes de la définition
même pressée par la raison, la république n'est plus, puisqu'elle a cessé d'être la chose du peuple, pour devenir la
proie d'une tyrannie factieuse ; puisque le peuple injuste
cesse d'être peuple, s'il est vrai que le peuple n'est point une
réunion fortuite, mais une association qui repose sur la sanc-
tion du droit et la communauté d'intérêt. Ainsi donc, cette

République romaine que Salluste décrit, elle n'est point
vicieuse ni corrompue, elle a cessé d'être, suivant l'arrêt qui
ressort de cette conférence entre les plus grands citoyens du
temps. Et Cicéron en achève la preuve quand, au début du cinquième livre[18], parlant non plus au nom de Scipion ni d'un
autre, mais au sien propre, il cite ce vers d'Ennius : « Rome
subsiste par ses mœurs et ses hommes antiques[19] » et s'écrie :
« Quelle brièveté, quelle vérité dans ce vers ! c'est un oracle
que je crois entendre. Ces hommes, en effet, sans la vertu
publique, la vertu publique sans ces hommes eussent été
impuissants à fonder ou maintenir tant d'années une si juste
et si vaste domination. Aussi, avant notre âge, la morale du
pays élevait au pouvoir les hommes éminents, et ces hommes
gardaient les vieilles mœurs et les institutions des ancêtres.
Mais notre siècle, recevant la République comme un magnifique tableau altéré déjà par le temps, a non seulement
négligé d'en raviver la couleur, il n'a pas même songé à sauver le dessin et les derniers contours. Car, que reste-t-il de ces
mœurs antiques par qui, dit le poète, subsistait la république ? Ces mœurs, aujourd'hui tombées dans une telle
désuétude, que non seulement la pratique, mais la connaissance même en est perdue ! Pour les hommes, qu'en dire ?
N'est-ce point par disette d'hommes que les mœurs ont péri ?
Désastre qu'il ne suffit pas d'expliquer, mais dont il faut
nous défendre comme d'un crime capital ; or, ce n'est point
par malheur, c'est par immoralité que nous n'avons plus que
le nom de la république, dont la réalité est dès longtemps perdue. » Voilà donc l'aveu de Cicéron, après la mort de
Scipion l'Africain, il est vrai, mais néanmoins avant l'avènement du Christ. Que si telle décadence était à signaler
depuis la propagation et la prédominance de la religion chrétienne, qui de nos ennemis ne lui en ferait un crime ? Eh !
pourquoi donc ces dieux sont-ils demeurés indifférents à la
chute, à la perte de cette République dont la sombre éloquence de Cicéron, longtemps avant la venue du Christ,

18. Cicéron, *De republica*, V, 1.
19. Ennius, *Annales*, 500.

déplore la ruine ? Quant à ses panégyristes, à eux de voir ce qu'elle était au temps même de ces hommes et de ces mœurs antiques, si dans son sein régnait la justice véritable, si dès lors elle n'était pas plutôt une brillante peinture qu'une vertu vive, suivant l'expression échappée à Cicéron lui-même dans l'éloge de la vieille Rome. Mais nous en parlerons ailleurs, s'il plaît à Dieu ; car je prétends montrer, même par les courtes définitions de la république et du peuple que Cicéron prête à Scipion, par ses propres sentiments, par ceux des autres interlocuteurs dont je prendrai le témoignage, qu'elle ne fut jamais une vraie république parce qu'elle n'eut jamais une vraie justice. Une définition plus probable lui accordera d'avoir été une apparence de république, mieux gouvernée par les anciens Romains que par leurs descendants. Or, il n'est de véritable justice que dans cette république dont le Christ est le fondateur et le souverain, si toutefois nous la nommons république, ne pouvant nier qu'elle ne soit en réalité la chose du peuple. Que si ce nom, pris ailleurs dans un autre sens, s'éloigne trop de notre langage accoutumé, il n'est pas moins certain que la vraie justice n'appartient qu'à cette cité dont l'Écriture sainte a dit : « On a publié de toi des choses glorieuses, cité de Dieu[20]. »

XXII. Mais pour revenir à la question réelle, malgré les éloges que nos adversaires décernent à la république telle qu'elle fut ou telle qu'elle est, toujours est-ce une vérité qu'au témoignage de leurs plus savants auteurs, longtemps avant la naissance du Christ, elle n'était que désordre et corruption, ou plutôt elle n'était plus, elle avait péri dans la ruine de ses mœurs. Eh quoi ! pour prévenir sa perte, ces dieux tutélaires ne devaient-ils pas préceptes, institutions morales à ce peuple fidèle, en retour de tant d'autels, de tant de prêtres, de tant de sacrifices, cérémonies, fêtes et jeux solennellement célébrés en leur honneur ? Mais non, ces démons ne songent qu'à leur intérêt, peu jaloux des mœurs de ce peuple, ou plutôt jaloux de l'entretenir dans ses vices,

20. Ps 86, 3.

pourvu toutefois que la crainte le tienne enchaîné à leur temple ? Auraient-ils donc donné quelques préceptes ? Où sont-ils ? qu'on les montre ? qu'on les lise ? Au mépris de quelles lois imposées par les dieux, les Gracches ont-ils allumé ces furieuses séditions ; Marius, Cinna, Caton se sont-ils portés à ces guerres civiles, injustes dans leur cause, cruelles dans leur conduite, plus cruelles dans leur fin ? Quelles lois divines a foulées Sylla, dont la vie, les mœurs, les actions racontées par Salluste et les autres historiens font frémir d'horreur ? Qui n'avouera que déjà cette république n'était plus ? Oseront-ils donc alléguer la corruption des citoyens et cette pensée de Virgile qu'ils citent d'ordinaire pour la défense de leurs dieux : « Ils se sont retirés de leurs sanctuaires, ils ont abandonné leurs autels, les dieux protecteurs de cet empire[21] ? » Et d'abord, s'il en est ainsi, pourquoi accusent-ils la religion chrétienne de cette désertion de leurs dieux offensés, puisque déjà la dépravation de leurs ancêtres a dès longtemps chassé comme mouches, des autels de Rome, cet essaim de petites divinités ? Mais où donc était cette multitude de dieux quand, longues années avant la corruption des vieilles mœurs, Rome fut prise et brûlée par les Gaulois ? Ils étaient présents, mais endormis, peut-être. Toute la ville tombée au pouvoir de l'ennemi, il ne restait plus aux Romains que le rocher du Capitole, qui lui-même eût succombé, si les oies n'eussent veillé sur les dieux assoupis. Événement qui, par l'institution de la fête de l'oie, faillit précipiter Rome dans la superstition des Égyptiens, adorateurs de bêtes et d'oiseaux. Mais il ne s'agit pas encore ici des maux extérieurs, maux du corps plutôt que de l'âme. Je ne parle que de la souillure des mœurs qui, altérées d'abord peu à peu dans leurs vives couleurs, puis emportées comme un torrent, décidèrent une telle ruine, que les plus grands écrivains n'hésitent point à dire que les toits et les murailles survivaient à la République. Or, c'eût été justement que délaissant leurs sanctuaires et leurs autels, ces dieux eussent abandonné Rome à sa perte, si elle eût méprisé leurs conseils

21. Virgile, *Énéide*, II, 351.

de sagesse et de justice. Mais quels dieux, dites-moi, qui
refusent de vivre avec ce peuple, leur serviteur, qu'ils ont
laissé mal vivre, sans jamais l'instruire à bien vivre ?

XXIII. Que dis-je ? N'ont-ils pas prêté secours aux
fureurs des passions ? Ou du moins n'est-il pas évident qu'ils
ont refusé de les contenir ? Grâce à cette assistance, Marius,
homme nouveau, sans naissance, féroce artisan de guerres
civiles, est sept fois consul, il meurt dans son septième
consulat, plein de jours, et la mort le soustrait aux mains de
Sylla qui va revenir vainqueur. Pourquoi donc cette même
assistance ne l'a-t-elle pas détourné de tant de crimes ? Mais,
dit-on, les dieux ne lui sont pas venus en aide. Quel aveu !
Quoi ! un homme peut jouir, sans la faveur des dieux, de
cette prospérité temporelle dont vous êtes trop épris ! Un
homme peut être comblé comme Marius de tous biens, force,
santé, richesse, dignités, honneurs, longue vie, il peut « jouir
du ciel en courroux » ! Et des hommes, comme Regulus,
dans la servitude, le dénuement et les veilles, épuiser tous
les supplices, toutes les horreurs de la mort, malgré l'amitié
des dieux ! Mais un tel aveu est celui de leur impuissance et
de l'inutilité de leur culte ; car s'ils n'ont eu souci de ce
peuple que pour l'instruire dans les pratiques contraires à la
probité et aux vertus morales dont on espère la récompense
après la mort, s'ils sont, quant aux biens passagers et temporels, inoffensifs pour leurs ennemis et inutiles à leurs amis,
pourquoi ces honneurs, pourquoi cet empressement à les servir ? Pourquoi, en ces tristes et lamentables jours, tant de
murmures, comme si ces dieux s'étaient retirés offensés, et
tant de blasphèmes, tant de sacrilèges outrages contre la religion chrétienne ? Mais s'ils ont dans le temps pouvoir de servir ou de nuire, quoi ! ils accordent leur protection à l'exécrable Marius, ils la refusent au vertueux Regulus ! Cela ne
suffit-il pas pour les convaincre d'injustice et de perversité ?
Croit-on qu'ils n'en soient que plus à craindre, plus à honorer ? Erreur. Regulus les honorait-il moins que Marius ?
Cependant, que cette prédilection des dieux pour Marius ne
soit pas une raison d'embrasser le vice ; car le plus vanté des

hommes de bien, Metellus, père de cinq fils consulaires, réunit toutes les félicités temporelles ; et ce traître, chargé de dettes et de crimes, Catilina, meurt misérable dans son duel parricide ! Mais la véritable et solide félicité n'attend que l'homme de bien, serviteur du seul Dieu qui la donne. Ainsi, quand cette république se mourait de vices, ces dieux n'ont rien fait pour diriger ou corriger ses mœurs, pour prévenir sa chute ; que dis-je ? pour l'accélérer, ils ont aidé au travail de la corruption. Et qu'ils ne se couvrent pas d'une feinte bonté, comme si l'iniquité romaine les eût bannis de Rome ! Ils y sont restés, leur présence s'est trahie comme leur imposture ; incapables de bons préceptes pour sauver les hommes, et de silence pour se cacher eux-mêmes. Dirai-je que la compassion des habitants de Minturnes recommanda à la déesse Marica la fortune de Marius et que, sorti de l'abîme du désespoir, ce brigand rentra dans Rome à la tête d'une armée de brigands ? Sanglante, atroce victoire ! plus impitoyable contre les citoyens qu'elle n'eût été contre l'ennemi ! Lisez plutôt les récits unanimes de l'histoire. Mais passons ; car ce n'est pas à cette obscure Marica que j'attribue la sanguinaire prospérité de Marius, mais à une secrète Providence de Dieu, pour fermer la bouche aux infidèles et affranchir de l'erreur ceux qui, exempts de passions, méditent avec sagesse sur ces événements. Et en effet, si les démons ont quelque pouvoir dans l'ordre temporel, ils n'en ont qu'autant que la secrète volonté du Tout-Puissant leur en permet, pour nous apprendre à ne pas attacher tant de prix aux prospérités terrestres, partage ordinaire des méchants comme Marius, à ne pas les ranger non plus au nombre des maux, puisque nous voyons de pieux serviteurs du seul et vrai Dieu en jouir malgré les démons ; à ne pas rechercher enfin la faveur, ni craindre la colère de ces esprits impurs, à cause des biens ou des maux d'ici-bas ; car, comme les méchants en ce monde, ils ne peuvent exercer leur volonté que suivant la disposition de celui dont les décrets trouvent notre raison non moins impuissante à les comprendre, que notre justice à les reprendre.

XXIV. Et Sylla lui-même, ce vengeur d'un pouvoir qu'il fit regretter, s'étant approché de Rome pour combattre Marius, eut, suivant Tite-Live[22], les victimes si favorables que Posthumius, l'aruspice, voulut répondre sur sa liberté, sur sa vie, de l'accomplissement infaillible des desseins de cet homme protégé des dieux. Ils ne s'étaient donc pas retirés de leurs sanctuaires, ils n'avaient pas abandonné leurs autels, ces dieux aussi jaloux de prédire la fortune de Sylla qu'indifférents à l'amendement de son âme. Ils avaient des présages pour lui promettre cette brillante prospérité, et point de menaces pour briser ses farouches passions. En Asie, quand il combattait Mithridate, Jupiter lui fit annoncer par Lucius Titius qu'il serait vainqueur, et il vainquit. Puis, quand il songe à retourner à Rome, pour venger ses injures et celles de ses amis dans des flots de sang romain, Jupiter lui mande de nouveau, par un soldat de la sixième légion, que déjà il lui a prédit sa victoire sur Mithridate, et va lui donner encore la puissance d'arracher la république à ses ennemis, mais non sans grande effusion de sang. Sylla interroge le soldat sur cette vision, et reconnaît la même qui lui a promis la victoire sur Mithridate. Ici, que répondre pour justifier ces dieux ? Ils s'empressent d'annoncer à Sylla ses prétendues félicités et aucun d'eux ne songe à le reprendre, à le retenir au moment où sa fureur tire ce glaive impitoyable qui doit blesser, que dis-je ? qui doit tuer la République ! Ces dieux, encore une fois, ces dieux sont évidemment des démons. Les saintes Lettres et l'histoire vous montrent assez que leur seul but est de passer pour dieux, d'être adorés comme dieux, et d'obtenir des offrandes qui établissent, au tribunal suprême, entre eux et leurs adorateurs, une solidarité de crime et de supplice. Plus tard, Sylla se rend à Tarente ; il offre un sacrifice et aperçoit sur le sommet du foie de la victime la figure d'une couronne d'or. L'aruspice Posthumius lui promet une éclatante victoire, et lui ordonne de manger seul de la victime. Peu de temps après, l'esclave d'un certain Lucius Pontius s'écrie comme inspiré : « Bellone m'envoie, la vic-

---

toire est à toi, Sylla ! » Et il ajoute : « Le Capitole va brûler ! » À peine a-t-il dit, il sort du camp, et le lendemain il
revient encore plus exalté et s'écrie : « Le Capitole est
brûlé ! » Le Capitole était en cendres. Quoi de plus facile au
démon que la prévision et la révélation soudaine de cet événement ? Voilà donc, car ce trait intéresse vivement notre
sujet, voilà donc à quels dieux ils veulent se soumettre, ces
blasphémateurs du nom divin qui délivre la volonté humaine
de la tyrannie des démons ! Cet homme s'écrie comme un
oracle : « La victoire est à toi, Sylla ! » Et pour faire croire à
l'esprit prophétique dont il est l'organe, il annonce comme
imminent un fait, qui bientôt après s'accomplit loin du prophète. Et cependant, il ne s'écrie pas : « Trêve à tes crimes,
Sylla ! » Crimes affreux ! Vainqueur cruel, qui lut sa victoire
dans ce merveilleux présage d'un foie couronné ! Si ces présages venaient de dieux justes, et non des esprits de malice,
les entrailles des victimes n'étaleraient devant Sylla que
crimes, et misères de ces crimes. Vainqueur, sa gloire perd
au gain de ses passions. Ses désirs ne veulent plus de bornes,
il s'élève ou plutôt il se précipite dans sa prospérité, bourreau
de son âme encore plus que de ses ennemis ! Avenir vraiment terrible et lamentable que les dieux lui taisaient ;
silence des augures, silence des victimes, silence des songes
et des devins ! Ils redoutaient plutôt son amendement moral
que sa défaite. Et ne voulaient-ils pas que ce glorieux vainqueur de ses concitoyens, traîné, vaincu et captif, par ses
abominables vices, tendît les mains à la chaîne encore plus
étroite des démons ?

XXV. Qui donc, s'il ne préfère imiter de tels dieux que de
se séparer de leur société, avec la grâce divine, qui donc ne
comprend et ne voit tous les efforts de ces esprits de malice
pour prêter au crime par leur exemple une autorité divine ?
Eh ! quoi, dans une vaste plaine de la Campanie, ensanglantée bientôt après par la fureur des armes civiles, ne les a-t-on
pas vus combattre entre eux ? D'abord, de grands bruits
entendus... et plusieurs racontèrent qu'ensuite ils furent
témoins d'une lutte engagée pendant quelques jours entre

deux armées. Le combat fini, on retrouva des traces
d'hommes et de chevaux, telles qu'en pouvait laisser un
semblable conflit. Si donc cette lutte entre les dieux est véritable, quelle excuse aux guerres civiles entre les hommes !
Mais considérons ici ou la malice ou la misère de ces dieux.
Si leur combat n'est qu'une apparence, qu'ont-ils voulu,
sinon prévenir tous les remords des Romains autorisés par
leur divin exemple ? Car déjà la guerre civile était allumée,
déjà une rage impie avait répandu des torrents de sang ; et les
esprits étaient encore émus d'un horrible épisode. Un soldat
dépouille un ennemi tué ; ce cadavre nu ; il le reconnaît ; c'est
son frère. Il déteste ces affreux combats, il se frappe et tombe
sur le corps fraternel. Il faut donc prévenir dans les âmes le
dégoût de tant d'horreurs, il faut y ranimer l'ardeur du crime,
et ces démons, reconnus, honorés et servis comme des dieux,
apparaissent aux hommes, se combattant eux-mêmes. Tant
ils craignaient que le cœur des citoyens faillît à l'imitation
des discordes divines et ne cherchât point dans cet exemple
l'excuse de ces fratricides ! C'est par un même esprit de
malice qu'ils réclament, comme je l'ai dit, l'hommage de
ces jeux scéniques où le chant et le drame célèbrent de telles
infamies qu'il suffit d'en croire ces dieux capables, ou seulement de les voir applaudir à ce culte obscène, pour les imiter sans scrupule. Aussi, jaloux d'absoudre du crime de lèse-
divinité les poétiques récits des célestes mêlées, jaloux de
tromper les hommes, eux-mêmes veulent justifier les poètes.
Non contents de la représentation théâtrale de leurs combats,
ils se montrent en personne sur un champ de bataille aux
regards mortels. Nous rappelons ces choses, car les auteurs
païens ne craignent pas de dire et d'écrire que Rome était
morte de corruption, qu'elle n'était plus, dès longtemps
avant l'avènement du Christ. Cette ruine, on ne l'impute pas
aux dieux ; et ces maux passagers, indifférents à la vie et à la
mort des gens de bien, on les impute à notre Christ ! Lui qui
a donné tant d'admirables préceptes pour affirmer la vertu
contre le vice, tandis que des dieux, insouciants de la moralité de leurs serviteurs et du salut de cette République, précipitent au contraire sa chute par l'autorité corruptrice de

leurs exemples. On n'osera plus, je l'espère, prétendre que la République a succombé, « parce que les dieux se sont retirés de leurs temples, parce qu'ils ont délaissé leurs autels[23] ». Comme si leur amour de la vertu se fût offensé des vices de l'homme ; non, car ces augures, ces présages, ces entrailles des victimes où ils signalent complaisamment leur science de l'avenir pour accréditer leur influence sur la fortune des armes, accusent assez leur présence. Ah ! que ne se sont-ils retirés en effet ? La seule fureur des Romains était un ferment de guerres civiles moins terribles que leurs perfides instigations.

XXVI. Oui, prostitution et cruauté, opprobres et crimes des dieux publiés ou inventés à leur prière, sous leur menace, fêtes régulières pour la célébration solennelle de ces infamies exposées au regard et à l'imitation du peuple, hideuse volupté qui les a convaincus de n'être qu'esprits impurs… Oui, c'est ainsi !… et cependant ces démons, qui, par cette publicité de leurs forfaits réels ou imaginaires, par ces spectacles qu'ils demandent à la licence, qu'ils arrachent à la pudeur, se confessent les auteurs de toute dépravation et de toute atrocité ; ces démons, dans le secret de leurs sanctuaires, donnent, dit-on, quelques bons préceptes de morale à un petit nombre d'initiés. S'il est vrai, ils n'en sont convaincus que d'une malice plus raffinée, ces êtres pervers ; car tel est le pouvoir de la droiture et de la chasteté, qu'il n'est peut-être point de nature humaine insensible à telle louange, ni assez flétrie par le vice pour perdre entièrement le sens de l'honnête. Si donc « elle ne se transformait parfois, comme dit l'Écriture, en ange de lumière[24] », la malignité des démons ne saurait accomplir son œuvre de séduction. Ainsi, au-dehors, l'impiété frappe les peuples de ses obscènes clameurs ; au-dedans, une chasteté feinte hasarde à peine quelques sons à l'oreille d'un petit nombre. Aux leçons du vice, l'air et l'espace ; le secret pour les maximes honnêtes !

23. Virgile, *Énéide*, II, 351.
24. 2 Co 11, 14.

l'honneur se cache, la honte s'affiche. Ce qui se fait de mal
convoque une multitude de spectateurs ; ce qui se dit de bien
trouve à peine quelques auditeurs, comme s'il fallait rougir
de l'honneur et faire gloire de la honte. Mais où cela, sinon
dans les temples des démons ? Où, sinon dans les tavernes de
l'imposture ? Ainsi, d'une part, ce peu d'hommes honnêtes
est séduit, et de l'autre, le vulgaire est entretenu dans sa
dépravation. Où, quand, les initiés recevaient-ils ces divines
leçons de chasteté ? Nous l'ignorons. Mais, devant ce
temple, en présence de cette fameuse statue exposée à tous
les yeux, accourus en foule, chacun se tenant où il pouvait,
nous promenions tour à tour nos regards attentifs et sur ce
cortège de courtisanes et sur cette déesse vierge ; vénération
profonde, culte monstrueux. Non, jamais nous n'y avons
admiré la modestie de l'histrion ; jamais la pudeur de la
comédienne. Chacun était fidèle à son rôle d'ignominie. On
savait ce qui plaisait à la déesse vierge ; ces jeux instruisaient
une femme ; le temple la renvoyait plus savante au foyer
domestique. Les plus sages détournaient la vue des postures
lascives, rougissant de cet art du crime dont elles dérobaient
les leçons dans le secret de leurs pensées. Elles n'osaient, en
présence des hommes, fixer sur les mouvements impudiques
un libre regard ; mais, pour condamner le culte de cette
déesse qu'elles invoquaient, leur cœur était-il chaste ? Et le
temple enseignait publiquement ce que le toit privé couvre
du mystère. Et n'eût-ce pas été merveille qu'il fût resté
quelque pudeur pour contenir ces crimes que la religion professait au nom des dieux, crimes dont ces dieux exigeaient
encore la représentation, si l'on ne voulait encourir leur
colère ? Est-il donc un autre esprit pour piquer d'aiguillons
secrets les âmes criminelles, pour stimuler l'adultère et s'en
repaître que celui qui se complaît dans ces sacrilèges hommages, érige dans les temples les simulacres des dieux,
caresse dans les jeux les idoles des vices, murmure en secret
certaines paroles de justice pour surprendre quelques gens de
bien, tandis que, partout, au grand jour, il multiplie les séductions de la volupté pour tenir en sa possession l'innombrable
multitude des pervers ?

XXVII. Homme grave, triste philosophe, Cicéron, édile désigné, s'écriait dans le forum qu'entre les principaux devoirs de sa charge, il avait à rendre favorable la déesse Flora[25] par la pompe solennelle de ces jeux, dont la célébration est d'autant plus religieuse qu'elle est plus cynique. Ailleurs, consul, au moment où la cité courait le dernier péril, il dit que les jeux ont été célébrés pendant dix jours, et que l'on n'a rien négligé pour apaiser les dieux[26]. Et ne valait-il pas mieux irriter ces dieux par la tempérance que les apaiser par le libertinage ? Provoquer leur haine par la vertu que gagner leur indulgence par tant de prostitutions ? Si atroce qu'eût été la vengeance de ces hommes contre lesquels on implorait les dieux, ils eussent été moins funestes que ces dieux mettant leur faveur au prix de ces infamies ; car pour conserver le mal que le corps seul avait à craindre de l'ennemi, on n'obtenait la bienveillance de ces dieux que sur les ruines de la vertu dans les âmes. Étranges défenseurs des murs de Rome qui commençaient par emporter d'assaut les bonnes mœurs ! Le voilà donc ce culte d'impureté et d'impudence, et de cynisme et d'orgies ; ce culte dont le noble caractère de la vertu romaine flétrit les ministres, histrions infâmes qu'elle exclut des honneurs et chassa de la tribu ; ce culte odieux et abominable à la vraie religion ; et ces fables où les divinités savouraient l'outrage ; et ces dégoûtants récits de forfaits prêtés aux dieux, où la honte et la scélératesse de l'invention ne pouvaient être surpassées que par la honte et la scélératesse de la réalité ! Voilà les enseignements que Rome entière dévorait des yeux et des oreilles ! À voir les dieux se complaire ainsi dans ces horreurs, elle regardait comme un devoir non seulement de les reproduire en leur honneur, mais encore de les imiter, indifférente à ce je ne sais quoi de bon et d'honnête, communiqué (s'il est vrai toutefois), à si peu d'élus, avec tant de mystère, et dont on redoutait moins l'inobservation que la publicité.

25. Cicéron, *Verrines*, V, 14.
26. Cicéron, *Catilina*, III, 8.

XXVIII. Et l'on se plaint qu'affranchi par le nom du Christ de cet infernal joug, de cette société de crimes et de supplices, l'homme passe des ténèbres mortelles de l'impiété aux salutaires clartés de l'amour ! Et, dans leur injustice, dans leur ingratitude, ces captifs intérieurs, dont le malin esprit resserre étroitement la chaîne, murmurent contre l'affluence des peuples aux églises, à ces chastes solennités, où une sévère bienséance sépare l'un et l'autre sexe, où l'on apprend avec quelle pureté il faut vivre dans le temps pour mériter au sortir de cette vie une vie éternellement heureuse, où la sainte Écriture, cette doctrine de justice, proclame ses oracles d'un lieu élevé à la face de tous afin que le fidèle les entende pour son salut, le cœur tiède ou infidèle pour sa condamnation. Vienne quelque railleur de ces divines lois, ou un changement soudain dissipe toute son insolence ou elle cède au frein de la crainte sinon de la honte. Car aucune image d'impureté ne se suggère à l'âme ni au regard là où en présence du vrai Dieu on ne sait que répandre ses commandements, raconter ses miracles, bénir ses dons, solliciter ses grâces.

XXIX. Ah ! plutôt élève là tes désirs, âme romaine, généreux sang des Regulus, des Scévola, des Scipion, des Fabricius ; élève là tes désirs ; distingue ces vérités de cet infernal amas de vanités, de honte et d'imposture ! S'il brille en toi quelque principe naturel de vertu, c'est de la piété véritable qu'il attend sa pureté et sa perfection ; l'impiété le dissipe et le perd. Élis donc l'objet de ton affection, que ce ne soit plus en toi-même, mais dans le Dieu de vérité qu'on te loue désormais sans erreur. Tu étais jadis en possession de la gloire humaine, et la vraie religion te faisait faute ; suivant les mystérieux conseils de la Providence divine, elle manquait à ton choix. Réveille-toi ; n'es-tu pas déjà réveillée en plusieurs dont la vertu consommée, dont la souffrance pour la vraie foi sont notre gloire, intrépides athlètes, qui, vainqueurs en mourant des puissances ennemies, nous ont enfanté cette patrie nouvelle par leur sang[27] ; c'est à cette

27. Virgile, *Énéide*, II, 24.

patrie que nous t'appelons ; viens, réunis-toi à ses citoyens ;
c'est ici que la véritable rémission des péchés ouvre un asile.
N'écoute pas ces âmes dégénérées, ces détracteurs du Christ
et des chrétiens, accusant l'ère de salut comme une ère de
calamité ! Que cherchent-ils en effet dans le temps ? Ce n'est
pas le repos de la vie, mais la sécurité du vice ; honte que tu
n'as jamais acceptée, non pas même pour obtenir la terre.
Emporte aujourd'hui la patrie céleste ; la conquête est aisée ;
ici ton règne n'aura d'autres limites que la vérité et l'éternité.
Ici, plus de Vesta, plus de pierre du Capitole, mais le seul vrai
Dieu qui « ne te mesure ni l'espace, ni la durée, qui te promet un empire sans fin[28] ». Loin, loin de toi ces dieux faux
et trompeurs ; rejette-les avec mépris ; prends l'essor vers la
liberté. Ce ne sont point des dieux, mais des esprits malfaisants à qui ton éternelle félicité est un supplice. Non, cette
Junon n'envia jamais aux Troyens, tes ancêtres temporels, la
gloire de la cité romaine, comme ces démons envient au
genre humain la félicité des demeures éternelles. Et toi-
même, tu as su bien juger de ces génies pervers, quand, les
apaisant par tes jeux, tu as cependant flétri les acteurs de ces
jeux comme infâmes. Souffre que ta liberté s'assure contre
ces esprits immondes qui tenaient ta tête courbée sous l'apothéose et le culte de leur ignominie ! Tu as éloigné des honneurs les acteurs des crimes divins ; conjure le Dieu de vérité
d'éloigner de toi ces dieux qui se complaisent dans des forfaits ou véritables – quelle honte ! –, ou imaginaires – quelle
perversité ! Tu exclus toi-même de la société civile les comédiens, les histrions ; c'est bien ; achève d'ouvrir les yeux.
Jamais la majesté divine n'est propice aux hommages qui
prostituent la dignité humaine. Comment donc ces dieux
jaloux de ta dégradation, peux-tu les ranger au nombre des
saintes puissances du ciel, quand leurs ignobles ministres, ces
médiateurs d'infamie, sont rayés de ta main du nombre des
derniers citoyens de Rome ? N'est-elle pas incomparablement plus glorieuse cette cité d'En haut, où la victoire, c'est
la vérité ; où la dignité, la sainteté ; où la paix, la félicité ; où

28. Virgile, *Énéide*, I, 278.

la vie, l'éternité ? Peut-elle avoir dans sa société de tels dieux, si dans la tienne tu rougis d'avoir de tels hommes ? Veux-tu parvenir à cette cité bienheureuse, fuis le commerce des démons ! Quoi ! l'honnête homme invoque ces dieux que fléchit l'infâme ! Que la pureté chrétienne les retranche de la société, ces dieux, comme la note du censeur a exclu ces hommes de tes dignités. Quant aux biens et aux maux temporels, seuls biens, seuls maux dont les méchants désirent la possession et déclinent la souffrance, ces démons n'ont pas tout le pouvoir qu'on leur prête, et l'eussent-ils, loin de nous incliner, ne devrions-nous pas mépriser ces objets plutôt que de vouer aux malignes puissances un culte qui nous détourne du but qu'elles nous envient ? Mais elles ne profitent pas, même dans le temps, comme le croient ceux qui soutiennent leur culte au nom de l'intérêt temporel. Remettons toutefois cette question pour mettre fin à ce Livre.

# Livre III

## Les malheurs politiques de Rome et l'impuissance de ses dieux

*Le Livre III veut montrer que les dieux regrettés par les Romains n'ont pas soutenu Rome, non plus dans sa défaillance morale (Livre II), mais dans ses malheurs politiques et matériels. Passant en revue l'histoire romaine, Augustin n'a pas de mal à souligner cruellement la défaillance et l'inanité des dieux protecteurs de la cité. « Contre ces maux (matériels) qu'ils redoutent uniquement, ont-ils trouvé secours dans leurs dieux quand ils avaient la liberté de les servir ? » À l'horizon de la polémique se profile toujours l'interdiction du culte des dieux promulguée par Théodose en 391, soit vingt ans avant le début de la rédaction de* La Cité de Dieu.

*Comment croire que les dieux aient laissé détruire Troie en punition de l'adultère de Pâris quand ils n'ont pas puni Rome pour le meurtre du frère de Romulus ? Et d'ailleurs comment les crimes des hommes leur seraient-ils odieux quand eux-mêmes en commettent de semblables ?*

*Par deux fois les dieux de Troie, qui sont aussi ceux de Rome, n'ont rien fait pour sauver la ville ! Ceux de Rome à leur tour n'ont pas secouru Rome de l'invasion gauloise, ni les cérémonies inaugurées par Numa Pompilius n'ont longtemps donné la paix à la cité ! Quand Rome a connu la paix, elle l'a dû au bon vouloir de ses voisins. Pour assurer sa prospérité Rome crut devoir multiplier le nombre des dieux, mais cette multiplication n'empêche pas Rome d'être atteinte d'effroyables catastrophes.*

Et Augustin de rappeler tant d'épisodes (la guerre entre Albe et Rome, le combat des Horaces et des Curiaces), tant de guerres fratricides d'autant plus scandaleuses que les dieux de ces deux cités étaient amis. En vérité, la corruption est partout et la série des crimes de Romains que la tradition magnifie et métamorphose en actions superbes (Tarquin le Superbe!) se déroule sans que « les dieux se retirent de leurs sanctuaires et qu'ils abandonnent leurs autels », selon les célèbres vers de Virgile, leitmotiv du scandale rhétorique d'Augustin.

Les traits acérés d'Augustin en ce Livre III à l'égard de Rome et de ses dieux doivent-ils étonner quand les historiens romains eux-mêmes, Salluste et Tite-Live, n'ont pas caché les maux de la patrie ? Augustin peut se borner à relire avec eux l'histoire romaine, mais son refrain « Où sont-ils ces dieux, quand… » peut aujourd'hui nous étonner quand nous pensons que la même question peut être posée au Dieu des juifs dans l'histoire biblique et au Dieu chrétien dans l'histoire chrétienne, jusqu'à nos jours.

« Si leur protection ne peut garantir ni les individus, ni les cités des plus cruels tourments, qu'ils cessent donc de s'indigner, ceux qui font dater leur malheur de l'abolition des fêtes de leurs dieux » (ch. XX) ; qu'ils cessent d'imputer au Christ des malheurs ou des guerres civiles qui n'ont jamais épargné Rome et ont causé la ruine de la République bien avant que le Christ ne paraisse dans l'histoire !

La rhétorique ravageuse d'Augustin ne l'empêche cependant pas de manifester en ce Livre et les suivants un intérêt précis et attentif pour Rome et son histoire, intérêt aussi précis que celui qu'il manifeste ailleurs pour l'histoire évangélique ; un amour pour Rome, ses historiens et ses poètes, toute sa grandeur !

# Livre troisième

I. C'est assez parler, ce me semble, des maux de l'âme, mortels aux mœurs, et les seuls vraiment à craindre ; c'est assez montrer que les faux dieux, loin de songer à la délivrance de leur peuple fidèle, opprimé sous le fardeau de ses iniquités, ne travaillent au contraire qu'à l'en accabler. Parlons maintenant de ces maux, les seuls qu'un païen refuse de souffrir, la faim, la maladie, la spoliation, la captivité, la mort, et semblables calamités énumérées au premier Livre. Car le méchant ne met au rang des maux que ceux qui ne rendent pas l'homme mauvais, il ne rougit pas, au milieu des biens qu'il loue, d'être lui-même mauvais en les louant, plus fâché du désordre de sa villa que de sa vie, comme si c'était le souverain bien de l'homme d'avoir tout bon hors soi-même. Et cependant, contre ces maux qu'ils redoutent uniquement, ont-ils trouvé secours dans leurs dieux, quand ils avaient la liberté de les servir ? Car, avant la venue de notre Rédempteur, en divers temps, en divers lieux, alors que tant de fléaux, plusieurs même incroyables, brisent le genre humain, le monde adore-t-il d'autres dieux, excepté le peuple hébreu, et en dehors de ce peuple, quelques hommes, partout où un juste et mystérieux jugement de Dieu les a trouvés dignes de sa grâce ? Mais, crainte de longueurs, je passe sous silence les désastres qui ont affligé les autres nations de l'univers ; je me borne à Rome et à l'Empire romain, c'est-à-dire aux souffrances de la ville elle-même avant l'avènement du Christ, aux souffrances des provinces qui, réunies à

la République soit par alliance, soit par soumission, for-
maient déjà comme les membres de ce grand corps.

II. Et d'abord – car il ne s'agit plus ici de taire ou de dissimuler – pourquoi Ilion, mère de Rome, est-elle vaincue,
prise et ruinée par les Grecs, dont les dieux sont les siens ?
Priam, nous dit-on, expie la perfidie de Laomédon. Il est
donc vrai, Apollon et Neptune ont loué à Laomédon leurs
bras mercenaires. On raconte en effet qu'un salaire leur était
promis et que Laomédon viola sa promesse. Or je m'étonne
que le divin interprète de l'avenir, Apollon, s'engage à si
rude labeur sans savoir que Laomédon niera sa dette. Et cette
ignorance est-elle moins étrange en son oncle, Neptune, frère
de Jupiter, souverain de l'empire des eaux ? Homère, qui
vécut, dit-on, avant la naissance de Rome, ne lui fait-il pas
prédire une destinée glorieuse aux enfants d'Énée, fondateurs de cette ville ? Ne dit-il pas que ce dieu enleva le héros
dans un nuage pour le dérober au glaive d'Achille ? Et
cependant, de l'aveu de Virgile, « il voulait renverser de
fond en comble l'ouvrage de ses mains, les murs de la parjure Ilion[1] ». Ainsi, ces grands dieux, Neptune et Apollon, ne
se doutant pas que Laomédon va les frustrer de leurs jour-
nées, accomplissent leur tâche de manœuvres gratuitement
pour des ingrats. Prenez-y garde, je crains bien qu'à l'égard
de tels dieux crédulité soit plus dangereuse que parjure.
Homère lui-même n'est pas ici fort crédule ; car il représente
Neptune combattant contre les Troyens, Apollon pour eux,
quoique, suivant la fable, tous deux soient également offensés. Si vous croyez aux fables, rougissez donc d'honorer de
tels dieux ; si vous n'y croyez pas, ne parlez plus des parjures de Troie, ou demandez pourquoi ces dieux punissent
les parjures de Troie et protègent ceux de Rome. Et comment cette grande et criminelle cité eut-elle fourni à la conjuration de Catilina tant de traîtres dont la langue et le bras se
nourrissaient de parjures et de sang romain[2] ? Et ces séna-

1. Virgile, *Énéide*, V, 810.
2. Salluste, *Catilina*, XIV, 1-3.

teurs, juges corrompus, et les assemblées populaires, vénales
dans leurs suffrages, vénales dans toutes les causes appelées
devant elles, n'était-ce pas leur crime habituel que le parjure ? Car dans cette corruption effrénée, l'antique usage du
serment était conservé non pour retenir les crimes par la
crainte, mais pour les combler par le parjure.

III. C'est donc sans raison qu'aux dieux « soutiens de cet
empire[3] », à ces dieux évidemment vaincus par le bras des
Grecs, on prête un courroux imaginaire contre les Troyens
parjures, et l'adultère de Pâris vainement allégué pour la
défense des dieux n'est pas la cause de leur fuite indignée.
Auteurs et conseillers du crime, ils n'ont pas coutume d'en
être les vengeurs. « Rome, dès l'origine, eut, comme je l'ai
appris, dit Salluste, pour fondateurs et premiers habitants,
des Troyens fugitifs, errants à l'aventure sous la conduite
d'Énée[4]. » Si donc ces dieux ont cru devoir venger l'adultère
de Pâris, n'en fallait-il pas étendre et poursuivre la vengeance sur les Romains, puisqu'il était l'œuvre de la mère
d'Énée ? Mais pouvaient-ils le haïr en Pâris, quand ils ne
haïssaient pas en leur compagne Vénus celui, par exemple,
qu'elle commet avec Anchise et qui donne naissance à
Énée ? Peut-être que Ménélas se fâche et que Vulcain tolère.
Car les dieux, que je sache, ne sont pas fort jaloux de leurs
femmes ; ils daignent même les mettre en commun avec les
hommes. M'accusera-t-on de railler, de manquer de gravité
dans une question si importante ? Eh bien, d'accord ; cessons
de croire qu'Énée soit fils de Vénus, mais aussi cessons de
croire que Romulus soit fils de Mars. Car pourquoi nier l'un
et croire l'autre ? Serait-il donc permis aux dieux de s'unir
aux femmes, et serait-ce un crime aux hommes de s'unir aux
déesses ? Rigoureux, ou plutôt incroyable destin ! Quoi !
dans le ressort même de la puissance de Vénus, ce qui est
permis à Mars est interdit à la déesse ? Non, non, l'autorité
de Rome confirme l'un et l'autre fait. César n'a pas reconnu

3. Virgile, *Énéide*, II, 352.
4. Salluste, *Catilina*, VI, 1.

avec moins de foi Vénus pour aïeule, que l'ancien Romulus
le dieu Mars, pour père.

IV. Crois-tu donc tout cela, va-t-on me dire ? Non. Car
ici, votre savant Varron[a] lui-même, quoiqu'il hésite à se prononcer, en vient presque à confesser le mensonge. Mais il
prétend qu'il est de l'intérêt des États que les hommes généreux se croient, même à tort, issus des dieux. Le cœur de
l'homme, sur la foi de sa céleste descendance se porte d'un
élan plus hardi aux grandes entreprises, les conduit avec plus
de vigueur, fort de cette confiance qui garantit le succès.
Cette pensée de Varron, que je revêts au mieux de mes
propres paroles[5], voyez quelle large porte elle ouvre à
l'erreur. Elle nous laisse présumer les fictions que l'on a pu
consacrer toutes les fois que l'on aura cru le mensonge religieux utile aux citoyens. Mais Vénus pouvait-elle de son
adultère avec Anchise donner naissance à Énée, et Mars à
Romulus de son commerce avec Sylvia, fille de Numitor ?
C'est une question que j'abandonne ; car elle semble se
reproduire dans nos Écritures, lorsqu'il s'agit de savoir si les
anges prévaricateurs ont pu s'unir aux filles des hommes :
union d'où seraient issus ces géants, hommes de taille et de
force prodigieuse, dont alors la terre était peuplée.

V. Mais ramenons pour l'instant la question à ces deux
faits. Si ce que l'on dit de la mère d'Énée et du père de
Romulus est vrai, comment l'adultère chez les hommes peut-
il déplaire aux dieux, quand ils le pratiquent entre eux de si
bonne grâce ? Si cela est faux, comment peuvent-ils s'offenser des véritables adultères de l'homme, s'ils se complaisent

a. Marcus Terentius Varron, né en 116, mort en 27 avant J.-C. Plus qu'un
homme politique, il fut un érudit qui recueillit les antiquités romaines. De
son œuvre immense, les quarante et un livres des *Antiquitatum rerum huma-
norum et divinarum* sont perdus dans leur ensemble. Augustin nous en a
conservé le plan (voir Livre VI, 3, et Introduction à ce Livre) et de nombreux
fragments. Ils constituent une des sources capitales de *La Cité de Dieu*. Une
édition rassemblant les fragments a été donnée par B. Cardauns, Wiesbaden,
1976.
5. Voir Varron, *Antiquitatum rerum divinarum*.

à ceux que le mensonge leur prête à eux-mêmes ? Ajoutez que si l'on ne croit à l'adultère de Mars, il faut être incrédule à celui de Vénus. On ne saurait donc plus alléguer de crime divin à l'excuse de la mère de Romulus. Or, Sylvia était vestale ; et les dieux ont dû plus rigoureusement venger son sacrilège sur Rome que l'adultère de Pâris sur Troie. Car, chez les anciens Romains, la vestale surprise dans le crime était enterrée vive, tandis qu'ils punissaient la femme adultère de toute autre peine que la mort, vengeurs plus inexorables des profanations du sanctuaire que de celles du lit nuptial.

VI. Que dis-je ? si les crimes des hommes étaient tellement odieux à ces divinités que, dans leur indignation contre l'adultère de Pâris, ils aient abandonné Troie au fer et aux flammes, le meurtre du frère de Romulus devait plutôt les armer contre Rome que l'injure d'un mari grec contre Ilion, le parricide d'une ville à sa naissance plutôt que l'adultère d'une florissante cité. Et peu importe à la question que Romulus ait ordonné le meurtre ou l'ait commis lui-même, ce que plusieurs nient par impudence, ou révoquent en doute par honte, ou dissimulent par douleur. Mais sans plus nous arrêter à peser sur ce point les nombreux témoignages de l'histoire, il est constant que le frère de Romulus fut tué, et qu'il ne le fut ni par des ennemis, ni par des étrangers. Or, ce meurtre est commis ou ordonné par Romulus, bien plus le chef des Romains que Pâris ne l'était des Troyens. Comment donc le ravisseur a-t-il attiré sur Troie la colère des dieux, tandis que le fratricide mérite à Rome leur protection ? Si Romulus est étranger à l'exécution et à l'ordre de ce crime, en omettant de le venger, toute la ville en est coupable ; elle y consent, et ce n'est plus du sang d'un frère, mais, chose horrible ! c'est du sang d'un père qu'elle est coupable ! Car n'a-t-elle pas deux fondateurs, quoique le crime n'ait permis qu'à un seul d'être roi ? Qu'on le dise, enfin, s'il est possible, qu'est-ce que Troie a fait de mal pour encourir cet abandon des dieux qui la livre à sa ruine ? Qu'est-ce que Rome a fait de bien pour mériter leur présence protectrice ?

Mais non ; vaincus et fugitifs, ils se retirent à Rome pour
tromper les Romains à leur tour, ou plutôt, demeurés sur le
sol troyen pour en séduire à leur coutume les nouveaux habitants, ils redoublent ici de ruse et de prestiges, et leur orgueil
y jouit de plus grands honneurs.

VII. Et quel nouveau crime avait commis la malheureuse
Troie, pour être engloutie dans le torrent des guerres civiles
et détruite par le plus féroce partisan de Marius, Fimbria,
vainqueur bien autrement impitoyable que les anciens
Grecs ? Au temps de sa première désolation, la fuite ou la captivité déroba du moins un grand nombre de Troyens à la
mort ; mais Fimbria, lui, défend d'abord de faire grâce à personne ; il réduit la ville en cendres, et brûle avec elle tous les
habitants. Voilà donc ce qu'Ilion a souffert, non des Grecs
furieux de son crime, mais des Romains, nés de son malheur,
et sous la tutelle des mêmes dieux ! ces dieux indifférents, ou
plutôt impuissants à conjurer tant d'infortunes. Dira-t-on
qu'une seconde fois « ils se sont retirés de leurs sanctuaires,
qu'ils ont abandonné leurs autels[6] », ces dieux protecteurs
d'Ilion relevée de ses cendres et de ses antiques ruines ? S'il
est ainsi, je demande pourquoi ? car la cause des dieux me
semble d'autant plus mauvaise que celle des Troyens me
paraît meilleure. Ils ont fermé à Fimbria les portes de leur ville
pour la conserver à Sylla ; Fimbria, dans sa fureur, se venge
par l'incendie, par l'extermination. Or Sylla est alors le chef
du meilleur parti ; il a l'épée à la main pour recouvrer la république. Ces heureux commencements n'amènent point
encore leurs suites funestes. Que peuvent donc faire de
mieux les habitants ? Quoi de plus honorable, quoi de plus
fidèle, quoi de plus digne de la parenté romaine, que de
conserver leur ville au plus juste parti et de fermer leurs
portes à ce brigand, parricide de la République ? Et cependant
cette résolution leur coûte-t-elle assez cher ? Qu'en disent les
défenseurs des dieux ? Qu'ils aient délaissé, ces dieux, un
peuple d'adultères, qu'ils aient livré Troie aux flammes des

6. Virgile, *Énéide*, II, 351.

Grecs, pour que Rome plus chaste naquît de ses cendres ; mais aujourd'hui, pourquoi l'abandonner cette ville, mère de Rome, mère soumise à sa noble fille ; fidèle et religieuse alliée de la cause légitime, pourquoi l'abandonner, non plus aux héros grecs, mais à un infâme, au dernier des Romains ? Si le parti de Sylla, à qui ces infortunés voulaient garder leur ville, déplaît à ces dieux, pourquoi s'empressent-ils de promettre, de prédire à ce même Sylla tant de félicités ? Ne les retrouvons-nous pas encore ici plutôt flatteurs de la prospérité que défenseurs de l'infortune ? Ce n'est donc pas pour être délaissée par eux qu'Ilion alors a succombé. Toujours vigilants à tromper, ils ont fait, ces démons, ce qui leur était possible. Car toutes leurs statues étant détruites et consumées avec la ville, la seule statue de Minerve, dit-on, et Tite-Live le rapporte, est retrouvée entière et debout sous l'immense ruine de son temple. Non, sans doute, afin que l'on dise en leur honneur : « Ô dieux de la patrie, dieux toujours protecteurs de Troie[7] ! », mais pour qu'il soit impossible de dire à leur excuse : « Ils se sont retirés de leurs sanctuaires, ils ont abandonné leurs autels » ; car il leur a été permis d'opérer un prodige qui servît non pas à prouver leur puissance, mais à établir contre eux la conviction de leur présence.

VIII. Quelle prudence, après cette destinée de Troie, de confier à ces dieux la défense de Rome ? Dira-t-on qu'ils y résidaient dès longtemps, lorsque Ilion tomba sous la fureur de Fimbria ? Comment donc dans ces ruines est restée debout cette statue de Minerve ? Et puis, s'ils étaient à Rome lorsque Fimbria détruisit Ilion, peut-être étaient-ils dans Ilion lorsque Rome fut prise et brûlée par les Gaulois ? Mais grâce à la finesse de l'ouïe, à l'agilité qui les distingue, ils accoururent au cri de l'oie sauver du moins le roc du Capitole, avertis trop tard pour protéger le reste de la ville.

IX. On croit encore que Numa, successeur de Romulus, dut à leur faveur de jouir de la paix pendant tout son règne,

7. Virgile, *Énéide*, IX, 247.

et de fermer les portes de Janus que la guerre se fait ouvrir, en récompense des religieuses cérémonies dont il avait doté les Romains. Il y aurait lieu sans doute de le féliciter de tant d'heureux loisirs, s'il les avait su consacrer à d'utiles institutions et sacrifier une curiosité pernicieuse à la pieuse et véritable recherche du vrai Dieu. Mais ce loisir même, le doit-il à ces dieux qui peut-être l'eussent moins trompé s'ils l'eussent trouvé moins oisif ?

Ils se mirent en devoir d'occuper son désœuvrement. Toutes les pratiques, tous les mystères par lesquels il parvint à établir une société entre eux et lui, entre Rome et de tels dieux, Varron nous les a révélés. Mais ailleurs nous en reparlerons plus convenablement, s'il plaît au Seigneur. Or, il s'agit ici de leurs bienfaits, et c'est un grand bienfait que la paix ; mais un bienfait du vrai Dieu comme le soleil, comme la pluie, comme les autres avantages de la vie qu'il répand aussi sur les ingrats et les pervers. Que si ces dieux ont été pour Rome et pour Pompilius les auteurs de ce bien précieux, pourquoi depuis, même aux siècles de vertu, en sont-ils tellement avares ? Ces cérémonies sacrées avaient-elles donc auprès d'eux plus d'influence au moment d'être instituées, qu'après leur institution lorsqu'on les célébrait ? Elles n'étaient point avant Numa ; il les ajoute au culte, il les fait être ; depuis elles sont, et pour qu'elles soient profitables, on les observe. Quoi donc ? ces quarante-trois ans, ou selon d'autres, ces trente-neuf ans du règne de Numa s'écoulent dans une paix si profonde et, dans la suite, lorsque ces cérémonies où les dieux sont invités, s'accomplissent sous leur présidence et leurs auspices, durant cette longue période qui s'étend de la fondation de Rome à l'avènement d'Auguste, on signale, comme la plus grande merveille, une seule année à peine, depuis la première guerre punique, où les Romains aient pu fermer les portes de la guerre !

X. Va-t-on répondre que sans cette continuelle succession de guerres assidues il eût été impossible à l'Empire romain d'étendre si loin les limites de sa puissance et de sa gloire ? Il lui fallait pour grandir cette agitation sans fin. Raison étrange ! Eh quoi ! une stature moyenne avec la santé ne vaut-elle pas mieux au corps humain qu'une taille gigantesque qui ne se développe que par des crises successives, où l'on arrive sans atteindre le repos, où la douleur mesure à la force des organes la violence de ses assauts ? Serait-ce donc un mal, ou plutôt ne serait-ce pas un grand bien, si l'on en demeurait encore aux temps heureux que Salluste rappelle ainsi : « À l'origine les rois, premier nom de l'autorité sur la terre, les rois, différents d'inclinations, se livraient aux exercices de l'esprit ou du corps. Alors la vie des hommes s'écoulait exempte de cupidité : chacun se contentait du sien[8]. » Fallait-il donc à l'immense accroissement de l'Empire cette décadence morale que Virgile flétrit : « Peu à peu le siècle s'altère ; ses teintes pâlissent ; bientôt surviennent la fureur des armes et la soif de l'or[9] » ? Cependant les Romains ont une légitime excuse à tant de guerres. Forcés de résister aux soudaines invasions de leurs ennemis, pour eux il ne s'agit plus de gloire humaine ; il s'agit de la vie et de la liberté.

Eh bien ! soit. « Car, dit Salluste, lorsque l'État, développant ses institutions, ses mœurs et son territoire, parut arrivé à certain degré de prospérité et de puissance, sa fortune, selon le sort des choses humaines, fit naître la haine. Les rois et les peuples voisins essaient ses forces par la guerre. Peu d'amis viennent au secours : la terreur tient le reste loin du péril. Mais les Romains, attentifs au-dedans et au-dehors, se hâtent, s'apprêtent, s'encouragent, vont à l'ennemi ; liberté, patrie, famille, tout est à l'abri sous leurs armes. Quand leur valeur a repoussé les dangers, ils portent secours aux alliés et amis ; ils s'en font plus à rendre qu'à recevoir des services[10]. » C'est par ces voies généreuses que Rome s'élève. Mais sous le règne de Numa, qu'arrive-t-il ? Comment concilier cette longue paix avec ces habituelles hostilités ? Si Rome, alors même assaillie, n'opposait point le glaive au glaive, comment sans combat, sans ces victorieux élans

8. Salluste, *Catilina*, II, 1.
9. Virgile, *Énéide*, VIII, 326.
10. Salluste, *Catilina*, VI, 3.

qu'inspire le dieu Mars, pouvait-elle contenir ses ennemis ?
Qui l'empêchait d'arriver ainsi à l'empire sans lutte, et les
portes de Janus toujours closes ? Si cela n'a pas été en son
pouvoir, elle a donc joui de la paix, non pas tant que les
dieux l'ont voulu, mais tant qu'il a plu à ses voisins de suspendre leurs attaques. À moins que de pareils dieux n'osent
se faire un mérite auprès de l'homme de ce que l'homme
veut ou ne veut pas. Qu'il soit permis à ces démons d'entraîner ou de retenir les esprits pervers par leur propre perversité, cela est tout différent. Mais s'ils avaient toujours ce
pouvoir, si leurs efforts n'étaient souvent déjoués par une
puissance secrète et supérieure, ils seraient les arbitres de la
paix, de la guerre, de la victoire, événements qui d'ordinaire
dépendent des passions humaines.

XI. Cependant ils arrivent pour la plupart contre la
volonté de ces dieux, non seulement au rapport des fables
menteuses qui expriment ou renferment à peine quelque trait
de vérité, mais de l'aveu même de l'histoire romaine. Et
quelle autre raison, au moment de la guerre contre le roi
Aristonicus et les Achéens, cet Apollon de Cumes eut-il de
pleurer pendant quatre jours ? Effrayés de ce prodige, les
aruspices voulaient faire précipiter la statue dans la mer ;
mais les vieillards intercédèrent en sa faveur, assurant que,
dans la guerre contre Antiochus et Persée, la même idole
avait rendu semblable présage, et qu'en récompense de la fortune des armes romaines, un sénatus-consulte avait décidé
l'envoi des présents accoutumés à Apollon. D'autres aruspices plus habiles, appelés, répondent que ces pleurs de la statue d'Apollon sont de bon augure. Cumes n'est-elle pas une
colonie grecque ? Apollon pleure la désolation du sol natal,
le deuil et la ruine de la Grèce. On apprend bientôt que le roi
Aristonicus est vaincu et prisonnier, malheur dont le pres-
sentiment arrachait à la pierre divine ces larmes de dépit et
de douleur. Ainsi, les poètes ne se trompent pas toujours
et leurs fictions sont la peinture fabuleuse, mais vraisemblable, des mœurs des démons. Diane, dans Virgile, regrette
Camille ; Hercule pleure Pallas qui va mourir. C'est pourquoi,

peut-être, jouissant d'une paix profonde sans en connaître, sans en rechercher l'auteur, Numa Pompilius avise dans son loisir à quels dieux il va confier la tutelle de Rome et de son règne ; et comme il présume que le dieu souverain, véritable et tout-puissant, demeure indifférent aux choses de la terre, se souvenant d'ailleurs que les dieux troyens abordés sur les vaisseaux d'Ilion n'ont pas eu le pouvoir de conserver long-temps Troie et Lavinium fondé par Énée, il croit devoir s'assurer d'autres protecteurs que ces dieux qui ont déjà passé à Rome avec Romulus, ou qui doivent y passer après la ruine d'Albe ; divinités fugitives ou impuissantes, ne leur fallait-il pas des gardes ou des auxiliaires ?

XII. Et pourtant Rome ne daigna pas se contenter de ces divinités si nombreuses instituées par Numa. Jupiter n'avait pas encore son temple souverain. Ce fut le roi Tarquin qui bâtit le Capitole. Esculape vint d'Épidaure à Rome ; habile médecin, il voulait une ville célèbre pour y exercer son art avec plus d'éclat. La mère des dieux est aussi venue, je ne sais d'où, de Pessinunte. Pouvait-elle, en effet, lorsque son fils dominait sur la colline du Capitole, rester plus longtemps dans une ville obscure ? Si elle est la mère de tous les dieux, elle a non seulement suivi, mais précédé à Rome plusieurs de ses fils. Je suis, à la vérité, surpris qu'elle ait donné nais-sance à Cynocéphale, venu d'Égypte beaucoup plus tard. La déesse Fièvre est-elle sa fille aussi ? Demandez à son petit-fils Esculape. Mais quelle que soit la mère de cette déesse, citoyenne de Rome, des dieux étrangers oseront-ils dédaigner son origine ? Placée sous le patronage de tant de dieux, et qui pourrait les compter ? indigènes et étrangers, dieux du ciel, de la terre et des enfers, des mers, des fon-taines et des fleuves, certains ou incertains, selon Varron, et, dans toutes leurs variétés, mâles et femelles, comme les espèces animales ; oui, sous le patronage de tant de dieux, Rome devait-elle être affligée, bouleversée par tant d'effroyables catastrophes dont je ne veux rappeler qu'un petit nombre ? Vainement la fumée de ses sacrifices appelait comme un signal à sa défense cette étrange multitude de dieux. Et ces temples, ces autels, ces cérémonies n'étaient-ce pas autant d'offenses au Dieu suprême et véritable, à qui seul est dû légitime hommage ? Rome vécût plus heureuse avec moins de dieux. Mais à mesure qu'elle se développa, elle en crut devoir employer davantage : un plus grand navire veut plus de matelots. Ce peu de divinités sous lesquelles sa vie est pure comparée à la licence qui succède lui paraît, sans doute, de frêles appuis pour sa grandeur. Et cependant, sous les rois mêmes, à l'exception de Numa, dont je viens de parler, n'est-ce pas d'abord un affreux malheur que cette discorde ensanglantée par le meurtre du frère de Romulus ?

XIII. Eh quoi ! ni Junon qui, d'accord avec son bien-aimé Jupiter, favorisait déjà « les Romains dominateurs du monde, peuple à la toge souveraine[11] », ni Vénus elle-même ne put venir en aide à ces chers enfants d'Énée en leur ménageant d'honnêtes et légitimes alliances ? Et voyez quels déplorables événements entraîne cette disette d'épouses. Perfides ravisseurs, ils en viennent aux mains avec leurs beaux-pères ; et ces malheureuses femmes n'ont pas encore pardonné à leurs maris l'outrage le plus cruel qu'elles reçoivent en dot, le sang de leurs pères[12] ! Les Romains, dit-on, furent vainqueurs dans ce combat. Mais combien de morts et de blessures de part et d'autre coûta cette victoire dénaturée ! La discorde entre César et Pompée, entre un seul beau-père et un seul gendre, après la mort de la fille de César, femme de Pompée, soulève l'âme de Lucain ; quel juste et profond accent de douleur ! « Je chante cette guerre plus que civile, décidée dans les plaines de l'Émathie ; le crime justifié par la victoire[13]… » Les Romains ont vaincu, et, tout sanglants du meurtre de leurs beaux-pères, ils peuvent contraindre les filles des victimes à souffrir leurs funestes embrassements : et elles n'osent pleurer leurs pères morts, pour ne pas offenser leurs maris vainqueurs ; et même, pendant le combat, savaient-elles pour qui

---

11. Virgile, *Énéide*, I, 282.
12. Virgile, *Énéide*, VII, 318.
13. Lucain, *Pharsale*, I, 1.

faire des vœux ? Non, ce n'est pas Vénus, c'est Bellone qui préside à ces sanglantes noces du peuple romain ; c'est l'infernale Alecto, plus fatale aux enfants d'Énée que Junon protège qu'à leur aïeul livré par la déesse à la furie. Plus heureuse la captivité d'Andromaque que ces hymens de Rome. Sortant des bras de son esclave, Pyrrhus ne trempait plus ses mains au sang troyen. Les Romains frappent au combat ceux dont les filles partagent leurs lits. Soumise au vainqueur, Andromaque pouvait pleurer la perte des siens ; elle n'avait plus à la craindre. Filles et femmes des combattants, également à plaindre au départ et au retour de leurs maris, ces infortunées tremblent pour leurs pères ou pleurent leur mort, ou plutôt elles ne sont libres ni de leur crainte, ni de leur douleur ; car peuvent-elles apprendre le trépas de leurs concitoyens, de leurs proches, de leurs frères, de leurs pères, sans un pieux désespoir, ou se réjouir sans cruauté des victoires de leurs maris ? Et puis le sort des armes en a fait plusieurs orphelines et veuves, dans ces duels terribles où la fortune parut un instant trahir les Romains. N'en vinrent-ils pas à soutenir un siège, à s'enfermer pour se défendre ? La ruse ouvre les portes de la ville et introduit l'ennemi dans ses murs. Au Forum même, entre gendres et beaux-pères, c'est une atroce et sanglante mêlée. Les ravisseurs plient ; à chaque moment ils se réfugient dans leurs maisons ; ils ajoutent la honte de la lâcheté à la honte et au crime de leur précédente victoire. Alors Romulus, désespérant du courage des siens, prie Jupiter d'arrêter leur fuite ; ce qui valut au dieu le nom de Stator. Et cependant, ces sanglantes scènes n'eussent pas eu de fin, si les femmes, tombant tout échevelées aux genoux de leurs pères, n'eussent apaisé par de pieuses instances l'élan irrésistible de la plus juste fureur. Et Romulus, réduit à partager la puissance avec Tatius, roi des Sabins ; Romulus, qui n'a pas voulu d'un frère pour collègue, souffrira-t-il longtemps un étranger, lui qui n'a pas voulu souffrir un frère, et un frère jumeau ? Bientôt délivré de Tatius, pour être à l'avenir un plus grand dieu, il demeure seul roi[b]. Étranges

---

b. Augustin suit ici l'*Histoire de Rome* de Tite-Live.

contrats de noces, germes éternels de guerres ! Admirable
pacte de famille, d'alliances, de société, de religion ! Que
doit être, sous la tutelle de tant de dieux, la vie d'une cité ?
Mais que n'aurais-je pas à dire ici, si mon sujet n'appelait sur
d'autres points mon attention et mes discours ?

XIV. Qu'arrive-t-il après Numa, sous les autres rois ? Les
Albains provoqués ; guerre fatale aux vaincus, fatale aux
Romains eux-mêmes. Mais on est tant dégoûté de cette longue paix de Numa. Quels torrents de sang coulent de part et
d'autre ! Quel épuisement des deux cités ! Albe, œuvre
d'Ascagne, fils d'Énée ; Albe, plus mère de Rome que Troie
elle-même, résiste à son agresseur Tullus Hostilius ; coups
terribles portés et reçus. Las, enfin, de ces funestes vicissitudes, les deux partis avisent de remettre le sort de la guerre
aux mains de trois frères jumeaux : Rome présente les trois
Horaces ; Albe les trois Curiaces. Deux Horaces sont vaincus
et tués par les trois Curiaces ; les trois Curiaces par un seul
Horace. Rome demeure victorieuse ; mais à quel prix ! Sur
six, un seul revient du combat. À qui la perte, à qui le deuil
de part et d'autre, sinon à la race d'Énée, à la postérité
d'Ascagne, aux enfants de Vénus, aux petits-fils de Jupiter ?
N'est-ce pas une guerre plus que civile, celle où la cité fille
combat contre la cité mère[14] ? Ajoutons à ce duel des trois
jumeaux un horrible et dernier épisode. Les deux peuples
étaient amis, voisins et parents. À l'un des Curiaces est fian-
cée la sœur des Horaces ; elle voit sur son frère vainqueur les
dépouilles de son amant ; elle pleure ; l'épée de ce frère la
punit de ses larmes. Seule, cette femme a plus d'humanité
que tout le peuple romain. Elle pleure celui qui avait sa foi ;
elle pleure peut-être sur son frère, meurtrier de l'homme à
qui il a promis sa sœur. Où est donc le crime ? N'aime-t-on
pas, dans Virgile, les regrets que donne le pieux Énée à
l'ennemi, sa victime[15] ? Ainsi Marcellus, songeant à la gloire
et à la puissance de Syracuse qui viennent de s'écrouler dans

14. Lucain, *Pharsale*, I, 1.
15. Virgile, *Énéide*, X, 821-832.

ses mains, répand des larmes de compassion sur les destinées humaines. De grâce, au nom de l'humanité, n'allons
pas faire un crime à une femme de pleurer son fiancé tué par
son frère, s'il est glorieux à des hommes de pleurer sur leurs
ennemis vaincus. Cette femme pleure son amant immolé par
son frère ; mais cette lutte féroce avec la cité, sa mère, mais
cette victoire, achetée de part et d'autre par les flots d'une
même sang, Rome s'en réjouit ! Et que l'on n'allègue pas ici
ces vains noms de gloire et de triomphe ! Loin, loin, les préjugés d'une folle opinion ! Que ces forfaits soient observés
nus, pesés nus, jugés nus. Vous nous parlez de l'adultère de
Troie, dites-nous donc le crime d'Albe. Rien de tel, rien de
semblable. Tullus ne veut que « réveiller les courages endormis, et ranimer ces guerriers qui ont désappris la victoire[16] ».
C'est donc cette funeste envie qui provoque un si grand
crime ; le crime d'une guerre sociale, parricide ! C'est ce
coupable désir que Salluste flétrit en passant, lorsqu'il rappelle en peu de mots ces temps antiques « où la vie des
hommes s'écoulait exempte d'ambition, où chacun se
contentait du sien. Mais, dit-il, depuis que Cyrus en Asie, les
Lacédémoniens et les Athéniens dans la Grèce eurent commencé à subjuguer villes et peuples, sans autre raison de
prendre les armes que la passion de dominer, mesurant la
gloire à l'étendue de l'Empire[17]... » L'historien continue ;
mais qu'il me soit permis de m'en tenir à ces paroles, cette
passion de dominer est pour le genre humain une source de
calamités qui le bouleversent et le brisent. Vaincue par elle,
Rome s'enorgueillit de sa victoire sur Albe, et ce crime éclatant, elle l'appelle gloire. « Car, dit l'Écriture, on flatte le
pécheur dans les instincts dépravés de son âme, et l'on bénit
l'homme d'iniquité[18]. » Déchirons donc les voiles trompeurs, effaçons les couleurs illusoires pour soumettre les
objets à un examen sincère. Ne me dites pas : Tel est un
héros, il a combattu contre tel, et l'a vaincu ; car le gladiateur

16. Virgile, *Énéide*, VI, 814.
17. Salluste, *Catilina*, II, 2.
18. Ps 10, 3.

sait combattre aussi, vaincre aussi; sa féroce industrie
obtient son salaire de gloire. Or mieux vaut à mes yeux être
puni comme un lâche que de signaler sa valeur par de tels
exploits. Eh quoi ! si l'on voyait descendre dans l'arène des
gladiateurs, prêts à s'entr'égorger, un père et son fils, qui
souffrirait, que dis-je ? qui n'écarterait avec horreur cette
scène funeste ? Comment donc pourrait être glorieux ce duel
entre deux cités, mère et fille ? Ici, dira-t-on, il en est tout
autrement. Oui, ce n'est plus l'arène où coule le sang de deux
gladiateurs ; c'est un plus vaste champ de bataille que deux
peuples sèment de leurs cadavres ; l'enceinte de ces combats
n'est plus l'amphithéâtre, mais l'univers entier. Les vivants
et la postérité, tant et où que la renommée le propage, assistent à ce spectacle impie. Et cependant, ces dieux tutélaires
de l'Empire faisaient violence à leur affection, présents à ces
combats comme des spectateurs de théâtre. Cependant trois
Curiaces morts obtiennent de leur impartialité une troisième
victime dans le parti contraire, et le glaive fraternel réunit la
sœur des Horaces à ses deux frères, afin que Rome victorieuse n'ait pas compté une mort de moins ! Bientôt la victoire porte ses fruits ; Albe est détruite ; Albe, troisième
refuge des dieux troyens émigrés d'Ilion qui tombe sous les
Grecs, et de Lavinium, où le roi Latinus recueille Énée, ce
héros étranger et fugitif. Peut-être, suivant leur coutume,
sont-ils déjà sortis d'Albe ; aussi périt-elle : « Ils ont encore
fui, abandonnant leurs sanctuaires et leurs autels, les dieux
protecteurs de cet empire[19] », c'est leur troisième fuite, pour
que Rome soit la quatrième ville sagement confiée à leur
providence. Albe leur déplaît où Amulius fut roi en chassant
son frère, et Rome leur est agréable où Romulus a tué le sien
pour régner. Mais, dit-on, avant de consommer la ruine
d'Albe, on fait passer à Rome tout son peuple pour fondre les
deux villes en une seule. En est-il moins vrai que la cité
d'Ascagne, troisième domicile des dieux d'Ilion, que la cité
mère ne soit ruinée par sa fille ? Et pour que les deux peuples
en viennent à cette déplorable agglomération de leurs débris,

19. Virgile, *Énéide*, II, 351.

de part et d'autre combien de sang versé ! Est-il besoin que
je raconte en détail ces guerres sous les autres rois tant de
fois renouvelées ; ces guerres qui semblaient terminées par
des victoires, ranimées soudain, décidées de nouveau par
d'affreux carnages, et depuis la paix entre les gendres et les
beaux-pères, les armes prises et reprises sans cesse, d'interminables luttes entre leurs descendants ? Irrécusable preuve
de calamités ; aucun de ces rois n'a fermé les portes de la
guerre, aucun de ces rois n'a donc pu, sous la protection de
tant de dieux, régner en paix.

XV. Mais quelle a été la fin des rois eux-mêmes ? Quant
à Romulus, il faut choisir entre cette fable adulatrice qui
l'élève au ciel, et ces historiens qui prétendent que las de sa
cruauté, les sénateurs le mirent en pièces et subornèrent un
certain Julius Proculus pour déclarer que Romulus lui était
apparu, et par sa bouche, ordonnait au peuple romain de
l'honorer comme un dieu. Le peuple se soulevait déjà contre
le Sénat ; cet expédient réussit à le contenir et à l'apaiser. Et
puis était arrivée à propos une éclipse de soleil que, dans son
ignorance du mouvement prédéterminé des corps célestes,
la multitude attribuait à la vertu de Romulus. Mais ce deuil
du soleil ne devait-il pas plutôt faire supposer le meurtre ?
N'était-ce pas un indice que ce voile jeté sur sa lumière,
comme il advint en réalité lorsque la féroce impiété des juifs
crucifia Notre Seigneur ? Cette défaillance du jour survint
alors contre les lois ordinaires de la nature : c'était la Pâque,
que les juifs célèbrent à l'apogée de la lune ; or ce n'est qu'à
son déclin que le soleil s'éclipse régulièrement. Cicéron
témoigne assez que cette apothéose de Romulus est moins un
fait qu'une opinion, quand plaçant l'éloge de ce roi dans la
bouche de Scipion, au traité *De la république*, il dit :
« Romulus laissa de lui une si haute idée, qu'étant disparu
dans une soudaine éclipse de soleil, on crut qu'il avait pris
place parmi les dieux, renommée que nul mortel ne mérite
jamais sans l'éclat d'une vertu extraordinaire[20]. » Quant à

20. Cicéron, *De republica*, II, 10-17.

ces mots : *disparu subitement*, il faut sans doute entendre ou
la violence de la tempête ou le secret du meurtre : car plusieurs écrivains ajoutent au phénomène de l'éclipse la circonstance d'une tempête imprévue qui facilita le crime ou
emporta elle-même Romulus. Cicéron ne dit-il pas dans les
mêmes livres, au sujet de Tullus Hostilius, troisième roi
après Romulus, et frappé comme lui de la foudre : « On ne
crut pas néanmoins qu'une telle mort l'eût fait recevoir au
nombre des dieux. Cet honneur, que la croyance générale
décernait authentiquement à Romulus, les Romains n'ont
pas voulu l'avilir en l'accordant si facilement à un autre[21]. »
Il dit encore sans détour dans ses harangues : « Celui qui a
fondé cette ville, Romulus, nous l'avons par notre bienveillance et l'autorité de notre gloire, élevé au rang des dieux
immortels[22] », non qu'il en fût ainsi, mais on en voulut
répandre le bruit au loin, en reconnaissance de ses services et
de sa vertu. Ne lisons-nous pas enfin dans le dialogue
d'Hortensius au sujet des éclipses régulières du soleil :
« Pour répandre les mêmes ténèbres qui couvrirent la terre,
à la mort de Romulus arrivée pendant une éclipse[23] » ? Ici
philosophe plutôt que panégyriste, il ne craint pas de dire
Romulus mort humainement.

Si l'on excepte Numa Pompilius et Ancus Martius, qui
moururent de maladie, quelle déplorable fin n'eurent pas les
autres rois de Rome ? Tullus Hostilius, vainqueur et destructeur d'Albe, est consumé par la foudre avec toute sa maison. Tarquin l'Ancien est assassiné par les fils de son prédécesseur. Servius Tullius périt par le crime de son gendre
Tarquin le Superbe, qui lui succède. Et à l'aspect de ce grand
parricide commis sur le meilleur prince, ils ne se retirent pas
de leurs sanctuaires, ils n'abandonnent pas leurs autels[24], ces
dieux, sortis, dit-on, de la malheureuse Troie qu'ils livrent à
la fureur des Grecs, tant ils sont indignés de l'adultère de
Pâris ! Que dis-je ? meurtrier de son beau-père, Tarquin lui

21. Cicéron, *De republica*, II, 17-32.
22. Cicéron, *Catilina*, III, 1.
23. Cicéron, *Hortensius*, fr. 82.
24. Virgile, *Énéide*, II, 351.

succède et sous les yeux de ces divinités, l'infâme parricide
règne par son forfait ; il peut compter avec orgueil ses combats et ses victoires ; de la dépouille des vaincus, il bâtit le
Capitole, et ces dieux le voient, ils ne se retirent pas, et leur
présence l'absout, et ils souffrent que Jupiter, leur roi, règne
et préside du haut de ce temple, ouvrage d'une main parricide ! Tarquin est-il donc innocent lorsqu'il élève le
Capitole ? Est-ce depuis seulement que ses crimes l'ont
chassé de Rome ? Mais ce royal pouvoir qui lui permit de
bâtir la citadelle de l'Empire, il n'y parvient que par le plus
exécrable meurtre, et si dans la suite les Romains l'exilent et
le retranchent de la cité, l'injure de Lucrèce, le crime de son
fils et non le sien en est la cause ; et ce crime est commis à
son insu, en son absence. Il assiégeait alors la ville d'Ardée,
il combattait pour le peuple romain. Qu'eût-il fait si l'attentat de son fils eût été porté à sa connaissance ? Nous l'ignorons ; mais sans recourir à son jugement, sans l'attendre, le
peuple lui retire le commandement et ordonne aux soldats
de l'abandonner ; l'armée rentre dans Rome dont les portes
se ferment devant le roi. Lui, après une guerre sanglante où
il écrase Rome sous la puissance de ses voisins qu'il soulève
contre elle, forcé de renoncer à son royaume par l'abandon
de ceux dont l'appui faisait sa confiance, il se retire, dit-on,
et vit quatorze ans à Tusculum, ville voisine de Rome, dans
le calme de l'obscurité ; il y vieillit avec sa femme, terminant
ses jours par une fin plus désirable peut-être que celle de son
beau-père, victime d'un gendre, d'une fille que l'histoire
accuse de complicité. Et cependant les Romains n'appelè-
rent pas ce Tarquin, le cruel, l'assassin, mais le Superbe ;
ennemis du faste royal, c'était en eux un autre orgueil qui ne
pouvait souffrir le sien. Car ce sang du meilleur de leurs
princes ils en tiennent si peu compte qu'ils font roi le gendre
qui l'a versé ! Et je me demande avec surprise si cette récompense d'un grand crime n'est pas un crime encore plus
grand ; et ces dieux ne se sont pas retirés de leurs sanctuaires,
ils n'ont pas abandonné leurs autels ; à moins que l'on n'allègue à leur décharge qu'ils demeurent à Rome, non pour la
défendre, mais pour la châtier ; l'abusant par de trompeuses

victoires, et l'écrasant en effet de guerres terribles. Telle fut la vie des Romains, sous les rois, aux jours heureux de la République et jusqu'à l'exil de Tarquin le Superbe, environ l'espace de deux cent quarante-trois ans, durant lequel toutes ces victoires achetées au prix de tant de sang et de calamités étendirent à peine l'Empire à vingt milles de Rome ; territoire qui n'est pas même comparable à la moindre bourgade de Gétulie.

XVI. Ajoutons à cette époque celle où Salluste prétend que la modération et l'équité étaient le droit commun[25], c'est-à-dire tant que l'on eut Tarquin à craindre et sur les bras une guerre avec l'Étrurie. Car tant que les Étrusques s'associèrent aux efforts de Tarquin pour recouvrer le pouvoir, Rome fut ébranlée par une guerre terrible. Aussi l'historien nous représente-t-il l'équité et la modération présidant au gouvernement de la République sous l'empire de la crainte et non par l'inspiration de la justice. Et dans cet intervalle si court, quelle funeste année que celle de la création des consuls après le bannissement de la royauté ! Ces premiers magistrats n'achevèrent pas leur année. Junius Brutus dégrade son collègue Tarquin Collatin et le bannit de Rome. Lui-même bientôt après succombe dans un combat où il donne et reçoit la mort. Il meurt, couvert du sang de ses fils et des frères de sa femme qu'il savait conspirer pour le rétablissement de Tarquin : rigueur que Virgile rappelle avec éloge et déteste avec humanité : « C'est au nom de la liberté sainte, dit-il, que ce père envoie à la mort ses fils suscitant de nouvelles guerres[26]. » Puis il s'écrie : « Infortuné, quel que soit le jugement de nos neveux, c'est-à-dire malgré l'admiration et les éloges de la postérité, malheureux le père, bourreau de ses enfants ! » Et il ajoute comme pour le consoler : « L'amour de la patrie et la passion démesurée de la gloire ont triomphé. » L'infortune de ce Brutus, meurtrier de ses fils, frappé par son ennemi qu'il frappe, par le fils de

25. Salluste, *Histoires*, I, fr. 11.
26. Virgile, *Énéide*, VI, 820-823.

Tarquin auquel il ne survit pas, et laissant au contraire
Tarquin le Superbe lui survivre, cette infortune ne vengera-
t-elle pas l'innocence de Collatin, excellent citoyen qui,
après l'exil du tyran est proscrit comme le tyran lui-même ?
Cependant Brutus aussi était, dit-on, du sang des Tarquins :
mais la ressemblance de nom perdit Collatin. Que ne le for-
çait-on de quitter son nom plutôt que sa patrie ? On l'eût
appelé L. Collatin, ce n'était qu'un nom de moins. Mais on
lui laisse ce qu'il eût perdu sans préjudice, pour exclure un
premier consul de sa dignité, et de Rome, un bon citoyen.
Est-ce donc pour Brutus un titre de gloire que cette injustice
odieuse et inutile à la République ? Dira-t-on encore qu'ici
l'amour de la patrie et la passion démesurée de la gloire ont
triomphé ; mais après l'expulsion du tyran, quand le peuple
élève au consulat avec Brutus, Tarquin Collatin, le mari de
Lucrèce, n'est-il pas juste d'avoir égard à la vie plutôt qu'au
nom d'un tel citoyen, et combien Brutus est injuste envers
lui, envers son collègue dans une dignité nouvelle, quand il
peut lui retirer un nom, si ce nom l'offense, de lui retirer à la
fois ses honneurs et sa patrie ? Voilà les crimes, voilà les
malheurs de ce temps où l'équité et la modération prési-
daient au gouvernement de la République. Lucretius
subrogé à la place de Brutus meurt de maladie avant la fin de
l'année. P. Valerius successeur de Collatin et M. Horatius,
élevé à la dignité vacante par la mort de Lucretius, achèvent
cette année funeste et homicide qui compte cinq consuls et
inaugure sous de sinistres auspices l'établissement de la
puissance consulaire.

XVII. La crainte commence à diminuer ; la guerre n'est
point apaisée ; mais l'horizon est moins chargé d'orages.
C'en est fait du temps où l'on vivait sous le droit commun de
l'équité et de la modération : l'époque suivante est celle que
le même Salluste caractérise en ce peu de mots : « Plus tard,
dit-il, les patriciens font peser sur le peuple le joug de l'esclavage ; ils disposent en rois de la vie et de la personne du
citoyen, le chassent de son champ, partout maîtres et despotes, ils s'arrogent tout pouvoir. Impatiente de tant de vio-

lences, accablée sous le poids de l'usure quand d'ailleurs
une guerre continuelle l'écrase de tributs et de milice, la
plèbe se retire armée sur les monts Aventin et Sacré. Alors,
elle obtient ses tribuns et d'autres garanties légales. À tant de
discordes et de luttes la seconde guerre punique met seule un
terme[27]. » Mais pourquoi si longtemps arrêter ma plume ou
mes lecteurs ? Dans cette longue période, pendant le cours de
tant d'années jusqu'à la seconde guerre contre Carthage,
toutes les souffrances de la République sont brièvement
retracées par Salluste. Au-dehors la guerre, au-dedans séditions, discordes civiles, agitation perpétuelle. Ainsi ces victoires ne sont pas pour Rome les solides joies de la prospérité, mais les vaines consolations de la misère et de
trompeuses amorces à son génie inquiet pour l'engager de
plus en plus dans de stériles malheurs. Que nos paroles n'irritent pas contre nous les bons et sages Romains qui toutefois
n'ont besoin ni de cet avis, ni de cette prière ; car il est certain qu'ils ne se fâcheront pas. Que disons-nous en effet de
plus fort ou plus fortement que leurs auteurs, dont nous
n'avons ni l'éloquence, ni le loisir ? Et ces auteurs, ne les ont-
ils pas étudiés eux-mêmes, et n'obligent-ils pas leurs enfants
à les étudier ? Ceux qui s'emportent me laisseraient-ils dire
ce qu'on lit dans Salluste : « Les troubles, les séditions s'élèvent et enfin les guerres civiles : un petit nombre d'hommes
puissants qui ont rallié la plupart des autres à leur fortune,
sous l'honorable prétexte de servir le Sénat ou le peuple,
aspirent à la domination. Le nom de bon et de mauvais
citoyen ne dépend plus dans cette corruption universelle du
bien ou du mal que l'on a fait à la République ; mais le plus
opulent, le plus puissant à nuire, pourvu qu'il défende l'État
présent, est tenu pour bon citoyen[28]. » Si donc ces historiens
ont regardé comme le droit d'une honnête liberté de ne pas
dissimuler les maux de leur patrie qu'ils ne manquent pas
d'exalter ailleurs faute de connaître cette autre patrie plus
véritable et qui n'admet que des citoyens éternels, quel est

27. Salluste, *Histoires*, I, fr. 11.
28. Salluste, *Histoires*, I, fr. 12.

notre devoir à nous dont la liberté a toute la force, toute la certitude de notre espoir en Dieu, quel est notre devoir quand les païens imputent au Christ les calamités présentes pour rendre la faiblesse et l'ignorance étrangères à la seule cité où nous attendent la vie et la béatitude éternelles ! Redisons-nous donc de leurs dieux plus d'horreurs que n'en racontent les auteurs mêmes qu'ils lisent et qu'ils vantent ? C'est là que nous puisons nos paroles, il nous serait même impossible de citer tous les passages semblables qui se présentent. Où sont donc ces dieux que l'on croit devoir servir pour la misérable et trompeuse félicité de ce monde, quand les Romains, dont leur perfide imposture a capté les hommages, gémissent sous le poids de tant d'adversités ? Où sont-ils quand le consul Valerius périt en délivrant le Capitole occupé par les bannis et les esclaves ? Il est donc plus facile à Valerius de secourir le temple qu'à cette multitude divine avec son roi très grand et très bon d'assister le libérateur des autels de Jupiter ? Où sont-ils quand, fatigués de tourmentes intérieures et, dans un moment de calme, attendant le retour des députés qu'elle a envoyés à Athènes pour lui emprunter ses lois, Rome est dévastée par la famine et la peste ? Où sont-ils quand le peuple affligé d'une autre disette crée le préfet de l'Annone, quand distribuant du blé à ce peuple mourant de faim, Spurius Melius encourt le soupçon d'aspirer à la royauté, et accusé sur la poursuite du nouveau préfet devant le vieux dictateur L. Quintius est tué de la main de Q. Servilius, maître de la cavalerie, au milieu du plus grand tumulte qui ait jamais mis la cité en péril ? Où sont-ils quand désolé par une horrible contagion et succombant sous les longues angoisses d'un fléau sans remède, le peuple consacre à ces dieux inutiles les honneurs jusqu'alors inconnus du *Lectisternium*[c] ? Des lits leur sont dressés dans les temples et de là le nom de cette cérémonie sacrée ou plutôt sacrilège. Où sont-ils, quand après dix années de sanglants revers sous les murs de Véies, l'armée romaine attend le secours de Furius Camillus, condamné depuis par l'ingratitude de sa patrie ? Où sont-ils, quand les

c. Festin offert aux dieux.

Gaulois prennent Rome, la pillent, la brûlent, la remplissent
de carnage ? Où sont-ils, au moment de cette peste mémorable
qui exerça de si cruels ravages, et enleva ce même Furius
Camillus, défenseur de l'ingrate république contre les tyrans
et son vengeur contre les Gaulois ? C'est durant cette peste
qu'ils en introduisent à Rome une nouvelle et plus funeste,
non pour les corps, mais pour les âmes, les jeux scéniques.
Où sont-ils, quand il se découvre un autre fléau, ces empoi-
sonnements attribués à tant de dames romaines dont la
conduite est trouvée plus pernicieuse que toute contagion ?
Aux Fourches Caudines, quand deux consuls assiégés avec
leur armée, forcés de conclure un traité honteux, laissent aux
Samnites six cents chevaliers romains en otages ; et que
dépouillés de leurs armes, de leurs insignes, tous passent
sous le joug presque nus ? Quand une maladie contagieuse et
le feu du ciel s'abattent de concert sur le camp romain ?
Quand décimée par une épidémie non moins affreuse, Rome
se met entre les mains d'Esculape, le dieu médecin qu'elle fait
venir d'Épidaure ? car sans doute les désordres de la jeunesse du puissant Jupiter, qui déjà depuis longtemps siège au
Capitole, ne lui ont pas permis d'étudier la médecine !
Quand, ligués avec les Gaulois Senonais, tous les ennemis de
Rome, Lucaniens, Brutiens, Samnites, Étrusques, massa-
crent ses ambassadeurs, écrasent son armée ; journée fatale où
le préteur, sept tribuns et treize mille soldats trouvent la
mort ? Quand, après de longues et cruelles séditions, le
peuple, par un divorce hostile, s'étant retiré sur le Janicule,
on en vient à la déplorable extrémité de nommer un dictateur
comme dans le plus urgent péril ? Ce dictateur, Hortensius,
ramène le peuple et meurt dans ses fonctions, événement
jusqu'alors inouï. La présence d'Esculape a compromis les
dieux. C'est alors que de toutes parts tant de guerres s'élèvent
que la disette des soldats appelle sous le drapeau les prolé-
taires ; citoyens trop pauvres pour porter les armes et qui
n'avaient d'autre emploi que de se reproduire. Les Tarentins
invoquent le secours de Pyrrhus, roi de Grèce. Ce prince
dont la renommée remplissait le monde se fait ennemi des
Romains. C'est à lui qu'Apollon consulté sur les succès de

la guerre répond ingénieusement par un oracle si ambigu que,
quoi qu'il advienne, le dieu ne peut manquer d'être devin.
« *Dico te, Pyrrhe, vincere posse Romanos*[d]. » Telle est sa
réponse. Ainsi, soit que les Romains fussent vainqueurs de
Pyrrhus, ou Pyrrhus des Romains, le prophète pouvait
attendre l'événement en toute assurance. Quel horrible carnage de part et d'autre, dans cette première rencontre où
Pyrrhus, vainqueur, pouvait déjà proclamer à son avantage
l'infaillibilité d'Apollon, si les Romains dans un autre combat n'eussent remporté la victoire ! Pendant que la guerre
exerce ses ravages, une maladie étrange enlève les femmes
enceintes. Elles meurent avant de pouvoir se délivrer de leurs
fruits. Esculape allègue sans doute pour excuse qu'il est
médecin et non sage-femme. Cette mortalité s'étend aux animaux ; on eût dit que l'espèce entière allait manquer. Et ce
mémorable hiver, où la neige amoncelée à une hauteur
incroyable encombre le Forum pendant quarante jours, où les
glaces enchaînent le cours du Tibre ! S'il fût arrivé de nos
jours, que ne diraient pas nos ennemis ? Et cette contagion qui
succède, longue et meurtrière ? Elle sévit l'année suivante
avec une vigueur nouvelle et c'est en vain que sous les yeux
d'Esculape, on a recours aux livres sibyllins, espèce
d'oracles où, suivant Cicéron (*De la divination*), on ajoute
plutôt foi à la parole des interprètes qui hasardent comme ils
peuvent ou comme ils veulent des conjectures douteuses. Ils
répondirent alors qu'il fallait attribuer le fléau à la profana-
tion des édifices sacrés qu'un grand nombre de citoyens
s'étaient appropriés : réponse qui provisoirement sauve
Esculape du grave reproche d'indolence ou d'impéritie. Or
comment des citoyens ont-ils pu envahir sans obstacle les
asiles sacrés, si ce n'est que, devenus peu à peu déserts, ces
lieux, témoins de tant de prières inutiles, sont enfin revendi-
qués impunément par les besoins de la vie humaine ?
Aujourd'hui, on les réclame, on les répare à la hâte, pour apaiser le mal ; mais bientôt, grâce à la négligence publique, à de

d. Cet oracle peut avoir deux sens : « Je te le dis, Pyrrhus, tu vaincras les
Romains » ou « les Romains te vaincront ».

nouvelles usurpations, ils rentrent dans l'oubli ; autrement
ferait-on à la science de Varron un si grand mérite d'exhumer,
dans son livre des édifices sacrés, tant de monuments inconnus ? C'est qu'alors en effet il s'agissait moins d'un remède
efficace contre la peste que d'une adroite excuse à l'impuissance des dieux.

XVIII. Et pendant la lutte contre Carthage, quand la victoire hésitait si longtemps entre l'une et l'autre république,
dans ce terrible conflit des deux peuples les plus puissants du
monde, combien de petits royaumes écrasés, combien de
villes florissantes et célèbres, ruinées, combien de cités déso-
lées, anéanties, quelle immense étendue de provinces et
d'empires, dévastée ! Quelles sanglantes alternatives de victoires et de revers ! Quelle consommation d'hommes ; soldats
morts en combattant, peuples égorgés sans défense !
Combien de flottes brisées dans des rencontres navales ou
englouties par la mer et les tempêtes ! Raconter ou rappeler
tant de désastres, que serait-ce sinon faire une nouvelle histoire ? Alors Rome épouvantée eut recours à de vains et ridicules remèdes ; alors par l'autorité des livres sibyllins on
rétablit la célébration des jeux séculaires, fête dont chaque
siècle renouvelait l'anniversaire, et que des temps plus heureux avaient laissée dans l'oubli. Les pontifes remettent
encore en honneur les jeux infernaux, pareillement abolis en
des jours meilleurs. Et au moment de leur rénovation, n'est-
ce pas aussi une fête aux enfers, quand les malheureux mortels, par tant de guerres furieuses et de sanglantes animosités
et de victoires également funestes aux vainqueurs et aux
vaincus, célèbrent les grands jeux des démons et apprêtent à
leur rage de splendides banquets ? Quoi de plus déplorable
dans la première guerre punique que cette défaite des
Romains où Regulus est captif, Regulus, ce grand homme
jusqu'alors vainqueur des Carthaginois, Regulus qui eût
achevé cette guerre, si par une soif de gloire démesurée, il
n'eût imposé à Carthage fatiguée de trop dures conditions.
Que si la captivité soudaine de cet homme héroïque, l'indignité de sa servitude, sa fidélité à son serment et l'atrocité de

sa mort ne forcent pas ces dieux à rougir, c'est qu'en vérité ils sont d'airain, c'est qu'ils n'ont pas de sang au cœur ! Cependant les calamités ne manquent pas dans l'enceinte même de Rome. Un débordement extraordinaire du Tibre envahit les parties basses de la ville : ce que le torrent des eaux n'a pas emporté, tombe ruiné par leur long séjour. L'inondation est suivie d'un incendie plus terrible encore. Le feu, maître des hauts édifices du Forum, n'épargne pas même son propre sanctuaire, le temple de Vesta, où les vierges sont condamnées au fatal honneur de fournir à sa vie un aliment éternel. À cette heure, il ne vit pas seulement ; il sévit. Épouvantées de sa fureur, les vierges ne peuvent dérober aux flammes cette divinité fatale qui a déjà dévoré trois villes qui l'adorent. Le pontife Metellus, oublieux de son propre salut, se précipite, et, demi-brûlé, remporte l'idole : le feu ne sut pas même le reconnaître. Voilà donc une divinité qui, sans l'assistance humaine, n'eût pas eu la force de fuir. L'homme est plus secourable à la déesse que la déesse à l'homme. Impuissants à se soustraire eux-mêmes aux flammes, ces dieux pouvaient-ils protéger contre l'eau et le feu cette cité commise à leur tutelle ? Et en effet l'événement prouve leur impuissance. Certes, nous ne ferions pas à nos adversaires de telles objections si, établissant leurs idoles, non comme dispensatrices des biens temporels, mais comme emblèmes des éternels, ils nous disaient qu'exposées aux accidents communs à toute chose corporelle et visible, leur chute ne peut compromettre l'objet de leur institution et laisse toujours la faculté de les réparer pour les rendre à leur emploi. Mais, ô prodige d'aveuglement ! Croire que de périssables idoles puissent assurer à une ville la durée sur la terre, et dans le temps une félicité impérissable ! Et lorsque leur présence n'a évidemment su conjurer aucune ruine, aucune invasion de l'adversité, on rougit d'abjurer des sentiments que l'on ne peut défendre !

XIX. Quant à la seconde guerre punique et aux désastres de ces deux peuples engagés sur un immense champ de bataille, les rappeler serait trop long de l'aveu des auteurs

mêmes, plutôt panégyristes de Rome qu'historiens de ses
exploits : la victoire ressemble à une défaite. Hannibal surgit
du fond de l'Espagne, il franchit les Pyrénées, traverse la
Gaule en courant, entame les Alpes ; dans une marche si
longue, ses forces ont grossi ; il dévaste, il subjugue, il
s'élance des gorges de l'Italie comme un torrent. Quelle
guerre ! quels flots de sang ! quels revers essuyés par les
Romains ! Combien de villes infidèles ! combien, prises et
saccagées ! Quels chocs funestes ! et combien de fois
Hannibal glorifié par les disgrâces de Rome ! Que dire de
l'épouvantable journée de Cannes, où, malgré sa férocité,
Hannibal rassasié du sang de tant de fiers ennemis, arrête, dit-
on, le carnage ! C'est de ce champ de bataille qu'il envoie à
Carthage trois boisseaux d'anneaux d'or pour laisser
entendre qu'il s'est fait de la noblesse romaine une moisson
si terrible qu'elle s'apprécie plus aisément par la mesure que
par le nombre : quant au massacre de cette multitude sans
nom et sans anneau[e], massacre d'autant plus affreux que la
mort se promenait dans les rangs plus obscurs, comment
l'évaluer autrement que par conjecture ? Rome est dans une
telle pénurie de soldats qu'au prix de l'impunité elle enrôle
les malfaiteurs, au prix de la liberté les esclaves, et de ces
troupes infâmes, c'est moins un corps auxiliaire dont elle
recrute ses forces qu'une armée nouvelle qu'elle lève. Ces
esclaves, mais que dis-je ? ces affranchis qui vont combattre
pour la République romaine manquent d'armes. On en
dépouille les temples ; Rome semble dire aux dieux : laissez-
les, ces armes que vous avez si longtemps gardées en vain !
Inutiles entre vos mains divines, elles rendront peut-être
quelque service entre les mains de nos esclaves. Le trésor
public ne suffit plus à la solde des armées ; les fortunes privées viennent en aide aux besoins de l'État. Chacun contri-
bue avec tant de zèle qu'à l'exception de l'anneau et de la
bulle, misérables marques de dignité, ni le Sénat lui-même,
ni les autres ordres, ni les tribus ne se réservent aucun objet
d'or. Qui pourrait soutenir la fureur des impies, si, de notre

e. L'anneau était le signe de l'ordre équestre.

temps, ils étaient réduits à cette extrême détresse, eux qui montrent une telle animosité, quand ils font à des baladins plus de largesses pour un vain amusement qu'on ne fit autrefois de sacrifices à l'entretien des légions pour le dernier salut de la République ?

XX. Mais de tous les malheurs de la seconde guerre punique, en est-il un plus lamentable, plus digne d'une éternelle compassion que la ruine de Sagonte ? Cette ville d'Espagne si dévouée au peuple romain périt pour lui garder sa foi. Rompant son traité, Hannibal ne cherchant qu'à provoquer les Romains à la guerre, assiège Sagonte avec fureur ; à cette nouvelle, Rome envoie des députés pour l'obliger à lever le siège. Repoussés avec mépris, ils vont à Carthage, ils y déposent leurs plaintes sur la violation du traité et reviennent à Rome sans avoir rien obtenu. Pendant ces longs retards, cette florissante et malheureuse ville, si chère à l'Espagne, si chère à la République, après huit ou neuf mois de siège est détruite par les Carthaginois. Qui pourrait lire, qui pourrait surtout retracer ce funeste récit sans horreur ? Je veux toutefois le rappeler en peu de mots ; car il importe beaucoup à mon sujet. Consumée d'abord par la faim, des cadavres, dit-on, lui servent d'aliment ; bientôt, épuisée de misères, pour ne pas tomber du moins captive aux mains d'Hannibal, elle élève un immense bûcher où ses citoyens s'entr'égorgent et se précipitent avec leurs familles au milieu des flammes. Que ne se montrent-ils donc ici ces dieux, monstres de débauches et d'orgies, ces dieux avides du parfum des sacrifices et jaloux d'abuser les hommes par les ténèbres de leurs oracles menteurs ? Que ne viennent-ils au secours de cette fidèle alliée du peuple romain ? Que ne sauvent-ils une cité qui périt pour sauver son serment ? Ne sont-ils pas les médiateurs de l'alliance qui l'unit à Rome ? Fidèle à ses promesses, à la foi jurée, elle est assiégée, elle est opprimée, elle est ruinée par un perfide. Plus tard, il est vrai, quand Hannibal est sous les murs de Rome, ces dieux l'épouvantent et l'éloignent par des foudres et des tempêtes ; mais maintenant, que ne se montrent-ils ! Oui, j'ose le dire ; il leur serait plus honorable de soulever les orages en faveur de ces alliés de Rome, destitués de toute assistance et victimes de leur seule fidélité qu'en faveur des Romains, combattant pour leur propre intérêt et assez forts contre Hannibal. S'ils étaient les défenseurs de la liberté et de la gloire de Rome, ils lui épargneraient l'éternel déshonneur de la ruine de Sagonte. Et n'est-ce pas démence de croire que Rome est sauvée des mains victorieuses d'Hannibal par la protection de ces dieux, quand ils ne peuvent sauver cette fidèle amie de Rome qui meurt pour elle ? Si Sagonte eût été chrétienne, si elle eût souffert ainsi pour la foi de l'Évangile, si, pour cette foi, sans dévouer soi-même sa vie au glaive et aux flammes, elle eût cependant souffert son entière ruine, elle eût souffert avec la même espérance qu'elle eût cru en Jésus-Christ ; espérance non d'une récompense fugitive comme le temps, mais d'une félicité sans autres limites que l'éternité. Quant à ces dieux que l'on ne sert, dont on ne recherche la protection que pour assurer une fragile et périssable prospérité, comment les défendre, comment les excuser de cette ruine de Sagonte, si ce n'est comme on les justifie de la mort du grand Regulus ? Quelle différence, sinon que d'une part, c'est un seul homme, de l'autre, une ville entière qui succombe pour garder sa foi ? Cette fidélité ramène l'un à Carthage, enchaîne l'autre à la destinée de Rome ; est-ce donc la fidélité qui provoque le courroux des dieux ? ou bien serait-il vrai que, malgré leur faveur, non seulement des individus, mais des villes entières puissent périr ? Que l'on décide ; si la foi au serment offense ces dieux, qu'ils cherchent des perfides pour les servir. Mais si leur protection ne peut garantir ni les individus ni les cités des plus cruels tourments et de la dernière catastrophe, le culte qu'on leur rend est stérile pour la félicité temporelle. Qu'ils cessent donc de s'indigner ceux qui font dater leur malheur de l'abolition des fêtes de leurs dieux ; car la présence, la faveur même de ces dieux, pourrait bien être impuissante non seulement à leur épargner cette infortune et ces plaintes qu'elle soulève aujourd'hui, mais encore à les sauver du supplice de Regulus, de l'entière destruction de Sagonte.

XXI. J'abrège, songeant aux limites que je m'impose.
Dans l'intervalle de la seconde et de la derrière guerre contre
Carthage, temps où Salluste[29] assure que les mœurs et la
concorde régnaient chez les Romains, en ces jours mêmes de
vertu austère et de parfaite union, Scipion le libérateur de
Rome et de l'Italie, qui a terminé avec tant de gloire cette
seconde guerre punique, si terrible, si funeste, si menaçante ;
vainqueur d'Hannibal et de Carthage, ce héros dont on nous
représente la vie entière, dès la première jeunesse, dévouée
au service des dieux et nourrie dans leurs temples, Scipion
cède aux accusations de ses ennemis, et renonçant à cette
ville sauvée et affranchie par sa valeur, après le plus mémorable triomphe, achève le reste de ses jours à Literne, si indifférent pour Rome qu'il refuse à cette ville ingrate l'honneur
de posséder sa cendre[30]. Bientôt le proconsul C. Manlius
triomphe des Gallo-Grecs, et à sa suite, pour la première fois,
le luxe asiatique s'insinue dans Rome, de tous les ennemis le
plus redoutable ; pour la première fois, on vit, dit-on, des lits
d'airain, de précieux tapis ; pour la première fois, des chan-
teuses s'introduisirent dans les festins et avec elles tous les
raffinements de la débauche. Mais je ne parle maintenant
que des maux dont les hommes sont les victimes et non pas
les auteurs. C'est pourquoi l'exemple de Scipion mourant
loin de cette patrie qu'il a sauvée et qu'il abandonne à ses
ennemis, convient mieux à mon sujet. Quelle n'est pas à son
égard l'ingratitude de ces dieux dont il a protégé les temples
contre Hannibal, ces dieux que l'on ne sert que pour la félicité temporelle ! Mais comme Salluste dit que la vertu
régnait alors dans Rome, j'ai cru devoir parler de ce luxe
asiatique, pour faire entendre que Salluste ne loue cette
époque que par comparaison aux âges suivants où la fureur
de la discorde amena la dernière corruption. Car c'est alors,
entre la deuxième et la troisième guerre punique, que se
publie la Loi Voconia qui défend d'instituer une femme héritière, même une fille unique. Se peut-il trouver, rien imagi-

29. Salluste, *Histoires*, I, fr. 11.
30. Tite-Live, *Histoire de Rome*, XXXIX, 6-7.

ner de plus injuste que cette loi ? Toutefois dans l'intervalle
de ces deux guerres, les infortunes de Rome furent moins
intolérables. Ses armées étaient écrasées de guerres, mais
elle se consolait par leurs victoires. La cité n'était plus déchi-
rée par les discordes intestines. Mais après la dernière lutte
contre Carthage, quand le jeune Scipion d'un élan victorieux
eut abattu la rivale de Rome et conquis à son tour en la rui-
nant le surnom d'Africain, la corruption dévore la République ; cette corruption, née de la victoire et de la sécurité,
mère de tous les maux dont Rome fut bientôt opprimée : oui,
Carthage fait plus de mal à son ennemi par la promptitude de
sa chute que par la longueur de sa résistance. Depuis lors
jusqu'à César Auguste qui ravit aux Romains la liberté,
confisquant au profit du despotisme royal cette liberté
déchue de la gloire, et, de leur aveu même, factieuse, funeste,
languissante, abâtardie ; Auguste qui semble relever la
République défaillante et régénérer sa vieillesse maladive ;
dans ce long espace combien de revers ont, par différentes
causes, flétri les armes romaines ? Parlerai-je de l'infâme
traité de Numance ? À la vérité, les poulets sacrés s'étaient
envolés de leur cage ; présage funeste pour le consul
Mancinus, comme si depuis tant d'années que, devenue
même pour la République un objet de terreur, cette petite
ville tient en échec toutes les forces romaines, les autres
chefs ne l'eussent attaquée que sous de menaçants auspices.

XXII. Tout cela, je le passe sous silence ; mais puis-je
taire l'ordre donné par Mithridate d'exterminer en un même
jour les nombreux citoyens romains que leurs affaires
avaient appelés et retenaient en Asie, ordre qui fut exécuté ?
Spectacle digne de pitié ! Soudain, partout où se trouve un
Romain, à la campagne, par les chemins, à la ville, dans les
maisons, dans les bourgs, sur les places publiques, aux
temples, au lit, à table – impitoyablement massacré ! Écoutez les cris des mourants ; voyez les larmes des spectateurs ;
et les larmes des assassins peut-être ; cruelle nécessité pour
des hôtes, non seulement d'être les témoins, mais encore les
exécuteurs de ces assassinats domestiques ! Dépouillant tout

à coup ce visage d'affectueuse humanité pour accomplir au sein de la paix cet acte d'hostilité féroce ; bourreaux et victimes tout ensemble, leur âme est traversée du glaive dont ils frappent le corps des Romains. Et tous ces infortunés avaient-ils donc aussi méprisé les augures ? N'avaient-ils pas des dieux publics et domestiques à consulter avant ce voyage sans retour ? Ont-ils négligé ce devoir ; alors pourquoi se plaindre aujourd'hui du christianisme ? Dès longtemps les Romains méprisent ces vaines prédictions. Ont-ils consulté les dieux ? Eh bien, qu'on nous le dise, de quoi leur ont servi toutes ces superstitions, tant que la loi, la loi humaine, les a permises et protégées.

XXIII. Rappelons enfin aussi brièvement que possible ces maux, d'autant plus déplorables qu'ils sont plus intérieurs, discordes civiles, ou plutôt subversives de toute cité ; ce ne sont plus des séditions, mais de véritables guerres, lorsque tant de sang coule, lorsque les partis ne s'en tiennent plus aux invectives, aux luttes de la tribune, mais s'affrontent le glaive à la main ; guerres sociales, guerres serviles, guerres civiles ; quels flots de sang romain répandus ! Quelle dévastation de l'Italie ! Quel désert elles en ont fait ! Car avant même que le Latium confédéré se soulevât contre Rome, tous les animaux assujettis aux besoins et à la puissance de l'homme, chiens, chevaux, ânes, bœufs, oublieux de leur accoutumance au joug domestique, devenus farouches tout à coup, sortent de leurs étables et courent en liberté, furieux à l'approche de leurs maîtres mêmes ; les poursuivre, c'est s'exposer à la mort ou au plus grand péril. Quels maux ne présageait pas un tel prodige ; mal déjà si grand, s'il n'était pas un présage ? Fût-il arrivé de nos jours, nous verrions les païens plus enragés contre nous que ces animaux ne l'étaient alors contre leurs maîtres.

XXIV. Les guerres civiles commencent par les séditions des Gracques ; séditions que provoquent les lois agraires. Il s'agissait de distribuer au peuple les terres que la noblesse possédait injustement. Mais oser extirper un abus enraciné par le temps, c'était la tentative la plus dangereuse, et, l'événement en fait foi, la plus pernicieuse à la République. Quelles funérailles accompagnèrent le trépas du premier Gracque ? Et celui de son frère, peu de temps après ? Ce n'est plus la loi, ce n'est plus l'autorité publique qui punit de mort, mais les factions qui, le fer à la main, enveloppent nobles et plébéiens dans un commun massacre. Le jeune Gracque est tué. Le consul L. Opimius qui dans Rome même a levé les armes contre le tribun, qui l'a exterminé avec ses amis après un affreux carnage, poursuit le reste du parti vaincu par voie d'enquêtes judiciaires et trois mille hommes, dit-on, sont égorgés ! D'où l'on peut conjecturer combien de morts a coûtées cette atroce mêlée, quand le glaive de la justice immole de sang-froid tant de victimes. Le meurtrier de Gracchus vend sa tête au consul tout le poids de l'or qu'elle pèse : marché conclu avant le massacre où périt encore le consulaire M. Fulvius avec ses enfants.

XXV. C'est un ingénieux décret du Sénat qui, sur le lieu même de cette sanglante sédition où périrent tant de citoyens de tout ordre, élève un temple à la Concorde, afin que ce monument du supplice des Gracques frappe toujours les yeux et la mémoire des orateurs. Et cependant, n'est-ce pas une raillerie contre les dieux que la consécration d'un temple en l'honneur de cette déesse ? Sa présence n'eût-elle pas épargné à Rome tant de déchirements et de ruines, si ce n'est que, coupable de ces horreurs en se retirant du cœur des citoyens, elle méritait d'être enfermée dans ce temple comme dans une prison ? Et en effet, si l'on voulait perpétuer le souvenir de ces tragiques scènes, que n'élevait-on plutôt un temple à la Discorde ? Car est-il une raison pour que la Concorde soit déesse et que la Discorde ne le soit pas ? L'une bonne, l'autre mauvaise déesse, suivant la distinction de Labéon suggérée sans doute par l'aspect du temple que Rome avait dédié à la Fièvre comme à la Santé : logiquement, n'en devait-elle pas un à la Discorde aussi bien qu'à la Concorde ? C'était donc un grand péril pour les Romains, de vivre sous le courroux d'une si détestable déesse ; c'était

oublier que la ruine de Troie n'avait eu d'autre cause que sa
colère. N'est-ce pas elle qui, pour n'avoir pas été invitée au
banquet des dieux, jette entre les trois déesses le fatal débat
de la pomme d'or ? de là, division de l'Olympe, victoire de
Vénus, ruine de Troie. Irritée plutôt que Rome n'eût pas daigné lui élever un temple comme aux autres divinités, elle
s'en vengeait d'abord en la remplissant de troubles et de
tumultes ; qu'on juge donc de la violence de sa fureur, quand
sur le lieu même du carnage, ce lieu monument de ses
œuvres, elle vit un temple debout en l'honneur de sa rivale !
Ils s'emportent contre nous, les savants et les sages, quand
nous rions de ces vanités profanes ; et cependant, adorateurs
des bonnes et des mauvaises divinités, peuvent-ils sortir de
cette question sur la Concorde et la Discorde, soit qu'ils aient
négligé le culte de ces déesses, leur préférant la Fièvre et la
Guerre, qui ont à Rome d'antiques autels, soit que, malgré
leurs hommages, la Concorde en se retirant les ait abandonnés à la Discorde, dont la fureur les entraîne jusque dans
l'abîme des guerres civiles.

XXVI. Admirable barrière contre les séditions que ce
temple de la Concorde, monument du supplice des Gracches,
qu'ils ont cru devoir incessamment présenter aux orateurs !
Quel fruit leur en est-il revenu ? Les maux qui suivirent, plus
grands encore, le prouvent assez ; car, depuis, loin d'éviter
l'exemple des Gracches, les orateurs ne s'attachent qu'à les
surpasser. Le tribun Saturninus, le préteur C. Servilius, et
plus tard, M. Drusus soulèvent ces sanglantes séditions qui
allument les guerres sociales. L'Italie, couverte de deuil et de
ruines, devient un affreux désert : succèdent la guerre des
esclaves, puis les guerres civiles. Quels combats ! quelle
effusion de sang romain ! On eût dit que tous les peuples de
l'Italie, cette force vitale de l'Empire, étaient subjugués par
la barbarie. Une poignée d'esclaves, soixante-dix gladiateurs
à peine, donnent naissance à la guerre servile. Mais comme
leur fureur s'accroît avec leur nombre ; combien de généraux
romains vaincus, combien de villes et de pays impitoyablement dévastés ! À peine les historiens peuvent-ils retracer

tant d'horribles scènes. Et ce n'est pas la seule guerre servile : les esclaves ont déjà ravagé la Macédoine, plus tard la
Sicile et toute la côte. Qui pourrait rapporter ces affreux bri-
gandages des pirates, dégénérant en une guerre formidable ?
Qui pourrait élever ces récits à la hauteur des événements ?

XXVII. Couvert de sang romain, tout fumant du meurtre
de ses ennemis, Marius vaincu fuit à son tour. Rome respire
un instant. Mais bientôt il rentre avec Cinna ; et, pour me servir des paroles de Cicéron, en égorgeant les plus illustres
citoyens, il éteint les flambeaux de la République. Sylla
venge cette atroce victoire[31]. Quelle vengeance ! Rome décimée est baignée dans son sang ! Vengeance plus funeste
peut-être que l'impunité des crimes qu'elle poursuit ; Lucain
l'a dit : « Le remède excède toute mesure : la main qui opère
suit le mal de trop près. Les coupables périrent ; mais quand
il ne survivait que des coupables. Les haines sont affran-
chies ; libre du frein des lois, la vengeance se précipite[32]. »
Pendant cette guerre, sans compter les citoyens frappés
sur le champ de bataille, la ville elle-même fut jonchée de
cadavres. Rues, places, marchés, théâtres, temples en étaient
encombrés. On ne saurait décider si les vainqueurs avaient été
plus impitoyables avant ou après la victoire, pour vaincre ou
pour avoir vaincu ? Quand Marius revient de l'exil en triomphe, combien d'assassinats de toutes parts ! La tête du
consul Octavius exposée sur les rostres ; César et Fimbria
égorgés dans leurs maisons ; les deux Crassus père et fils
immolés en présence l'un de l'autre ; Bebius et Numitorius
traînés mourants par un croc de fer, et leurs entrailles dis-
persées ! Catulus se dérobe par le poison aux mains de ses
ennemis ; Mérula, flamine de Jupiter, s'ouvre les veines et fait
au dieu une libation de son propre sang. On frappe sur
l'heure aux yeux de Marius tous ceux qui, en le saluant, n'ont
pu obtenir de presser sa main.

31. Cicéron, *Catilina*, III, 10.
32. Lucain, *Pharsale*, II, 142-144.

XXVIII. Vainqueur à son tour, Sylla venge tant de cruautés. La guerre est finie, les haines survivent, et la victoire achetée au prix de tant de sang se montre encore plus inexorable dans la paix. Aux massacres récents de l'ancien Marius, Marius le jeune et Carbon ajoutent de nouvelles horreurs. Sous la menace du retour de Sylla, désespérant et de la victoire et de leur salut, ils versent à flots le sang de leurs ennemis et celui de leurs partisans mêmes. C'est peu de promener la mort par toute la ville, ils assiègent le Sénat ; tirés du palais comme d'une prison, les sénateurs passent par le glaive. Dans le temple le plus révéré des Romains, au pied des autels de Vesta qu'il embrasse, le pontife Mucius Scévola est assassiné et ce feu entretenu par la perpétuelle vigilance des vierges, il l'éteint presque de son sang. Mais Sylla rentre vainqueur : et d'abord il fait tuer dans une ferme publique sept mille hommes désarmés ; ici, ce n'est plus la guerre, c'est la paix, ce n'est plus l'épée, c'est un seul mot qui égorge. Tout partisan de Sylla frappe qui bon lui semble. Le dénombrement des morts est impossible. On conseille enfin à Sylla de laisser vivre quelques-uns de ses ennemis afin que les vainqueurs aient à qui commander. Alors est réprimée cette licence de tuer qui courait çà et là avec rage et l'on dresse à la stupéfaction générale cette table où se lisent les noms de deux mille chevaliers et sénateurs dévoués au poignard et à la proscription. Ce nombre attriste, mais la fin du carnage console : et l'on s'afflige moins de la perte de tant de victimes que l'on ne se réjouit d'un malheur qui dispense de craindre pour soi. Cependant cet égoïsme sauvage se laisse arracher un cri de compassion aux tortures inouïes où plusieurs périrent. Il en est un que les mains déchirèrent sans couteau, les mains seules ! Des hommes dépecèrent un homme avec plus de férocité que les bêtes un cadavre qu'on leur jette ! Un autre, les yeux arrachés, les membres l'un après l'autre coupés, est réduit à vivre ou plutôt à mourir longtemps dans ces atroces souffrances ! Plus d'une ville célèbre se vend à l'encan comme on vend une ferme. Une toute entière est condamnée à mort comme un coupable. Voilà ce qui se passe dans la paix, non pour décider la victoire, mais pour l'assu-

rer par la terreur. La paix et la guerre disputent de cruauté et
c'est la paix qui l'emporte. La guerre frappe des hommes
armés, la paix les désarme pour les frapper ; l'une permet de
rendre blessure pour blessure ; l'autre, loin de laisser vivre
celui que le glaive a épargné, lui défend toute résistance
contre le poignard.

XXIX. Quelle rage, quelle cruauté d'étrangers et de barbares est comparable à cette victoire de citoyens sur
citoyens ? Qu'est-ce que Rome a souffert de plus funeste, de
plus horrible ? Est-ce l'ancienne conquête des Gaulois, la
récente invasion des Goths, ou bien la féroce domination de
Marius, de Sylla et de tant de chefs, membres illustres de la
République, acharnés sur leur propre corps ? Les Gaulois, il
est vrai, égorgent tout ce qu'ils trouvent de sénateurs dans
Rome, le Capitole excepté dont la citadelle seule sut se
défendre. Ils promirent toutefois à ses défenseurs de rache-
ter au prix de l'or une vie que peut-être le glaive ne pouvait
atteindre, mais qu'un siège eût lentement consumée ! Les
Goths au contraire ont fait grâce à tant de sénateurs qu'il faut
s'étonner s'ils en ont frappé quelques-uns. Sylla, lui, du
vivant même de Marius, s'empare en vainqueur de ce
Capitole préservé des Gaulois, et de là il donne le signal du
carnage. Pendant que Marius fuit, Marius qui va revenir plus
cruel, plus altéré de sang, Sylla au Capitole légitime par un
sénatus-consulte ses arrêts de mort et de confiscation.
Bientôt en son absence, quoi de sacré pour les partisans de
Marius, quand ils ne pardonnent pas même à Mucius,
citoyen, sénateur, pontife, Mucius qui enlace d'un malheureux embrassement l'autel où reposent, dit-on, les destinées
de Rome ? Et, pour passer sous silence tant d'autres massacres, cette dernière table dressée par Sylla égorge plus de
sénateurs qu'aujourd'hui les Goths n'en peuvent dépouiller.

XXX. Quelle effronterie, quelle audace, quelle impudence, quelle déraison ou plutôt quel délire aux païens de ne
pas imputer à leurs dieux les anciennes calamités et d'imputer les nouvelles à notre Christ ? Eh quoi ! ces guerres civiles,

de l'aveu même de leurs historiens, plus cruelles que toutes les guerres étrangères, ces guerres qui n'ont pas été seulement le fléau, mais la ruine de la République, ne se sont-elles pas élevées longtemps avant l'avènement du Christ ? Quel enchaînement de causes néfastes rattache les guerres de Sylla et de Marius à celles de Sertorius et de Catilina, l'un proscrit, l'autre formé par Sylla, et amène les violents débats de Lepidus et de Catulus, l'un voulant abolir, l'autre maintenir les actes du dictateur ; sanglante transition à la rivalité de César et de Pompée : Pompée, sectateur de Sylla dont il égale, s'il ne surpasse, la puissance ; César impatient de cette puissance qu'il convoite et porte encore plus haut par la défaite et la mort de son rival. Puis vient l'autre César, appelé depuis Auguste, et le Christ naît sous son empire. Auguste parut lui-même dans plusieurs guerres civiles où périrent beaucoup d'hommes illustres, entre autres Cicéron, qui professait avec tant d'éloquence l'art de gouverner l'État. Le vainqueur de Pompée, C. César exerce la victoire avec clémence, il remet à ses ennemis la vie et leur dignité ; mais bientôt, sous prétexte qu'il aspire à la royauté, quelques patriciens le poignardent en plein Sénat, prétendant l'immoler à la liberté publique. Lui mort, un homme de mœurs bien différentes, un monstre de vices et de corruption, Antoine, paraît aspirer à la tyrannie. C'est contre Antoine que Cicéron défend cette liberté avec tant de véhémence. Cependant se lève l'autre César, jeune homme de si heureuse espérance, fils adoptif de Jules et depuis appelé Auguste. Cicéron favorise ce pouvoir naissant ; il espère qu'après avoir ruiné la domination d'Antoine, le jeune César rétablira la liberté de sa patrie. Ô prodige d'aveuglement et d'imprévoyance ! Celui dont il appuyait le crédit et l'élévation livre à Antoine, comme gage de réconciliation, la tête de Cicéron lui-même et confisque à son profit cette liberté pour laquelle le célèbre orateur avait dépensé tant d'éloquence.

XXXI. Qu'ils accusent leurs dieux de tant de maux eux qui sont ingrats envers le Christ de tant de biens ! Eh ! quoi, à l'époque de ces calamités, ne voyait-on pas fumer les

autels de l'idolâtrie ? N'exhalaient-ils pas l'encens de
l'Arabie et le parfum des fleurs nouvelles[33] ? Quelle magnificence éclatait sur les pontifes et dans les temples !
Sacrifices, jeux, fanatiques fureurs, que manquait-il au culte
des dieux ? Et cependant, le sang des citoyens coulait à flots
sous le glaive des citoyens, il ruisselait même entre les
autels. Au pied de ces autels, Cicéron ne va pas chercher un
asile que Mucius leur a vainement demandé. Mais de nos
jours ces indignes blasphémateurs du christianisme ne se
sont-ils pas réfugiés aux lieux placés sous la protection du
Christ ? Que dis-je ? les barbares eux-mêmes ne les y ont-ils
pas amenés pour leur assurer la vie sauve ? Oui, j'affirme, et
j'en appelle au jugement de tout homme libre de prévention,
j'affirme que si le genre humain eût reçu la doctrine chrétienne avant les guerres puniques, et qu'il fût survenu ces
calamités épouvantables dont l'Europe et l'Afrique furent
alors écrasées ; il n'est pas aujourd'hui un seul de ces blasphémateurs qui ne les eût attribuées au christianisme. Qui
pourrait tenir tête à leurs clameurs, si la connaissance et la
propagation de l'Évangile eussent précédé ces désastres de
Rome – invasions des Gaulois, débordements du Tibre,
incendie et, comble de misères ! les guerres civiles ? Quant
aux autres fléaux, qui surpassent toute croyance et tiennent
du prodige, s'ils étaient arrivés de notre temps, à qui en
ferait-on un crime, sinon aux chrétiens ? Je passe sous
silence ces phénomènes plus merveilleux que nuisibles. Et,
en effet, que des bœufs parlent, que des enfants encore au
sein de leur mère prononcent quelques mots, que des ser-
pents volent, que des femmes changent de sexe, etc., tous
ces faits, vrais ou faux, racontés non par les poètes mais par
les historiens, étonnent les hommes sans leur nuire ; mais
qu'il pleuve de la terre, de la craie, des pierres, des pierres
véritables et non de la grêle, voilà certes des accidents qui
peuvent être des plus funestes. Le mont Etna, lisons-nous
encore, vomit avec tant de fureur ses feux sur le rivage que

33. Virgile, *Énéide*, I, 146.

la mer brûlante calcina ses rochers et fondit la poix des navires ; prodige incroyable et terrible tout ensemble. Une semblable éruption couvrit, dit-on, la Sicile entière d'un tel amas de cendres que les maisons de Catane en furent ensevelies et s'écroulèrent sous le poids ; malheur qui engagea les Romains touchés de compassion à lui remettre le tribut de l'année. Nous lisons encore qu'on vit s'abattre sur l'Afrique, déjà devenue province romaine, une prodigieuse multitude de sauterelles. Après avoir tout dévoré, feuilles et fruits, immense et formidable nuée, elles vinrent fondre dans la mer. Rejetées mortes sur le rivage, l'air en fut infecté et il se répandit une contagion si terrible que dans le seul royaume de Masinissa, il périt, dit-on, huit cent mille hommes et bien davantage sur le littoral. De trente mille soldats renfermés dans Utique, on assure qu'il n'en resta que dix. Est-il une seule de ces calamités qu'une démence semblable à celle qui nous persécute et provoque nos réponses, n'attribuerait au christianisme, si l'ère chrétienne eût rien vu de tel ? Et cependant, ils ne les imputent point à leurs dieux ; et pour détourner des infortunes, légères au prix de ces anciens désastres, ils revendiquent ce culte impuissant à protéger leurs ancêtres !

# Livre IV

## La grandeur de Rome
## et l'impuissance de ses dieux

*La grandeur et la durée de l'Empire romain ne tiennent en rien aux dieux romains. De tels dieux n'ont pas eu le pouvoir d'agrandir et de conserver le bonheur des cités. D'ailleurs la paix avec les autres peuples ne vaut-elle pas mieux que la conquête et la domination ? « Sans la justice, les royaumes sont-ils autre chose que de grandes troupes de brigands ? » interroge Augustin dans des pages devenues célèbres. La Grèce ou l'Assyrie portèrent la guerre chez leurs voisins, la grandeur et la durée de l'Assyrie n'eut pas besoin de l'assistance des dieux : il en va de même pour Rome !*

*Augustin désacralise aussi bien la grandeur que les revers de Rome, bien plus encore il démythise et ridiculise les divinités romaines, ce polythéisme qui fournit un dieu pour chaque activité humaine, petits dieux insignifiants ou grands dieux comme Jupiter. Troupe confuse, instable, qui change sans cesse de noms et de fonctions ! Ou bien on disperse la divinité en une multitude de dieux ou bien on veut tout ramener à l'unité, et l'on tombe alors dans le panthéisme, tout devient dieu ! Ou bien on confère un caractère divin à toutes choses et activités humaines (la Victoire, la Félicité !), mais alors où s'arrêter ? On tombe encore une fois dans la contradiction : pourquoi ne pas créer autant de dieux qu'il est de concepts abstraits ? Les dieux sont bien l'œuvre des hommes et jamais ils n'en peuvent récuser l'infinie contingence.*

*On se fait des dieux de ce qui est en vérité des dons de*

*Dieu, sans crainte d'offenser l'auteur de ces dons ! Toutes les
vertus à ce compte devraient être divinisées ! Certes tels ou
tels parmi les Romains reconnaissent que ces divinités (ou
démons) ne sont que la personnification des bienfaits divins,
mais s'ils en sont conscients, pourquoi se prêtent-ils aux jeux
du théâtre, pourquoi participent-ils au culte institutionnel ?
Les plus grands Romains, Varron, Cicéron, sont lâches ou
timides, eux qui n'osent pas mettre en cause des coutumes de
la cité dont ils connaissent l'inanité intellectuelle. S'ils
reconnaissent la vanité du culte, ils maintiennent l'usage
politique de la religion ! Cicéron s'efforce de discerner
superstition et religion, mais seul le Christ a brisé la superstition. Varron s'approche de la notion d'un Dieu âme du
monde sans parvenir à concevoir un Dieu créateur du
monde. Si proches aient-ils pu se montrer de la vérité du
Christ, ils ne se sont pas libérés ni n'ont libéré leur peuple.*

*Avec une ironie sans pitié Augustin moque les rivalités de
ces dieux qui se disputent les places, des tâches de plus en
plus parcellisées, les faveurs des hommes, il moque l'inca-
pacité d'un paganisme interdit et déjà moribond, et les
hommes qui couvrent sa fausseté d'un voile de silence. Tous
ceux-là sont-ils dignes de soutenir l'Empire romain ?*

*Le Livre IV se termine sur une belle évocation des
philosophes, tel Cicéron, ou des historiens, tel Varron, qui
distinguent superstition et religion, puis du peuple juif qui
jamais n'eut besoin de tous ces dieux pour être délivré. Ce
peuple juif qui a désacralisé les dieux de la prospérité pour
connaître l'auteur des bénédictions même matérielles et
dont la dispersion providentielle éduque désormais les
peuples. Car si aujourd'hui idoles, cultes et sacrifices dis-
paraissent, conclut Augustin, les livres de ce peuple témoignent que cela a été prophétisé depuis longtemps. Nos Livres
s'appuient sur les leurs.*

# LIVRE QUATRIÈME

I. En commençant ce discours sur la cité divine, j'ai cru
devoir avant tout répondre à ses ennemis ; insensés, qui attachés par leurs pensées et leurs désirs aux joies fugitives de la
terre, ne peuvent supporter aucune de ces épreuves, avertis-
sements de la miséricorde de Dieu plutôt encore que châtiments de sa justice, sans murmurer contre la religion chrétienne, la seule religion véritable et salutaire. Et comme de ce
nombre est une multitude ignorante dont les savants autorisent et enveniment la haine contre nous en lui laissant croire
que les malheurs extraordinaires de notre temps furent
inconnus aux siècles passés ; comme ces savants dissimulant
leur science pour couvrir leurs murmures d'une apparence de
justice, confirment une opinion dont ils connaissent la fausseté, il a fallu par les livres mêmes où leurs auteurs ont perpétué la mémoire des âges écoulés, prouver qu'il en est tout
autrement qu'on ne pense et montrer que ces faux dieux,
objets d'un culte, public autrefois, secret aujourd'hui, ne sont
que des esprits impurs, de perfides démons, dont la malice est
si profonde qu'ils se complaisent en leurs crimes supposés ou
véritables, leurs crimes toutefois, puisqu'ils en ont ordonné
la solennelle représentation dans leurs fêtes, afin que la faiblesse humaine ne pût être retirée des habitudes du crime où
l'engage l'autorité de ces divins exemples. Et nos preuves à
cet égard ne reposent point sur de simples conjectures ; mais
d'une part sur de récents souvenirs ; car nous avons vu nous-
mêmes célébrer ces orgies en l'honneur de ces infâmes divi-

nités ; d'autre part, sur les ouvrages où la science païenne, pour honorer ses dieux, a transmis leur honte à la postérité. Ainsi le savant Varron, cet homme d'une autorité si imposante, traitant à part des choses humaines et des choses divines, et classant chacune d'elles suivant son importance, range les jeux de la scène dans l'ordre non des choses humaines mais des choses divines, ces jeux qu'une cité vertueuse devrait rayer du nombre même des institutions humaines. Et Varron n'en use pas ainsi de sa propre autorité ; né, élevé à Rome, il les a trouvés classés ainsi. Or comme à la fin du premier Livre j'ai présenté en peu de mots le sujet de cet ouvrage, et qu'aux deux suivants je l'ai abordé, il est aisé de savoir ce que réclame maintenant l'attente du lecteur.

II. J'avais donc promis de réfuter en peu de mots ceux qui rendent notre religion responsable des désastres de la République en rappelant les malheurs qui ont affligé Rome et les provinces soumises à son empire avant l'interdiction de leurs sacrifices ; malheurs que l'on nous imputerait infailliblement si dès ce temps notre religion eût répandu ses clartés et proscrit les sacrilèges cérémonies du paganisme. Tel est le sujet suffisamment développé, je pense, dans les second et troisième Livres, l'un relatif aux maux de l'âme, les plus grands des maux ou plutôt les seuls véritables ; l'autre, aux maux du corps, aux maux extérieurs, que les bons souffrent aussi, les seuls maux qu'appréhende la démence des hommes pervers, tandis qu'ils accueillent non seulement avec patience, mais de grand cœur le mal qui les rend mauvais. Et cependant, qu'ai-je dit de Rome et de son Empire ? Ai-je insisté sur tout ce qui s'est passé jusqu'au règne de César Auguste ? Que serait-ce si j'avais voulu rappeler et dépeindre non plus les désolations de la guerre, mais les maux dont les hommes sont innocents les uns envers les autres ; ces accidents funestes qu'Apulée énumère brièvement dans son livre *Du monde*, où il dit que toutes les choses de la terre ne présentent que vicissitudes, révolutions, décadence. Il dit, et j'emprunte ses propres paroles, que « par d'épouvantables tremblements de terre, des abîmes ouverts ont englouti des villes avec leurs habitants ; que des déluges ont noyé des régions entières ; que d'anciens continents envahis soudain par des flots étrangers ont été transformés en îles, d'autres changés en continents par la retraite de la mer ; et puis le feu du ciel enveloppant des contrées de l'Orient dans une horrible conflagration ; d'autres, à l'Occident, dévastées par de furieuses inondations ; et l'Etna brisant son cratère et vomissant sur ses pentes des torrents de flammes et de prodigieux incendies[1] ». Si je voulais recueillir tous les faits de ce genre dont l'histoire est remplie, quand finirais-je l'énumération des malheurs arrivés à cette époque avant que le nom du Christ eût comprimé ces vaines et mortelles superstitions ? J'avais encore promis de montrer pourquoi le vrai Dieu qui tient dans sa main tous les États de la terre daigna favoriser l'accroissement de l'Empire romain ; et loin d'avoir concouru à sa grandeur, combien ces prétendues divinités l'ont combattue par leurs ruses et leur malice. C'est ce dont il me reste à parler maintenant, et surtout des progrès de l'Empire. Quant à la pernicieuse influence que la malice de ces démons honorés comme des dieux a exercée sur les mœurs, j'en ai longuement parlé au second Livre. Et jusqu'ici je n'ai point omis de signaler à l'occasion toutes les consolations qu'au nom du Christ, nom qui désarme les barbares dans les fureurs mêmes de la guerre, Dieu a su procurer aux bons et aux méchants, ce Dieu qui « fait lever son soleil sur les uns et les autres ; qui fait pleuvoir sur les justes et les injustes[2] ».

III. Et maintenant, par quelles raisons ose-t-on attribuer l'étendue et la durée de l'Empire romain à ces dieux que l'on tient pour légitimement honorés par des jeux infâmes et d'infâmes ministres ? Et d'abord y a-t-il là sens ou raison, quand il est impossible de montrer que la félicité soit le partage d'hommes vivant dans les horreurs de la guerre, dans le sang de leurs concitoyens ou de leurs ennemis, dans le sang des hommes, esclaves de sombres terreurs et de passions

1. Apulée, *De mundo*, 34.
2. Mt 5, 45.

sauvages ? Leur joie n'est-elle pas comme le verre ? Plus elle
éclate, plus sa fragilité est à craindre. Quoi ! se glorifier à ce
prix de la grandeur et de l'étendue de l'Empire ! Jugeons
mieux ; ne nous laissons pas surprendre par une vaine et stérile emphase ; ne laissons pas dominer notre pensée par la
pompe sonore de ces mots de peuples, de royaumes, de provinces : mais représentons-nous deux hommes ; car il en est
de chaque homme comme de chaque lettre dans un discours ;
chacun est, pour ainsi dire, un élément de la cité, si loin
qu'elle étende sa puissance. De ces deux hommes suppo-
sons l'un pauvre, ou plutôt d'une condition médiocre ; l'autre
dans l'opulence, mais consumé d'inquiétudes, rongé de soucis, sans sécurité, sans repos, ne respirant plus dans l'empor-
tement de ses querelleuses inimitiés ; au prix de tant de
misères donnant sans doute à son patrimoine un immense
accroissement et par cet accroissement même accumulant
des trésors de soucis et d'amertumes ; l'autre, dans sa
modeste fortune, bornant ses besoins aux limites de son héritage, chéri de ses proches, de ses voisins, de ses amis, possédant les vrais biens, douce paix, piété profonde, bienveillance de l'âme, santé du corps, sobriété et chasteté, repos de
la conscience. Qui serait assez insensé pour douter auquel
donner la préférence ? La même règle d'équité qui se prononce sur ces deux hommes est applicable à deux familles, à
deux peuples, à deux royaumes. Si, rectifiant nos fausses
opinions, nous l'employons rigoureusement, il nous sera
facile de voir où réside la vanité, où la félicité. Aussi quand
on sert le vrai Dieu, qu'on l'honore par de véritables sacrifices et des mœurs pures, c'est un avantage que la puissance
des bons soit vaste et durable ; moins peut-être leur avantage
que celui de leurs sujets ; car, pour eux, leur piété et leur justice, inappréciables dons de Dieu, leur assurent le véritable
bonheur en cette vie et la béatitude éternelle. Mais l'autorité
des méchants leur est plus funeste à eux-mêmes, ennemis de
leur propre cœur qu'ils livrent aux ravages du crime[a]. Quant

---

a. L'esclavage intérieur des méchants est un thème fondamental de la philosophie des stoïciens.

à ceux qui leur obéissent, ils ne souffrent que de leur propre
iniquité ; car pour les maux dont la domination des méchants
afflige les justes, ce n'est point châtiment, mais épreuve.
L'homme vertueux, dans les fers, est donc libre et le méchant
qui règne, esclave ; esclave non d'un homme seul, mais
d'autant de maîtres qu'il a de vices. C'est de ces maîtres que
l'Écriture a dit : « Chacun est l'esclave de l'ennemi qui l'a
vaincu[3]. »

IV. Sans la justice, en effet, les royaumes sont-ils autre
chose que de grandes troupes de brigands ? Et qu'est-ce
qu'une troupe de brigands, sinon un petit royaume ? Car
c'est une réunion d'hommes où un chef commande, où un
pacte social est reconnu, où certaines conventions règlent le
partage du butin. Si cette troupe funeste, en se recrutant de
malfaiteurs, grossit au point d'occuper un pays, d'établir des
postes importants, d'emporter des villes, de subjuguer des
peuples, alors elle s'arroge ouvertement le titre de royaume,
titre qui lui assure non pas le renoncement à la cupidité, mais
la conquête de l'impunité. C'est une spirituelle et juste
réponse que fit à Alexandre le Grand ce pirate tombé en son
pouvoir[b]. « À quoi penses-tu, lui dit le roi, d'infester la mer ?
— À quoi penses-tu d'infester la terre ? répond le pirate avec
une audacieuse liberté. Mais parce que je n'ai qu'un frêle
navire, on m'appelle corsaire, et parce que tu as une grande
flotte, on te nomme conquérant[4]. »

V. Je n'examine point quels sont les hommes ramassés
par Romulus ; car en les retirant de cette vie de brigandage,
l'admission aux droits de la cité les délivre de la pensée des
supplices qu'ils ont encourus, de la crainte qui les poussait à
des forfaits plus grands encore ; elle les apprivoise en les rattachant aux intérêts de la société humaine. Ce que je veux rappeler, c'est un événement qui porta de profondes atteintes à

b. La conversation d'Alexandre et du pirate est rapportée par Cicéron.
3. 2 P 2, 19.
4. Cicéron, *De republica*, III, 14.

l'Empire romain déjà puissant, qui le fit trembler, quand, vainqueur de plusieurs peuples, il était la terreur de tous les autres ; effroyable incendie qui ne fut éteint qu'après avoir menacé Rome de la dernière catastrophe, alors qu'une poignée de gladiateurs échappés aux arènes de la Campanie, forment une armée nombreuse et sous la conduite de trois chefs, promènent la dévastation dans toute l'étendue de l'Italie[c]. Qu'on nous dise sous les auspices de quel dieu cet obscur et méprisable brigandage se lève tout à coup ? Puissance terrible à toutes les forces, à toutes les citadelles romaines ! La durée passagère de leur prospérité fera-t-elle nier cette divine assistance ? Comme si une vie d'homme, quelle qu'elle fût, était longue. À ce compte, il n'est personne que les dieux aident à régner, parce qu'il n'est personne qui ne coure à la mort. Et l'on ne peut tenir comme un bienfait ce qui en chaque homme et dans tous les hommes s'évanouit comme une vapeur. Qu'importe en effet à ces pieux serviteurs des divinités, contemporains de Romulus et morts depuis longtemps, qu'après eux l'Empire romain ait pris un tel accroissement, quand il ne leur reste qu'à plaider leur cause aux enfers ; cause bonne ou mauvaise, cela n'intéresse point la question. Mais enfin, quelque étendu que soit l'espace rempli dans la durée de cet empire par le flot successif des générations, il faut reconnaître qu'il n'a été donné que peu de jours à chacun pour descendre, chargé du fardeau de ses actions, les pentes rapides de la vie. Que s'il faut attribuer à la faveur des dieux les biens même les plus courts, c'est assurément par un bienfait signalé de leur puissance que ces gladiateurs brisent leurs fers, s'échappent, fuient ; lèvent une armée redoutable, et rangés sous les ordres et la conduite de leurs propres chefs, ébranlent violemment la grandeur romaine. Invincibles à plusieurs généraux, chargés de butin, fiers de leurs victoires, ils se livrent à tout ce que la volupté, à tout ce que le bon plaisir des sens leur suggèrent ; enfin, jus-

c. Il s'agit de la guerre des esclaves qui fut dirigée par Spartacus (73-71 av. J.-C.) et qui ne s'acheva que par la victoire de Crassus. Voir Livre III, 26.

qu'à leur entière défaite, chèrement consommée, ils vivent en maîtres, ils règnent. Mais passons à des objets plus relevés.

VI. L'historien latin de la Grèce, ou plutôt des peuples étrangers, Justin, abréviateur de Trogus-Pompée, commence ainsi son ouvrage : « Dès l'origine, la puissance était entre les mains des rois qui devaient leur élévation à cette dignité suprême, non aux brigues populaires, mais à leur modération reconnue par les gens de bien. Aucune loi ne liait les peuples ; la volonté des princes leur tenait lieu de loi ; on était plus jaloux de conserver que d'étendre les limites de son empire. Ces limites étaient pour chaque souverain celles de sa propre patrie. Ninos, roi des Assyriens, fut le premier qui, par une soif de commander jusqu'alors inconnue, ruina ces antiques traditions d'équité, ce régime de modération héréditaire. Le premier il porta la guerre chez ses voisins et jusqu'aux frontières de la Libye il étendit sa domination sur des peuples inhabiles à se défendre[5]. » Et un peu plus bas : « Ninos, dit-il, affermit par une possession durable l'étendue de ses conquêtes. Vainqueur des voisins, recrutant chez les nouveaux vaincus de nouvelles forces pour passer à d'autres exploits, chaque victoire devient comme l'instrument d'une victoire nouvelle et tous les peuples de l'Orient sont soumis. » Quoi que l'on pense de la fidélité de Justin et de Trogus, car des récits plus véritables font connaître qu'ils en imposent sur plusieurs points, il est néanmoins constant, au témoignage unanime des historiens, que le roi Ninos donna un prodigieux accroissement au royaume d'Assyrie, royaume qui a subsisté si longtemps que Rome n'égale pas encore son âge. Car, au rapport des chronologistes, douze cent quarante ans se sont écoulés depuis la première année de cet empire jusqu'au temps où il passe aux Mèdes. Or faire la guerre à ses voisins pour s'élancer à de nouveaux combats, écraser, réduire des peuples dont on n'a reçu aucune offense, seulement par appétit de domination, qu'est-ce autre chose qu'un immense brigandage ?

5. Justin, *Épitomé*, I, 1, 1-5.

VII. Si la grandeur et la durée de cet empire se sont passées de l'assistance des dieux, pourquoi attribuer aux dieux la grandeur et la durée de l'Empire romain ? Quelle que soit la cause de part et d'autre, elle est la même. Si l'on veut que le premier des deux empires ait été soutenu par la puissance des dieux, je demande de quels dieux ; car les peuples que Ninos a subjugués n'avaient pas d'autres dieux que lui ; ou bien les Assyriens en avaient-ils de particuliers, plus habiles artisans de l'élévation et de la conservation des États ? Mais ces dieux sont-ils morts quand les Assyriens, à leur tour, perdent leur puissance ? Ne serait-ce point encore que, privés de leur salaire ou attirés ailleurs par un plus grand espoir, ils préfèrent passer aux Mèdes, et plus tard, sur l'invitation de Cyrus et la promesse d'une condition meilleure, des Mèdes passer aux Perses, ce peuple qui depuis l'immense mais éphémère empire d'Alexandre domine encore sur de vastes contrées de l'Orient ? S'il en est ainsi, ou les dieux sont infidèles ; déserteurs de leurs amis, ils se rangent du côté des ennemis, ce qu'un homme, ce que Camille eut honte de faire, Camille qui délivre Rome de sa plus mortelle ennemie, et bientôt éprouve l'ingratitude de cette ville pour laquelle il a vaincu ; puis oubliant son injure pour se rappeler seulement qu'elle est sa patrie, une seconde fois la délivre en l'arrachant aux Gaulois ; ou ces dieux ne sont pas aussi puissants qu'il convient à des dieux, puisqu'ils peuvent être vaincus par la prudence ou par les forces humaines ; ou s'il n'est pas vrai qu'ils soient vaincus par les hommes, mais par d'autres dieux dans ces luttes célestes où chaque cité a ses défenseurs, il règne donc entre eux des inimitiés auxquelles ils se dévouent pour le parti qu'ils embrassent ? Et quelle raison alors pour un État d'adorer ses dieux plutôt que d'autres qui puissent leur venir en aide ? Enfin, quoi qu'il en soit de ce passage, de cette fuite, de cette migration, de cette défection des dieux d'un camp à un autre, il est certain que le nom du Christ n'avait pas encore retenti à l'époque et dans les contrées où s'est accomplie la ruine et la translation de ces empires. Car lorsque, après une durée de douze cents ans et plus, le royaume des Assyriens disparut, si dès lors la religion chrétienne eût annoncé le royaume éternel et proscrit les autels sacrilèges, qu'eussent dit aussi les hommes vains parmi ces peuples, sinon qu'un empire si longtemps debout ne pouvait imputer sa perte qu'à son infidélité pour ses dieux sacrifiés à une religion nouvelle ? Que la vanité de ces clameurs, qui se fussent dès lors élevées soit à nos ennemis un miroir où ils reconnaissent la vanité de leurs plaintes et, s'il leur reste encore quelque pudeur, qu'ils rougissent de se plaindre ainsi. Et que dis-je ? Rome est plutôt affligée que détruite ; elle passe par une de ces épreuves qu'en d'autres temps, avant la venue du Christ, elle a subies, dont elle s'est relevée, et faut-il aujourd'hui désespérer qu'elle se relève encore ? Car en cela qui sait la volonté de Dieu ?

VIII. Mais de grâce, cherchons dans cette multitude de dieux adorés des Romains quels sont les dieux ou le dieu à qui l'Empire soit en particulier redevable de sa grandeur et de sa conservation. Car dans une œuvre si glorieuse et si haute, on n'osera point sans doute assigner un rôle à la déesse Cloacina, ni à Volupia qui emprunte son nom à la volupté, ni à Libentina qui doit le sien au libertinage, ni à Vaticanus qui préside aux vagissements des nouveau-nés, ni à Cunina qui veille sur leur berceau. Un seul passage de ce Livre pourrait-il rappeler tous les noms de dieux ou de déesses qui ne sauraient être contenus dans ces immenses volumes où sont décrites ces fonctions divines appropriées à chaque besoin de la vie humaine ? Car on n'a pas cru devoir confier à un seul dieu l'intendance des campagnes ; mais la plaine est donnée à Rusina ; le sommet des montagnes à Jugatinus ; la colline à Collatina ; la vallée à Vallonia. Pourrait-on laisser à la seule Segetia le soin des moissons ? Les semences que la terre renferme encore, on les recommande à Seia ; à Segetia, le froment levé ; la récolte achevée, les gerbes qui demandent une vigilante tutelle sont confiées à Tutilina ; la protection de la déesse Segetia pouvait-elle s'étendre de la naissance du brin d'herbe à la maturité de l'épi ? Et cette troupe de dieux ne suffit pas encore à leurs déplorables adorateurs, à cette pauvre âme humaine qui dédaigne les chastes embrassements du seul et vrai Dieu pour se prostituer à la foule des démons ! Et voilà que Proserpine préside aux gerbes du froment ; il faut un dieu Nodotus pour les nœuds de la tige ; pour l'enveloppe de l'épi, une déesse Volutina ; pour son issue, Patelana ; quand la barbe de l'épi et l'épi sont de niveau, Hostilina ; Flora, quand il fleurit ; Lacturnus, quand il blanchit ; Matuta, quand il mûrit ; Roncina, quand il est coupé et séparé de la terre. Je m'arrête ; je me lasse plus tôt qu'ils ne rougissent. Et ce peu de mots suffit pour montrer qu'il serait imprudent de soutenir que l'Empire romain doit son établissement, ses progrès, sa conservation à ces dieux tellement voués à des fonctions de détail qu'on n'ose pas même confier à aucun d'eux l'ensemble d'un emploi. Comment Segetia se mêlerait-elle de l'Empire quand il lui est interdit d'étendre ses soins à la fois sur les moissons et sur les arbres ? Cunina songera-t-elle aux armes, elle dont les fonctions ne peuvent sortir du berceau des enfants ? Quel secours dans les combats attendre de Nodutus dont le pouvoir, limité aux nœuds de la tige, ne s'élève pas jusqu'à la barbe de l'épi ? On ne place qu'un portier à sa maison ; ce portier suffit, c'est un homme. Pour le même office, il ne faut pas moins de trois dieux ; Forculus à la porte, Cardea aux gonds, Limentinus au seuil. Forculus serait-il capable de garder tout ensemble la porte, le seuil et les gonds ?

IX. Laissant là, pour quelque temps du moins, cette multitude de petits dieux, recherchons quel est le ministère de ces dieux supérieurs à qui Rome doit sa grandeur et sa longue domination sur tant de peuples. C'est là sans doute l'œuvre de Jupiter, lui que l'on fait roi de tous les dieux, de toutes les déesses, témoin son sceptre et ce Capitole bâti sur une haute colline ; lui à qui l'on rapporte cette parole, dont on vante la justesse, quoiqu'elle soit d'un poète : « Tout est plein de Jupiter[6]. » C'est lui que Varron croit honoré, sous un autre nom, de ceux mêmes qui n'adorent qu'un seul Dieu, sans

---

6. Virgile, *Énéide*, III, 14.

image. S'il en est ainsi, d'où vient qu'à Rome comme ailleurs, on le traite si mal que de lui faire une statue ? Cela même déplaît à Varron, et quoiqu'il cède à la coutume impie qui entraîne la grande cité, néanmoins il ne craint pas de dire que les premiers qui ont exposé des statues à l'adoration du peuple ont aboli la crainte et inauguré l'erreur.

X. Et pourquoi donner pour femme à Jupiter la déesse Junon qui est à la fois sa sœur et son épouse ? C'est, dit-on, que Jupiter habite l'éther, Junon l'air, et de ces deux éléments qui s'unissent, l'un est supérieur, l'autre inférieur. Ce n'est donc plus ici le dieu dont a dit : « Tout est plein de Jupiter », si Junon en remplit une partie. Serait-ce qu'ils remplissent l'un et l'autre ces deux éléments, et qu'ils sont ensemble dans chacun d'eux ? Pourquoi donc assigner l'éther à Jupiter, l'air à Junon ? Et si ces deux divinités suffisent, pourquoi attribuer la mer à Neptune, pourquoi la terre à Pluton ? Que dis-je ? De peur qu'ils ne restent sans compagnes, Salacia est unie à Neptune et Proserpine à Pluton. Car, dit-on, comme Junon réside dans la région inférieure du ciel ou l'air, Salacia habite la région inférieure de la mer et Proserpine la région inférieure de la terre. Ils cherchent de la sorte à coudre leurs fables, mais en vain. Car s'il en était ainsi, leurs anciens sages parleraient non de quatre éléments, mais de trois, afin de régler le nombre des couples divins sur celui des éléments. Ils affirment au contraire que l'éther est parfaitement distinct de l'air. Quant à l'eau, qu'elle soit supérieure, qu'elle soit inférieure, elle est toujours l'eau. Quelque différence que je consente, peut-elle cesser d'être eau ? Et malgré toutes les diversités imaginables, la terre inférieure peut-elle être autre chose que terre ? Et puis, comme ces trois ou quatre éléments composent le monde, où Minerve sera-t-elle ? Où résidera-t-elle ? Quel lieu remplira-t-elle ? Car on l'a placée aussi au Capitole avec ces deux divinités, quoiqu'elle ne soit pas issue de leur union. Si on lui donne pour séjour la partie supérieure de l'éther, d'où serait venue la fiction des poètes qui l'ont fait naître du cerveau de Jupiter ? Pourquoi n'est-elle pas plutôt la reine des dieux, puisqu'elle est supérieure à

Jupiter ? Peut-être n'eut-il pas été convenable de préférer la fille au père ? Pourquoi donc n'avoir pas gardé cette même justice entre Jupiter et Saturne ? Parce que Saturne a été vaincu ? Quoi ! ils se sont donc battus ? Aux dieux ne plaisent ! s'écrie-t-on : ce n'est qu'un mensonge de la fable. Soit : cessons de croire aux fables ; ayons meilleure opinion des dieux. Mais pourquoi n'élève-t-on pas le père de Jupiter en un rang sinon supérieur, du moins égal ? C'est, dit-on, que Saturne se prend pour la durée du temps. Les adorateurs de Saturne sont donc les adorateurs du temps ; ce qui donne à entendre que le roi des dieux, Jupiter, est né du temps. Est-ce donc manquer à la majesté de Jupiter et de Junon que de les dire nés du temps, si l'un est le ciel, l'autre la terre, le ciel et la terre ayant été créés dans le temps ? Cette opinion se trouve en effet dans les livres des savants et des sages, et ce n'est point sur les fictions des poètes, mais suivant la doctrine des philosophes que Virgile a dit : « Alors le père tout-puissant, l'éther, descend au sein de son épouse, et la réjouit par des pluies fécondes [7] », c'est-à-dire au sein de Tellus ou de la terre ; car on veut encore voir ici quelque différence ; on croit qu'autre est la terre, autre Tellus, autre Tellumo. Et chacune de ces divinités a son nom propre, ses fonctions distinctes, son culte et ses autels particuliers. On donne encore à la terre le nom de mère des dieux ; et les fictions des poètes deviennent plus supportables, si, au rapport même des liturgies païennes, Junon est à la fois sœur, femme et mère de Jupiter. On veut encore que la terre soit Cérès, qu'elle soit Vesta, quoique d'ordinaire Vesta ne soit que le feu des foyers dont une cité ne saurait se passer. Et des vierges sont consacrées à son service ; car la vierge et le feu sont également stériles : vaines rêveries, nécessairement abolies et éteintes par celui qui est né d'une vierge. Eh ! qui pourrait donc souffrir qu'en attribuant au feu la gloire même de la chasteté, ils ne rougissent pas de confondre parfois Vesta avec Vénus, sans doute afin que la virginité, honorée dans ses servantes, ne soit plus qu'un mensonge ? Et en effet, si Vesta n'est autre que Vénus,

7. Virgile, *Géorgiques*, II, 325.

des vierges peuvent-elles légitimement la servir en gardant la
continence ? Y a-t-il deux Vénus, l'une vierge, l'autre
femme ? ou plutôt trois : la Vénus des vierges ou Vesta, celle
des femmes, celle des courtisanes à qui les Phéniciens
offraient le prix de la prostitution de leurs filles avant de les
marier ? Laquelle des trois est l'épouse de Vulcain ? Ce n'est
pas la vierge, puisqu'elle a un mari. Loin de notre pensée que
ce soit la courtisane ; ne faisons pas cette injure au fils de
Jupiter, au collaborateur de Minerve ! C'est donc la Vénus des
épouses. Mais que celles-ci ne l'imitent pas dans ses intimi-
tés avec le dieu Mars. Il en revient encore aux fables !
s'écrie-t-on. Eh ! quoi, est-ce donc justice de s'emporter
contre nous quand nous parlons ainsi des dieux et de ne
pas s'emporter contre soi-même quand on assiste volontiers
aux représentations scéniques de leurs crimes, et chose
incroyable, si la preuve n'en était acquise, quand ces représentations mêmes ont été instituées en leur honneur ?

XI. Qu'ils apportent donc autant de raisons physiques,
autant d'arguments qu'il leur plaira : que tantôt Jupiter soit
l'âme du monde, remplissant et remuant cette vaste machine
composée de quatre éléments, ou, si bon leur semble, d'un
plus grand nombre, tantôt qu'il assigne sa part à chacun de ses
frères et sœurs ; tantôt qu'il soit l'éther et domine sur Junon
ou l'air inférieur, tantôt qu'il soit tout le ciel et l'air même, et
que par ses pluies et ses semences il féconde la terre, sa
femme et sa mère, car il n'y a là rien de honteux dans l'ordre
des choses divines ; et, pour ne pas voyager par toute la
nature, qu'il soit enfin ce seul Dieu dont, au sentiment de plusieurs, un grand poète a dit : « Dieu se répand par toutes les
terres, par toute l'étendue des mers, par toutes les profondeurs
des cieux[8] » ; qu'il soit dans l'éther, Jupiter ; dans l'air,
Junon ; dans la terre, Pluton ; au fond de la terre, Proserpine ;
dans les foyers domestiques, Vesta ; dans la fournaise des for-
gerons, Vulcain ; dans les cieux, le soleil, la lune, les étoiles ;
dans les prédictions, Apollon ; Mercure dans le commerce ;

8. Virgile, *Géorgiques*, IV, 221.

Janus, au début; au terme, Terminator; Saturne, dans le
temps; Mars et Bellone, dans la guerre; Liber, dans les fruits
de la vigne; Cérès, dans les moissons; Diane, dans les
forêts; Minerve, dans les arts; qu'il soit encore cette multitude de dieux plébéiens; qu'il préside sous le nom de Liber
aux facultés génératrices des hommes; sous le nom de
Libera, à celle des femmes; qu'il soit Diespiter, amenant à
terme la parturition, ou la déesse Mena qui surveille les
règles des femmes, ou Lucina, invoquée de celles qui enfan-
tent; que sous le nom d'Opis, il porte secours aux nouveau-
nés et les recueille sur le sein de la terre; qu'ouvrant leur
bouche au vagissement, il prenne le nom de Vaticanus; les
levant de terre, celui de Levana; gardant leurs berceaux,
celui de Cunina; que nul autre que lui ne prédise leurs destinées; s'exprimant par l'organe des déesses Carmentes, qu'il
détermine les événements fortuits et soit appelé Fortune;
déesse Rumina, qu'il présente la mamelle aux enfants (du mot
*ruma*, mamelle, en vieux langage); déesse Potina, le breuvage; déesse Éduca, la nourriture; qu'il doive à leurs terreurs,
le nom de Paventia; à l'espérance qui vient, celui de Venilia;
à la volupté, celui de Volupia; à l'acte, celui d'Agenoria; aux
aiguillons qui incitent l'homme jusqu'aux excès, celui de
Stimula; Strenia, qu'il inspire le courage; Numéria, qu'il
enseigne à compter; Camena, à chanter; qu'il soit le dieu
Consus, pour les conseils qu'il donne; la déesse Sentia, pour
les sentiments qu'il suggère; Juventas, pour franchir, après
la robe prétexte, le seuil de l'âge juvénile; Fortune barbue,
pour couvrir de duvet le menton des adultes; dieu mâle et
barbu qu'après tout il eût mieux valu nommer Fortunius que
Fortune, ou Barbatus à cause de sa barbe, comme on dit le
dieu Nodotus à cause des nœuds de la tige: que dans la personne du dieu Jugatinus, il unisse les époux, et lorsque la ceinture de la jeune épouse est détachée, qu'on l'invoque sous le
nom de déesse Virginale; qu'il soit le dieu Mutunus ou
Tutunus, le même que Priapus chez les Grecs; et, s'il n'en
rougit, qu'il soit enfin tout ce que j'ai dit et tout ce que je n'ai
pas dit, car je n'ai pas eu dessein de tout dire, qu'il soit tous
ces dieux, toutes ces déesses à lui seul; ou, suivant quelques-

uns, que ces divinités soient ses membres, ou ses puissances, au sentiment de ceux qui le regardent comme l'âme du monde, sentiment le plus commun chez les doctes du paganisme ; qu'il en soit ainsi, et je ne recherche pas encore ce qui en est réellement, que perdraient-ils à résumer sagement tant de cultes divers dans le culte d'un seul Dieu ? Que mépriserait-on de lui en effet en l'adorant lui-même ? Est-il à craindre que certaines parties de sa divinité ne s'irritent d'être omises ou négligées, alors il n'est donc plus vrai qu'il soit la vie universelle, l'âme de tous les dieux, ses membres, ses parties, ses puissances, mais il faut que chaque partie ait sa vie propre, distincte de la vie des autres, si l'une peut s'indigner tandis que l'autre s'apaise ? Prétend-on que toutes ces parties ensemble, c'est-à-dire tout Jupiter s'offenserait si chaque partie n'était pas particulièrement adorée, c'est une absurdité, car aucune partie ne serait négligée, en glorifiant celui qui les réunit toutes ? Et pour éviter des détails infinis lorsqu'on dit que les astres sont des parties de Jupiter, qu'ils ont tous la vie et des âmes raisonnables, et qu'ainsi, sans contredit, ils sont dieux, on ne voit pas combien il en reste à adorer, combien manquent de temples, combien attendent encore leurs autels, puisqu'il en est si peu à qui l'on ait voué un culte et des sacrifices particuliers ? Si les dieux s'offensent quand ils ne sont pas spécialement honorés, on ne craint pas, pour quelques dieux favorables, de vivre sous la colère du ciel entier ? Si l'on rend honneur à tous les astres en honorant Jupiter qui les contient, pourquoi ne pas comprendre également dans ce culte unique, tant de cultes divers ? Et nul n'aurait à se plaindre puisque tous seraient implorés en la personne du seul Jupiter ; nul ne serait méprisé, tandis que ces honneurs réservés à quelques-uns, donnent au plus grand nombre que l'on oublie un juste sujet d'indignation, surtout à se voir préférer en ce haut degré de gloire où ils brillent, un hideux Priapus étalant son obscène nudité.

XII. Eh ! quelle est cette autre opinion ? Ne doit-elle pas soulever tout homme intelligent ou plutôt tout homme quel qu'il soit ? Est-il en effet besoin d'une grande pénétration d'esprit et ne suffit-il pas d'abjurer l'amour de la dispute pour comprendre que si Dieu est l'âme du monde, le monde, le corps de cette âme, et qu'il en résulte un animal composé d'âme et de corps ; que ce Dieu, sein de la nature, contienne toutes choses en Lui ; et que de son âme, principe vivant de cette vaste machine, découlent pour tous les êtres animés, suivant les conditions de leur nature, l'âme et la vie ; il ne reste plus rien qui ne soit partie de Dieu ? Et s'il en est ainsi, qui n'aperçoit quelles conséquences l'irréligion et l'impiété vont tirer ? L'objet que le pied foule est une partie de Dieu ; cet animal immolé, c'est une partie de Dieu que l'on immole. Je ne veux pas dire tout ce qu'ici la pensée suggère : il serait impossible de le dire sans honte.

XIII. Dira-t-on que les animaux raisonnables, les hommes, par exemple, seuls, sont partie de Dieu ? Et d'abord si le monde entier est Dieu, je ne vois pas quelle raison d'exclure les bêtes du nombre de ses parties. Mais quel besoin de contester ? Je veux que le seul animal raisonnable, l'homme, soit partie de Dieu, quelle plus malheureuse créance ! Quoi ! c'est frapper une partie de Dieu que de frapper un enfant ! Quoi ! ce sont les parties de Dieu qui deviennent impudiques, injustes, impies, abominables ! Mais pour souffrir de telles extravagances, il faut être en délire ! Et puis pourquoi ce dieu s'emporte-t-il contre ceux qui ne l'adorent pas ? Il n'y a que des parties de lui-même qui manquent à l'adorer. Il ne reste plus qu'une chose à dire, c'est que tous les dieux ont leur vie propre ; que chacun vit pour soi, que nul d'entre eux ne fait partie d'une autre ; qu'il faut honorer tous ceux que l'on peut connaître et servir ; car il y en a tant qu'il est impossible de les connaître tous. Or, comme Jupiter est leur roi, c'est à lui, je pense, que l'on attribue l'établissement et la grandeur de l'Empire romain. S'il n'y a pris aucune part, à quelle autre divinité rapporter la gloire d'un tel accomplissement, car elles ont chacune leur emploi distinct de peur que l'une n'envahisse les fonctions de l'autre ? C'est donc le roi des dieux qui seul peut élever et étendre le royaume des hommes.

XIV. Mais je demande pourquoi l'Empire n'est-il pas un dieu ? Pourquoi non, si la Victoire est une déesse ? Quel besoin a-t-on ici de Jupiter, si la Victoire est propice, si elle va toujours à ceux qu'elle veut rendre vainqueurs ? Sous les auspices de cette déesse, malgré l'indifférence ou les préoccupations de Jupiter, quelles nations pourraient échapper au joug ? Quels royaumes, résister ? Peut-être répugne-t-il aux gens de bien de tirer un glaive d'iniquité et de fondre d'un soudain élan sur des voisins tranquilles dont on n'a reçu aucune injure, seulement pour étendre sa puissance ? De tels sentiments ont mon approbation et mes éloges.

XV. Mais je le demande, convient-il aux gens de bien de se réjouir de l'accroissement de leur Empire ? Car les progrès en sont dus à l'injustice de leurs ennemis, qui a provoqué de justes guerres ; et l'État serait encore faible, si les voisins, fidèles observateurs de la justice et de la paix, n'eussent par aucune offense appelé contre eux les armes vengeresses ; les destinées humaines s'écouleraient plus heureuses, si l'union d'un paisible voisinage eût laissé les États dans la médiocrité ; le monde compterait plusieurs royaumes comme la cité plusieurs familles. Ainsi, guerroyer, dompter les nations, étendre son Empire est aux yeux des méchants une félicité, aux yeux des bons une triste nécessité ; or comme il serait encore plus triste que les auteurs de l'injure devinssent les maîtres de ceux qui l'ont reçue, il n'est pas sans raison d'appeler bonheur une victoire juste ; mais nul doute que le bonheur ne fût plus grand de vivre dans l'union avec un bon voisin que de briser l'épée d'un mauvais. C'est un coupable désir que de souhaiter d'avoir à haïr ou à craindre pour avoir à vaincre. Si donc ce n'est que par des guerres légitimes, et non par d'impies, par d'injustes conquêtes, que les Romains ont pu étendre si loin leur empire, n'auraient-ils pas aussi à invoquer comme une déesse l'injustice étrangère ? Car elle a puissamment coopéré à l'œuvre de la grandeur romaine, lorsqu'elle inspirait aux étrangers d'injustes hostilités pour donner à Rome sujet d'entreprendre une guerre juste et profitable à sa puissance. Et pourquoi l'injustice ne serait-elle pas une déesse, pour les étrangers du moins, puisque la peur, la pâleur, la fièvre ont mérité d'être mis au rang des divinités romaines ? Avec ces deux divinités, l'Injustice étrangère et la Victoire, l'une qui fait naître les causes de la guerre, l'autre qui lui donne une heureuse issue, l'Empire a pu grandir sans troubler les loisirs de Jupiter. Et en effet, quel serait ici son rôle quand les bienfaits qu'on pourrait attribuer à sa puissance sont regardés comme dieux, appelés dieux, honorés comme dieux et invoqués pour leur puissance particulière ? Il en aurait un, s'il s'appelait Empire, comme elle s'appelle Victoire, ou bien si l'Empire est un don de Jupiter, pourquoi ne pas lui rapporter aussi la victoire ? Et il n'en irait pas autrement, si au lieu d'une pierre au Capitole on savait reconnaître et servir celui qui est en vérité le Roi des rois et le Seigneur des seigneurs.

XVI. Mais je ne puis assez m'étonner qu'affectant une divinité à chaque objet et presque à chaque mouvement, appelant déesse Agenoria, celle qui nous fait agir, déesse Stimula, celle qui stimule à l'excès notre activité, déesse Murcia, celle qui au contraire nous porte à une extrême inactivité, et, suivant l'expression de Pomponius, rend l'homme *murcidus*, lâche et mou ; déesse Strenia celle qui inspire la résolution ; et à tous ces dieux et déesses décernant un culte public, les Romains, peu soucieux de la déesse qui donne la tranquillité et qu'ils nomment Quies, laissent son temple hors de la porte Colline et ne veuillent pas la recevoir dans l'enceinte de Rome. Était-ce un témoignage de leur esprit inquiet, ou plutôt une preuve évidente que quiconque persévère dans le culte de cette multitude de dieux, que dis-je ? de démons, ne peut trouver le repos auquel nous convie le vrai médecin[d] quand il nous dit : « Apprenez de moi que je suis doux et humble de cœur, et vous trouverez le repos de vos âmes[9]. »

---

d. Le Christ médecin était particulièrement honoré en Afrique.
9. Mt 11, 29.

XVII. Diront-ils que Jupiter envoie la déesse Victoire, et que, lui obéissant comme au roi des dieux, elle favorise ceux qu'il lui désigne et se range à leur parti ? Il se peut dire avec vérité, non de ce Jupiter que leur vaine opinion érige en souverain des dieux, mais du véritable souverain des siècles, qu'il envoie non pas cette victoire, qui n'est rien de vivant, mais son ange ; qu'il fait vaincre qui bon lui semble, à lui, dont les conseils peuvent être cachés, jamais injustes. Car si la Victoire est une déesse, pourquoi ne pas faire un dieu du Triomphe et le donner à la Victoire pour mari, ou pour frère ou pour fils ? Leurs opinions sur les dieux sont telles en effet que si les poètes exposaient à notre satire de semblables rêveries : ridicules fictions, s'écrieraient-ils, et qu'il ne faut nullement attribuer aux dieux véritables ! Et cependant, ils ne riaient pas d'eux-mêmes quand, non contents de lire ces extravagances dans les poètes, ils les adoraient dans les temples. C'est donc à Jupiter qu'ils devaient demander toutes choses ; à lui seul, adresser toutes leurs prières. Car où qu'il eût envoyé la Victoire, si cette déesse lui est soumise, elle n'eût osé lui résister pour suivre sa volonté propre.

XVIII. Et la Félicité n'est-elle pas aussi une déesse ? Un temple lui est dédié, un autel lui est dressé, des honneurs particuliers lui sont rendus : ne devrait-on pas l'honorer seule ; car où elle est, quel bien peut manquer ? Mais quoi ! on révère, on adore aussi la Fortune comme une déesse ? Est-ce que la Félicité est autre que la Fortune ? La Fortune, il est vrai, peut être mauvaise et la Félicité ne pourrait l'être sans cesser d'être Félicité. Et d'ailleurs entre tous ces dieux de l'un et de l'autre sexe, s'ils ont un sexe, doit-on croire qu'il y en ait d'autres que de bons ? Platon ne le permet pas, ni les autres philosophes, ni les sages qui ont gouverné les peuples. Comment donc la déesse Fortune est-elle tantôt bonne et tantôt mauvaise ? Mauvaise, cesse-t-elle d'être déesse, se change-t-elle soudain en un perfide démon ? Combien donc faudra-t-il compter de semblables déesses ? Sans doute autant d'hommes fortunés, autant de bonnes Fortunes ? Et d'autre part il en est un grand nombre qui ont à se plaindre de la mauvaise Fortune. Seule, pourrait-elle être à la fois bonne et mauvaise, contraire aux uns, favorables aux autres ? Mais la véritable déesse n'est-elle pas toujours bonne ? Elle est donc la même que la Félicité ? Eh bien ! pourquoi multiplier les noms ? Soit, toutefois ; car une même chose peut recevoir des noms différents. Mais pourquoi divers temples, divers autels, divers cultes ? C'est, dit-on, que la Félicité est la déesse qui se rend aux mérites des hommes vertueux, tandis que la bonne Fortune, sans égard à la moralité humaine, arrive fortuitement (d'où lui vient le nom de Fortune), aux bons et aux méchants. Comment donc est-elle bonne, si elle accorde ainsi des faveurs indifférentes au bien et au mal ? Et pourquoi la servir si dans cette cécité profonde où elle se présente à tous, elle passe à côté de qui l'adore et s'attache à qui la méprise ? Ses serviteurs obtiennent-ils d'être aperçus et préférés, il n'y a donc plus rien de fortuit, mais un choix délibéré. Que devient donc la définition de la Fortune ? Son nom dérivera-t-il encore du hasard ? À quoi bon la servir, en effet, si elle est Fortune ? Et s'il est bon de la servir, parce qu'elle sait distinguer qui la sert, elle n'est plus Fortune. Est-ce que Jupiter l'envoie aussi où il lui plaît ? Que Jupiter soit donc seul adoré ; car s'il a cette puissance, s'il l'envoie où il lui plaît, la Fortune ne saurait lui résister. Ou du moins qu'elle soit la déesse des méchants, qui ne veulent s'appuyer d'aucun mérite pour se concilier les faveurs de la Félicité.

XIX. Ils ont une telle opinion de cette prétendue divinité invoquée sous le nom de Fortune que, suivant une tradition précieusement conservée, sa statue, consacrée par les femmes et appelée la Fortune féminine, aurait parlé et plusieurs fois redit que ce culte rendu par les femmes lui était agréable. Si le fait est vrai, faut-il s'en étonner ? Est-il si difficile, en effet, aux esprits de malice de séduire les hommes ? Et ce qui devait leur dévoiler l'imposture et la ruse, c'est que ces paroles venaient de la déesse aveugle et non de celle qui distingue les mérites ; car la Fortune parle et la Félicité reste muette ; sans doute afin que les hommes négligent de bien vivre, assurés des faveurs de cette Fortune, qui ne tient aucun compte de la vertu. Et en vérité si la Fortune parle, que n'est-ce la Fortune virile plutôt que la Fortune féminine ? Ce grand miracle, dira-t-on, n'est-il pas l'invention de celles qui ont dédié cette statue ? Pur bavardage de femmes.

XX. Ils font encore une déesse de la Vertu ; si elle est une déesse, que ne la préfèrent-ils à tant d'autres ? Si elle n'est pas une déesse, mais un don de Dieu, demandons-la à celui qui seul peut la donner et cette multitude de dieux va s'évanouir. Mais pourquoi la Foi passe-t-elle aussi pour une déesse ? Pourquoi lui a-t-on voué un temple, un autel ? Qui sait la reconnaître devient pour elle une sainte demeure. Eh ! qui donc leur a enseigné ce que c'est que la Foi, dont le premier et souverain devoir est de faire croire aussi au vrai Dieu ? Pourquoi la Vertu ne leur suffit-elle pas ? La Foi n'est-elle pas sa compagne ? N'ont-ils pas eux-mêmes divisé la Vertu en Prudence, Justice, Force et Tempérance ? Et chacune de ces vertus particulières se subdivisant à son tour, la Foi ne fait-elle point partie de la Justice ? N'est-elle point en haute considération surtout auprès de nous, qui avons appris que « le Juste vit de la Foi[10] » ? Mais en vérité j'admire ces amateurs d'une infinité de dieux : si la Foi est une déesse, pourquoi ont-ils fait à tant d'autres l'injure de les oublier, lorsqu'ils pouvaient également leur élever des temples et des autels ? Pourquoi la Tempérance n'a-t-elle pas mérité d'être une déesse, lorsqu'en son nom tant d'illustres Romains ont obtenu une solide gloire ? Pourquoi la Force n'est-elle pas aussi une déesse, elle qui assure le bras de Mucius au milieu des flammes, elle qui précipite Curtius dans l'abîme pour l'amour de la patrie, elle qui inspire aux Décius père et fils de se dévouer pour le salut de l'armée, si toutefois ces hommes ont eu une véritable force, question que je n'examine pas ici. Pourquoi n'accorder aucun honneur à la Prudence, à la Sagesse ? Sont-elles honorées sous le nom général de Vertu ? On pourrait donc aussi n'adorer qu'un seul

10. Ha 2, 4 ; Rm 1, 17

Dieu, si l'on croit que les autres dieux ne sont que des parties de ce Dieu suprême. Mais la Vertu comprend la Foi et la Chasteté que l'on a jugées dignes d'un culte.

XXI. Ce n'est pas la vérité, mais la vanité qui a fait ces déesses. Ce sont en effet des dons du vrai Dieu, et non des déesses. Mais avec la Vertu et la Félicité est-il besoin d'autre chose ? L'homme à qui elles ne suffisent pas pourra-t-il rien trouver qui lui suffise ? Car la Vertu comprend tout ce qu'on doit faire, la Félicité tout ce qu'on doit désirer. Si l'on invoquait Jupiter pour les obtenir, l'étendue et la durée de l'Empire étant regardées comme du ressort de la Félicité, comment ne voyait-on pas qu'il s'agissait là de faveurs divines, et non de divinités ? Et si on les tenait pour des divinités, pourquoi recourir encore à cette multitude de dieux ? Car, examen fait des fonctions de tous ces dieux, telles que la fantaisie s'est plu à les imaginer, qu'on nous signale, s'il est possible, un bien qu'un dieu, quel qu'il soit, puisse donner à qui possède la Vertu, à qui possède la Félicité ? Quelle science demander alors à Mercure ou à Minerve, quand la Vertu renferme tout en soi ? N'a-t-elle pas été définie par les anciens l'art de bien vivre, de vivre selon la raison ? Ce qui leur a fait croire l'expression latine *ars* dérivée du mot grec *arêtê*, vertu. Que si la Vertu était inséparable des facultés de l'esprit, quel besoin avait-on de Catius, ce dieu vieillard qui rend les hommes fins et pénétrants ? Cela même pouvait être un don de la Félicité ; car c'est à la Félicité qu'il faut rapporter de naître spirituel. Que si l'enfant, non encore né, ne peut se concilier par ses hommages cette faveur de la Félicité, refusera-t-elle aux prières des parents qui l'invoquent de doter leurs enfants d'une heureuse intelligence ? Quel besoin une femme, au moment d'être mère, a-t-elle d'invoquer Lucina, quand l'assistance de la Félicité lui assure et une heureuse délivrance et la naissance d'un enfant heureusement doué ? Quelle nécessité de recommander à la déesse Opis les nouveau-nés, au dieu Vaticanus l'enfant qui vagit, à la déesse Cunina l'enfant au berceau, à la déesse Rumina celui qui prend la mamelle, au dieu Statilinus celui qui se tient debout ? Pourquoi la déesse Adéona préside-t-elle à l'arrivée, la déesse Abéona au départ ? Que sert de s'adresser à la déesse Mens pour avoir un bon esprit, au dieu Volumnus et à la déesse Volumna pour avoir la volonté du bien, au dieu des Noces pour le bonheur des mariages, aux dieux champêtres et surtout à la déesse Fructesea pour l'abondance des récoltes, à Mars et à Bellone pour le succès des armes, à la déesse Victoire pour vaincre, au dieu Honorius pour recevoir des honneurs, à la déesse Pecunia pour être riche, au dieu Æsculanus et à son fils Argentinus pour avoir de la monnaie d'airain et d'argent ; car ils ont fait Æsculanus père d'Argentinus, parce que l'airain fut le premier en usage et précéda l'argent. Mais je m'étonne qu'Argentinus n'ait pas donné naissance à Aurinus, puisque la monnaie d'or eut cours plus tard. Si ce dieu existait, on l'eût préféré à son père Argentinus, à son aïeul Æsculanus, comme on préfère Jupiter à Saturne. Était-il donc nécessaire, pour obtenir ces biens de l'âme ou du corps ou de la fortune, de servir et d'invoquer cette multitude de dieux ? Ces dieux, je ne les ai pas nommés tous, et les païens eux-mêmes n'ont pu multiplier leur nombre et leurs fonctions en raison de tous les besoins de la vie humaine. Ne suffisait-il donc pas de la seule déesse Félicité pour tout obtenir ? Fallait-il chercher un autre dieu pour se procurer les biens, pour écarter les maux ? Fallait-il invoquer une déesse Fessonia contre la fatigue ? Une déesse Pellonia pour repousser les ennemis ? Un médecin Apollon ou Esculape dans les maladies, et tous deux quand le péril est grand ? Un dieu Spinensis pour arracher les épines des champs ? Une déesse Rubigo pour l'éloigner elle-même des moissons ? La présence et la protection de la Félicité, n'était-ce pas assez pour prévenir ou dissiper tous ces maux ? Enfin, puisque nous parlons de ces deux déesses, la Vertu et la Félicité, si la Félicité est la récompense de la Vertu, elle n'est pas une déesse, mais un don de Dieu ; si elle est déesse, pourquoi ne dit-on pas qu'elle donne aussi la Vertu, puisque l'acquisition de la Vertu est une grande félicité ?

XXII. Quel est donc ce grand service que Varron se glorifie de rendre à ses concitoyens, quand il leur enseigne quels dieux ont droit à leurs hommages, et quelles fonctions appartiennent à chacun de ces dieux ? « Comme il ne sert de rien, dit-il, de connaître un médecin de nom et de vue, si l'on ignore ce que c'est qu'un médecin, ainsi il est inutile de savoir qu'Esculape est un dieu, si l'on ne sait qu'il guérit les maladies, si l'on ignore pourquoi il faut l'implorer[11]. » Il se sert encore pour établir cette opinion d'une autre comparaison : il est impossible non seulement de vivre à l'aise, mais de vivre, si l'on ignore ce que c'est qu'un forgeron, un peintre, un couvreur, quel service on doit attendre de leur industrie ; ou bien qui l'on doit choisir pour patron, pour guide, pour maître. Et nul doute que la pensée des dieux ne soit d'un grand intérêt, surtout si l'on possède une notion certaine de la puissance et des attributions de chacun d'eux. « Ainsi, dit-il, il nous sera facile de connaître quels dieux nous devons invoquer et appeler à notre aide dans nos besoins divers et nous ne tomberons pas dans la méprise de ces bouffons qui demandent de l'eau au dieu Liber et du vin aux nymphes. » Science grave et utile ! Qui ne rendrait grâce à cet homme, s'il montrait la vérité et s'il enseignait aux hommes le culte du seul Dieu véritable, source de tous les biens !

XXIII. Mais si les livres et les cérémonies des païens sont vrais, si la Félicité est une déesse, d'où vient qu'elle n'est pas honorée seule, puisque seule elle peut accorder tous les biens, et rendre un homme complètement heureux ? Qui désire autre chose que d'être heureux ? Pourquoi donc si tard, après tant d'illustres devanciers, Lucullus songe-t-il à lui bâtir un temple ? Pourquoi Romulus, jaloux de fonder une ville heureuse, ne lui a-t-il pas de préférence élevé des autels, renonçant à invoquer les autres dieux, puisque rien ne pouvait lui manquer avec l'assistance de cette déesse ? Car sans ses faveurs, lui-même, comme on le croit, n'eût été ni roi, ni plus tard dieu. Pourquoi donc Romulus donne-t-il pour dieux

---

11. Varron, *Antiquitatum rerum humanarum et divinarum*, I, 3.

aux Romains, Janus, Jupiter, Mars, Picus, Faunus, Tiberinus, Hercule ? Pourquoi Titus Tatius ajoute-t-il à ces dieux Saturne, Ops, le Soleil, la Lune, Vulcain, la Lumière, d'autres encore, et jusqu'à la déesse Cloacina, au mépris de la Félicité ? Pourquoi Numa introduit-il tant de divinités sans elle ? Dans la foule, n'a-t-il su la distinguer ? Le roi Hostilius n'eût sans doute pas songé à fléchir ces nouveaux dieux, la Peur et la Pâleur, s'il eût connu et honoré cette déesse. En présence de la Félicité, la Peur, la Pâleur ne se retireraient point en divinités apaisées, elles fuiraient comme des vaincues. Eh quoi ! déjà l'Empire romain étendait au loin sa puissance et personne ne songeait à honorer la Félicité ? Est-ce à dire qu'il était plus grand qu'heureux ? Et en effet la véritable Félicité pouvait-elle être où n'était pas la véritable piété ? Car la piété est le vrai culte du vrai Dieu, et non le culte de cette multitude de faux dieux, qui sont autant de démons. Plus tard, quand la Félicité est admise au nombre des divinités, cette apothéose est suivie de la grande calamité des guerres civiles. Juste indignation peut-être de la Félicité associée si tard, et comme par dérision, au culte de Priapus, et de Cloacina, et de la Peur, et de la Pâleur, et de la Fièvre, qui tous étaient non des divinités à adorer, mais des crimes de leurs adorateurs ? Enfin, si l'on crut devoir honorer une si grande déesse avec cette troupe infâme, pourquoi ne pas lui rendre plus d'honneurs ? Qui pourrait souffrir qu'on ne lui ait fait une place ni parmi les dieux Consentes, appelés, dit-on, au conseil de Jupiter, ni parmi les dieux que l'on nomme Choisis ; qu'on ne lui ait point dédié quelque temple éminent par l'élévation du site et la beauté de l'architecture ? Pourquoi n'a-t-on pas fait pour elle quelque chose de plus que pour Jupiter lui-même ? Et de qui donc Jupiter tient-il sa puissance, sinon de la Félicité, s'il fut toutefois heureux de régner ? Et la Félicité ne vaut-elle pas mieux que la puissance ? Car personne ne doute qu'on ne trouve facilement un homme qui tremble de devenir roi, et il ne s'en rencontre point qui ne veuille être heureux. Que l'on demande aux dieux eux-mêmes, soit par les augures, soit par toute autre voie possible, s'ils veulent céder la place à la Félicité, au cas

où le terrain occupé par les temples et les autels des autres
dieux ne permettrait pas de lui élever un édifice plus vaste et
plus digne, Jupiter lui-même céderait à cette déesse la colline
du Capitole. Et en effet qui résisterait à la Félicité, si ce n'est
celui qui, chose impossible, voudrait être malheureux ? Non,
consultez ici Jupiter ; il n'en agira point comme ont agi à son
égard Mars, Terminus et Juventas, qui refusèrent de céder à
leur souverain, à leur roi ; car, suivant les traditions païennes,
quand Tarquin voulut bâtir le Capitole, voyant la place la plus
honorable occupée par des dieux étrangers, ce prince, partagé
entre la crainte de rien entreprendre malgré eux et l'espérance
qu'ils céderaient volontairement à un si grand dieu, leur
maître, fit demander par les augures à ces dieux qui résidaient où fut depuis le Capitole, s'ils voulaient laisser leur
place à Jupiter ; tous consentirent à se retirer, excepté ceux
que j'ai déjà nommés, Mars, Terminus, Juventas, et ils ne res-
tèrent au Capitole que sous des emblèmes si obscurs, qu'à
peine les plus doctes pouvaient-ils y deviner leur présence.
Non, assurément Jupiter ne méprisait pas la Félicité comme
il fut méprisé de Terminus, de Mars et de Juventas. Mais eux-
mêmes, qui ont tenu bon contre Jupiter, auraient-ils résisté à
la Félicité, qui avait fait Jupiter leur roi ? Ou plutôt leur résistance ne serait pas une marque de mépris ; c'est qu'ils préfé-
reraient demeurer obscurs dans le temple de la Félicité, que
d'être élevés sans elle sur des autels particuliers. Ainsi, la
Félicité dominant d'un lieu vaste et élevé, tous les citoyens
sauraient d'où les vœux légitimes devraient attendre assistance, et, docile à la voix de la nature même, ils abandonne-
raient cette multitude inutile de divinités pour adorer la
Félicité seule ; seule, elle recevrait les prières ; seul, son
temple serait fréquenté de qui voudrait être heureux. Et qui
ne voudrait l'être ? C'est elle, enfin, qu'on demanderait à
elle-même, elle que l'on demandait aux autres dieux. Que
veut-on en effet obtenir d'un dieu, quel qu'il soit, si ce n'est
la Félicité ou ce qui paraît lui ressembler ? Si donc il est au
pouvoir de la Félicité, chose certaine, si elle est déesse, de se
donner à qui il lui plaît, quelle folie d'aller la demander à un
autre dieu quand on peut l'obtenir d'elle-même ? On lui

devait donc, de préférence au reste des dieux, des honneurs, un temple plus éminent. On lit que les anciens Romains avaient, pour je ne sais quel dieu Summanus qui lançait les foudres nocturnes, une vénération plus profonde que pour Jupiter lui-même. Mais depuis qu'un monument superbe fut consacré à Jupiter, la magnificence de l'édifice fit accourir la foule, et à peine se trouverait-il un homme qui se souvînt d'avoir entendu, d'avoir lu le nom de Summanus. Si la Félicité n'est pas une déesse, puisqu'elle est un don de Dieu, cherchez donc ce Dieu qui peut la donner. Laissez là cette multitude pernicieuse de dieux menteurs, après laquelle s'empresse une vaine multitude d'hommes en délire, se faisant des dieux avec les dons de Dieu même, sans crainte d'offenser l'auteur de ces dons par l'obstination d'une volonté superbe ; car il ne peut éviter l'infortune, celui qui adore la Félicité comme une déesse, au mépris du Dieu qui donne la Félicité. Apaise-t-il sa faim, ce malheureux qui promène sa langue sur l'ombre d'un pain, au lieu de demander à son frère le partage d'un véritable ?

XXIV. Arrêtons-nous sur les raisons alléguées par les païens. Faut-il croire, disent-ils, que nos ancêtres aient été assez aveugles pour ignorer que ce sont là des bienfaits divins, et non des dieux ? Mais sachant qu'on ne peut les recevoir que de la libéralité d'un dieu, faute de trouver les noms de ces dieux, ils les appelaient du nom même de leurs présents, tantôt avec une certaine modification, comme Bellona, du mot *bellum* ; Cunina, de *cunae* ; Segetia, de *seges* ; Pomona, de *poma* ; Bubona, de *boves* ; ou, sans modification, confondant les noms du dieu et de l'objet, comme Pecunia, la déesse qui donne l'argent, sans croire néanmoins que l'argent même, *pecunia*, fût une divinité ; Vertu, la déesse de la vertu ; Honneur, le dieu de l'honneur ; Victoire, la déesse de la victoire. Ainsi, disent-ils, quand on fait de la félicité une déesse, on n'entend pas cette félicité que l'on reçoit, mais la divinité qui la donne. Eh bien ! j'accueille ces raisons ; il me sera peut-être plus facile de persuader ceux dont le cœur n'est pas tout à fait endurci.

XXV. Si l'infirmité humaine a reconnu qu'un dieu seul
peut donner la félicité, si cette vérité a été comprise par des
hommes dévoués au culte de tant de dieux et, dans ce
nombre, de Jupiter, leur roi ; comme ils ignoraient le nom de
l'auteur de la Félicité, ils l'ont désigné par le nom même du
bienfait qu'ils croyaient lui devoir. Preuve évidente que dans
leur pensée, Jupiter, honoré déjà, ne donnait pas la félicité,
mais qu'il fallait l'attendre de celui qu'ils pensaient devoir
honorer sous ce nom même. J'affirme donc qu'ils rapportaient la félicité à un dieu inconnu. Qu'on le cherche donc ce
dieu, qu'on le serve, et cela suffit. Que l'on chasse l'essaim
bruyant de ces innombrables démons. Que celui-là ne se
contente pas de ce dieu, qui ne se contente pas de son bienfait. Que ce dieu, dis-je, auteur de la félicité, ne suffise pas à
celui que le don de la Félicité ne peut satisfaire ? Mais que
celui à qui elle suffit (et l'homme peut-il rien désirer de
plus ?) serve le seul dieu qui la donne. Ce n'est pas celui
qu'ils nomment Jupiter ; car s'ils lui reconnaissaient cette
puissance, rechercheraient-ils sous le nom de la Félicité un
autre dieu ou une autre déesse pour lui en faire honneur ?
Mêleraient-ils au culte de Jupiter de si sanglants outrages ?
Diraient-ils qu'il est adultère, qu'il est l'amant et le ravisseur impudique d'un bel enfant ?

XXVI. Fictions d'Homère qui humanise les dieux, dit
Cicéron[12] ; il eût mieux fait de diviniser les hommes. C'est
avec raison que cet illustre Romain réprouvait le poète
inventeur des crimes divins. Mais pourquoi donc ces jeux
scéniques où l'on débite, où l'on chante, où l'on joue tant
d'horreurs, sont-ils représentés à la gloire des dieux ?
Pourquoi élevés par les doctes au rang des choses religieuses ? Qu'ici Cicéron se récrie non plus contre les inventions des poètes, mais contre les institutions des ancêtres ! À
leur tour ne s'écrieraient-ils pas : Qu'avons-nous fait ? Les
dieux eux-mêmes n'ont-ils pas réclamé ces jeux comme un

12. Cicéron, *Tusculanes*, I, 26.

honneur ? Ne nous les ont-ils pas imposés ? N'ont-ils pas
menacé la désobéissance de terribles désastres, vengé sévè-
rement la moindre négligence ? Cette négligence réparée, ne
se sont-ils pas apaisés ? Comme miraculeux témoignage de
leur puissance, on rapporte ce fait : « Titus Latinus, paysan
romain, père de famille, fut en songe averti d'annoncer au
Sénat qu'il fallait recommencer les jeux, parce que le premier jour de leur célébration, un criminel, conduit au supplice en présence de la multitude des spectateurs, avait
attristé d'une image funèbre la joie que les dieux cherchaient
dans ces solennités. Cet homme n'osant le lendemain exécuter l'ordre qu'il a reçu dans son sommeil, la nuit suivante,
une voix plus impérieuse le somme d'obéir. Il n'obéit pas ; il
perd son fils. La troisième nuit, il est menacé d'un châtiment
plus terrible, il n'ose encore, et il est atteint d'une affreuse
maladie. Alors, de l'avis de ses amis, il expose le fait aux
magistrats, et se fait porter au Sénat en litière. À peine a-t-il
raconté ce songe, qu'il recouvre la santé et s'en retourne à
pied. Épouvanté d'un tel miracle, le Sénat fait recommencer
les jeux en quadruplant les dépenses. » Quel homme de sens
ne voit que ces malheureux asservis au malin empire des
démons, dont la grâce de Dieu, par Jésus-Christ notre
Seigneur, peut seule nous délivrer, sont contraints de représenter, en l'honneur d'infâmes divinités, ces jeux dont l'infamie aux yeux de la raison est évidente ? Eh quoi ! n'est-ce
pas aux poétiques forfaits des dieux que ces jeux font accourir la foule, ces jeux imposés par les menaces divines et
l'ordre du Sénat, ces jeux où de vils bouffons célèbrent,
représentent, apaisent Jupiter, corrupteur de la chasteté ?
Était-ce fiction ? et il ne s'indignait pas ! Prenait-il plaisir au
spectacle de ces crimes supposés ? Et on l'eût honoré, sans
gémir dans les chaînes du démon ! Eh quoi ! ce serait à lui
que l'Empire devrait son établissement, ses progrès, sa
durée ! À lui, plus méprisable que le dernier des Romains
révolté de tant d'horreurs ! C'est lui qui donnerait la félicité !
Lui dont le culte est si malheureux et le courroux plus malheureux encore, s'il n'est honoré d'un tel culte !

XXVII. Certains auteurs rapportent que le savant pontife
Scévola prétendait qu'il était trois espèces de dieux, intro-
duites, l'une par les poètes, l'autre par les philosophes, la
troisième par les chefs de la République : que la première
n'est que badinage, tissu de fictions indignes des dieux ; que
la seconde ne convient pas aux États, parce qu'elle renferme
beaucoup de choses superflues, quelques-unes même dont
la connaissance peut être nuisible aux peuples. Le superflu
n'entraîne pas de grandes conséquences ; les jurisconsultes
ne disent-ils pas : le superflu ne saurait nuire ? Or, quels sont
ces secrets dont la connaissance répandue dans la multitude
pourrait être funeste ? C'est, dit-il, qu'Hercule, Esculape,
Castor, Pollux ne sont pas des dieux. Et en effet, au rapport
des savants, ils ont été des hommes ; ils ont satisfait par la
mort à la condition de l'humanité. Mais qu'est-ce à dire,
sinon que les cités n'ont pas les vraies images des dieux ;
que le vrai Dieu n'a ni sexe, ni âge, ni membres corporels ?
Voilà ce que le pontife veut que les peuples ignorent, car il
tient cela pour vrai. Il pense donc qu'il est plus avantageux
aux États de se tromper en matière de religion ; et c'est ce
que Varron lui-même ne craint pas d'avancer dans ses livres
*Des choses divines*. Admirable religion, et bien hospitalière
au faible qui demande asile et délivrance ! Au lieu de la
vérité où il cherche son salut, il lui faut croire qu'il vaut
mieux pour lui d'être trompé ! Quant aux dieux des poètes,
pourquoi Scévola les rejette-t-il ? Les mêmes auteurs n'en
dissimulent pas la raison. C'est que l'imagination des poètes
les défigure tellement, ces dieux, qu'ils ne méritent pas
d'être comparés à des hommes honnêtes. De l'un, elle fait un
voleur ; de l'autre, un adultère ; elle leur prête des paroles et
des actions honteuses et ridicules ; trois déesses se disputent
le prix de la beauté, et la vengeance des deux vaincues
entraîne la ruine de Troie : Jupiter se change en taureau, en
cygne, pour jouir d'une femme ; l'homme épouse la déesse,
Saturne dévore ses enfants, rien enfin qui ne soit imputé aux
dieux, de tous les prodiges, de tous les vices étrangers à la
nature divine. Ô grand pontife Scévola ! abolis ces jeux, si tu
peux ! Défends aux peuples de rendre aux dieux de tels hon-

neurs où l'on se plaît à admirer leurs crimes pour les imiter ensuite autant que possible. Si le peuple te répond : « Pontifes, ne les avez-vous pas introduits ces jeux ? », prie donc les dieux, premiers auteurs de leur institution, qu'ils n'exigent plus ces représentations en leur honneur. Si l'on étale rien qui ne soit mauvais, qui ne soit indigne de la majesté des dieux, l'injure est d'autant plus grave que la fiction est assurée de l'impunité. Mais ils ne t'écoutent pas ; ce ne sont que des démons qui enseignent la corruption et ne se plaisent que dans la fange. Et loin de s'offenser qu'on leur suppose de tels actes, ce leur serait une mortelle offense si, dans leurs fêtes, l'on négligeait de les représenter. Enfin, contre eux invoqueras-tu Jupiter, parce que c'est à lui que les jeux de théâtre prêtent le plus de crimes ? Mais tout en le reconnaissant pour le dieu qui conduit et gouverne le monde, ne lui fait-on pas la plus cruelle injure de le donner pour roi à ces autres divinités, et de l'adorer avec elles ?

XXVIII. Non, de tels dieux que l'on apaise, ou plutôt que l'on accuse par de tels honneurs, ces dieux qui seraient moins coupables de se plaire à la représentation de crimes véritables que de forfaits imaginaires, non, de tels dieux n'ont pas eu le pouvoir d'agrandir et de conserver l'Empire romain. S'ils l'avaient eu, ce pouvoir, n'en auraient-ils pas usé plutôt en faveur des Grecs, qui, dans cette espèce de culte, dans ces jeux scéniques, leur ont rendu des honneurs plus sincères ? Les voit-on en effet se dérober eux-mêmes aux morsures dont les poètes déchirent les dieux ? Ne permettent-ils pas à ces poètes de diffamer les hommes à leur gré ? Loin de tenir les comédiens pour infâmes, ne les jugent-ils pas au contraire dignes des plus grands honneurs ? Or, comme les Romains ont pu avoir de la monnaie d'or sans reconnaître un dieu Aurinus, ils pouvaient aussi faire usage d'argent et de cuivre sans honorer Argentinus et son père Æsculanus. Et assurément, il leur eût été impossible d'arriver à l'Empire sans la volonté du vrai Dieu ; mais s'ils fussent demeurés dans l'ignorance ou le mépris de toutes ces menteuses idoles, ne connaissant que Dieu seul, et lui rendant hommage par la sin-

cérité de leur foi et la pureté de leurs mœurs, leur royaume ici-
bas, quel qu'il fût, serait plus heureux ; et qu'ils eussent ou non
dominé sur la terre, ils aborderaient au royaume de l'éternité.

XXIX. Que penser de ce magnifique présage, cette obstination de Mars, Terminus et Juventas, qui n'ont pas voulu
céder à Jupiter ? Signe évident, dit-on, que le peuple de Mars
ne céderait jamais la place dont il serait le maître ; que le dieu
Terminus rendrait les bornes de l'Empire inébranlables, et la
déesse Juventus, la jeunesse romaine invincible. Comment
donc pouvait-on reconnaître en Jupiter le roi des dieux et le
protecteur de l'Empire, quand on lui opposait un tel augure
au nom d'une puissance rivale qui faisait gloire de ne lui point
céder ? Et, cela étant, qu'a-t-on à craindre aujourd'hui ? On
n'avouera pas sans doute que ces dieux, rebelles à Jupiter, se
soient retirés devant le Christ. Et certes, sans toucher aux
limites romaines, ils pouvaient céder au Christ, lui abandonner leurs honneurs, et surtout les cœurs croyants. Mais avant
la venue de Jésus-Christ dans la chair, avant que rien ne fût
écrit de ce que nous empruntons à leurs livres, et toutefois
depuis cet augure arrivé sous le roi Tarquin, combien souvent
l'armée romaine battue, mise en fuite, accuse de mensonge
le présage que l'on tirait de la résistance de Juventas à
Jupiter ? Et dans Rome même, la race de Mars n'est-elle pas
écrasée par les forces impétueuses des Gaulois ? Et la défection de tant de villes en faveur d'Hannibal, ne resserre-t-elle
pas l'enceinte des bornes de l'empire ? Les voilà donc évanouies, les promesses de cet heureux augure ! et il ne reste que
l'insolence de ces dieux, de ces démons contre Jupiter. Car
autre chose est de ne pas abandonner le poste qu'on occupe,
autre chose est d'y rentrer ; et depuis encore, dans les
contrées de l'Orient, la volonté d'Hadrien déplace les bornes
romaines. L'Arménie, la Mésopotamie, l'Assyrie, ces trois
belles provinces, il les cède à l'empire des Perses[e] ; et ce

e. Dès son avènement en 117, Hadrien renonça à ces trois provinces
conquises par Trajan, comprenant que leur domination ne serait jamais
stabilisée.

dieu Terminus, cette sentinelle vigilante des frontières, dont
l'opiniâtre immobilité fit naître ce sublime présage, il craint
donc plutôt Hadrien, le roi des hommes, que Jupiter, le roi des
dieux ? Ces mêmes provinces recouvrées plus tard, Terminus
recule encore, et presque de nos jours, quand ce prince
dévoué aux oracles des idoles, Julien, – folle audace ! – fait
brûler la flotte chargée des vivres de son armée, ouvre son
camp aux invasions de la faim, et tombe lui-même percé
d'un trait ennemi. Le soldat affamé, consterné de la mort de
l'empereur, harcelé de toutes parts, se défend à peine. Pas un
n'eût échappé, si un traité moins désastreux, sans doute, que
les concessions d'Hadrien, n'eût replacé à une distance intermédiaire les bornes de l'Empire là où elles sont aujourd'hui.
Augure dérisoire ! ce dieu Terminus qui ne cède pas à
Jupiter, cède à la volonté d'Hadrien, à la témérité de Julien,
à la détresse de Jovien. Les plus clairvoyants, les plus sages
des Romains ne se laissaient pas abuser ; mais que pouvaient-ils contre la coutume de Rome engagée dans le culte
des démons, quand eux-mêmes, bien que reconnaissant la
vanité de ce culte, croyaient devoir à la nature placée sous le
gouvernement et la conduite du vrai Dieu, l'hommage dû à
lui seul, « servant, dit l'apôtre, la créature à la place du
Créateur, qui est béni dans les siècles [13] ». Il fallait que la grâce
du Dieu de vérité envoyât ces saints et pieux apôtres, qui eussent la force de mourir pour la religion véritable, afin d'abolir la fausseté du cœur des vivants.

XXX. Cicéron, augure, raille les augures et reprend ces
hommes qui règlent leurs desseins et leur vie sur un cri de
corneille ou de corbeau. Mais ce philosophe de l'Académie,
pour qui rien n'est certain, quelle confiance mérite-t-il ici ?
Dans son *Traité de la nature des dieux*, il donne la parole à
Q. Lucilius Balbus qui, tout en accordant aux superstitions
certaines raisons naturelles et philosophiques, ne laisse pas
de s'indigner contre l'institution des idoles et les opinions
fabuleuses. Voici ses paroles : « Voyez-vous maintenant

13. Rm 1, 26.

comment, de bonnes et utiles découvertes dans l'ordre naturel, l'homme en est venu à la fiction de ces dieux imaginaires ? Telle est la source de fausses opinions, d'erreurs
funestes, de superstitions ridicules. Ainsi l'on distingue les
dieux à leurs traits, à leur âge, à leur costume, à leur parure ;
généalogies, mariages, alliances, tout en eux est réduit au
niveau de la faiblesse humaine. Car on leur prête aussi les
troubles de l'âme ; on nous dit leurs passions, leurs tris-
tesses, leurs ressentiments. N'ont-ils pas aussi, s'il faut en
croire les fables, leurs guerres et leurs combats ? Et non seulement, comme dans Homère, quand partagés entre deux
armées ennemies, ils prennent parti pour l'une ou pour
l'autre, mais aussi lorsque, pour leur propre défense, ils
s'arment contre les Titans ou les géants. Quelle folie de
débiter ou de croire de semblables fictions aussi vaines que
frivoles[14] ! » Tels sont les aveux des défenseurs des dieux
des nations. Tout cela, suivant Cicéron, est du domaine de la
superstition ; mais à la religion appartient ce qu'il semble
enseigner d'après la doctrine stoïcienne. « Nos pères, dit-il,
ont, comme les philosophes, séparé la superstition de la religion ; ceux qui passaient des jours entiers en prières et en
sacrifices pour obtenir que leurs enfants leur survécussent,
furent appelés superstitieux[15]. » Qui ne s'aperçoit de tous
ses efforts pour louer la religion des ancêtres ? Et dans sa
crainte d'offenser le préjugé public, comme il cherche, mais
en vain, à le séparer de la superstition ! Que si les anciens
ont appelé superstitieux ceux qui passaient toutes les jour-
nées en sacrifices et en prières, ne le sont-ils pas ceux-là qui
ont institué tout ce qu'il blâme, ces images de dieux, d'âge
et de costume divers, et leurs filiations, et leurs mariages, et
leurs alliances ? Assurément, lorsqu'on accuse ces institutions comme superstitieuses, le même blâme enveloppe à la
fois les ancêtres, instituteurs et adorateurs de pareilles
idoles, et lui-même, qui malgré tous les efforts de son éloquence pour briser sa chaîne, de tant de railleries qu'il pro-

14. Cicéron, *De divinatione*, II, 37.
15. Cicéron, *De natura deorum*, II, 28.

digue dans ces entretiens, n'eût osé murmurer le moindre
mot dans l'assemblée du peuple. Nous donc, chrétiens, rendons grâce au Seigneur notre Dieu, non pas le ciel et la
terre, comme le prétend ce philosophe, mais auteur du ciel
et de la terre. Grâce à lui, ces superstitions, contre lesquelles
Balbus ose à peine balbutier quelque blâme, sont brisées par
la profonde humilité du Christ, par la prédication des
apôtres et par la foi des martyrs qui vivent avec la vérité et
meurent pour la vérité ; elles sont brisées non seulement
dans les cœurs où règne la piété, mais encore dans ces
temples superstitieux où la libre servitude des enfants de
Dieu les abolit.

XXXI. Eh quoi ! Varron lui-même qui, à mon grand
regret, et non toutefois de son propre jugement, range les
jeux de la scène parmi les choses divines, lorsqu'en plusieurs
endroits de ses écrits il exhorte avec un certain accent de
piété à honorer les dieux, Varron ne fait-il pas l'aveu qu'il
est loin de suivre par inclination d'esprit les solennités dont
il attribue l'institution à l'État[16] ? Et il ne craint pas d'avouer
encore que, s'il avait à constituer de nouveau la cité, les
dieux et les noms des dieux qu'il voudrait consacrer, il les
chercherait plutôt dans les principes de l'ordre naturel. Mais
comme ces antiques récits sur les divinités, sur leurs noms et
leurs surnoms, ont été admis par les générations passées, il
doit, dit-il, s'en tenir fidèlement aux traditions ; et le but qu'il
se propose dans ses recherches est de porter le peuple à la
piété plutôt qu'au mépris pour les dieux. En parlant ainsi,
cet homme, d'une si rare sagacité, fait assez entendre qu'il ne
lèvera point les voiles sur toutes les choses qu'il méprise et
que le silence seul protège contre les mépris du vulgaire. On
pourrait croire que je n'élève ici que de simples conjectures,
si dans un autre passage il ne disait clairement, au sujet des
religions, qu'il y a des vérités dont il n'est pas bon que le
peuple soit instruit et des erreurs qu'il doit prendre pour des

16. Varron, *Antiquitatum rerum humanarum et divinarum*, I, 12, 13,
18, 19.

vérités ; qu'ainsi les Grecs couvraient de silence et d'ombre les mystères et les télètes[f]. Varron trahit ici, n'en doutons pas, toute l'habileté de ces prétendus sages qui gouvernaient les villes et les peuples ; habileté qui réjouit les esprits de malice en leur faisant une même proie des trompeurs et des dupes, esclaves qui ne doivent plus attendre leur délivrance que de la grâce de Dieu en Jésus-Christ notre Seigneur.

Il dit encore, ce même auteur dont la pénétration égale la science, que ceux-là seuls lui paraissent comprendre l'essence de Dieu qui Le regardent comme une âme gouvernant le monde par le mouvement et la raison. Et quoiqu'il ne s'élève point à la notion pure de la vérité, car Dieu n'est pas une âme, mais le créateur de l'âme, il est à croire néanmoins que s'il eût pu s'affranchir des préjugés de la coutume, il eût confessé, il eût enseigné l'adoration d'un seul Dieu gouvernant le monde par le mouvement et la raison. Et le seul débat entre nous serait sur ce qu'il définit Dieu comme une âme au lieu de créateur de l'âme. Il dit encore que les anciens Romains ont, pendant plus de cent soixante-dix ans, adoré les dieux sans ériger d'idoles ; et si cet usage s'était maintenu, ajoute-t-il, leur culte n'en serait que plus pur. Il invoque même, entre les preuves à l'appui de son sentiment, l'exemple de la nation juive, et il ne craint pas de conclure ainsi : les premiers qui ont dressé des idoles ont aboli la crainte et augmenté l'erreur ; persuadé avec raison que la stupidité des idoles entraînait le mépris des dieux. Et comme il dit qu'ils n'ont pas établi, mais augmenté l'erreur, il laisse entendre évidemment que l'erreur précédait les idoles. Ainsi quand il reconnaît que ceux-là seuls ont l'intelligence de la nature de Dieu qui le tiennent pour une âme gouvernant le monde, quand il croit qu'en l'absence des idoles, la religion est plus saintement observée, qui ne s'aperçoit combien il approche de la vérité ? S'il avait quelque pouvoir contre une erreur si profondément enracinée, il proclamerait sans doute un seul Dieu par lequel il croit le monde gouverné ; Dieu qu'il faut adorer sans images. Et se trouvant si près de la

f. Les télètes : cf. Livre X, p. 416, note a.

vérité, la considération de la nature muable de l'âme lui suggérerait peut-être la croyance que le vrai Dieu est plutôt une nature immuable, créatrice de l'âme elle-même. Ainsi, tous les traits que ces savants hommes ont semés dans leurs écrits contre cette folie de la pluralité des dieux, sont moins des lumières qu'ils cherchent à répandre pour éclairer le peuple que des aveux où la secrète volonté de la Providence les amène. Si donc nous empruntons à leurs écrits certains témoignages, c'est pour les produire contre ceux qui, les yeux fermés, s'obstinent à ne pas reconnaître de quel joug de ruse et de malice nous délivre le sacrifice unique de ce précieux sang et le don du Saint-Esprit descendu sur nous.

XXXII. Varron dit encore, au sujet des généalogies divines, que les peuples ont eu plus d'inclination pour les poètes que pour les philosophes et qu'ainsi nos ancêtres, les anciens Romains, ont ajouté foi au sexe, à la naissance des dieux, et admis leurs mariages dans l'ordre des mystères. Et la raison de cette crédulité, il ne faut pas la chercher ailleurs que dans l'intérêt de ces prétendus sages dont l'unique étude était de tromper les peuples ; en cela, serviteurs zélés, que dis-je ? imitateurs des démons dont l'unique passion est de tromper. Les démons ne peuvent s'emparer que de ceux qu'ils abusent ; et à leur exemple, ces princes des peuples, hommes d'iniquité, enseignant comme vraies des opinions dont ils savaient la vanité, enchaînaient les peuples à leur satanique puissance par les liens les plus étroits de la société civile. Or comment des âmes faibles et simples pouvaient-elles éviter la malice conjurée des gouvernants et des démons ?

XXXIII. Ce Dieu donc, auteur et dispensateur de la félicité parce qu'il est le seul et vrai Dieu, donne lui-même les royaumes de la terre aux bons et aux méchants. Il les donne non pas au hasard, ni en aveugle, car il est Dieu et non la Fortune, mais suivant l'ordre des choses et des temps, ignoré de nous, parfaitement connu de lui, ordre auquel il n'obéit pas en esclave, mais qu'il règle et dont il dispose en maître

et modérateur. Quant à la félicité, il ne la donne qu'aux
bons ; car les sujets mêmes peuvent la posséder, comme ne
pas la posséder ; et les rois mêmes peuvent ne pas la posséder, comme ils peuvent la posséder : possession toutefois qui
ne sera parfaite que dans cette vie où il n'y aura plus de
sujets. C'est pourquoi les royaumes de la terre sont donnés
par lui aux bons et aux méchants, car il ne veut pas que ses
serviteurs, dans l'enfance de leur âme, désirent de lui ces
récompenses comme des objets dignes de leurs vœux. Et tel
est le mystère de l'Ancien Testament qui enveloppait le
Nouveau ; il promettait les biens de la terre ; mais les âmes
intelligentes, les âmes déjà spirituelles, comprenaient, sans
toutefois révéler hautement leurs pensées, de quelle éternité
le temps était la figure, et en quels dons de Dieu réside la
véritable félicité.

XXXIV. Aussi, pour faire connaître que les biens temporels mêmes, les seuls auxquels aspirent ces hommes incapables d'en concevoir de meilleurs, sont exclusivement placés sous sa main suprême et ne sauraient dépendre de cette
multitude de fausses divinités que Rome crut devoir adorer,
Dieu voulut que son peuple, entré en si petit nombre en
Égypte, s'y multipliât à l'infini, et il le tira de la terre de servitude par les plus grands miracles. Et ce n'est point Lucine
que les femmes juives invoquent quand, pour multiplier
leurs enfantements et donner à la race choisie un accroissement prodigieux, Dieu lui-même les sauve. Ils sucent le lait
sans la déesse Rumina ; ils dorment dans leurs berceaux sans
Cunina ; ils se passent pour la nourriture et le breuvage
d'Éduca et de Potina. Les dieux enfantins ne président point
à leur éducation, les dieux nuptiaux à leurs mariages ; dans
les mystères de l'union conjugale, ils ne songent pas à
Priapus. Neptune n'est point invoqué quand la mer,
s'ouvrant à leur passage, rappelle ses vagues divisées pour
engloutir leurs ennemis dans ses abîmes. Ils n'imaginent pas
une déesse Mannia quand la manne leur tombe du ciel ;
quand, à leur soif, l'eau jaillit du rocher frappé de la verge,
ils ne rendent hommage ni aux Nymphes, ni aux Lymphes.

Ils n'ont pas besoin des folles cérémonies du culte de Mars et de Bellone pour faire la guerre, et s'ils ne peuvent se passer de la victoire pour vaincre, elle n'est cependant pas à leurs yeux une déesse, mais un don de Dieu. Ils ont des moissons sans Segetia, des bœufs sans Bubona, du miel sans Mellona, des fruits sans Pomona. Et tous ces biens pour lesquels Rome crut devoir implorer tant de faux dieux, ils les reçoivent plus heureusement du seul Dieu véritable.

Si leur curiosité impie ne l'eût offensé, si les déceptions de la magie ne les eussent amenés à l'adoration humiliante des dieux étrangers et des idoles, s'ils n'eussent enfin comblé la mesure par l'immolation du Christ, leur royaume se fût maintenu, plus heureux sans être plus vaste. Et aujourd'hui, s'ils sont dispersés dans presque toutes les nations et dans toutes les contrées de la terre, c'est par la Providence de ce seul Dieu véritable. Que de toutes parts les idoles, les autels, les bois sacrés soient abattus, les temples détruits, les sacrifices interdits, les livres de ce peuple témoignent que tout cela est prophétisé depuis longtemps ; et si dans les nôtres l'on retrouve ces prédictions, on ne saurait nous accuser de les avoir inventées. Réservons la suite de ces considérations pour un autre Livre, et terminons ici des développements déjà trop étendus.

# Livre V

# La grandeur de Rome
et l'unique vrai Dieu

*Si les dieux ne sont pas la cause de la grandeur de Rome,
quelle est donc la raison de cette grandeur ? Et pourquoi le
seul vrai Dieu lui a-t-il accordé un tel Empire ?*

*Augustin doit d'abord établir que cette grandeur n'est
pas due au destin (fatum), à la fatalité astrologique, car la
croyance au destin tend à abolir tout culte, toute prière, tout
libre arbitre. Au début du Livre V, il examine longuement la
question du fatalisme, car le problème avait de son temps une
importance considérable – c'était une négation radicale de
la liberté et de la divinité ; de plus lui-même avant sa conversion n'avait pas échappé à l'emprise des doctrines astrologiques (voir* Confessions, *IV, 3, 5).*

*Augustin s'appuie ici sur le* De divinatione *de Cicéron et
sur le* De fato, *dont nous n'avons que des fragments. Mais il
doit ensuite s'en prendre à Cicéron lui-même, qui pour combattre la divination et pour maintenir le libre arbitre croit
devoir nier la prescience divine, niant en quelque sorte Dieu
lui-même.* « Il ne faut pas conclure que rien ne dépend de
notre volonté parce que Dieu a prévu ce qui doit à l'avenir
en dépendre », *répond-il à Cicéron.*

*Après avoir montré l'impuissance des dieux et l'inanité du
destin à procurer la grandeur de Rome, reste à attribuer
cette grandeur à la vertu des Romains. Quelles étaient donc
les vertus des Romains pour que Dieu daignât prêter son
assistance aux progrès de l'Empire ? Les Romains aimaient
plus que tout la liberté et la gloire. L'historien Salluste et le*

*poète Virgile sont cités à comparaître pour en témoigner :*
*« Que d'autres forgent avec plus de grâce des airains qui sau-*
*ront respirer, qu'ils tirent du marbre des visages vivants,*
*qu'ils plaident mieux (…).*

*Toi, Romain, souviens-toi de ranger les peuples sous ta*
*loi ; voilà ta science : être l'arbitre de la paix.*

*Épargner les vaincus et dompter les superbes. »*

*Ainsi Augustin relève-t-il le défi d'interroger Rome en ce*
*qu'elle présente de plus noble : la recherche de la gloire et,*
*pour la gloire, la vertu. Car Salluste y insiste : par la vertu*
*de peu d'hommes la République s'est développée. À*
*l'inverse, «Rome corrompue par le luxe et l'oisiveté, la*
*République à son tour soutint de sa grandeur les vices de ses*
*gouvernants » (ch. 12).*

*Augustin expose ici ce qu'il peut concevoir de mieux pour*
*Rome : tout en estimant incomparables la gloire humaine et*
*la gloire du Royaume promis par Dieu selon les termes de*
*l'apôtre Paul, il estime qu'à celui qui ignore le don de*
*l'Esprit saint, l'amour de la gloire est l'aliment de l'activité,*
*l'aiguillon de la vertu. Il convenait donc qu'à ceux dont*
*l'horizon se borne à la cité terrestre et qui attendent de la*
*gloire « une seconde vie dans les louanges de leurs admira-*
*teurs » (ch. 14), Dieu accorde une récompense en termes de*
*grandeur humaine, politique.*

*Ceci dit, Augustin relativise aussitôt l'importance de la*
*gloire politique. Par un a fortiori rhétorique, en faisant*
*l'éloge des vertus et de l'amour romain de la gloire, il*
*appelle les disciples du Royaume des Cieux à les surpasser.*
*Il rattache en tout temps les succès comme les défaites au*
*mystère de la volonté divine. « Qu'importe à l'homme mor-*
*tel sous quelle puissance il doit vivre ! » (ch. 17).*

*Le Livre V se termine par un appel à discerner cette*
*volonté divine dans les récents événements politiques, par un*
*éloge – selon une vue idéale et reconstruite – des empereurs*
*chrétiens Constantin et Théodose (ce dernier, mort en 395,*
*est contemporain d'Augustin). Systématiquement, Augustin*
*s'emploie à mettre en relief les traits favorables des empe-*
*reurs chrétiens, à colmater la source des regrets et des*

*reproches païens. Une fois de plus, il est fait allusion au traumatisme causé dans les consciences par l'interdiction du culte ancien (391) et par son progressif abandon (application du décret en Afrique vers 399). De cette interdiction, sinon des nouvelles lois répressives, par exemple dans l'affaire de Thessalonique (390), Augustin se fait le défenseur. Deux cultes aussi jaloux pouvaient-ils coexister ?*

# Livre cinquième

I. Il est donc certain que la félicité est la possession de tout ce qui peut être l'objet de nos vœux, qu'elle n'est point une déesse, mais un don de Dieu ; qu'ainsi nul autre Dieu n'est digne du culte des hommes que celui qui peut les rendre heureux ; que si la félicité était une déesse, assurément elle mériterait seule tous nos hommages. En conséquence de ces principes, examinons pourquoi Dieu, arbitre de ces biens que peuvent posséder ceux-là mêmes qui ne sont pas bons, et partant, pas heureux, a voulu assurer à Rome une si vaste et si durable puissance. Elle n'en est nullement redevable à cette multitude de faux dieux qu'elle adorait, nous l'avons déjà dit, et à l'occasion nous le dirons encore. La cause de la grandeur de l'empire n'est donc ni fortuite, ni fatale, au sens de ceux qui tiennent pour fortuit ce qui est sans cause ou sans convenance avec l'ordre de la raison ; pour fatal, ce qui arrive en dehors de la volonté de Dieu et des hommes par un certain ordre nécessaire. C'est en effet la divine Providence qui établit les royaumes de la terre. Celui qui en fait honneur au destin, parce qu'il donne à la volonté ou à la puissance divine le nom de destin, peut garder son opinion, mais il doit changer son langage. Que ne dit-il d'abord ce qu'il va dire ensuite, quand on lui demandera ce qu'il entend par destin ? Le destin se prend en effet dans le langage ordinaire pour l'influence de la position des astres à l'instant de la naissance ou de la conception ; et les uns regardent cette influence comme distincte, les autres comme dépendante de la volonté de Dieu. Loin de nous ces insensés qui attribuent aux astres le pouvoir de disposer, sans la volonté divine, et de nos actions et de nos joies et de nos souffrances ! Loin de nous qui professons la religion véritable, que dis-je ? loin de quiconque demeure attaché à une religion, quelle qu'elle soit ! Car où tend cette opinion, si ce n'est à abolir tout culte, toute prière ? Mais ce n'est pas contre ces insensés que nous dirigeons nos attaques, nous nous en tenons à ceux qui, pour défendre leurs prétendues divinités, déclarent la guerre au christianisme. Quant à la croyance qui attribue à l'influence des astres la détermination des pensées et de la fortune des hommes, influence subordonnée toutefois à la volonté divine, cette croyance, dis-je, que les astres tiennent de la souveraine puissance celle de disposer ainsi à leur gré, n'est-elle pas pour Dieu la plus cruelle injure ? Quoi ! cette cour céleste, ce Sénat radieux, ordonne des crimes tels qu'au tribunal du genre humain, la ville qui en autoriserait de semblables encourrait sa ruine ? Et d'ailleurs, en accordant aux astres une influence nécessitante, quelle faculté de juger les actions humaines laisse-t-on à Dieu, maître des astres et des hommes ? Si l'on dit que, tenant leur pouvoir du Dieu suprême, les étoiles loin de disposer par elles-mêmes ne font qu'exécuter ses commandements dans l'ordre nécessaire qu'elles imposent, faut-il supposer à Dieu des volontés qu'il semblait indigne de prêter aux étoiles ? Si l'on dit que les étoiles sont plutôt les signes que les causes des événements, et que leur position n'est que la voix qui prédit l'avenir sans le réaliser, comme le pensent certains hommes d'une érudition peu commune, le langage des astrologues est différent, ils ne disent point, par exemple : dans telle position, Mars annonce un homicide, mais il fait un homicide. Accordons cependant que leur langage soit inexact et qu'ils aient besoin de recourir aux philosophes pour apprendre de quelles expressions ils doivent se servir dans les prédictions que la position des astres leur suggère, d'où vient qu'ils n'aient jamais pu justifier pourquoi dans l'existence de deux jumeaux, dans leurs actions, leur fortune, leurs occupations, leurs emplois, dans toutes les circonstances de la vie, et jusque dans la mort, il se trouve d'ordinaire une diversité si grande qu'à cet égard ils ont l'un avec l'autre moins de rapports qu'avec des étrangers, quoiqu'un imperceptible intervalle sépare leur naissance et qu'un seul moment ait opéré leur conception dans le sein maternel ?

II. Le célèbre médecin Hippocrate a écrit, au témoignage de Cicéron[1], que deux frères étant tombés malades ensemble, il les devina jumeaux aux accidents simultanés de leur mal qui augmentait et diminuait en même temps. Mais le stoïcien Posidonius, grand astrologue, trouvait la cause de ces phénomènes dans l'identité de l'ascendant qui avait déterminé leur naissance et leur conception. Ainsi, ce que le médecin rapporte à la conformité des tempéraments, le philosophe astrologue l'attribue à l'influence d'une même constitution céleste. Assurément la conjecture du médecin est mieux fondée et infiniment plus probable. Car suivant la disposition organique des père et mère au moment de la conception, les enfants ont pu subir une même influence ; et recevant du sein maternel un accroissement égal, apporter en naissant une semblable complexion. Nourris ensuite des mêmes aliments, en une même maison, où les mêmes conditions d'air, d'eau et d'habitation, toutes choses qui, suivant la médecine, exercent sur le corps une influence très active, bonne ou mauvaise, enfin les mêmes exercices établirent entre eux une telle conformité physique que l'influence des mêmes causes développait en même temps chez eux les mêmes maladies. Mais vouloir rapporter à la constitution du ciel et des astres au moment de leur conception cette parité d'état, lorsque dans un même pays, sous un même ciel, tant d'êtres d'inclinations et de fortunes différentes ont pu être conçus et naître ensemble, quoi de plus impudent ? Ne voyons-nous pas des jumeaux dont l'activité a des tendances contraires et la santé des altérations diverses ? Hippocrate, ce me semble, en rendrait aisément raison ; il trouverait la cause de cette diversité

___
1. Cicéron, *De fato*, III, 5.

d'affections maladives dans la diversité des aliments et des exercices, circonstances entièrement indépendantes du tempérament et de la volonté ; mais Posidonius ou tout autre avocat de la fatalité céleste, qu'auraient-ils à dire ici s'ils renonçaient à abuser les âmes simples sur les choses qu'ils ignorent ? Quant aux inductions que l'on voudrait tirer de ce faible intervalle de temps qui sépare deux jumeaux et de ce coin du ciel où l'on précise l'heure de leur naissance : ou la différence est insignifiante en raison de la diversité de leurs volontés, de leurs actes, de leurs mœurs et de leur fortune, ou elle est trop notable pour une exacte conformité de position soit élevée, soit obscure ; et cependant, la plus grande différence ne consiste jamais que dans l'heure de la naissance. Ainsi, que l'un naisse sitôt après l'autre, et que le même point de l'horoscope subsiste pour tous deux, je demande une parfaite conformité, et telle que des jumeaux quels qu'ils soient ne sauraient l'offrir ; mais si la lenteur de la naissance change l'horoscope, je demande, chose impossible dans l'hypothèse de deux jumeaux, la diversité de père et de mère.

III. Vainement a-t-on recours à ce fameux sophisme que Nigidius, troublé d'une si grande difficulté, donne, dit-on, pour réponse, et qui lui valut le nom de potier. Il tourne de toute sa force une roue de potier, et pendant le rapide mouvement qu'elle décrit, il la marque deux fois d'encre le plus vite possible, tellement qu'on la croirait marquée à un même point. Et, le mouvement arrêté, on retrouve les deux marques sur la sommité de la roue, distantes d'un intervalle assez grand. Ainsi, dit-il, dans cette rapide rotation du ciel, quand même deux jumeaux se suivraient d'une vitesse égale à celle de ma main lorsqu'elle a frappé cette roue, il reste toujours une vaste distance dans les espaces célestes ; et telle est la cause de toutes les différences que l'on signale dans leurs mœurs et les accidents de leur vie. Argument plus fragile que les vaisseaux tournés par le mouvement de la roue. Car si la distance céleste demeure telle que les astres ne justifient plus pourquoi l'un des jumeaux obtient un héritage et pourquoi l'autre en est exclu, quelle audace d'observer les constellations de ceux qui ne sont point jumeaux et de leur prédire des événements enfermés dans un profond et incompréhensible secret, et de les marquer sur l'heure de leur nativité ? C'est, diront-ils peut-être, qu'en l'horoscope de ceux qui ne sont point jumeaux, leurs prédictions s'étendent à de plus longs espaces, tandis que ces inappréciables intervalles que les jumeaux laissent entre eux en naissant, ne se rapportent qu'à des détails insignifiants sur lesquels on ne consulte guère les astrologues ? Va-t-on leur demander, en effet, à quel moment on prendra un siège, un repas, on ira se promener, etc. ? Mais quoi ! faut-il nous arrêter à ces puérilités, quand nous prouvons que ces diversités capitales entre les jumeaux sont des diversités de mœurs, d'actions et de fortune ?

IV. L'antique tradition de nos pères nous atteste qu'il naquit deux jumeaux se suivant de si près que l'un tenait le pied de l'autre[2] ; et cependant quelle différence entre eux, et dans leur vie, et dans leurs mœurs, et dans leurs actes, et dans l'affection de leurs parents ! L'imperceptible intervalle qui sépare leur naissance les rend même ennemis. Est-ce à dire que l'un marchait tandis que l'autre était assis ? Que l'un dormait ou gardait le silence quand l'autre veillait ou parlait ? Détails minutieux qui échappent à ces constitutions célestes que l'on signale à l'heure de la nativité pour consulter les astrologues. L'un a eu pour première épouse la servitude, l'autre ne servit jamais ; l'un était aimé de sa mère, l'autre ne l'était pas. L'un perdit le droit le plus honorable chez les hommes de ce temps, l'autre l'acquit. Parlerai-je de leurs enfants, de leurs femmes, de leur vie ? Quelle différence entre eux !

V. Si ces différences dépendent de ces courts instants qui séparent la naissance des jumeaux et ne sauraient être signalées par leurs constellations, pourquoi débiter de semblables prédictions à la vue des constellations des autres ? Et si l'on prédit ces circonstances parce qu'elles dépendent non de ces

2. Gn 25, 26.

imperceptibles moments mais de véritables espaces de temps
que l'on peut observer et calculer, à quoi sert ici cette roue de
potier si ce n'est à tourner l'argile des cœurs humains pour
que les astrologues ne puissent être convaincus de vanité et
de mensonge ? Eh quoi ! ces deux frères dont le mal diminue
ou redouble en même temps, et qu'à ce symptôme
Hippocrate devine jumeaux, ne réfutent-ils pas assez haut
l'erreur qui attribue aux astres un phénomène produit par la
conformité du tempérament ? Pourquoi donc souffrent-ils en
même temps et non l'un après l'autre suivant l'ordre de leur
naissance qui n'a pu être simultanée ? Ou si la différence
dans l'heure natale est insignifiante pour établir un intervalle
entre leurs maladies, pourquoi lui donne-t-on tant d'importance sur les autres événements de la vie ? Pourquoi ont-ils
pu voyager, se marier, avoir des enfants en divers temps, et
pourquoi doivent-ils tomber malades ensemble ? Car si le
moment de la nativité a influé sur l'horoscope et amené ces
divers contrastes, pourquoi l'égalité du moment de la
conception ne s'est-elle maintenue dans le seul accident de la
maladie ? Si l'on rattache le destin de la santé à la conception
et le reste à la naissance, devrait-on observer les constellations de la naissance pour répondre sur la santé quand l'heure
de la conception se dérobe aux recherches ? Si l'on prédit les
maladies sans consulter l'horoscope de la conception parce
que l'instant de la naissance en présente l'indication, comment prédire à ces jumeaux, sur les moments de leur nativité,
quand l'un d'eux doit être malade, puisque l'intervalle de
leur naissance ne saurait les empêcher d'être malades en
même temps ? S'il s'écoule à la naissance un espace assez
long pour que tout diffère : constellations, horoscope, ascen-
dants auxquels on attribue la puissance même de changer les
destinées, d'où vient cela, quand le moment de la conception ne saurait être différent ? Unis dans la conception, si
deux jumeaux se séparent dans la naissance, pourquoi la
simultanéité de la naissance entraînerait-elle l'identité des
destinées et pour la vie et pour la mort ? Car si l'unité de la
conception ne les a pas empêchés de naître l'un après l'autre,
pourquoi l'unité de la naissance les empêcherait-elle de mou-

rir l'un avant l'autre ? Si l'unité de conception permet des accidents divers dans le sein maternel, pourquoi l'unité de naissance ne permettrait-elle pas des fortunes différentes sur la terre ? Et, pour détruire toutes les illusions de cet art ou plutôt de cette imposture, qu'est-ce à dire ? Quoi ! deux êtres conçus au même temps, au même moment, sous une seule et même constitution céleste, auront un destin différent pour changer l'heure de leur naissance, et deux enfants nés sous les mêmes auspices de deux mères différentes ne peuvent avoir un destin différent qui varie pour eux les circonstances de la vie et de la mort ? Est-ce donc que l'enfant conçu n'a pas encore ses destinées et qu'il ne peut les devoir qu'à la naissance ? Pourquoi dire alors que si l'heure de la conception était trouvée, les astrologues rendraient des oracles vraiment divins ? D'où vient encore que l'on cite l'exemple d'un sage qui choisit l'heure pour avoir de sa femme un fils admirablement doué ? D'où vient enfin que le philosophe Posidonius attribue cette maladie simultanée de deux jumeaux au temps simultané de leur naissance et de leur conception ? Il ajoutait ce mot de peur qu'on ne lui contestât l'entière simultanéité de naissance malgré la constante simultanéité de conception, ne voulant pas attribuer à la conformité du tempérament ce développement semblable d'une même maladie, mais rattacher par des liens célestes la santé de l'un et de l'autre à l'influence des astres. Si donc la conception est assez puissante pour établir l'égalité des destinées, ces destinées n'ont pas dû être changées par la naissance. Ou si les destinées des jumeaux changent parce qu'ils naissent à temps divers, que ne les dit-on déjà changées pour mettre cet intervalle entre leur naissance ? Est-il donc possible enfin que la volonté des vivants ne change rien aux destins de la naissance, quand l'ordre de la naissance change les destins de la conception ?

VI. Et souvent en la conception des jumeaux opérée au même moment, sous la fatalité d'une même constellation, l'un est conçu mâle, l'autre femelle. Je connais deux jumeaux de sexe différent. Tous deux vivent encore, tous deux sont encore dans la force de l'âge. Ils se ressemblent, il est vrai, autant qu'il est possible lorsque le sexe diffère ; mais quant à leur genre de vie et à leurs habitudes, outre la distance nécessaire qui sépare les actions d'un homme et celles d'une femme, quelle différence ! l'un, comte militaire, toujours absent ; l'autre ne quitte jamais ni son pays, ni sa terre ; et, chose encore plus incroyable si l'on ajoute foi à la fatalité céleste, mais qui n'a rien d'étonnant si l'on considère la liberté de l'homme et les grâces de Dieu, l'un est marié, l'autre vierge sainte ; l'un est père d'une nombreuse famille, l'autre vouée au célibat. C'est, dit-on, l'influence de l'horoscope ; et n'en ai-je pas déjà montré toute la vanité ? Mais cette influence, quelle qu'elle soit, on ne l'admet que pour la naissance et on ne lui donne aucune part à la conception qu'évidemment un même acte produit. Car n'est-ce pas une loi de la nature qu'une femme qui a conçu un enfant ne puisse plus en concevoir un autre ? D'où il suit nécessairement que la conception des jumeaux soit instantanée. Dira-t-on qu'en naissant sous un horoscope différent, ils changent de sexe ; l'un devient mâle, l'autre femelle ? Il ne serait pas entièrement absurde de dire que certaines influences célestes ne sont pas sans pouvoir sur les variations extérieures du corps. Ainsi le mouvement solaire décide les changements des saisons ; et, suivant les phases de la lune, outre le phénomène du flux et reflux de l'océan, nous voyons des êtres animés, les hérissons de mer et les huîtres se développer ou décroître : mais que les volontés de l'âme dépendent de la situation des astres, nous ne le voyons pas. Que dis-je ? Vouloir y rattacher nos actions, c'est nous inviter à chercher des raisons pour affranchir de leur influence les corps mêmes. Quoi de plus corporel en effet que le sexe ? Et cependant sous une même constitution céleste deux jumeaux de sexe différent ont été conçus ? Quoi donc de plus insensé que de dire ou de croire qu'à l'heure de la conception un même ascendant n'a pu leur donner un même sexe, et que celui de la naissance a pu mettre entre eux toute la distance qui sépare le mariage de la sainte virginité ?

VII. Eh ! qui pourrait souffrir que par le choix des jours ils
se fassent eux-mêmes de nouveaux destins ? Cet homme
n'était pas né pour avoir un fils digne d'admiration, mais plutôt de mépris, et c'est pourquoi il a choisi le moment de
s'unir à sa femme. Il s'est donc créé un destin qu'il n'avait
pas. Dès lors une fatalité a commencé pour lui qui n'était pas
à l'heure de sa naissance. Étrange folie ! On choisit un jour
pour se marier, sans doute de peur de tomber sur quelque jour
mauvais et de se marier sous de malheureux auspices. Que
deviennent donc alors les destinées de la naissance ?
L'homme par le choix d'un jour pourra donc changer ce que
les astres lui préparent ? Et ce que son choix lui prépare à lui-
même sera à l'abri d'une puissance étrangère ? Si d'ailleurs
les influences célestes ne s'exercent que sur les hommes et
non sur tout ce qui existe sous le ciel, pourquoi choisir certains jours pour semer, pour planter la vigne et les arbres ;
d'autres jours pour dompter les animaux, pour donner des
mâles aux juments et aux génisses, pour multiplier les trou-
peaux ? Dira-t-on qu'en ceci le choix des jours est important
parce que tous les corps animés ou inanimés subissent, selon
la diversité des moments, l'ascendant des astres ? mais que
l'on considère combien d'êtres naissent ou commencent au
même instant et dont la fin est si différente qu'un enfant
comprendra sans peine tout le ridicule de ces observations.
Est-il en effet un homme assez extravagant pour oser dire
qu'il n'y a point d'arbre, de plante, d'animal, serpent, oiseau,
poisson, vermisseau, etc., qui n'ait en particulier son
moment natal ? Et cependant, pour éprouver la science des
astrologues, on leur apporte souvent l'horoscope des animaux. Plusieurs font chez eux sur la naissance des animaux
domestiques d'exactes observations, et ils donnent la préférence à ceux des astrologues qui, à l'inspection de ces horo-
scopes, répondent que ce n'est pas un homme, mais un animal qui vient de naître. Ils osent même ajouter quel est cet
animal, s'il porte laine, s'il est propre à la voiture, à la charrue ou à la garde de la maison. Car on les consulte sur les destinées des chiens ; et de telles réponses font jeter des cris
d'admiration. Le délire des hommes va-t-il donc jusqu'à

croire que la naissance d'un homme suspend la fécondité de la nature, et qu'avec lui, sous la même constitution céleste, il ne naît pas une mouche ? Car, s'ils admettaient cet insecte, le raisonnement les élèverait par degrés de la production d'une mouche à celle des chameaux et des éléphants. Et ils ne veulent pas considérer que, malgré le choix des jours pour semer, une infinité de grains tombent ensemble, germent ensemble, lèvent, croissent, jaunissent ensemble, et que néanmoins de ce grand nombre d'épis de même âge, pour ainsi dire, et de même germe, il en est que la nielle ronge, d'autres que les oiseaux dévorent ou que les hommes arrachent. Dira-t-on que les constellations différentes ont déterminé les différentes destinées de ces épis ? Ou bien rougira-t-on de ce choix des jours et refusera-t-on aux causes célestes toute action sur ces choses pour ne soumettre à la puissance des astres que l'homme seul, le seul être sur la terre à qui Dieu ait donné une volonté libre ? En y réfléchissant, il est à croire que si les astrologues étonnent quelquefois par la vérité de leurs réponses, c'est la secrète inspiration des esprits de malice, c'est leur ardeur à répandre, à accréditer dans les âmes humaines ces fausses et pernicieuses opinions sur la fatalité céleste, qui en est la cause, et non une prétendue science d'horoscope purement illusoire.

VIII. Quant à ceux qui appellent destin, non la situation des astres au moment de toute conception, de toute naissance, de tout commencement, mais l'enchaînement et l'ordre des causes de tout ce qui arrive, nous n'avons pas à disputer sérieusement avec eux sur ce mot, puisqu'ils attribuent cet ordre même et cet enchaînement des causes à la volonté, à la puissance du Dieu suprême dont nous avons ce sentiment juste et véritable qu'il connaît toutes choses avant qu'elles n'arrivent, et ne laisse rien qu'il n'ait prédisposé, lui de qui viennent toutes les puissances de l'homme quoique toutes les volontés de l'homme ne viennent pas de lui. C'est donc cette volonté de Dieu même dont l'irrésistible pouvoir s'étend sur tout ce qu'ils appellent destin, comme le prouvent ces vers dont Sénèque est l'auteur, si je ne me trompe :

« Conduis-moi, Père souverain, dominateur de l'Olympe, conduis-moi partout où tu voudras, je t'obéis sans différer ; me voilà. Que je ne veuille pas, que je gémisse, il faut encore que je t'accompagne. Et je souffre avec malice ce que je pourrais faire avec vertu. Le destin conduit les volontés, il entraîne les résistances[3]. »

Ce dernier vers donne évidemment le nom de destin à ce que le poète appelle plus haut la volonté du Père suprême, et il se dit prêt à lui obéir pour être conduit volontairement et non entraîné malgré lui. Tel est aussi le sens de ces vers d'Homère traduits par Cicéron : « Le cœur de l'homme va comme, jour à jour, le mène le père des dieux et des hommes[4]. »

Ce n'est pas ici une grande autorité que le sentiment d'un poète ; mais comme Cicéron nous apprend que pour établir la puissance du destin, les stoïciens ont coutume d'alléguer ces vers d'Homère, il ne s'agit plus de la pensée du poète, mais de l'opinion des philosophes, quand par ces vers qu'ils introduisent dans la discussion, ils montrent clairement ce qu'ils pensent du destin en lui donnant le nom de Jupiter, Dieu souverain dont ils font dépendre l'enchaînement des destins.

IX. Cicéron s'attache à réfuter ces philosophes, et ne croit pouvoir y réussir s'il ne détruit la divination[5]. C'est pourquoi il va jusqu'à nier la science de l'avenir. Il soutient de toutes ses forces qu'elle n'existe ni en Dieu, ni en l'homme, et qu'il n'est point de prédiction possible. Ainsi, il nie la prescience de Dieu, et toute prophétie quoique plus claire que le jour, il s'efforce de l'anéantir par de vains raisonnements, et en s'objectant certains oracles faciles à convaincre de mensonge ; et cependant, lui-même n'y parvient pas. Tant qu'il s'agit de repousser les conjectures des astrologues, qui d'ailleurs se réfutent et se détruisent elles-

3. Sénèque, *Ad Lucilium*, 107, 11.
4. Homère, *Odyssée*, XVIII, 136.
5. Cicéron, *De divinatione*, II.

mêmes, il triomphe. Mais ses adversaires à leur tour sont moins inexcusables d'établir une fatalité céleste, que lui de nier toute connaissance de l'avenir. Car reconnaître un Dieu et lui refuser la prescience de ce qui doit être, c'est une folie des plus évidentes. Il le sent bien lui-même, et cependant il cherche à justifier ce que flétrit l'Écriture : « L'insensé a dit en son cœur : Il n'est point de Dieu [6]. » Il ne parle pas en son nom. Prévoyant l'odieux et les dangers d'un tel discours, il fait soutenir cette opinion à Cotta contre les stoïciens dans son traité *De la nature des dieux*, et se déclare néanmoins en faveur de Balbus à qui il confie la défense des doctrines stoïciennes, plutôt que de Cotta qui nie toute existence divine. Mais dans ses livres *De la divination*, c'est de lui-même et sans détour qu'il attaque la prescience de l'avenir. Et il procède ainsi pour n'être pas amené en reconnaissant le destin, à sacrifier la liberté. Car il tient pour impossible d'accorder la science de l'avenir sans admettre le destin comme conséquence nécessaire et irrécusable. Laissons donc les philosophes dans l'inextricable dédale de leurs contradictions. Nous qui reconnaissons le seul Dieu souverain et véritable, nous reconnaissons aussi sa volonté, sa puissance suprême et sa prescience. Et nous ne craignons pas que notre volonté devienne étrangère aux actes de notre volonté parce qu'Il les a prévus, Lui dont la prescience est infaillible. Et c'est cette crainte qui a déterminé Cicéron à combattre la prescience, et les stoïciens à nier la nécessité universelle, quoiqu'ils admettent l'empire du destin. Qu'est-ce donc que Cicéron appréhende dans la prescience de l'avenir pour en détruire la conviction par de détestables discours ? Craint-il que cette prévision des choses futures n'entraîne leur accomplissement dans l'ordre prévu ? Que cet accomplissement n'implique un ordre certain dans la prescience de Dieu ? Que cette certitude de l'ordre des événements n'établisse la certitude de l'ordre des causes ? (et peut-il rien arriver qui ne soit précédé d'une cause efficiente ?) Cette certitude de l'ordre des causes soumet, dit-il,

6. Ps 13, 1.

tout ce qui arrive à la fatalité[7]. Rien n'est plus en notre puissance ; la volonté n'a plus de libre arbitre. Si nous faisons une telle concession, ajoute-t-il, toute la vie humaine est ruinée. Vainement on fait des lois, vainement on emploie la réprimande et l'éloge, le blâme et l'encouragement. Il n'y a plus de justice à décerner aux bons des récompenses, aux méchants des supplices. C'est pour éloigner ces conséquences étranges, absurdes, pernicieuses à la société humaine que Cicéron rejette la prescience et réduit l'âme religieuse à opter entre ces deux opinions, ou que certaines choses dépendent de notre volonté, ou qu'il est une prescience de l'avenir. Car ces deux opinions lui semblent incompatibles ; à ses yeux, l'admission de l'une emporte la négation de l'autre ; choisir la prescience, c'est anéantir le libre arbitre ; choisir le libre arbitre, c'est anéantir la prescience. Ainsi en homme docte, en sage dont toutes les méditations sont dévouées aux grands intérêts de la société civile, il se détermine en faveur du libre arbitre. Pour l'établir il renverse la prescience, et c'est sur un tel sacrilège qu'il prétend fonder la liberté. Or, l'esprit vraiment religieux choisit l'une et l'autre, reconnaît l'une et l'autre, pose l'une et l'autre sur les bases de la foi et de la piété. Comment ? dit Cicéron : car s'il est une prescience de l'avenir, la suite et l'enchaînement des déductions nécessaires nous conduit à reconnaître que rien ne dépend de notre volonté, et si quelque chose en dépend, nous revenons par les mêmes degrés à la négation de la prescience. Et en effet, si la volonté a un libre arbitre, ce n'est pas le destin qui fait tout, et si le destin ne fait pas tout, l'ordre de toutes causes n'est pas certain ; si l'ordre de toutes causes n'est pas certain, l'ordre des choses ne saurait l'être dans la prescience de Dieu, puisque rien n'arrive sans être précédé d'une cause efficiente ; si l'ordre des choses n'est pas certain dans la prescience de Dieu, elles n'arrivent donc point comme il les a prévues : donc, conclut-il, il n'est pas en Dieu de prescience de l'avenir.

7. Cicéron, *De fato*, XVII, 40.

Contre ces témérités sacrilèges et impies, nous disons, nous, que Dieu connaît toutes choses avant qu'elles soient, et que c'est notre volonté qui fait tout ce que nous savons, tout ce que nous sentons ne faire que parce que nous voulons. Mais que tout arrive par le destin, c'est ce que nous ne disons pas, nous disons plutôt que rien n'arrive par le destin ; car le destin, au sens ordinaire de ce mot, en tant qu'il désigne la constitution céleste qui préside à la conception ou à la naissance, n'est qu'un vain nom, vain comme l'objet qu'il exprime. Quant à l'ordre des causes où la volonté de Dieu exerce un souverain pouvoir, nous sommes également loin de le méconnaître et de l'appeler du nom de destin, à moins que nous ne dérivions le *Fatum* de *fari*, parler ; il est, en effet, impossible de nier qu'il soit écrit dans les Livres saints : « Dieu a parlé une fois et j'ai entendu ces deux choses : la puissance appartient à Dieu ; à toi, Seigneur, est la miséricorde et tu rends à chacun selon ses œuvres [8]. » Quand il est écrit : « Dieu a parlé une fois », il faut entendre une parole immuable, parce qu'il connaît tout ce qui sera, tout ce qu'il fera lui-même, d'une connaissance immuable. Nous pourrions donc dériver le *Fatum* du mot *fari*, parler, si le *Fatum* n'était d'ailleurs pris dans un sens où nous ne voulons pas que les hommes laissent incliner leurs cœurs. Mais de ce que l'ordre des causes est certain dans la puissance de Dieu, il ne s'ensuit pas que notre volonté perde son libre arbitre. Car nos volontés elles-mêmes sont dans l'ordre des causes, certain en Dieu, embrassé dans sa prescience, parce que les volontés humaines sont les causes des actes humains. Et assurément celui qui a la puissance de toutes les causes ne peut dans le nombre ignorer nos volontés qu'il a connues d'avance comme causes de nos actions. Accordé ce principe même de Cicéron que rien n'arrive sans être précédé d'une cause efficiente, il suffit ici pour le réfuter. Car, que lui sert-il d'ajouter : Rien il est vrai n'arrive sans cause, mais toute cause n'est pas fatale, parce qu'il y a cause fortuite, cause naturelle et cause volontaire. Il suffit que de son aveu même, rien ne

8. Ps 61, 12.

soit qu'en vertu d'une cause précédente. Car celles que l'on
dit fortuites d'où la fortune a reçu son nom, nous sommes loin
de les nier, mais nous les disons cachées, et nous les attribuons à la volonté du vrai Dieu ou des esprits quels qu'ils
soient ; et les causes naturelles nous ne les séparons pas de la
volonté de celui qui est le Créateur et l'auteur de la nature.
Pour les causes volontaires, elles sont en Dieu, dans les
anges, les hommes ou les animaux, si toutefois il faut appeler volonté ces mouvements instinctifs qui portent les bêtes
à rechercher le bien, à éviter le mal. Quand je dis les volontés des anges, j'entends les bons anges ou anges de Dieu, et
les mauvais ou anges du démon ; ainsi des volontés des
hommes, bons et méchants. D'où il suit qu'il n'est d'autres
causes efficientes de tout ce qui arrive que des causes volontaires, c'est-à-dire procédant de cette nature qui est esprit de
vie ; car l'air, ou le vent, se nomme également esprit, mais
c'est un corps, ce n'est pas l'esprit de vie. Or l'esprit de vie
qui vivifie toutes choses, créateur de tout corps et de tout
esprit créé, c'est Dieu lui-même, esprit incréé. Dans sa
volonté réside la toute-puissance ; il assiste les bonnes volontés des esprits créés, juge les mauvaises, les ordonne toutes,
donne à quelques-unes l'efficace, ne la donne pas à d'autres.
Comme il est le Créateur de toutes les natures, c'est lui qui
confère toute puissance, mais il n'est pas l'auteur de toute
volonté. Les mauvaises ne viennent pas de lui, parce qu'elles
sont contre la nature qui vient de lui. Les corps obéissent aux
volontés ; les uns aux nôtres, c'est-à-dire à celles de tous les
animaux, et plutôt des hommes que des bêtes, d'autres à
celles des anges. Mais tous sont sous la volonté suprême de
Dieu, de qui dépendent aussi toutes les volontés, parce
qu'elles n'ont de puissance que celle qu'il leur donne. Ainsi
cette cause universelle qui fait tout et n'est point faite, c'est
Dieu. Les autres causes font et sont faites, et dans cet ordre
sont tous les esprits créés, surtout les esprits raisonnables. Les
causes naturelles qui sont plutôt faites qu'elles ne font, ne
peuvent être rangées au nombre des causes efficientes, parce
qu'elles ne peuvent que ce que font d'elles les volontés des
esprits. Comment donc l'ordre des causes, certain dans la

prescience de Dieu, peut-il faire que rien ne dépende de notre
volonté, lorsque nos volontés tiennent tant de place dans
l'ordre même des causes ? Laissons donc Cicéron aux prises
avec ceux qui soutiennent que cet ordre des causes est fatal,
ou plutôt qui l'appellent destin ; cette opinion nous fait horreur, parce qu'elle emploie ce mot de destin en un sens
inusité. Mais quand il nie la certitude de l'ordre des causes
et la prescience de Dieu, il nous inspire encore plus d'horreur
qu'aux stoïciens ; car ou il nie l'existence de Dieu, comme il
essaie de le faire au traité *De la nature des dieux*, sous le nom
d'un autre interlocuteur, ou il confesse son existence en lui
refusant la prescience de l'avenir ; et que dit-il encore, sinon
ce que l'insensé a dit en son cœur : « Il n'est point de Dieu. »
L'être en effet qui n'a pas la prescience de l'avenir n'est pas
Dieu. Ainsi nos volontés n'ont de pouvoir qu'autant que
Dieu l'a voulu et prévu ; et c'est pourquoi tout ce qu'elles peuvent, elles le peuvent très certainement ; tout ce qu'elles doivent faire, elles le feront effectivement, parce que tout leur
pouvoir et toute leur action sont prévus de celui dont la prescience est infaillible. Si donc j'avais à me servir de ce mot
destin, je dirais que le destin du faible est la volonté du plus
puissant dont le faible dépend, plutôt que d'accorder que cet
ordre de causes appelé par les stoïciens *Fatum*, mot détourné
de son sens ordinaire, abolit le libre arbitre de notre volonté.

X. Ainsi gardons-nous de craindre cette nécessité qui fait
tant de peur aux stoïciens qu'ils cherchent à distinguer les
causes, à affranchir les unes de la nécessité, à y soumettre les
autres, et rangent nos volontés parmi les causes indépendantes ; car si elles étaient nécessaires, elles ne seraient plus
libres. En effet, s'il faut entendre par nécessité cette cause
qui n'est pas en notre pouvoir et agit suivant le sien, même
malgré nous, comme par exemple la nécessité de la mort,
évidemment nos volontés qui rendent notre vie bonne ou
mauvaise n'obéissent pas à une semblable nécessité. Car
nous faisons beaucoup de choses qu'à défaut de vouloir
assurément nous ne ferions pas ; et tel est l'acte même de
vouloir : si nous voulons, il est ; sinon, il n'est pas. Nous ne

voudrions pas, si nous ne voulions. Mais prenons la nécessité pour la cause qui nous fait dire : « Il est nécessaire que telle chose soit ou arrive ainsi ; quel sujet de craindre qu'elle dépouille notre volonté de son libre arbitre ? » Plaçons-nous en effet sous l'empire de la nécessité la vie et la prescience de Dieu en disant : « Il est nécessaire que Dieu vive toujours, et qu'il connaisse tout par sa prescience ? » Diminue-t-on sa puissance en disant : « Il ne peut ni mourir, ni être trompé ? » Il serait moins puissant s'il pouvait l'un ou l'autre. Et c'est avec raison qu'on l'appelle Tout-Puissant, lui, qui cependant ne peut ni mourir ni être trompé. Car il est tout-puissant à la condition de faire ce qu'il veut et non de souffrir ce qu'il ne veut pas : sinon il ne serait plus tout-puissant : certaines choses en effet ne lui sont impossibles que parce qu'il est tout-puissant. Ainsi quand nous disons : « Il est nécessaire que nous voulions par notre libre arbitre », c'est une vérité indubitable, et toutefois nous ne soumettons pas notre libre arbitre à la nécessité qui détruit la liberté. Nos volontés sont donc à nous, elles font ce que nous faisons en le voulant, et que nous ne ferions pas sans le vouloir. Et quand un homme souffre malgré lui par la volonté des autres, c'est encore l'effet de la volonté, non de celui qui souffre, mais de la puissante volonté de Dieu. Car s'il ne s'agissait que d'une volonté incapable de produire son effet, c'est qu'elle trouverait un obstacle dans une volonté plus puissante : et cette volonté n'en serait pas moins la volonté personnelle de cet homme, quoiqu'il ne pût l'accomplir. C'est pourquoi tout ce que l'homme souffre contre sa volonté, il ne doit l'attribuer ni à la volonté des hommes, ni à celle des anges ou des autres esprits créés, mais à la volonté de Dieu seul qui donne le pouvoir aux volontés.

Il ne faut donc pas conclure que rien ne dépend de notre volonté parce que Dieu a prévu ce qui doit à l'avenir en dépendre. Car ce n'est pas un rien qu'il prévoit, et si sa prescience a un objet, elle n'empêche donc pas que quelque chose soit dans notre volonté. Nous ne sommes donc nullement réduits à cette alternative ou de nier le libre arbitre pour maintenir la prescience de Dieu ou d'élever contre sa pres-

cience une négation sacrilège pour sauver le libre arbitre,
mais nous embrassons ces deux vérités, nous les confessons
toutes deux d'un cœur fidèle et sincère. L'une fait la rectitude de notre foi, l'autre la pureté de nos mœurs. On vit mal,
si l'on n'a de Dieu la croyance qu'on doit. Loin de nous donc
de nier pour être libres la prescience de celui dont la grâce
nous rend ou nous rendra libres ! Et ce n'est pas en vain qu'il
y a lois et encouragements, louanges et blâmes, toutes choses
prévues de Dieu et qui ont toute la force qu'il a prévue. Et la
prière sert à obtenir tout ce qu'il a prévu devoir accorder à la
prière, et c'est avec justice que des récompenses sont réservées aux bonnes œuvres et des supplices aux péchés, car ce
n'est point parce que Dieu a prévu qu'il pécherait que
l'homme pèche ; quand il pèche, il est indubitablement
l'auteur de son péché ; l'infaillible prescience voit que ce
n'est ni le destin, ni la fortune, ni rien autre que lui-même qui
pèche. Et il ne pèche point s'il a une ferme volonté, et cette
volonté même, Dieu la connaît par sa prescience.

XI. Donc ce Dieu souverain et véritable, avec son Verbe
et l'Esprit saint, Trinité Une, seul Dieu Tout-Puissant, auteur
et créateur de toute âme et de tout corps, source de la félicité
de quiconque est heureux en vérité et non en vanité, ce Dieu
qui a fait l'homme animal raisonnable, composé d'âme et de
corps, qui après le péché n'a laissé ni le crime sans châtiment, ni la faiblesse sans miséricorde, qui aux bons et aux
méchants donne l'être avec les pierres, la vie végétative avec
les plantes, la vie sensitive avec les bêtes, la vie intellectuelle
avec les seuls anges ; principe de toute règle, de toute beauté,
de tout ordre ; principe de la mesure, du nombre et du poids ;
principe de toute production naturelle, quels qu'en soient le
genre et le prix ; principe de la semence des formes, de la
forme des semences, et du mouvement des semences et des
formes ; qui a créé la chair avec sa beauté, sa force, sa fécondité, la disposition, la force et l'harmonie de ses organes ; lui
qui a doué l'âme irraisonnable de mémoire, de sens et
d'appétit, et la raisonnable, d'intelligence et de liberté ; lui
qui veille sur le ciel et la terre, sur l'ange et l'homme, et ne

laisse rien, pas même la structure intérieure du plus vil insecte, la plume de l'oiseau, la moindre fleur des champs, la feuille de l'arbre, sans la convenance et l'étroite union de ses parties, est-il croyable qu'il ait voulu laisser les royaumes des hommes, et leurs dominations et leurs servitudes en dehors des lois de sa Providence ?

XII. Quelles étaient donc les vertus des Romains pour que Dieu daignât prêter son assistance à l'agrandissement de leur empire, lui qui tient aussi en sa main les royaumes de la terre ? C'est afin d'aborder sérieusement un tel sujet que nous avons, au précédent Livre, montré toute l'impuissance de ces dieux honorés par des jeux ridicules, et, au début de celui-ci, l'inanité du destin, de crainte que, désabusés du culte des dieux, certains esprits n'attribuassent les progrès et la conservation de l'empire à je ne sais quel destin, plutôt qu'à la toute-puissante volonté du Dieu suprême. Ces premiers Romains, adorateurs des faux dieux, il est vrai, comme toutes les autres nations, le seul peuple hébreu excepté ; offrant des sacrifices, non à Dieu, mais aux démons, les monuments de l'histoire leur rendent ce témoignage qu'ils étaient avides de louanges et prodigues d'argent, contents d'une fortune médiocre, mais insatiables de gloire[9]. Ils l'aimaient d'un tel amour que pour elle ils voulaient vivre, pour elle ils n'hésitaient pas à mourir. Cette passion dans leurs cœurs étouffe toutes les autres. C'est une honte à leurs yeux que leur patrie soit esclave, et la gloire veut qu'elle commande, qu'elle domine ; leur première passion est de la faire libre, la seconde, de la rendre souveraine. Aussi, impatients de la domination royale, ils créent une autorité et deux chefs annuels appelés consuls, nom moins odieux que celui de roi ou seigneur qui retrace à la pensée, non plus une direction bienveillante et sage, mais le faste et l'orgueil de la tyrannie. Après l'expulsion de Tarquin et l'institution des consuls, qu'arrive-t-il ? L'ancien historien l'atteste, à la louange des Romains. « Maîtresse de sa liberté, Rome s'accroît avec une

9. Salluste, *Catilina*, VII, 6.

rapidité inouïe, tant la passion de la gloire s'est emparée des
cœurs ! Cette soif d'éloge, ce désir d'honneur est la source de
tant d'actions admirables et héroïques dans l'opinion des
hommes[10]. » Salluste dit encore de deux personnages
célèbres de son temps, M. Caton et C. César : « Depuis longtemps la République était stérile en grandes vertus ; mais ils
ont été mes contemporains, ces deux hommes d'un mérite si
rare et de mœurs si différentes[11]. » Il fait à César un titre
d'honneur de désirer un vaste commandement, une armée,
une guerre nouvelle où sa valeur pût éclater. Ainsi, que
Bellone, agitant son fouet sanglant, excite au combat de malheureuses nations, c'est le vœu des plus grands hommes,
afin de pouvoir signaler leur vertu. Tels sont les sentiments
que leur inspire le désir effréné de la louange et de la gloire :
c'est d'abord l'amour de la liberté, puis de la domination,
enfin la passion de la gloire qui enfante leur héroïsme. Ce
témoignage leur est fidèlement rendu par leur grand poète,
dans ces vers : « Tarquin banni, Porsenna leur commande de
le recevoir ; il tient Rome étroitement assiégée. Mais les
enfants d'Énée volent à la mort pour la liberté[12]. » Voilà
donc leur seule ambition : mourir généreusement ou vivre
libres. Libres, l'amour de la gloire envahit leurs cœurs ; la
liberté n'est rien, si elle n'est accompagnée de la domination.
Ils semblent envier cet avenir que le même poète annonce par
la bouche de Jupiter : « Junon si terrible aujourd'hui, dont la
vengeance fatigue et la mer et la terre et le ciel, reviendra à
des desseins plus doux : avec moi, elle protégera les
Romains maîtres du monde, la race revêtue de la toge. Telle
est ma volonté. Le cours des siècles amènera le jour où la postérité d'Assaracus fera plier sous le joug Phthie, la célèbre
Mycènes, et dominera sur Argos vaincue[13]. » Toutes promesses que Virgile fait prédire à Jupiter, dans l'avenir, dont
lui-même voit l'accomplissement et la réalité. Mais en les
rappelant, j'ai voulu montrer qu'après la liberté, les Romains

10. Salluste, *Catilina*, VII, 3.
11. Salluste, *Catilina*, LIII, 5.
12. Virgile, *Énéide*, VIII, 646.
13. Virgile, *Énéide*, I, 279-285.

ont la domination tellement à cœur qu'ils en font une gloire.
Et c'est pourquoi, aux arts des nations étrangères, le poète
préfère celui de régner et de commander, de réduire et de
dompter les peuples, comme la science propre de Rome :
« D'autres, dit-il, feront plus souplement respirer l'airain, je
le crois sans peine ; ils sauront donner au marbre l'âme et la
vie ; ils auront la gloire de la parole ; leur compas décrira les
courbes célestes ; ils diront le lever des astres. Toi, Romain,
souviens-toi de ranger les peuples sous ton empire. Voilà ta
science ; être l'arbitre de la paix, pardonner aux vaincus et
dompter les superbes[14]. » Et les Romains exerçaient d'autant
mieux ce ministère qu'ils s'abandonnaient moins aux voluptés, qui énervent l'âme et le corps, à cette passion d'accumuler
les richesses qui dépravent les mœurs ; fruits de la spoliation
de pauvres citoyens, dont on fait largesse à de vils histrions.
Aussi, lorsque la corruption envahissait Rome et débordait de
toutes parts, au temps où écrivait Salluste, où chantait
Virgile, ce n'était plus par de nobles moyens, c'était par la
ruse, c'était par la brigue que l'on aspirait aux honneurs et à
la gloire : « Et d'abord, dit l'historien, ce fut moins l'avarice
qui tourmenta le cœur des hommes que l'ambition, vice plus
voisin de la vertu. Gloire, honneurs, autorité suscitent en
effet mêmes désirs aux lâches comme aux nobles cœurs.
Mais l'un n'y tend que par la voie droite, l'autre, à défaut
d'honorables instruments, emploie l'intrigue et la fraude[15]. »
La vertu, et non cette ambition perfide, voilà donc l'honorable
voie qui conduit aux honneurs, à la gloire, à la puissance, but
commun toutefois des désirs de l'homme de cœur et du
lâche. Mais l'homme de cœur ne prend jamais que le droit
chemin, et ce chemin c'est la vertu ; c'est par elle qu'il prétend s'assurer l'objet de ses vœux, puissance, honneurs,
gloire. Ce sentiment était inné aux Romains, témoin ces
temples qu'ils ont élevés, les plus voisins possible l'un de
l'autre, à la Vertu et à l'Honneur, prenant pour dieux les
dons de Dieu ; d'où l'on peut inférer quel but ils proposaient

14. Virgile, *Énéide*, VI, 847-853.
15. Salluste, *Catilina*, II, 1.

à la Vertu et à quoi les bons eux-mêmes la rapportaient : à l'Honneur. Et la Vertu se dérobait aussi aux méchants malgré leur passion pour l'Honneur ; cet Honneur qu'ils ne poursuivaient que par des voies infâmes.

C'est un bel éloge de Caton que ce mot de Salluste : « Moins il cherchait la gloire, plus elle le suivait[16] », puisque cette gloire dont le désir enflammait les âmes des Romains n'est que la bonne opinion que l'homme a de l'homme. Aussi est-ce une vertu plus solide celle que ne satisfait pas le jugement humain, hormis le jugement intérieur de la conscience : « Notre gloire, dit l'apôtre, c'est le témoignage de notre conscience[17]. » Et ailleurs : « Que chacun examine ses œuvres, et il aura sa gloire en lui-même et non pas en autrui[18]. » Car la gloire et les honneurs et la puissance tant désirés, où les bons aspirent noblement, ne doivent pas avoir la vertu à leur suite, mais marcher à la suite de la vertu. Et la véritable vertu est celle dont l'unique fin est le bien qui surpasse tout bien. Ainsi ces honneurs que Caton demande, il ne devrait pas les demander ; mais la République ne devrait pas attendre sa demande pour les lui donner.

De ces deux célèbres contemporains, César et Caton, Caton sans doute est celui dont la vertu approchait le plus de la véritable. Voyons donc quelle était alors la ville de Rome et ce qu'elle avait été autrefois au jugement même de Caton : « Gardez-vous de croire, dit-il, que ce soit par les armes que nos ancêtres aient fait la République, de si petite, si grande. S'il en était ainsi, elle serait aujourd'hui plus florissante encore. N'avons-nous pas plus d'alliés et de citoyens qu'eux, plus d'armes et de chevaux ? Mais d'autres causes firent leur puissance, qui chez nous ne sont plus. Au-dedans, activité ; au-dehors, gouvernement juste. Dans le conseil, esprit libre, sans intelligences avec le crime et les passions. Au lieu de ces vertus, nous avons le luxe et l'avarice ; misère publique, opulence privée. Nos éloges sont donnés à la richesse, et notre vie

16. Salluste, *Catilina*, LIV, 6.
17. 2 Co 1, 12.
18. Ga 6, 14.

à l'oisiveté. Entre bons et méchants, nulle différence ; toutes
les récompenses de la vertu appartiennent à l'ambition. Oui,
quand chacun de vous ne prend conseil que de ses intérêts ;
dans ses foyers, esclave de la volupté, ici, de l'argent et de la
faveur, est-il étonnant que l'assaut soit livré de toutes parts à
la République trahie[19] ? » À entendre ces paroles de Caton ou
de Salluste, on pourrait croire que tous les anciens Romains
ou du moins la plupart méritaient de tels éloges. Il n'en est
rien ; autrement ce que nous avons cité du même historien, au
second Livre de cet ouvrage, ne serait pas véritable : « Les
injustices des puissants, dit Salluste, provoquèrent la sépara-
tion du Sénat et du peuple et les autres dissensions intérieures. Ce ne fut, dès le principe, qu'au moment même de
l'expulsion des rois, tant que l'on eut Tarquin à craindre, et
sur les bras d'une rude guerre avec l'Étrurie, que dura le
pouvoir légitime de la modération et de l'équité… Plus tard,
les patriciens veulent plier le peuple sous un joug d'esclave ;
ils disposent en rois de la vie et de la personne du citoyen, le
chassent de son champ, partout maîtres et despotes.
Impatiente de tant de violences, accablée sous le poids de
l'usure, quand d'ailleurs une guerre continuelle l'écrase de
tributs et de milice, la plèbe se retire armée sur les monts
Aventin et Sacré. Alors elle obtient ses tribuns, et d'autres
garanties légales. À tant de discordes et de luttes, la seconde
guerre punique met seule un terme. Car la terreur de nouveau
s'empare des âmes, et étouffant par le souci du danger tant
d'agitations et d'inquiétudes, elle rétablit l'union entre les
citoyens[20]. » Mais alors c'était un petit nombre d'hommes
vertueux à leur manière qui avaient la conduite des grandes
choses, et une sorte de calme succédant aux tempêtes, l'État
se développait sous les auspices de leur sagesse, comme
l'atteste le même historien, quand il dit que, réfléchissant aux
grandes actions du peuple romain dans la paix et dans la
guerre, sur terre et sur mer, à ces combats engagés par une
poignée de soldats contre de formidables armées, à ces

19. Salluste, *Catilina*, LII, 19.
20. Salluste, *Histoires*, I, 11.

guerres soutenues avec de faibles ressources contre des rois opulents, il s'était demandé quel ressort soulevait le poids de tant d'affaires, et après y avoir songé, il demeurait convaincu que tout était l'œuvre de quelques citoyens dont la vertu avait assuré le triomphe de la pauvreté sur la richesse, du petit nombre sur la multitude. « Mais, dit-il, quand le luxe et l'oisiveté eurent corrompu Rome, la république à son tour soutint par sa grandeur les vices de ses gouvernants[21]. » Ce n'est donc qu'à la vertu d'un petit nombre, arrivés à la gloire, aux honneurs, à la puissance par la voie droite, c'est-à-dire la vertu même, que s'adressent les éloges de Caton. La vertu étant le principe de ce désintéressement qui veillait à enrichir le trésor public et laissait dans la médiocrité l'héritage privé. Aussi il fait à la corruption le reproche contraire ; il lui oppose la pauvreté de l'État et la richesse des particuliers. Après la longue durée des fameux empires de l'Orient, Dieu a donc voulu susciter l'empire d'Occident, le dernier, mais le plus célèbre de tous par sa grandeur et sa puissance. Et pour châtier le crime de tant de peuples, cet empire est remis à des hommes, qui, en vue de la gloire, mettront leur gloire dans celle de leur patrie, préférant son salut à leur propre salut, surmontant dans leurs âmes la cupidité et presque tous les autres vices, par un seul, la passion de la gloire.

XIII. Celui-là voit plus sainement qui reconnaît que l'amour de la gloire est un vice. Et le poète Horace lui-même ne dit-il pas : « Es-tu enivré de l'amour de la louange, un remède assuré, c'est la chaste lecture trois fois réitérée d'un livre de sagesse[22]. » Et dans ses vers lyriques, il exhorte ainsi à réprimer le désir de dominer : « Vainqueur de ton esprit ambitieux, tu étends plus loin ton Empire que si réunissant la Libye et la lointaine Cadix, seul, tu tenais l'une et l'autre Carthage dans une même servitude[23]. » Et cependant ceux qui n'ont pas reçu du Saint-Esprit la grâce de réduire les pas-

21. Salluste, *Catilina*, LII, 5.
22. Horace, *Lettres*, I, 1, 36.
23. Horace, *Odes*, II, 2, 9-12.

sions honteuses au joug de la foi, de la piété et de l'amour de
la beauté intelligible, l'amour de la gloire humaine en fait,
non pas des saints, mais des hommes moins infâmes. C'est
pourquoi Cicéron, dans ses livres de *la République*, où il
parle de l'éducation du chef de l'État, ne dissimule point
qu'il faut le nourrir de gloire, et il rappelle que c'est à la passion de la gloire que l'on doit attribuer toutes les actions
héroïques des ancêtres. Ainsi, loin de résister à ce vice, ils
pensaient au contraire qu'il fallait l'exciter et l'allumer dans
l'intérêt de la république. Et Cicéron ne dissimule point son
goût pour ce subtil poison, il le confesse même dans ses
livres de philosophie en termes plus clairs que le jour.
Parlant en effet de ce qu'il faut rechercher, non pour la vanité
de la gloire humaine, mais comme bien véritable et final, il
pose cette maxime générale : « L'honneur est l'aliment de
l'activité humaine et la gloire est le foyer qui l'anime. Ce
que le mépris a délaissé, rien ne le relève[24]. »

XIV. Résister à cette passion vaut sans doute mieux que
d'y céder. Car on est d'autant plus semblable à Dieu que
l'on est plus pur de cette impureté. Sans doute, il est impossible en cette vie de la déraciner entièrement du cœur, et
elle ne cesse de tenter les âmes en voie de retour vers le
bien ; il faut néanmoins qu'elle soit surmontée par l'amour
de la justice ; et si l'on voit accablées sous le mépris du
monde des choses bonnes et saintes, il faut que l'amour de
la gloire humaine rougisse et se retire devant l'amour de la
vérité. Lorsqu'en effet la passion de la gloire l'emporte dans
le cœur sur la crainte ou l'amour de Dieu, c'est un vice tellement ennemi de la foi et de la piété que le Seigneur a dit :
« Comment pouvez-vous croire, vous qui attendez de la
gloire les uns des autres, indifférents à la gloire qui vient de
Dieu seul[25] ? » Et parlant de plusieurs qui croyaient en Jésus
et rougissaient de le confesser en public, l'évangéliste ne
dit-il pas : « Ils aimaient plus la gloire des hommes que celle

24. Cicéron, *Tusculanes*, I, 2, 4.
25. Jn 5, 44.

de Dieu [26]. » Au contraire, les saints apôtres prêchant le nom
du Christ en des lieux où il n'était pas seulement rejeté, et,
pour parler comme Cicéron, enseveli sous le mépris, mais
où la haine le persécutait avec fureur, les apôtres se rappe-
laient ces paroles qu'ils avaient recueillies du bon Maître,
du médecin des âmes : « Si quelqu'un me renonce devant
les hommes, je le renoncerai devant mon Père qui est au ciel
et devant les anges de Dieu [27]. » Les malédictions et les
opprobres, les plus terribles persécutions, les plus cruels
supplices, rien n'a pu les détourner de porter à travers les
tempêtes de l'orgueil humain la prédication du salut de
l'homme. Et quand leurs actions, leurs paroles, leur vie vraiment divines, quand la victoire remportée sur la dureté de
leurs cœurs où elle introduit la paix de la justice, leur décernent dans le sein de l'Église du Christ une gloire immortelle, loin de s'y reposer comme dans la fin de leur vertu,
cette gloire même, ils la rapportent à Dieu dont la grâce les
a faits ce qu'ils sont. C'est à ce pur foyer qu'ils allument
dans les cœurs de leurs fils spirituels l'amour de ce Dieu
qui doit les transformer eux-mêmes. Car le divin Maître leur
enseignait à ne pas prendre la gloire humaine pour but de la
sainteté : « Gardez-vous, disait-il, d'exercer votre justice
devant les hommes afin qu'ils vous voient ; autrement vous
ne recevrez point de récompense de votre Père qui est aux
cieux [28]. » Mais de peur qu'une fausse intelligence de ces
paroles ne les jetât dans une crainte exagérée de plaire aux
hommes, et que, dérobée à tous les regards, leur vertu fût
moins utile, il leur apprend à quelle fin ils doivent se montrer : « Que vos œuvres, dit-il, brillent devant les hommes,
afin qu'ils vous voient bien faire, et rendent gloire à votre
Père qui est dans les cieux. » Ce n'est pas à dire, afin que
vous soyez vus des hommes, dans l'intention qu'ils se
convertissent à vous, vous qui par vous-mêmes n'êtes rien,
mais pour qu'ils glorifient votre Père qui est aux cieux et

26. Jn 12, 43.
27. Mt 10, 33.
28. Mt 6, 1 ; 5, 16.

que, convertis à lui, ils deviennent ce que vous êtes. Préceptes qu'ont fidèlement suivis les martyrs, si supérieurs aux Scévola, aux Curtius, aux Décius, autant par leur nombre que par la vérité de leur vertu, la vérité de leur piété, par cet héroïsme qui ne se donne pas la mort, mais qui sait la souffrir. Quant à ces hommes, citoyens de la cité terrestre, n'ayant d'autre but dans l'accomplissement du devoir que le salut de leur patrie et son règne, non dans le ciel, mais sur la terre, non dans l'éternité, mais en cette vie, parmi ces flots de générations qui meurent aujourd'hui ou mourront demain, qu'eussent-ils aimé sinon la gloire qui leur promettait une seconde vie dans les louanges de leurs admirateurs ?

XV. Dieu donc ne devant pas les admettre avec ses saints anges au partage de la vie éternelle dans sa cité céleste où conduit cette vraie piété qui ne rend qu'au seul vrai Dieu le culte de latrie (selon l'expression grecque) ; s'il ne leur eût accordé la gloire terrestre d'un puissant empire, les nobles efforts, les vertus qui leur frayèrent la voie à tant de gloire, seraient demeurés sans récompense. La sentence de ces hommes qui ne semblent faire quelque bien que pour être humainement glorifiés n'a-t-elle pas été rendue par le Seigneur en ces mots : « En vérité, je vous le dis ; ils ont reçu leur récompense[29] » ? Ces Romains, il est vrai, ont pour l'intérêt commun, pour enrichir la République, sacrifié leur patrimoine et triomphé de l'avarice ; leur conseil désintéressé a plus d'une fois sauvé la patrie ; ils ont refusé tribut à la débauche, à tout désordre prévu par leur loi ; mais cette voix de vérité et de vertu apparente, ils ne l'ont suivie que pour s'élever aux honneurs, à l'empire, à la gloire. Eh bien ! n'ont-ils pas été honorés chez presque tous les peuples ? N'ont-ils pas soumis à leur Empire un grand nombre de nations ? La gloire n'a-t-elle pas consacré leurs noms dans les annales du monde ? Ont-ils donc sujet de se plaindre de la justice du vrai Dieu ? N'ont-ils pas reçu leur récompense ?

29. Mt 6, 2.

XVI. Combien est différente celle des saints qui souffrent ici-bas pour la cité divine, odieuse aux amateurs du monde ? Cette cité est éternelle. Là plus de naissance, – car il n'y a plus de mort. Là, une félicité pleine et véritable, qui n'est pas une déesse, mais un don de Dieu. C'est de là que nous vient le gage de notre foi, tant que nous soupirons dans cet exil pour la beauté de la patrie. Là, le soleil ne se lève plus sur les bons et sur les méchants ; mais le soleil de justice n'éclaire que les seuls justes. Là, plus d'inquiètes sollicitudes pour enrichir le trésor public aux dépens des fortunes privées, quand le trésor commun est la vérité. Aussi n'est-ce pas seulement en récompense de ces vertus humaines que Rome obtint son glorieux Empire ; mais encore pour donner un grand exemple à la juste émulation des citoyens de l'éternelle cité pendant leur pèlerinage ici-bas et leur apprendre quel amour ils doivent à la patrie d'En haut pour la vie éternelle, si la cité terrestre fut tant aimée de ses concitoyens pour une gloire humaine.

XVII. Quant à cette vie mortelle dont la durée est si rapide et le terme si prochain, qu'importe sous quelle puissance vive l'homme qui doit mourir, pourvu que les dépositaires de la puissance ne l'entraînent point à des actes d'injustice et d'impiété ? Rome imposant ses lois aux nations vaincues leur est-elle funeste autrement que par l'effusion du sang que sa victoire a coûté ? Que son empire soit paisiblement accepté, elle n'obtient plus l'honneur du triomphe, mais le succès est meilleur. Les Romains, en effet, ne vivent-ils pas eux-mêmes sous ces lois qu'ils imposent aux autres ? Qu'il en soit donc ainsi, n'en déplaise à Mars et à Bellone, qu'il n'y ait point de victoire, point de vainqueur, faute de combat, la condition des Romains et des autres peuples n'est-elle pas égale ? Et surtout, que ne fait-on d'abord ce que la raison et l'humanité persuaderont plus tard ? Pourquoi ne pas accorder le droit de cité à tous les sujets de l'Empire ? Pourquoi ne pas étendre à tous ce privilège réservé au petit nombre ; à la charge pour tous de nourrir les races indigentes ? Et ces tributs alimentaires, des magistrats intègres ne les recueillentils pas de la bonne volonté des peuples devenus citoyens, plus heureusement que la violence en pressurant les vaincus ? Eh quoi ! s'en va-t-il donc de la sécurité publique, des bonnes mœurs, des dignités sociales que les uns soient vainqueurs et les autres vaincus ? Je ne vois là d'autre intérêt que celui d'une gloire humaine dont la fastueuse inanité est la récompense de ses adorateurs, qui pour elle ont rendu tant de combats. Car enfin leurs terres sont-elles exemptes du tribut ? Ont-ils le droit exclusif d'apprendre ce qui est interdit aux autres ? N'est-il pas dans les provinces un grand nombre de sénateurs qui ne connaissent pas Rome même de vue ? Retranchez la vaine gloire, que sont tous les hommes, sinon des hommes ? Et quand même la perversité du siècle souffrirait que les plus vertueux fussent les plus honorés, faut-il faire si grand état de l'honneur humain, légère fumée ? Mais ici même sachons profiter du bienfait de notre Dieu. Considérons combien de séductions méprisées, combien d'épreuves subies, combien de passions vaincues pour la gloire humaine ont mérité cette récompense aux héros de tant de vertus ; et que cela du moins nous serve à humilier notre orgueil. Si en effet cette cité, où nous avons la promesse de régner un jour, est distante de celle d'ici-bas de tout l'intervalle qui sépare le ciel et la terre, la vie éternelle et les fugitives joies, la solide gloire et les louanges vaines, la société des mortels et la société des anges, la lumière de la lune, du soleil, et la lumière de celui qui est l'auteur de la lune et du soleil, se flatteront-ils d'avoir rien fait, les citoyens de la ville future, pour quelque bien accompli, pour quelques maux soufferts en vue de cette sublime patrie, quand, pour la patrie terrestre déjà possédée dans le temps, d'autres hommes ont tant travaillé, tant souffert ! Et puis la rémission des péchés qui rassemble les citoyens de la patrie éternelle, n'est-elle pas obscurément figurée par cet asile de Romulus où l'impunité de tout crime réunit ces nombreux coupables qui vont être les fondateurs de Rome ?

XVIII. Est-il donc si héroïque de mépriser pour cette patrie des cieux et de l'éternité les charmes les plus décevants du siècle, quand pour la patrie de la terre et du temps, Brutus a le courage de condamner ses fils, triste courage que la véritable patrie ne commande jamais ? Mais assurément, il est plus difficile de prononcer contre ses fils l'arrêt de mort que de les déshériter, dans l'intérêt du ciel, d'un patrimoine qui semble n'être amassé et conservé que pour eux, de le donner aux pauvres, et si la foi et la justice l'exigent, de le résigner généreusement. Car notre bonheur, celui de nos enfants ne dépendent point de ces richesses passagères qu'il faut ou perdre de notre vivant ou laisser à notre mort en des mains inconnues et peut-être ennemies. Dieu seul nous rend heureux, Dieu véritable richesse des esprits. Quant à Brutus, meurtrier de ses fils, le poète même en le louant, rend témoignage de son malheur : « Ce père étouffe les complots de ses fils dans leur sang ; c'est pour la liberté si chère qu'il les envoie au supplice. Malheureux ! quel que soit le jugement porté par nos neveux. » Et il ajoute au vers suivant pour la consolation d'une telle infortune : « L'amour de la patrie, une immense passion pour la gloire ont triomphé dans son cœur [30] ! » Voilà donc le double mobile de l'héroïsme des Romains, la liberté et la passion de la gloire humaine. Si donc la liberté de ces hommes qui mourront demain, si cette gloire que les mortels nous donnent ont pu décider un père à sacrifier ses fils, quelle merveille si la véritable liberté qui nous affranchit du joug de l'iniquité, de la mort et du diable, si l'inspiration, non de la vanité qui convoite les louanges des hommes, mais celle de la charité qui aspire à délivrer, non du sceptre de Tarquin, mais de la tyrannie des démons et de leur prince, nous entraîne, non pas à condamner nos enfants, mais à adopter les pauvres du Christ, comme notre famille ? Si un autre grand citoyen de Rome, Torquatus punit du dernier supplice son fils coupable d'avoir combattu, non pas contre la patrie, mais pour elle malgré l'ordre d'un père général ; s'il lui demande compte d'une victoire que devaient excuser et la fougue de la jeunesse et les provocations de l'ennemi, pressentant plus de dangers dans l'exemple du

---

30. Virgile, *Énéide*, VI, 820-823.

mépris de l'autorité que d'avantages dans la gloire du triomphe ; ont-ils tant sujet de s'élever ceux qui, pour obéir aux
lois de l'immortelle patrie, méprisent ces biens terrestres
beaucoup moins chers que des enfants ? Si F. Camillus, exilé
par les envieux, essuie l'ingratitude de cette patrie qu'il a
sauvée du joug de ses plus redoutables ennemis les Véiens,
et cependant la délivre encore des Gaulois, faute d'en trouver une autre où il puisse vivre avec gloire ; s'applaudira-t-
il comme d'un rare dévouement, celui qui, dans l'Église, flétri par de charnels ennemis d'une injure infamante, loin de
passer au camp des hérétiques ou de former lui-même
quelque nouvelle hérésie, déploie contre la perversité de
l'erreur toutes les forces d'un zèle à l'épreuve, parce qu'il
n'est point d'autre patrie où l'on puisse, non pas vivre dans
l'estime des hommes, mais gagner la vie éternelle ? Si,
trompé dans son dessein de délivrer Rome de Porsenna qui
en presse vivement le siège, Mutius étend sur un ardent bra-
sier la main qui vient de frapper une autre victime et déclare
au roi que beaucoup d'autres Romains tels que lui ont
conjuré sa perte ; héroïsme et menace qui frappent Porsenna
d'une telle épouvante que sans différer il dépose les armes et
conclut la paix avec Rome ; qui de nous se croit un titre au
Royaume des Cieux, quand pour l'obtenir ce n'est pas une
main qu'il sacrifie, mais son corps tout entier qu'il abandonne aux bûchers des persécuteurs ? Si Curtius tout armé
pousse son cheval dans un abîme, docile aux oracles des
dieux qui commandent aux Romains d'y précipiter ce qu'ils
ont de meilleur, ceux-ci concluant de leur supériorité en
hommes et en armes que les dieux réclament le sacrifice
d'un homme armé ; s'imagine-t-il avoir fait quelque chose
pour la patrie éternelle celui qui a, non pas provoqué, mais
souffert les erreurs d'un ennemi de sa foi, après avoir
entendu du Seigneur et Roi de cette patrie, cet oracle plus
sûr : « Ne craignez pas ceux qui tuent le corps et ne peuvent
tuer l'âme[31]. » Si les Décius, consacrant leur mort par certaines paroles, se dévouent pour que la colère des dieux,

_____
31. Mt 10, 28.

apaisée dans leur sang se laisse fléchir au salut de l'armée
romaine, gardez-vous, saints martyrs, de l'orgueilleuse pensée que vous ayez rien fait pour être admis au partage de
cette patrie où la félicité est éternelle et vraie, quand prodigues de votre sang, pénétrés de l'amour de vos frères pour
qui vous le répandez et de vos ennemis mêmes qui le répandent, vous combattez avec la foi de la charité et la charité de
la foi ? Si, à la dédicace du temple de Jupiter, de Junon et de
Minerve, trompant l'attente de ses ennemis qui lui apportent
la fausse nouvelle de la mort de son fils pour l'obliger, dans
son trouble, de se retirer de la cérémonie, et d'en laisser la
gloire à son collègue, M. Pulvillus ordonne au contraire avec
une constance fière de jeter le cadavre sans sépulture, tant
l'amour de la gloire étouffe en lui le cri des entrailles pater-
nelles ! l'Évangile qui recrute au sein de mille erreurs différentes dont il les affranchit, les citoyens de la patrie future,
permet-il de tant se glorifier à l'homme apostolique qui,
s'inquiétant des funérailles de son père, entend cette parole
du Seigneur : « Suis-moi, et laisse les morts ensevelir leurs
morts [32]. » Si M. Regulus, pour garder la foi du serment à
d'impitoyables ennemis, s'exile de Rome et revient à eux,
répondant, dit-on, aux Romains qui veulent le retenir que,
flétri des chaînes de Carthage, il ne pourrait conserver la
dignité de citoyen ; si la vengeance africaine lui fait expier
dans de cruels supplices le conseil qu'il a donné au Sénat,
quels tourments ne doit-on pas mépriser pour garder la foi à
cette patrie bienheureuse, où la foi elle-même nous conduit ?
Et que rendrons-nous au Seigneur pour tous les biens que
nous avons reçus de lui, en souffrant pour la foi qui lui est
due les tortures que pour celle qu'il doit à de féroces ennemis Regulus sait souffrir ? Comment un chrétien ose-t-il être
fier de la pauvreté qu'il embrasse volontairement pour marcher plus léger dans les voies de cette vie où Dieu est la véritable richesse, quand il sait que L. Valerius meurt, dans son
consulat, si pauvre que le peuple dut contribuer aux frais de
sa sépulture ? Quand il sait que Q. Cincinnatus, possédant

32. Mt 8, 22.

pour tout bien quatre arpents, qu'il cultive de ses propres
mains, est tiré de la charrue pour devenir dictateur, plus que
consul! et que, vainqueur, couvert de gloire, il demeure
fidèle à la pauvreté? Prendra-t-il une si haute idée de sa
vertu, celui que nul attrait de ce monde n'aura pu séparer de
la communion de l'éternelle patrie, quand il verra Fabricius
résister à tous les présents de Pyrrhus, à la promesse d'une
partie même du royaume d'Épire, pour rester pauvre et
citoyen de Rome? Réservant pour la République, c'est-à-
dire pour la chose du peuple, pour la chose de la patrie, pour
la chose commune, tout trésor, toute opulence, telle est la
pauvreté des Romains de ce siècle que l'un d'eux, convaincu
de posséder dix livres pesants d'argent en vaisselle, est,
après un double consulat, chassé par le censeur de ce Sénat
d'indigents. Si tel était le dénuement de ces hommes dont
les triomphes enrichissaient le trésor public; quoi donc?
quand, pour une fin sublime, ils mettent leurs richesses en
commun, afin que, selon le précepte des Actes des apôtres,
« il soit distribué à chacun, suivant le besoin de chacun, que
nul n'ait rien en propre, et que le bien de chacun soit celui de
tous[33] » ; les chrétiens se vanteront-ils de ce qu'ils font pour
être admis dans la société des anges, quand les païens en ont
presque autant fait pour conserver la gloire romaine? Ces
grands traits et beaucoup d'autres, que présentent les annales
de Rome, auraient-ils obtenu cette universelle renommée, si
les plus éclatantes prospérités n'eussent étendu au loin la
puissance de l'Empire? Cet Empire si vaste, si durable, si
célèbre par les vertus de ses grands hommes, est donc pour
eux la récompense où leur héroïsme aspire, et pour nous une
leçon nécessaire, un enseignement fertile en exemples?
Rougissons donc si l'amour de la glorieuse cité de Dieu ne
nous élève à la pratique de la véritable vertu, quand celle qui
lui ressemble est inspirée aux Romains par la gloire de la
cité terrestre, et si nous sommes vertueux, gardons-nous d'un
vain orgueil : « Car, dit l'apôtre, les souffrances de cette vie
n'ont aucune proportion avec la gloire qui sera révélée en

---

33. Ac 4, 32.

nous[34]. » Quant à la gloire humaine et temporelle, l'héroïsme romain en était assez digne. Aussi, lorsque le Nouveau Testament, soulevant les voiles de l'Ancien, vient nous annoncer que ce n'est point pour les biens terrestres et passagers, indifféremment répandus par la Providence sur les bons et les méchants, mais pour la vie éternelle, pour les récompenses impérissables, pour la communion de la cité d'En haut, que le seul vrai Dieu veut être adoré ; les juifs bourreaux du Christ sont dévoués à la gloire de Rome, et n'est-il pas juste que ceux qui recherchent cette gloire par de telles vertus réduisent sous leur domination ceux qui, pour combler leurs vices, rejettent et crucifient le dispensateur de la véritable gloire, le maître de l'éternelle cité[a] ?

XIX. Assurément il faut distinguer entre l'amour de la gloire et le désir de la domination, quoique l'amour immodéré de l'une ait une pente naturelle au désir de l'autre. Cependant ceux qui aspirent à la gloire humaine en ce qu'elle a de vrai ont à cœur de ne pas déplaire aux juges éclairés de leurs actions : car il est des qualités morales dont plusieurs jugent bien sans les posséder ; et c'est par là que tendent à la gloire, à la puissance, à la domination, ces hommes à qui Salluste rend ce témoignage qu'ils y tendent par le droit chemin. Mais quiconque, sans ce désir de la gloire d'où naît la crainte des jugements vrais, convoite la domination et la puissance, rien ne lui coûte, pas même le crime pour atteindre le but de ses désirs. On aspire donc à la gloire ou par la véritable voie, ou par la ruse, en voulant paraître homme de bien sans l'être. Aussi est-ce à l'homme vertueux une grande vertu de mépriser la gloire, car le mépris qu'il en fait, Dieu seul le voit, il échappe au jugement des hommes. Et en effet, quoiqu'un homme fasse en présence de ses semblables pour paraître contempteur de la gloire, si l'on suppose ce mépris suggéré par le besoin d'une estime, d'une

---

34. Rm 8, 8.
a. Augustin enseigne, ici et ailleurs, la thèse du déicide des juifs. Voir B. Blumenkranz, *Die Judenpredigt Augustinus, Ein Beitrag zur Geschichte der jüdisch-christlichen Beziehungen in der ersten Jahrhunderten,* Bâle, 1946.

gloire encore plus grande, est-il en son pouvoir de démentir
les soupçons ? Mais celui qui méprise les jugements flatteurs,
méprise aussi les soupçons téméraires ; et toutefois, s'il est
vraiment homme de bien, il ne méprise pas le salut de ces
juges défiants qui le soupçonnent. Telle est la justice en celui
qui tient ses vertus de l'esprit de Dieu, qu'il aime même ses
ennemis : envieux, détracteurs, il souhaite leur amendement
pour partager avec eux les joies, non de la terre, mais du ciel.
Quant à ceux qui le louent, s'il estime peu leurs louanges, il
estime beaucoup leur affection, et il ne veut pas tromper qui
le loue de peur de tromper qui l'aime. Aussi cherche-t-il avec
une sainte ardeur à détourner les louanges vers celui de qui
nous tenons tout ce que nous avons de vraiment louable.
Mais le contempteur de la gloire, avide de domination,
l'emporte sur les bêtes et par sa férocité et par la brutalité de
ses instincts. Tels ont été certains Romains qui, indifférents
à l'estime, brûlaient de la soif de dominer. Et dans le nombre
de ceux que l'histoire signale, César Néron mérite le premier
rang, il règne sur les plus hauts sommets où ce vice puisse
atteindre ; homme si dissolu que de lui rien de viril ne semblait à craindre, et si cruel qu'en lui l'on n'eût rien soup-
çonné d'efféminé, si on ne l'eût connu. Et cependant la puissance souveraine n'est donnée aux hommes de cette espèce
que par la Providence du Dieu souverain, quand le monde à
ses yeux mérite de tels maîtres. La parole divine est claire et
la sagesse de Dieu dit elle-même : « C'est par moi que les
rois règnent. C'est par moi que les tyrans dominent sur la
terre[35]. » Et afin que « tyran » puisse se prendre ici dans
l'ancienne acception du mot pour désigner, non le prince
méchant et dépravé, mais l'homme investi de la puissance
comme Virgile l'entend en ce vers : « Ce sera pour moi un
gage de paix de toucher la droite du tyran[36] », l'Écriture dit
ailleurs de Dieu en termes exprès : « C'est lui qui fait régner
l'homme fourbe à cause de la perversité du peuple[37]. » Ainsi

35. Pr 8, 15.
36. Virgile, *Énéide*, VII, 266.
37. Jb 34, 30.

quoique, suivant mes forces, j'aie suffisamment montré
pourquoi le seul Dieu, Dieu de justice et de vérité, a prêté son
concours à l'édifice de la grandeur des Romains, vertueux,
après tout, selon la morale de la cité terrestre, cependant il
peut encore exister une cause plus secrète, les divers mérites
du genre humain, mieux connus de Dieu que de nous.
Toujours est-il constant pour tout homme pieux que, sans la
vraie piété, c'est-à-dire sans le culte du vrai Dieu, il n'est
point de vraie vertu, et qu'elle n'est pas vraie, la vertu
esclave de la gloire humaine. Et dans ces hommes qui
n'appartiennent pas à cette cité éternelle que les saintes
Lettres appellent la cité de Dieu, mieux vaut encore pour la
cité de la Terre, erreur qu'absence de vertu. Quant à ceux
dont la solide piété n'est pas étrangère à la science de gouverner les peuples, rien n'est plus heureux pour l'humanité
que la miséricorde de Dieu remette la puissance en leurs
mains. Mais de tels hommes, si grands que soient les qualités qu'ils développent en cette vie, loin de s'en glorifier ne
les attribuent qu'à la grâce de Dieu qui les a accordées à leurs
saints désirs, à leur foi, à leurs prières ; et ils reconnaissent
combien ils sont loin de la parfaite justice des anges, société
sainte à laquelle ils aspirent. Et certes, quelque louange que
l'on prodigue à la vertu qui, destituée de la véritable piété,
n'est que la servante de la gloire humaine, à peine est-elle
comparable aux faibles commencements des justes dont
toute l'espérance réside dans la grâce et la miséricorde du
Dieu de vérité.

XX. Jaloux de faire honte à ces philosophes qui, ne laissant pas d'estimer la vertu, prétendent néanmoins que la
volupté du corps en est la mesure, que la volupté seule doit
être recherchée pour elle-même, et la vertu pour la volupté ;
ceux qui placent, au contraire, le souverain bien de l'homme
dans la vertu même ont coutume de peindre, en paroles, un
tableau allégorique où ils représentent la Volupté assise sur
un trône comme une reine délicate[38]. Les Vertus la servent

38. Cicéron, *De finibus*, II, 21, 69.

comme ses femmes, prévenant ses désirs, attentives à ses ordres. Elle commande à la Prudence d'assurer par une police vigilante la paix et la tranquillité de son règne, à la Justice de répandre toutes les grâces possibles afin de lier des amitiés nécessaires au maintien de son bien-être corporel, et que nul droit méconnu s'armant contre les lois ne porte atteinte à la sécurité de ses plaisirs. Si la douleur s'empare du corps, sans toutefois le précipiter vers la mort, le devoir de la Force est d'étreindre la Volupté, sa souveraine, de la retenir au fond de l'âme afin que le souvenir des plaisirs passés émousse l'aiguillon de la souffrance présente. La Tempérance doit régler la mesure des aliments et prévenir tout excès qui, en altérant la santé, troublerait, selon les Épicuriens, la plus grande volupté de l'homme. Voilà donc les Vertus avec toute leur gloire, toute leur majesté, réduites à servir je ne sais quelle femmelette hautaine et impudente. Rien de plus infâme que ce tableau, disent les sages, rien de plus hideux, rien de plus intolérable aux regards des gens de bien, et ils disent vrai. Pour moi, je pense qu'il n'y aurait point d'art capable de faire admettre une peinture qui représenterait les mêmes vertus au service de la gloire humaine. Car cette gloire, pour n'être point une femme délicate, n'en est pas moins malade d'enflure, et sa santé n'est que vent ; et ce n'est pas à son service que doivent s'employer la vigueur et la bonne constitution des vertus. Les prévisions de la prudence, les arrêts de la justice, la patience de la force, les prescriptions de la tempérance, ont-elles donc pour but de plaire aux hommes et de servir l'inanité de la gloire ? Et qu'ils ne se croient pas exempts de ce désordre, ceux qui méprisant les jugements d'autrui comme par dédain de la gloire, se trouvent sages et se complaisent en eux-mêmes. Leur vertu, s'ils ont quelque vertu, n'est-elle pas d'une autre manière sujette de l'estime des hommes ? Mais l'homme de véritable piété, qui porte vers le Dieu qu'il aime sa foi et ses espérances, considère plus sérieusement ce qui lui déplaît en lui-même que ce qui peut lui plaire, à lui, moins encore qu'à la vérité. Et ce qui ne lui déplaît pas en lui-même, il en fait honneur à la miséricorde de celui à qui il craint de déplaire.

Il lui rend grâces des plaies guéries, il le prie pour celles qui restent à guérir.

XXI. N'attribuons donc la puissance de disposer des sceptres et des empires qu'au vrai Dieu, qui donne le Royaume des Cieux aux bons seulement, aux bons et aux méchants le royaume de la terre, ainsi qu'il lui plaît, lui à qui rien d'injuste ne saurait plaire. Et quoique nous ayons dit sur les conseils de sa sagesse ce qu'elle nous en a laissé pénétrer, c'est toutefois une chose infiniment au-dessus de nos forces de scruter les replis du cœur de l'homme et de soumettre à un juste examen les divers mérites des peuples. Donc, ce seul vrai Dieu, dont la Providence et la Justice ne se retirent jamais du genre humain, qui a donné aux Romains l'Empire quand Il a voulu et aussi grand qu'Il a voulu, lui qui l'a donné aux Assyriens, aux Perses mêmes, adorateurs (leurs livres en font foi) de deux divinités, l'une bonne, l'autre mauvaise ; sans parler ici du peuple hébreu, qui, tant qu'il fut souverain, ne reconnut jamais qu'un seul Dieu ; Lui qui a donné aux Perses les moissons et les autres biens de la terre, en l'absence de Segetia et de tant d'autres dieux à qui les Romains assignent des fonctions particulières, ou qu'ils associent plusieurs pour un seul emploi ; c'est de lui, dis-je, qu'ils ont reçu l'Empire sans honorer ces dieux auxquels Rome se croit redevable de sa grandeur. C'est lui qui le donne également aux hommes, à Marius, à César, à Auguste, à Néron lui-même, aux Vespasiens père et fils, délices du genre humain, et à Domitien, ce monstre de cruauté ; en un mot, c'est lui qui couronne Constantin, ce prince chrétien, et Julien l'Apostat ; heureux naturel précipité par la soif de la domination dans une sacrilège et détestable curiosité, jouet de vains oracles qui lui inspirent une aveugle confiance en la victoire quand il brûle ses vaisseaux chargés des subsistances de son armée et poursuivant en furieux sa folle entreprise, frappé mortellement, il trouve la peine de sa témérité et laisse ses soldats à la merci de l'ennemi et de la faim. Et nul n'eût échappé, si malgré le présage du dieu Terme, dont nous avons déjà parlé, les bornes de l'Empire romain n'eus-

sent reculé. Car le dieu Terme céda à la nécessité, lui qui
n'avait pas cédé à Jupiter. Tous ces événements, le seul et
vrai Dieu les dispose et les gouverne comme il lui plaît. Et
les causes de sa conduite, pour être cachées, sont-elles donc
injustes ?

XXII. Souverain arbitre de la guerre, c'est sa justice ou sa
miséricorde qui accable ou console le genre humain lorsqu'il
en abrège ou en prolonge la durée. La guerre des pirates, la
troisième guerre punique sont terminées avec une incroyable
rapidité, l'une par Pompée, l'autre par Scipion. Et la guerre
des gladiateurs fugitifs, où deux consuls et plusieurs généraux
sont vaincus, où l'Italie est couverte de sang et de ruines, ne
laisse pas de s'achever en trois ans. Et voici d'autres ennemis, non plus étrangers, mais italiens : Picentins, Marses,
Péligniens, après un long et fidèle esclavage sous le joug de
Rome, relèvent la tête, impatients de leur liberté. Et cependant, Rome a déjà subjugué plusieurs nations ; Carthage est
détruite. Dans cette guerre d'Italie, les Romains souvent
vaincus perdent deux consuls, plusieurs sénateurs ; et toutefois la durée de ce fléau ne fut pas longue : la cinquième
année y mit fin. Mais la seconde guerre contre Carthage, si
fertile en désastres pour la République, épuise pendant dix-
huit années et réduit aux abois les forces romaines. Deux
batailles coûtent la vie à plus de soixante-dix mille Romains.
Il fallut vingt-trois ans pour achever la première guerre
punique et quarante ans pour abattre Mithridate. Et que l'on
se garde de croire que l'apprentissage des conquêtes fut
moins rude en ces premiers siècles dont la vertu est tant vantée : la guerre des Samnites se prolonge pendant cinquante
ans. Les Romains vaincus et humiliés passent sous le joug.
Et comme ce n'est pas la gloire qu'ils aiment pour la justice,
mais la justice qu'ils semblent aimer pour la gloire, ils violent la paix, ils rompent le traité. Je rappelle ces faits ; car plusieurs, étrangers à l'histoire du passé, quelques-uns, en dissimulant la connaissance, prennent sujet de toute guerre qui
se prolonge pour se jeter impudemment sur notre religion,
s'écriant que si elle n'existait pas, si l'on eût conservé

l'ancien culte, cette valeur romaine si prompte sous les auspices de Mars et de Bellone à terminer les guerres, les terminerait de même aujourd'hui. Que les hommes instruits se souviennent donc combien furent longues, combien mêlées de chances diverses et de catastrophes sanglantes, ces guerres soutenues par les vieux Romains ; qu'ils songent que ces fléaux sont les tempêtes qui soulèvent l'orageuse mer du monde ; qu'ils se résignent enfin à un pénible aveu ; qu'ils cessent de tromper les ignorants et de darder contre Dieu une langue mortelle à eux-mêmes.

XXIII. Et ce miracle récent de la puissance et de la miséricorde divine, ils n'ont garde de le rappeler avec actions de grâces ; loin de là, autant qu'il est en eux, ils voudraient l'ensevelir, s'il était possible, dans l'oubli de tous les hommes. Mais si nous gardions le silence, comme eux nous serions ingrats. Rhadagaise, roi des Goths, à la tête d'une formidable armée de barbares, occupe aux environs de Rome une position menaçante ; et en une seule journée, qui ne coûte aux Romains ni une mort, ni une blessure, il perd, tant sa défaite est instantanée, plus de cent mille des siens[b] ! et lui-même pris avec ses fils, reçoit le juste châtiment de ses crimes. Si cet impie fût entré dans Rome avec ce déluge de barbares, qui eût-il épargné ? Quelles tombes de martyrs eût-il honorées ? En quel homme eût-il respecté Dieu même ? À qui eût-il laissé la vie ou la pudeur ? Et quelles clameurs ceux-ci n'eussent-ils pas élevées en faveur de leurs dieux ? Et quelles récriminations insultantes ! La puissance, la victoire de Rhadagaise, voilà le prix des sacrifices journaliers qui lui concilient les dieux ; ces dieux que la religion chrétienne aliène contre les Romains ! Et voyez, lorsqu'il approchait de ces lieux où un regard de la suprême Majesté l'anéantit, au bruit de ses pas retentissant au loin, on nous disait à Carthage que les païens croyaient et publiaient victorieusement

---

b. En 405, le Goth Rhadagaise qui menaçait Rome fit lever le siège de Florence et fut battu par les Romains à Fiesole. Au contraire d'Alaric, il était païen. Sa victoire eût renforcé le parti des païens.

qu'avec la faveur et la protection des dieux, à qui, disait-on, il sacrifiait chaque jour, il ne saurait être vaincu par ces Romains dégénérés qui n'offraient plus et ne permettaient plus d'offrir de tels sacrifices aux dieux de Rome. Et ils ne tombent pas, les misérables, en actions de grâces devant la miséricorde infinie de ce grand Dieu, qui, résolu de châtier les crimes des hommes par cette irruption de barbares, sait tempérer son indignation d'une telle clémence, qu'il accorde d'abord une victoire miraculeuse, de peur qu'au détriment des faibles on ne fît honneur des succès de Rhadagaise aux démons, ses dieux ; et permet ensuite que Rome tombe au pouvoir d'autres barbares, qui, faisant céder l'ancien droit de la guerre au respect de la religion, protègent les vaincus réfugiés dans les lieux saints, et se montrent, au nom du Christ, ennemis si acharnés des démons et de ces autels idolâtres où Rhadagaise plaçait sa confiance, qu'on eût dit qu'ils leur avaient déclaré une plus rude guerre qu'aux hommes mêmes. Ainsi le vrai Seigneur et Maître du monde frappe les Romains d'une verge miséricordieuse, et par l'incroyable défaite de ces esclaves des démons, prouve que leur culte n'est pas nécessaire au salut des empires, afin que les hommes, portés à réfléchir plutôt qu'à disputer, loin d'abandonner à cause des maux temporels la véritable religion, n'en demeurent que plus fermes dans l'attente de la vie éternelle.

XXIV. Dirons-nous heureux quelques-uns des empereurs chrétiens parce qu'ils ont ou régné longtemps, ou laissé en s'endormant d'une paisible mort leur sceptre à leurs fils, ou dompté les ennemis de l'État, ou déconcerté et réprimé les ennemis intérieurs rebelles à l'autorité : tout cela, prospérités ou consolations de cette vie de misère, qu'ils partagent avec ces serviteurs des démons, étrangers au royaume de Dieu qui réclame nos empereurs. Et il en est arrivé ainsi par la miséricorde de ce Dieu qui ne veut pas que les fidèles attendent de lui de telles faveurs comme leur souverain bien. Mais nous disons heureux les princes s'ils règnent avec justice, si dans l'enivrement de tant de flatteries, de tant d'hommages qui vont jusqu'à la servilité, leur cœur ne s'élève pas et se souvient qu'ils sont hommes ; s'ils mettent leur puissance au service de la Majesté suprême pour étendre au loin le culte de Dieu ; s'ils craignent ce Dieu, s'ils l'aiment, s'ils l'honorent, si leur prédilection est acquise à ce royaume où ils n'appréhendent point de trouver des égaux ; s'ils sont lents à punir, prompts à pardonner ; s'ils ne décernent le châtiment que dans l'intérêt de l'ordre et de la paix publique, et jamais pour satisfaire leur haine ou leur vengeance ; s'ils pardonnent non pour assurer au crime l'impunité, mais dans l'espoir de l'amendement du coupable ; si parfois contraints d'user de rigueur, ils tempèrent cette nécessité par la clémence et la libéralité : s'ils sont d'autant plus retranchés dans leurs plaisirs qu'il leur serait plus facile d'y excéder ; s'ils préfèrent commander à leurs passions déréglées qu'à tous les peuples de la terre ; et s'ils vivent ainsi, non par besoin de vaine gloire, mais pour l'amour de la vie éternelle ; si pour leurs péchés, ils offrent à Dieu un sacrifice assidu d'humilité, de miséricorde et de prière ; oui, heureux les empereurs chrétiens qui vivent ainsi : heureux dès ce monde en espérance et plus tard en réalité, quand le jour sera venu que nous attendons !

XXV. Car jaloux de détourner les hommes persuadés qu'il le faut servir pour la vie éternelle, de la pensée qu'on ne saurait obtenir les grandeurs et les royaumes de la terre sans la faveur des démons dont la puissance éclate dans les prospérités temporelles, ce Dieu tout bon choisit l'empereur Constantin qui refuse à ces esprits de malice le culte qu'il rend au seul Dieu de vérité, et le comble de plus de biens que nul n'en pourrait souhaiter. Il lui accorde même de fonder cette ville, compagne de l'Empire[c], fille de Rome, qui n'a ni un temple de démons, ni une idole. Long et glorieux règne ! Seul il gouverne et protège le monde romain ; ses entreprises sont autant de succès, ses guerres, autant de victoires ; heureux surtout à abattre les tyrans. Il meurt chargé d'années et laisse ses fils en possession de l'Empire. Mais

c. Constantinople fut fondée par Constantin en 330.

d'autre part, afin que nul empereur ne se fît chrétien pour obtenir la félicité de Constantin puisqu'on ne doit l'être qu'en vue de la vie éternelle, Dieu enleva Jovien beaucoup plus tôt que Julien[d] et permit que Gratien tombât sous le poignard d'un tyran, moins malheureux encore que le grand Pompée adorateur des dieux de Rome. Pompée ne pût être vengé par Caton qu'il avait laissé, pour ainsi dire, héritier de la guerre civile, et Gratien est vengé (consolation que ne demandent point les âmes pieuses), il est vengé par Théodose qu'il avait associé à sa couronne, quoiqu'il eût un jeune frère, plus fier de cette glorieuse association que d'une trop vaste puissance.

XXVI. Et Théodose, non content de garder à l'empereur Gratien pendant sa vie la fidélité qu'il lui doit, recueille après sa mort son jeune frère Valentinien et, d'un cœur chrétien, il prend sous sa tutelle l'auguste pupille que le meurtrier Maxime a chassé de l'héritage impérial ; il voue une tendresse toute paternelle à ce prince, qui, destitué de tout secours, offrait à son hôte l'occasion d'un crime facile, si dans l'âme de Théodose la soif de régner eût étouffé une charitable générosité. Loin de là, il environne le noble exilé des égards dus à son rang et lui prodigue les consolations les plus touchantes. Cependant le succès ayant rendu Maxime redoutable, Théodose, dans ses plus vives perplexités, ne se laisse pas entraîner à des curiosités sacrilèges et illicites ; mais il envoie vers Jean, solitaire d'Égypte en qui la renommée lui annonçait un grand serviteur de Dieu doué de l'esprit de prophétie, et il reçoit de lui l'assurance formelle de la victoire. Vainqueur du tyran Maxime, il rétablit avec tous les témoignages d'une respectueuse compassion le jeune Valentinien dans la partie de l'Empire dont il avait été chassé, et, ce prince étant mort bientôt après, victime d'une trahison ou de tout autre accident, il marche contre un autre

d. Jovien, empereur en 363, mort en 364. Julien dit l'Apostat régna de 361 à 363. Il mourut en combattant les Perses. Gratien, empereur en 373, fut assassiné en 383.

tyran, Eugenius usurpateur du pouvoir, et fort d'une nouvelle réponse prophétique, il accable de toute la puissance de
sa foi la formidable armée de son ennemi ; vainqueur plutôt
encore par ses prières que par son épée. Des soldats qui
avaient combattu dans cette journée nous ont dit qu'il s'était
levé du côté de Théodose un vent si violent que les traits leur
échappaient des mains pour fondre sur l'ennemi et que les
traits de l'ennemi revenaient contre lui-même. Aussi le poète
Claudien, quoique adversaire du nom du Christ, s'écrie à la
louange de l'empereur : « Ô prince trop aimé de Dieu, pour
toi le ciel combat, pour toi les vents conspirent et volent à
l'appel de tes clairons ! » Vainqueur, suivant sa foi et sa prédiction, il renverse certaines statues de Jupiter élevées dans
les Alpes et consacrées par je ne sais quelles imprécations
contre sa vie. Et comme ses coureurs, dans cette joyeuse
familiarité que permet la victoire, lui disent en riant qu'ils
voudraient bien être foudroyés des foudres d'or du Dieu, il
leur en fait présent avec une aimable libéralité. Les fils de ses
ennemis, victimes de la guerre et non de la vengeance, qui se
réfugient aux églises sans être encore chrétiens, il leur fait
embrasser le christianisme et les aime d'une charité toute
chrétienne. Loin de les dépouiller de leurs biens, il les
comble de faveurs nouvelles. Il ne souffre pas que la victoire
ouvre un libre cours aux haines particulières. Bien différent
de Cinna, de Marius, de Sylla et de tant d'autres qui conti-
nuèrent les guerres civiles, même après leur terme, lui songe
plutôt à déplorer leur naissance qu'à rendre leur issue funeste
aux vaincus. Et dans toutes ses épreuves, au début même de
son règne, jamais il n'hésite à protéger l'Église par de justes
et saintes lois contre les assauts de ses ennemis ; cette Église
que l'hérétique Valens, fauteur des Ariens, avait tant persé-
cutée et dont il tient à plus grand honneur d'être membre que
de dominer sur la terre. Partout il renverse les idoles, sachant
bien que les faveurs temporelles mêmes dépendent non des
démons, mais du vrai Dieu. Quoi de plus admirable que sa
profonde humilité, lorsqu'entraîné par les bruyantes remon-
trances de quelques-uns de ses familiers à sévir contre les
habitants de Thessalonique dont il avait accordé la grâce à

l'intercession des évêques, il trouve une justice sainte qui l'arrête au seuil de l'église[e], et fait une telle pénitence que pour lui le peuple intercède, pleurant à la vue de la majesté impériale humiliée, plus affligé de son abaissement qu'il ne fut effrayé de sa colère en l'offensant. Ce sont ces bonnes œuvres et autres semblables, qu'il serait trop long de rappeler, que l'empereur a emportées avec lui ; de toute cette gloire, de toute cette grandeur humaine évanouies comme une vapeur légère, ses œuvres seules lui restent ; et leur récompense est l'éternelle félicité que Dieu n'accorde qu'aux âmes véritablement pieuses. Tout le reste, honneur ou soutien de cette vie, le monde, la lumière, l'air, la terre, l'eau, les fruits, l'âme de l'homme, le corps et les sens, la raison et la vie, Dieu les donne aux bons et aux méchants. Et il dispense la grandeur des empires au besoin des temps que sa providence gouverne.

XXVII. Il s'agit donc maintenant de répondre à ceux qui, convaincus par les preuves les plus claires de l'inutilité de cette multitude de faux dieux pour obtenir les biens temporels, unique objet du désir des insensés, s'efforcent d'établir que ce n'est point dans l'intérêt de la vie présente, mais pour celle qui doit suivre la mort qu'il faut les honorer. Quant à ceux que les engagements du monde attachent à ces vaines idoles et qui se plaignent de n'être plus abandonnés à la puérilité de leurs caprices, je pense leur avoir assez répondu dans les cinq derniers Livres. À la parution des trois premiers, et lorsqu'ils étaient déjà entre les mains d'un grand nombre de lecteurs, j'appris qu'on préparait contre moi une réponse, et depuis je fus informé qu'elle était écrite, mais que l'on attendait un moment favorable pour la publier sans danger. Or, j'engage les auteurs à ne pas souhaiter ce que

e. Théodose, empereur de 379 à 395, fit massacrer en 390 la population de Thessalonique à la suite d'une émeute provoquée par la punition pour vices contre nature, en vertu d'une loi nouvelle, d'un célèbre conducteur de char de cirque. Ambroise, évêque de Milan, ville impériale, imposa à Théodose une pénitence publique. Cet événement est considéré comme la première intervention capitale d'un évêque chrétien dans la politique impériale.

leur véritable intérêt désavoue. On s'imagine que c'est répondre que de ne pas savoir se taire. Et quoi de plus bavard que la vanité ? Est-ce donc à dire qu'elle soit plus puissante que la vérité, parce que, s'il lui plaît, elle peut crier plus haut que la vérité ? Qu'ils réfléchissent donc sérieusement, et si leur jugement, libre de préoccupations et de partialité, reconnaît qu'il est moins facile de ruiner nos discours par de solides raisons que de les attaquer par des bouffonneries satiriques, qu'ils répriment ce badinage, qu'ils préfèrent les réprimandes des sages aux éloges des insensés. Car si ce n'est point la liberté de dire la vérité, mais la licence de médire qu'ils attendent, le ciel les préserve de la prospérité de cet homme que la liberté de nuire faisait regarder comme heureux : « Infortuné, s'écrie Cicéron, à qui il était permis de mal faire ! » Si donc il en est un qui trouve son bonheur dans la liberté de médire, qu'il se détrompe : il sera beaucoup plus heureux de perdre cette liberté même. Et que ne renonce-t-il dès aujourd'hui à toute vaine complaisance : une juste ardeur d'être éclairé permet la contradiction ; et une dispute amicale soutenue avec gravité, sagesse et franchise ne peut que provoquer une réponse satisfaisante à ses doutes.

# Livre VI
# Critique de la théologie civile

*Avec le Livre VI commence un autre type de confrontation d'Augustin avec le paganisme. C'est avec des philosophes qu'Augustin entreprend maintenant de discuter, et non plus avec l'opinion commune. Il ne s'agit plus désormais de combattre le culte qui est rendu aux dieux « en vue du bonheur de la vie présente », mais de le réfuter en tant qu'il est estimé bon « en vue de la vie future » et de l'immortalité. La religion romaine n'est plus combattue ici en son utilité pratique et en son usage politique, mais attaquée en ses structures intellectuelles et en ses justifications idéologiques. Ce sont les fondements intellectuels et la structure même de la religion romaine que, tel un Samson, il entreprend d'ébranler et de mettre à bas. Pour ce faire, l'œuvre anthropologique de Varron,* Les Antiquités des choses humaines et divines, *lui fournit, selon un schéma pratique et ordonné, une base, une description précise et complète des institutions religieuses romaines et de son système théologique. Cette œuvre constitue en effet un conservatoire du savoir des Romains, le condensé de leur anthropologie religieuse, car c'est sur ce terrain que se place Varron, parlant d'abord des sociétés humaines, puis de leurs institutions religieuses.*

*Augustin prend comme point de départ la division tripartite de la théologie proposée par Varron :*
*– théologie mythique ou fabuleuse (celle des poètes et du théâtre) ;*

– théologie physique ou naturelle (celle des philosophes),
– théologie civile ou politique (celle des peuples).

Aux théologies poétique et civile seront consacrés les
Livres VI et VII. À la théologie philosophique les Livres VIII
et IX.

Cette seule division de la théologie romaine suffit à la
détruire, car à distinguer théologie civile et théologie poétique, Varron donne immédiatement occasion à soupçonner la
théologie civile (ou civique) : mise en relation avec la théologie poétique, elle se trouve discréditée avec les mythes
poétiques et les jeux du théâtre, et non pas renforcée ou
expliquée. Les jeux du théâtre par leur licence jettent le discrédit sur les institutions religieuses. Varron n'était-il pas
conscient de la fragilité de cette théodicée ? S'il ose se
moquer de la théologie poétique, il n'ose flétrir la théologie
civile, constitution des institutions de son peuple. Ce que
l'historien Varron n'a pas osé faire, le philosophe Sénèque
(contemporain d'Auguste) l'osera : il détruit la théologie
civile au seul profit de la théologie philosophique.

Selon Augustin, Varron, sans oser l'avouer, se retranche
finalement lui aussi sur la seule théologie philosophique,
prenant explicitement ses distances à l'égard de la théologie
poétique et ne défendant la théologie civile que par confor-
misme social. Augustin montre et démontre les contradictions
et les insanités de l'une et l'autre de ces théologies, celle du
temple n'étant pas meilleure que celle de la scène.

Ainsi, dans la lignée classique des Pères de l'Église grecs
et latins, Augustin se montre en ce Livre respecter la philosophie et critiquer sans égards la religion antique.

Des Antiquités des choses humaines et divines *(Varron)*

*Plan des 41 Livres*

– *25 Livres* De Antiquitatibus humanis rebus

| | |
|---|---|
| . *Introduction* | *1 Livre* |
| . *Les hommes* | *6 Livres* |
| . *Les lieux* | *6 Livres* |
| . *Les temps* | *6 Livres* |
| . *Les choses* | *6 Livres* |

– *16 Livres* De Antiquitatibus divinis rebus

. *Introduction*

| | |
|---|---|
| . *Les hommes* | . *les pontifes* |
| | . *les augures* |
| | . *les quindecimvirs* |
| . *Les lieux* | . *les autels privés* |
| | . *les temples* |
| | . *les lieux religieux* |
| . *Les temps* | . *les féries* |
| *(solennités publiques)* | . *les jeux du cirque* |
| | . *les jeux de la scène* |
| . *Les choses sacrées* | . *les consécrations* |
| *(De sacris)* | . *les sacrifices privés* |
| | . *les sacrifices publics* |
| . *Les dieux* | . *les dieux certains* |
| | . *les dieux incertains* |
| | . *les dieux principaux et choisis* |
| | *(selecti)* |

# LIVRE SIXIÈME

I. Je crois avoir suffisamment combattu aux cinq Livres précédents ceux qui pensent que, dans l'intérêt de cette vie mortelle et de ses passagères prospérités, il faut servir cette multitude de faux dieux, convaincus par la vérité chrétienne de n'être que de vaines idoles, d'impurs esprits, de perfides démons, et après tout, des créatures et non le Créateur ; qu'il faut les honorer et leur rendre ce culte d'adoration et de latrie qui n'est dû qu'au seul vrai Dieu. Et cependant, ni ces cinq Livres, ni d'autres, quel qu'en soit le nombre, ne sauraient prévaloir (qui l'ignore ?) contre la sottise et l'obstination. La vanité, d'ordinaire, n'affiche-t-elle pas une invincible résistance à toutes les forces de la vérité ? Assurément, pour la perte de l'homme esclave d'un vice si monstrueux. C'est une maladie qui défie toutes les ressources de l'art ; ce n'est pas la faute du médecin si le malade est incurable. Quant à ceux qui portent sur leurs lectures un jugement impartial, exempt du moins des préventions opiniâtres d'une erreur invétérée, ceux-là trouveront, sans doute, que nous avons satisfait, et au-delà, aux exigences de la question ; peut-être même nous accuseront-ils plutôt d'excès que de défaut. Et cette haine, qui impute à la religion chrétienne les calamités de cette vie, les fléaux et les révolutions du monde, cette haine que les ignorants s'acharnent à répandre, que les savants dissimulent et qu'ils accréditent contre leurs propres lumières, cédant à la rage d'impiété qui les possède, cette haine ne peut plus être devant les yeux désintéressés que l'absence de toute raison, de toute rectitude, l'effet d'une légèreté téméraire et d'une pernicieuse animosité. Maintenant, suivant l'ordre que je me suis prescrit, il me reste à réfuter et à confondre ceux qui prétendent que ce n'est point pour cette vie, mais pour celle qui doit commencer après la mort, qu'il faut s'adresser à ces dieux que la religion chrétienne détruit ; et je veux débuter par cet oracle du psaume : « Heureux celui dont le Seigneur est l'espoir, et qui n'arrête pas ses regards aux vanités et aux folies du mensonge[1]. » Mais au milieu de tant de vanités et de folies, il y a beaucoup moins de dégoût à entendre les philosophes qui réprouvent les opinions et les erreurs des peuples ; ces peuples qui élèvent des idoles, établissent ou admettent sur ceux qu'ils nomment dieux immortels des croyances fausses ou indignes, et mêlent aux solennités de leur culte ces honteuses croyances. C'est donc avec ces hommes qui ont témoigné, non pas il est vrai par une libre prédication, mais en secret et dans le sourd murmure de leurs conférences, qu'ils réprouvaient cette idolâtrie, que nous pouvons discuter si ce n'est pas le vrai Dieu, auteur de toute créature corporelle et spirituelle, qu'il faut servir pour la vie future, mais cette pluralité de dieux, qui, au sentiment même des plus célèbres, des plus éminents philosophes, doivent à ce seul Dieu leur origine et leur élévation. Quant à ces dieux, dont j'ai parlé au quatrième Livre, spécialement chargés des plus triviales fonctions, qui pourrait se laisser soutenir qu'ils aient la puissance de donner la vie éternelle ? Et ces hommes d'un esprit si subtil et si pénétrant qui se glorifient comme d'un immense service rendu à l'humanité, de lui avoir appris quelle prière, quelle demande il faut adresser à chaque divinité, pour éviter cette méprise ridicule, si fréquente dans les scènes comiques, qui fait demander de l'eau à Bacchus et du vin aux nymphes, ces savants hommes conseilleront-ils au serviteur des dieux immortels envoyé par les nymphes à Bacchus, avec cette réponse : « Nous n'avons que de l'eau, demande du vin à Bacchus » ? Lui conseilleront-ils de s'écrier : « Nymphes, si vous n'avez pas de vin,

---

1. Ps 39, 5.

donnez-moi du moins la vie éternelle » ? Ô prodige d'absurdité ! Et n'entendez-vous pas l'éclat de rire des nymphes, ces
grandes rieuses ? Et si elles ne cherchent point, comme de
malins esprits, à tromper ce suppliant, ne vont-elles pas lui
dire : « Pauvre homme, penses-tu que nous puissions disposer de la vie, quand de notre aveu même nous ne pouvons
disposer de la vigne ? » N'est-il donc pas de la plus impru-
dente folie de solliciter ou d'attendre de tels dieux la vie éternelle ? Eh quoi ! l'ordre des emplois, qui leur sont attribués
pour protéger et soutenir cette vie si féconde en misères et si
courte en durée, est tellement restreint et divisé qu'on ne saurait demander à l'un ce qui dépend des fonctions d'un autre
sans tomber dans un ridicule qui rappelle aussitôt les bouffonneries de la scène ; au théâtre, ces sottises débitées à bon
escient par un histrion provoquent les risées, et dans le
monde, gardera-t-on le sérieux quand des sots les débitent
par ignorance ? Aussi, à quel dieu ou à quelle déesse il faut
recourir, pour quel objet il faut l'invoquer, quelles sont les
attributions de ces dieux institués par les sociétés humaines,
voilà ce que les doctes ont ingénieusement révélé ; voilà les
enseignements qu'ils laissent à la postérité ; ce que l'on peut
obtenir de Bacchus, par exemple, ou des nymphes ou de
Vulcain, et ainsi des autres que j'ai en partie énumérés au
quatrième Livre, et en partie passés sous silence ? Demander
du vin à Cérès, du pain à Bacchus, de l'eau à Vulcain, du
feu aux nymphes est une erreur grossière ; quel délire est-ce
donc de demander à l'une de ces misérables divinités la vie
éternelle ? Quand, au sujet de l'Empire du monde, nous dis-
cutions à quel dieu, à quelle déesse devait s'attribuer le pouvoir de le donner, tous leurs titres débattus, rien ne s'est
trouvé plus loin de la vérité que de croire qu'un seul des
royaumes de la terre ait dû son établissement à l'un de ces
innombrables dieux du mensonge ; et n'est-ce pas le dernier
degré de la démence et de la stupidité de croire que l'un
d'eux puisse accorder un bien, sans contredit et sans comparaison préférable à tous les royaumes de l'univers – la vie
éternelle ! Et si ces dieux ne peuvent donner les empires du
monde, ce n'est pas que leur grandeur les élève tellement au-

dessus du néant des puissances humaines que, du haut de leur majesté, ils n'en daignent prendre souci ; mais, de quelque mépris que la pensée de la fragilité de l'homme nous fasse considérer ces sommets chancelants des royaumes de la terre, il n'en est pas moins vrai que c'est l'indignité de ces dieux qui leur interdit le pouvoir de dispenser et de conserver ces vanités mêmes.

Et si, comme il résulte des preuves établies aux deux premiers Livres, aucun dieu, de la noblesse ou de la plèbe divine, n'est capable de donner aux mortels une puissance mortelle, combien moins de mortels les peut-il faire immortels ? Or, discutant aujourd'hui avec des hommes persuadés qu'il faut servir ces divinités, non pour cette vie, mais pour la vie future, je leur demande, s'ils veulent qu'elles soient honorées pour ces vaines faveurs qu'une folle opinion place dans le cercle étroit de leur dépendance ; opinion de ceux qui soutiennent cette idolâtrie nécessaire aux intérêts de cette vie mortelle, opinion que je crois avoir suffisamment réfutée, de toutes mes forces du moins, dans les cinq Livres précédents. Cela posé, si les adorateurs de Juventas jouissaient d'une jeunesse plus florissante ; si les contempteurs de cette déesse étaient inévitablement réservés à une fin précoce ou aux glaces d'une vieillesse anticipée ; si la Fortune Barbue ornait d'un duvet plus agréable les joues de ses serviteurs, si elle refusait ses dons ou n'accordait qu'une barbe ridicule à ceux qui la dédaignent, nous serions en droit de dire que le pouvoir de chacune de ces déesses n'excède pas les limites de ses fonctions ; et qu'ainsi, il ne faut pas demander la vie éternelle à Juventas, qui ne peut accorder un peu de barbe, ni attendre après cette vie aucun bien de la Fortune Barbue, dont le pouvoir sur la terre ne va pas jusqu'à nous donner cet âge où la jeunesse fleurit. Si donc le culte de ces déesses n'est pas nécessaire même pour obtenir les faveurs dépendantes des attributions qu'on leur laisse ; et, en effet, combien d'adorateurs de Juventas n'ont eu qu'une jeunesse languissante ? Combien au contraire, malgré leur mépris, jouissent de toute la vigueur de cet âge ? Combien, prosternés aux pieds de la Fortune Barbue, en retour de leurs prières n'obtiennent rien ou seulement un poil rare, objets de la risée des contempteurs barbus de la déesse ? Eh quoi ! lorsque pour ces biens temporels et fugitifs, le culte de ces dieux est vain et dérisoire, cœur de l'homme, quel est ton délire de croire qu'il puisse te servir pour la vie éternelle ? Ceux-là mêmes n'ont pas la hardiesse de le dire, qui établissant sur l'ignorance des peuples les autels de l'idolâtrie, distribuent à chaque dieu son chétif emploi, pour qu'il ne se trouve aucun oisif dans cette multitude divine.

II. Où trouver ailleurs que dans M. Varron des recherches plus curieuses sur ces matières, des découvertes plus savantes, des considérations plus sûres, des distinctions plus subtiles, en un mot, un traité plus exact et plus complet ? Son élocution, il est vrai, a moins de charme, mais il est si plein de sens et de savoir que dans toute l'étendue de la science que nous nommons séculière, et que eux appellent libérale, il instruit l'homme curieux des choses, autant que Cicéron intéresse l'amateur des paroles. Et Cicéron même lui rend ce glorieux témoignage dans ses livres académiques, où il rapporte qu'il a discuté la question avec M. Varron, « le plus pénétrant, à coup sûr, dit-il, et sans doute le plus savant de tous les hommes[2] ». Il ne dit pas, le plus éloquent ou le plus disert : à cet égard, son infériorité est grande, mais « à coup sûr, le plus pénétrant des hommes ». Et dans ces mêmes livres, où il soutient qu'il faut douter de tout, il ajoute : « Et sans doute le plus savant. » Telle est ici sa certitude, qu'il abjure le doute dont il use partout ailleurs ; et voilà qu'au moment de plaider pour le doute académique il oublie qu'il est académicien ! Il commence son dialogue en élevant le mérite littéraire de Varron : « Nous errions dans notre ville comme des voyageurs et des étrangers ; tes livres nous conduisent comme par la main à nos demeures ; nous reconnaissons enfin qui et où nous sommes. C'est toi qui nous révèles l'âge de notre patrie, la succession des temps, les droits de la religion et du sacerdoce ; toi qui nous exposes la discipline pri-

2. Cicéron, *Academica*, I, 9.

vée et publique, l'état des quartiers, des lieux ; toi qui de
toutes choses divines et humaines nous dévoiles les noms, les
genres, les fonctions et les causes. » Eh bien ! cet homme
d'une érudition si vaste et si rare, dont Terentianus parle
ainsi en ce vers élégant : « Varron, qui est la science même. »
Varron, qui a tant lu qu'on s'étonne qu'il ait eu le loisir
d'écrire, et qui a plus écrit qu'il n'est peut-être possible de
lire, cet homme si grand par le génie, si grand par le savoir,
s'il se portait adversaire et destructeur de ces prétendues
choses divines ; objets de ses études, s'il les signalait comme
l'œuvre, non de la religion, mais de la superstition, je doute
qu'il réussît à constater plus de ridicules, plus de faits dignes
de mépris et de haine. Toutefois, comme il honore les dieux
et affirme la nécessité de les honorer, comme de son aveu
même, il craint qu'ils ne périssent, non par l'invasion étrangère, mais par l'indifférence des citoyens, comme il se glorifie de les soustraire à leur ruine, et, grâce à son ouvrage, de
les conserver dans la mémoire des gens de bien [3] ; précaution
plus utile que le dévouement de Metellus ou d'Énée, pour
arracher, l'un la statue de Vesta à l'incendie de son temple,
l'autre les dieux Pénates aux flammes d'Ilion – c'est lui,
c'est Varron, qui destine à la postérité ces honteuses traditions, également odieuses au sage et à l'insensé, ennemies de
la piété véritable ! Que faut-il donc penser de lui ? Subtil et
puissant génie, que la grâce de l'Esprit saint n'a pas rendu à
la liberté, il demeure courbé sous le poids de la coutume et
des lois de sa patrie ; et toutefois ce zèle spécieux pour la religion ne va pas jusqu'à se taire des objets qui lui déplaisent.

III. Il a écrit quarante et un livres d'antiquités, qu'il divise
en choses humaines et divines ; vingt-cinq livres sont consacrés aux choses humaines, seize aux divines. Quant aux
autres divisions, voici la méthode qu'il adopte. Le traité des
choses humaines se divise en quatre parties chacune de six
livres. Il prend les faits et en constate les auteurs, le lieu,
l'époque et la nature. Ainsi, les six premiers livres concer-

3. Varron, *Antiquitatum rerum divinarum*, I, 2.

nent les hommes ; les six suivants, les lieux ; les six autres, le temps ; les six derniers, les choses : total, vingt-quatre livres, précédés d'un premier, servant d'introduction générale. Quant aux choses divines, il suit le même ordre, ordre uniquement applicable à l'énumération des pratiques religieuses ; car les offrandes des hommes aux dieux se passent en temps et lieu. Et nous retrouvons encore quatre parties divisées chacune en trois livres. Trois pour les personnes, trois pour les lieux, trois pour les temps, trois pour les cérémonies. Et ici se reproduit cette subtile distinction qui signale les auteurs, le lieu, le temps et la nature des offrandes. Mais à qui ces offrandes sont-elles adressées ? C'est surtout ce qu'on lui demande, c'est la question la plus intéressante. Les trois derniers livres traitent donc des dieux. Cette division, cinq fois répétée, produit quinze livres, et le total s'élève à seize, parce qu'au début se place un livre isolé qui résume la matière. Enfin, suivant une parfaite analogie, cette division se subdivise elle-même. Des trois livres qui concernent les hommes, le premier traite des Pontifes, le second des Augures, le troisième des Quindecimvirs. Les trois livres suivants, qui concernent les lieux, comprennent, l'un, les autels privés ; l'autre, les temples ; le dernier, les lieux sacrés. Les livres qui ont pour objet le temps, c'est-à-dire les solennités publiques, décrivent successivement les féries, les jeux du cirque et les jeux de la scène. Des trois livres destinés aux choses sacrées, l'un a pour objet les consécrations ; le second, les sacrifices particuliers ; le troisième, les sacrifices publics. À la suite de ce long développement des pompes religieuses, viennent enfin ceux à qui tant d'honneurs sont prodigués ; les trois livres restants amènent les dieux : le premier, les dieux certains ; le second, les incertains ; le dernier, les dieux principaux et choisis. Dans cette belle ordonnance, c'est en vain que l'on cherche, en vain que l'on espère la vie éternelle ; l'espoir même de l'y découvrir est impie : nous l'avons déjà dit, nous le dirons encore. Évidente vérité pour quiconque n'a pas son ennemi dans l'obstination de son propre cœur ; car tout cela est de l'institution ou des hommes ou des démons, non pas de ceux que les païens appellent bons démons, mais pour parler sans détour, de ces esprits d'impureté et de malice dont la subtile jalousie souffle à l'âme humaine ces fausses opinions qui la précipitent de plus en plus dans la vanité, s'opposant à son union avec la vérité éternelle et immuable : perfide haine qui secrètement suggère ces erreurs à la pensée des impies, parfois même à leurs sens, et déploie tout artifice possible pour les confirmer dans leur égarement. Et Varron, Varron lui-même déclare qu'il parle en premier lieu des choses humaines, puis des divines, parce que les sociétés précèdent les institutions. Mais la véritable religion ne doit pas son origine à une cité terrestre, c'est elle, au contraire, qui établit la céleste cité ; et c'est le maître de la vie éternelle, c'est le vrai Dieu qui l'inspire, qui l'enseigne à ses vrais serviteurs.

IV. Quand Varron avoue qu'il a traité des choses humaines avant les divines parce que ces dernières sont de l'institution des hommes, voici comment il raisonne : le peintre précède le tableau, l'architecte l'édifice, et les cités, les institutions civiles. Il dit encore qu'il eût parlé des dieux, s'il eût traité de toute la nature divine, comme s'il ne s'agissait dans son ouvrage que d'une partie de cette nature, et comme si une partie de la nature divine ne devait pas précéder la nature humaine. Et cependant, en ses trois derniers livres, cette exacte division des dieux certains, incertains et choisis, lui laisse-t-elle passer sous silence aucune nature divine ? Que prétend-il donc en disant que s'il traitait à fond de toute nature divine et humaine, il eût épuisé la question des dieux avant d'épuiser celle des hommes ? Car enfin il écrit de toute la nature ou de quelque nature, ou de nulle nature divine. Dans le premier cas, nul doute que les choses humaines ne doivent céder le pas. Et, dans le second, pourquoi prendraient-elles les devants ? Quoi ? Est-ce qu'une fraction de nature divine ne mérite pas la préférence sur toute la nature humaine ? Que si l'on croit trop accorder à cette fraction de la préférer à la totalité des choses humaines, du moins lui doit-on cette préférence sur ce qui ne touche que Rome. Car ces livres des choses humaines n'embrassent pas l'humanité, ils se bornent aux intérêts romains. Et cependant Varron s'applaudit que, suivant l'ordre de son ouvrage, cette partie même précède la partie des choses divines, comme le peintre précède le tableau, l'architecte l'édifice ; aveu manifeste que ces choses divines, comme l'architecture, comme la peinture, sont d'institution humaine. D'où il suit qu'il ne traite d'aucune nature des dieux ; et sans s'expliquer nettement il le laisse entendre aux habiles. En effet, il se sert d'une expression équivoque, qui, dans l'acception ordinaire, se prend pour « quelque », mais peut également signifier « aucun ». Car « aucune » exclut « tout » et « partie ». Et ne dit-il pas : « S'il s'agissait de toute la nature des dieux, l'ordre serait d'en parler avant les choses humaines. » Et comme la vérité le proclame sans lui, ne fût-il question que d'une partie de la nature divine, encore devrait-elle précéder les choses humaines. Si c'est avec raison qu'elle vient à la suite, elle n'est point. Ce n'est donc pas que Varron veuille préférer les choses humaines aux divines, mais c'est qu'il ne veut pas préférer l'imaginaire au réel. Car lorsqu'il traite la question humaine, il s'appuie sur l'histoire des faits accomplis. Quant à la question divine, que peut-il invoquer ? des opinions vaines et chimériques. Et c'est ce qu'il fait entendre avec une rare habileté d'expression, non seulement par l'ordre même qu'il suit, mais encore par la raison qu'il en donne. Si sur ce point il eût gardé le silence, peut-être soutiendrait-on que telle n'était pas sa pensée. Or la raison qu'il rend lui-même ne permet à cet égard aucune autre conjecture, comme il le prouve assez clairement. Il ne préfère pas la nature humaine à la nature divine, mais les hommes à leurs institutions. Ainsi, l'objet de son traité des choses divines n'est nullement la vérité, essentielle à la nature, mais la fausseté, attribut de l'erreur. Lui-même le reconnaît ; et l'aveu en est encore plus formel dans le passage que j'ai signalé au quatrième Livre où il dit qu'il suivrait les principes de la nature, s'il fondait une nouvelle cité, mais qu'enfant de la vieille Rome, il lui était impossible de se dérober au joug de la coutume.

V. Et pourquoi admet-il trois genres de théologie ou
science des dieux, qu'il nomme mythique, physique et
civile ? Quelle est la raison de cette distinction ? Si l'usage le
permettait, nous traduirions « mythique » par « fabuleux » :
car l'expression grecque *mythe* signifie *fable*. Quant au
synonyme « naturel » l'usage l'autorise ; et le terme « civil »,
Varron lui-même l'emploie. « On appelle mythique, ajoute-
t-il[4], la théologie des poètes ; physique, celle des philosophes ; civile, celle des peuples. La première, dit-il encore,
admet beaucoup de faits contraires à la dignité et à la nature
des immortels. C'est un dieu qui naît ou de la tête, ou de la
cuisse, ou de quelques gouttes de sang ; c'est un dieu voleur ;
c'est un dieu adultère, c'est un dieu au service de l'homme.
Enfin, on attribue aux dieux tous les désordres, non seulement des hommes, mais des hommes les plus infâmes. »
Ainsi quand il peut, quand il ose, quand il croît le pouvoir
impunément, Varron déclare sans obscurité, sans équivoque,
de quel opprobre ces fables menteuses flétrissent la nature de
Dieu, car il parle ici non de la théologie naturelle ou civile,
mais de la théologie fabuleuse qu'il croit pouvoir librement
accuser. Et maintenant, voici comment il s'exprime sur la
théologie naturelle : « Les philosophes, dit-il, ont laissé sur
ce sujet de nombreux ouvrages où ils recherchent le nombre,
la résidence, l'espèce et la nature des dieux. Quel est le principe de leur être ? Est-ce le feu, comme le pense Héraclite ?
Ou les nombres, au sentiment de Pythagore ? Ou les atomes,
suivant Épicure ? Toutes questions qu'il est plus sûr de
débattre dans l'enceinte de l'école qu'en public, au Forum. »
Il ne trouve rien à censurer dans cette théologie naturelle,
théologie des philosophes. Il se contente de rappeler la diversité de leurs opinions qui enfante tant de sectes dissidentes.
Et cependant il éloigne cette théologie du Forum, il la renferme dans les murs de l'école ; il la dérobe au peuple et lui
abandonne celle qui n'est que mensonge et obscénités.
Chastes oreilles des peuples ! chastes oreilles romaines !
Leur délicatesse ne peut souffrir les disputes des philosophes

---

4. Varron, *Antiquitatum rerum divinarum*, I, 7.

sur les dieux immortels ; mais les chants des poètes, mais les
jeux des histrions, attentatoires à la dignité de ces dieux,
mais ces actions imaginaires que l'on n'imputerait pas au
plus méprisable des hommes, on les supporte ; que dis-je ? on
les accueille avec joie. Et l'on croit que les dieux y prennent
plaisir et que ces spectacles apaisent leur courroux. Sachons
distinguer, me dira-t-on, la théologie fabuleuse et naturelle
de la théologie civile. Et Varron lui-même n'en fait-il pas la
différence ? Voyons donc comment il explique cette théologie civile. Je comprends sans peine pourquoi il faut séparer
la théologie fabuleuse ; c'est qu'elle est fausse, c'est qu'elle
est honteuse, c'est qu'elle est indigne. Mais quoi ! vouloir
séparer la théologie naturelle de la civile, n'est-ce pas avouer
que la civile même est une erreur ? Si en effet elle est naturelle, que lui reproche-t-on pour l'exclure ? Si elle n'est pas
naturelle, quels titres lui reconnaît-on pour l'admettre ? Et
voici pourquoi Varron aborde la question des choses
humaines avant celle des choses divines, c'est qu'en traitant
la dernière, il n'atteint pas la nature des dieux, mais les institutions des hommes. Examinons néanmoins cette théologie civile. « Elle est, dit Varron, la science nécessaire à tous
les citoyens des villes et surtout aux pontifes, science pratique qui règle quels dieux il faut honorer publiquement, à
quels pieux devoirs, à quels sacrifices chacun est obligé. »
Écoutons encore les paroles suivantes : « La première théologie, dit-il, est propre au théâtre, la seconde au monde, la
troisième à la cité. » À laquelle donne-t-il la préférence ?
Évidemment à la seconde. Car suivant son témoignage, elle
appartient au monde, et rien, au sentiment des philosophes,
n'est plus excellent que le monde. Quant aux deux autres, la
première et la dernière, celle du théâtre, celle de la cité, il les
distingue et les sépare. Car il ne s'en va pas nécessairement
que ce qui appartient à la cité appartienne au monde. Ne
peut-il pas arriver qu'égarée par de fausses opinions, la cité
professe un culte et des croyances dont l'objet n'existe ni
dans le monde, ni hors du monde ? Où est le théâtre, sinon
dans la cité ? Qui l'a institué, sinon la cité ? Et pour quoi l'a-
t-elle institué, sinon pour les jeux scéniques ? Et où figurent

ces jeux scéniques, sinon entre les choses divines dont Varron parle avec tant d'art ?

VI. Ô Marcus Varron, tu es le plus pénétrant et sans aucun doute le plus savant de tous les hommes ; homme toutefois, et non pas dieu, ni même un homme élevé par l'esprit de Dieu en lumière et en liberté, pour découvrir et annoncer les choses divines ; tu vois clairement combien il importe de les séparer du mensonge et du néant des choses humaines, mais tu crains d'offenser les opinions immorales et les superstitieuses coutumes des peuples. Et cependant combien ils répugnent à la nature des dieux, de ces dieux mêmes tels que la faiblesse de l'esprit humain se les figure dans les éléments du monde, tu le sais toi-même après sérieux examen, et tous vos livres le publient hautement. Que fait donc ici l'esprit de l'homme si excellent qu'il soit ? Et cette science humaine que tu possèdes, variée et profonde, vient-elle à ton secours en ce passage critique ? Tu voudrais honorer les dieux naturels ; tu es enchaîné aux autels des dieux civils. Tu en trouves de fabuleux sur lesquels tu te soulages plus librement de l'indignation qui t'oppresse ; et, telle soit ou non ta volonté, l'amertume de tes paroles rejaillit sur ces deux civils. Ne dis-tu pas, en effet, que les dieux fabuleux sont propres au théâtre ; les dieux naturels, au monde ; les dieux civils, à la cité ? Et le monde n'est-il pas l'œuvre de Dieu ; le théâtre et la cité, celle des hommes ? Et les dieux dont on rit au théâtre, ne sont-ils pas les mêmes qu'on adore dans le temple ; et les dieux à qui l'on consacre des jeux, sont-ils différents de ceux à qui l'on immole des victimes ? Ne serait-il pas plus sincère, plus vrai, de diviser les dieux en dieux naturels et dieux institués par les hommes, et d'avouer que sur ces divinités d'institution humaine le langage des poètes n'est plus celui des prêtres quoique le lien d'une commune erreur les associe fraternellement dans une égale complaisance pour les démons, ces mortels ennemis de la doctrine de vérité ? Laissant à l'écart cette théologie naturelle dont nous parlerons bientôt, faut-il, dis-moi, solliciter ou attendre la vie éternelle de ces dieux des poètes, de ces dieux du théâtre ?

Loin de nous ! Dieu nous garde, le vrai Dieu, de cette sacrilège démence ! Quoi ! à ces dieux, amis de tant d'horreurs, et
que ces spectacles apaisent, demander la vie éternelle ! non,
le délire le plus furieux ne saurait rouler au fond de cet abîme
d'impiété. Ni la théologie fabuleuse, ni la théologie civile
n'obtiennent à personne la vie éternelle. L'une imagine,
l'autre favorise de honteuses fictions sur les dieux ; l'une
sème, l'autre moissonne ; l'une répand, l'autre recueille le
mensonge. L'une flétrit les choses divines de crimes supposés, l'autre comprend parmi les choses divines la représentation de ces crimes. L'une raconte en vers ces criminelles
imaginations des hommes, l'autre les consacre aux dieux
mêmes par des fêtes solennelles. L'une chante leurs infâmes
désordres, l'autre les aime. L'une les dévoile ou les invente ;
l'autre leur rend témoignage comme vrais ou s'en divertit
quoique faux. Impures, détestables toutes deux, la théologie
du théâtre fait profession publique d'impudicité et la théologie civile lui emprunte sa vile parure. Et l'on attendrait la
vie éternelle de ce qui souille cette vie temporelle et passagère ! si ce n'est que la compagnie des hommes d'iniquité,
qui s'insinuent dans nos affections et gagnent notre complicité, corrompe à la vérité notre vie, et qu'au contraire elle
demeure pure dans la société des démons à qui l'on fait un
culte de leurs propres crimes ? crimes vrais ? quels monstres !
– crimes faux ? quel culte ? Mais peut-être quelqu'un, ignorant de tout ceci, croira-t-il que les seuls chants des poètes et
les seuls jeux de la scène proclament ou représentent ces
actions indignes de la majesté divine ; actions ridicules,
odieuses ; et que les mystères célébrés par les prêtres et non
par les histrions sont purs de tant d'obscénités. S'il en était
ainsi, eût-on jamais pensé qu'il fallût consacrer aux dieux
ces infâmes jeux de la scène ? Les dieux eussent-ils jamais
réclamé ces abominables honneurs ? mais si le théâtre lui
rend ce culte effronté, c'est que le temple n'est pas plus
chaste. Ainsi l'auteur que je cite cherchant à distinguer la
théologie civile de la fabuleuse et de la naturelle, nous la
représente plutôt comme un mélange de l'une et de l'autre
que comme une théologie distincte. Car il dit que les com-

positions des poètes sont au-dessous de la croyance des peuples et que l'enseignement des philosophes surpasse la portée du vulgaire. Et cependant, malgré la répugnance mutuelle des deux théologies, on a beaucoup emprunté à l'une et à l'autre pour former la religion civile. « En traitant de cette dernière, dit-il, ses rapports avec celle des poètes ressortiront naturellement. Mais il faut qu'elle nous donne commerce avec les philosophes de préférence aux poètes [5]. » On ne peut donc nier certaines affinités avec les poètes. Et toutefois il dit ailleurs que sur les généalogies des dieux, les peuples se sont plutôt attachés aux poètes qu'aux philosophes. C'est qu'il dit tantôt ce qu'on doit faire et tantôt ce qu'on fait. Il ajoute que les philosophes ont écrit pour l'utilité et les poètes pour le plaisir. Donc ce que les poètes ont écrit, ce que les peuples ne doivent point imiter, ce sont ces crimes de dieux qui précisément divertissent et les peuples et les dieux. Les poètes, de son aveu, écrivent pour le plaisir et non pour l'utilité, et cependant ils écrivent ce que les dieux demandent et ce que les peuples leur dédient [6].

VII. Ainsi à la théologie civile revient cette théologie fabuleuse, cette théologie des théâtres et de la scène, remplie de souillures et d'infamies ; celle qu'un jugement unanime condamne et rejette, fait partie de celle à qui l'on croit devoir un culte, des honneurs ; et l'une n'est pas attachée à l'autre, de force ; comme un membre étranger au reste du corps, non le rapport est parfait ; c'est l'intime union d'un organe naturel. Voyez les statues des dieux ; démentent-elles la physionomie, l'âge, le sexe, l'attitude que leur donnent les poètes ? S'ils ont un Jupiter barbu, un Mercure sans barbe, le Jupiter, le Mercure des pontifes sont-ils différents ? Priape est-il moins obscène chez les bouffons que chez les prêtres ? Les dieux sacrés offrent-ils à l'adoration un Priape différent de celui que le théâtre livre aux risées ? Saturne vieillard, Apollon adolescent ne sont-ils que des masques d'histrions,

5. Varron, *Antiquitatum rerum divinarum*, I, 11.
6. Varron, *Antiquitatum rerum divinarum*, I, 19.

et non des statues de dieux ? Pourquoi Forculus qui préside
aux portes, Limentinus au seuil, sont-ils mâles, tandis que
leur compagne Cardea qui veille sur le gond est une femme ?
Ne trouve-t-on pas dans les livres des choses divines des
détails que la gravité des poètes juge indignes de leurs
chants ? La Diane de la scène marche-t-elle armée, tandis
que la Diane de la ville est simplement une jeune fille ?
Apollon n'est-il cithariste qu'au théâtre, et ne l'est-il plus à
Delphes ? Mais tout cela est honnête au prix du reste. Quel
sentiment ont de Jupiter ceux qui placent sa nourrice au
Capitole ? Ne confirment-ils point le témoignage d'Éphémère qui assure non pas avec la légèreté d'un mythologue,
mais avec l'exactitude d'un historien que ces dieux ont été
des hommes soumis à la mort ? Et quand on appelle à la table
de Jupiter ces divinités parasites, n'est-ce pas pour changer
le culte en bouffonnerie ? Qu'un mime s'avise de dire que
des parasites sont admis au festin de Jupiter, ne veut-il pas
faire rire ? Et Varron le dit ; il le dit, quand il veut attirer aux
dieux non des railleries, mais des hommages ; il le dit, dans
ses livres, non des choses humaines, mais des choses
divines ; non quand il décrit les jeux scéniques, mais quand
il nous révèle les droits du Capitole. Enfin la force de la
vérité le contraint d'avouer qu'en revêtant les dieux de
formes humaines, l'homme les avait crus sensibles aux
voluptés de l'homme : car les malins esprits ne manquent
pas à leur rôle ; ils ne manquent pas de confirmer par l'illusion dans les âmes humaines ces pernicieuses opinions.
Ainsi le surveillant du temple d'Hercule se trouvant libre et
désœuvré se mit à jouer seul aux dés, d'une main pour
Hercule, et de l'autre pour lui-même, à condition que s'il
gagnait il ferait un festin des offrandes du temple et obtien-
drait à ce prix les faveurs d'une maîtresse, et si la chance se
déclarait pour Hercule, il pourvoirait à ses frais aux plaisirs
du dieu. S'étant donc vaincu lui-même au profit de son
adversaire, il lui présenta le festin convenu et la fameuse
courtisane Larentina. Cette femme s'endort dans le temple et
se voit en songe unie à Hercule qui lui dit que le jeune
homme qu'elle rencontrera d'abord au sortir du temple

acquittera la dette d'Hercule. Et en effet le premier qui
s'offrit à sa vue était un jeune homme fort riche nommé
Tarutius, qui l'ayant eue longtemps auprès de lui, la laissa
par sa mort héritière de tous ses biens. Maîtresse d'une
immense fortune, et jalouse de se montrer reconnaissante des
faveurs célestes, Larentina crut plaire aux dieux en instituant
le peuple romain son héritier. Elle disparut alors et l'on
trouva son testament qui lui valut, dit-on, les honneurs
divins. Si les poètes inventaient, si les comédiens représentaient de pareilles fictions, on dirait assurément qu'elles
appartiennent à la théologie fabuleuse et n'ont aucun rapport
avec la majesté de la théologie civile. Or, quand un auteur si
célèbre rapporte ces infamies, non comme imaginations des
poètes, mais comme religion des peuples ; non comme orgies
de théâtre, mais comme pieuses cérémonies ; comme institutions non de la théologie fabuleuse, mais de la théologie
civile, ce n'est pas en vain que les historiens représentent
sous le masque la honte des dieux qui est sans mesure, mais
c'est en vain que les pontifes dans les rites sacrés leur prêtent
une décence qui leur est inconnue. Junon a ses mystères, et
cela dans sa chère île de Samos, où l'on célèbre son mariage
avec Jupiter. Cérès a ses mystères, où l'on cherche
Proserpine enlevée par Pluton. Vénus a ses mystères, où l'on
pleure le jeune et bel Adonis, son amant, expiré sous la dent
d'un sanglier. La mère des dieux a ses mystères, où des
eunuques, qu'on appelle Galles, déplorent par leur propre
infortune celle d'Atys, charmant jeune homme qu'elle adore,
triste victime de sa jalousie de femme. Les fictions de la
scène sont moins effrontées ; où est donc la raison de vouloir
séparer ces actions fabuleuses qui appartiennent au théâtre
de cette théologie civile qu'on prétend rattacher à la cité,
comme on sépare l'honnête et le décent de l'ignoble et de
l'obscène ? Eh quoi ! n'aurait-on pas plutôt à rendre grâces
aux histrions d'épargner les yeux des hommes, et de ne pas
dévoiler sur la scène ce que cache l'enceinte du sanctuaire ?
Que faut-il penser de ces mystères accomplis dans les
ténèbres, quand ceux que l'on produit au jour sont si détestables ? Que se passe-t-il en secret avec ces hommes énervés

et infâmes ? Les païens le savent, mais ces hommes eux-
mêmes, mais leur déplorable et honteuse dégradation, est-ce
un secret qu'on puisse nous cacher ? Qu'ils persuadent, s'ils
peuvent, qu'il ne se pratique rien que de religieux par le
ministère de tels hommes ; mais que de tels hommes soient
rangés et figurent parmi les choses saintes, le niera-t-on ?
Nous ignorons les mystères, mais nous connaissons les pontifes. Nous savons encore ce qui se passe sur la scène où
jamais ne parut, fût-ce même dans un chœur de courtisanes,
pareil monstre de lubricité ; et cependant ces comédiens sont
marqués du sceau de l'opprobre et de l'infamie ; et jamais un
honnête homme ne pourrait se charger de leur rôle. Quels
sont donc ces mystères où la religion admet pour ministres
des hommes que l'effronterie même du Thymèle repousse ?

VIII. Mais à tout cela, dit-on, il est un sens caché ; des raisons naturelles qui veulent être expliquées. Comme si, dans
cette question, il s'agissait de rechercher les secrets de la
physique et non ceux de la théologie, la connaissance de la
nature et non celle de Dieu. Car bien que le vrai Dieu soit
Dieu par nature et non par opinion, toute nature pourtant
n'est pas Dieu. L'homme, en effet, l'animal, l'arbre, la pierre
sont autant de natures, et nulle d'elles n'est Dieu. Que si
l'explication des mystères de la mère des dieux nous apprend
en définitive qu'elle n'est autre que la terre, est-il besoin de
recherches plus longues et d'investigations différentes ? Est-
il une preuve plus évidente à l'appui de l'opinion qui affirme
que tous les dieux ont été des hommes ? Ils sont sortis de terre,
puisque la terre est leur mère. Or, selon la vraie théologie, la
terre n'est pas la mère de Dieu ; elle est son ouvrage. Mais de
quelque façon que l'on interprète ces mystères et qu'on les
rattache à l'ordre naturel, toujours est-il certain que la honte
de ces hommes efféminés est une violation de la nature.
Désordres, crime, infamie professés à la face des autels, et que
les derniers des hommes, au milieu des tortures, rougiraient
de confesser ! Et d'ailleurs si ces mystères convaincus d'être
plus honteux que toutes les turpitudes de la scène s'excusent
et se justifient, comme étant des emblèmes de la nature,

pourquoi ne pas excuser, ne pas justifier de la sorte les fictions des poètes ? Eux aussi renferment un sens caché ; la plus sauvage, la plus odieuse de leurs imaginations n'est-elle pas une allégorie ? Saturne dévorant ses enfants, c'est, suivant plusieurs interprètes, la durée du temps qui consume tout ce qu'elle produit, ou, suivant l'opinion de Varron[7], c'est la semence qui retombe sur la terre d'où elle est sortie. Il est encore différentes explications et ainsi des autres fables. Et voilà ce qu'on appelle la théologie fabuleuse, et malgré tant d'ingénieuses interprétations, elle est flétrie, repoussée, réprouvée et retranchée comme calomniant les dieux non seulement de la théologie naturelle, de la théologie des philosophes, mais de la théologie civile, de la théologie des États et des sociétés. Quelle est donc la pensée de ces hommes, prodiges de pénétration et de science, qui ont écrit sur ces matières ? Ils enveloppent dans une commune réprobation la théologie fabuleuse et la théologie civile ; mais ils n'osent s'élever contre l'une et contre l'autre. Ils flétrissent l'une d'un blâme public, et ils signalent les ressemblances de l'autre avec la première, non pour déterminer un choix, mais pour insinuer le mépris et de l'une et de l'autre. Ainsi, sans danger pour ces timides ennemis de la théologie civile, le mépris de toutes deux donnait accès dans les bons esprits à la théologie dite naturelle. En effet la théologie fabuleuse et la théologie civile sont toutes deux fabuleuses, toutes deux civiles : toutes deux fabuleuses, si l'on considère quels mensonges, quelles obscurités elles recèlent ; toutes deux civiles, si l'on songe que les jeux scéniques, appartenant à la théologie fabuleuse, sont compris dans les fêtes des dieux civils et dans le culte public. Comment donc attribuer à aucun de ces dieux le pouvoir d'accorder la vie éternelle ; ces dieux convaincus et par leurs statues et par leurs mystères d'offrir avec les dieux de la fable si manifestement réprouvés, une telle conformité de traits, d'âge, de sexe, d'extérieur, d'alliance, de généalogies, d'honneurs ? Toutes circonstances propres à établir qu'ils ont été des hommes dont on a

---

7. Varron, *Antiquitatum rerum divinarum*, XVI, 247.

solennellement consacré la vie ou la mort, selon les perfides
instigations des démons, ou du moins que les esprits impurs
n'ont laissé échapper aucune occasion de s'insinuer dans les
âmes humaines.

IX. Et ces emplois mêmes des dieux, si misérablement
morcelés, et pour quoi l'on prétend qu'il faut leur adresser
des prières spéciales, ces emplois dont nous avons déjà tant
parlé sans tout dire, ne sentent-ils pas plutôt les bouffonneries des histrions que la majesté des dieux ? Que dirait-on
d'un père qui donnerait deux nourrices à son enfant, l'une
chargée de la nourriture, l'autre du breuvage, comme on a
pour cet office deux déesses, Éduca et Potina ? Qu'il est fou,
qu'il joue la comédie dans sa maison. On veut que les noms
de Liber et de Libera (ou Vénus), suivant l'opinion commune, viennent de la délivrance qu'ils procurent après
l'union, et qu'en reconnaissance de ce bienfait on offre dans
le même temple le sexe de l'homme à Liber, celui de la
femme à Libera. On destine encore à Liber des femmes et du
vin pour exciter les sens. Aussi les bacchanales sont-elles
célébrées avec fureur : Varron lui-même avoue que le délire
seul peut expliquer les excès des bacchantes. Ces orgies toutefois, déplurent dans la suite au Sénat plus sage qui les interdit. Peut-être alors reconnut-on ce que les esprits impurs, pris
pour dieux, peuvent sur les âmes humaines. Rien de tel assurément ne se passerait sur la scène. Elle présente des jeux et
non des fureurs, quoiqu'il y ait une sorte de fureur à servir
des dieux qui se plaisent à de tels spectacles. Mais que prétend Varron, quand établissant, entre l'homme religieux et le
superstitieux[8], cette distinction que l'un redoute les dieux, et
que l'autre les honore comme pères, loin de les craindre
comme ennemis, parce que, à l'en croire, leur bonté est si
grande qu'il leur en coûte moins de pardonner aux coupables
que de frapper un innocent, que prétend-il, quand aussitôt il
remarque qu'on assigne trois dieux à la garde des femmes
accouchées, pour prévenir les attaques nocturnes de

8. Varron, *Antiquitatum rerum divinarum*, I, 47.

Silvanus, et que figurant les trois dieux, trois hommes font de nuit la ronde autour de la maison, qu'ils frappent d'abord le seuil de la porte avec la hache, puis avec le pilon et le nettoient enfin avec le balai; emblèmes d'agriculture qui défendent l'entrée à Silvanus; car c'est le fer qui taille et coupe les arbres; c'est le pilon qui broie le froment; c'est le balai qui amoncelle les gerbes; et de là trois divinités prennent leur nom: Intercidona, de l'incision faite par la hache, Pilumnus, du pilon et Deverra, du balai, trois dieux chargés de préserver l'accouchée des violences de Silvanus! Ainsi contre la brutalité d'un dieu mauvais, l'assistance des bons serait inutile, s'ils n'étaient trois contre un, et s'ils n'opposaient à ce sauvage et farouche hôte des bois, des symboles d'agriculture qui lui sont contraires. Voilà donc l'innocence et le bon accord de ces dieux! Les voilà ces dieux protecteurs des villes, plus ridicules que toutes les bouffonneries de la scène! Que le dieu Jugatinus préside à l'union conjugale; à la bonne heure! Mais il faut conduire l'épousée à la demeure de l'époux, et l'on appelle le dieu Domiducus; il faut l'y retenir, c'est l'emploi du dieu Domitius. Pour qu'elle réside avec son mari, survient la déesse Manturna. Que veut-on de plus? Grâce du moins pour la pudeur humaine! Que la concupiscence de la chair et du sang fasse le reste dans le secret de la honte! Pourquoi remplir la chambre nuptiale de cette troupe divine, quand les paranymphes se retirent? Et on la remplit de ces dieux, non pas afin que la pensée de leur présence soit comme une garantie de chasteté, loin de là; réunis contre une faible fille qu'un tel moment épouvante, tous les efforts concourent à lui faciliter la perte de sa virginité. Là se donnent rendez-vous et Subigus et Prema et Pertunda et Vénus et Priape. Eh quoi! s'il faut qu'alors le mari soit fortifié du secours des dieux, ne suffirait-il pas d'un seul dieu, d'une seule déesse? N'est-ce pas assez de Vénus qui, dit-on, n'est invoquée en ce moment, que parce que, sans sa puissance, une femme ne peut cesser d'être vierge? Si les hommes ont encore une pudeur qui manque aux dieux, l'idée de la présence de tant de divinités mâles et femelles, intéressées à ce mystère de l'hyménée, ne doit-elle pas ins-

pirer aux époux assez de honte pour ralentir les désirs de l'un
et augmenter les résistances de l'autre ? Quoi ! s'il y a une
déesse Virginensis pour détacher la ceinture virginale, un
dieu Subigus pour vaincre, une déesse Prema pour réduire,
que fait là cette déesse Pertunda ? Qu'elle rougisse ! qu'elle
sorte ! Que du moins l'homme agisse lui-même. C'est une
infamie qu'un autre le remplace dans ce devoir que le nom
de cette déesse exprime. Pourquoi la souffre-t-on ? parce
qu'elle est une déesse et non un dieu ? Car si la croyance
amenait ici un dieu mâle sous le nom de Pertundus, le mari,
pour sauver l'honneur de sa femme, n'aurait-il pas à requé-
rir contre ce dieu bien plus de secours que l'accouchée
contre Silvanus ! Mais que dis-je ? n'y a-t-il pas là un dieu
qui n'est que trop viril, l'immonde Priape ? Et toutefois,
c'était une coutume consacrée par la chaste religion des
dames romaines, de faire asseoir l'épouse sur le genou de ce
monstre ! Et puis, que l'on s'applique encore à distinguer la
théologie civile de la théologie fabuleuse ; la cité, du théâtre ;
le temple, de la scène ; les mystères sacrés, des fictions poétiques ; comme l'on distingue la décence de l'impureté, la
vérité du mensonge, la gravité des bagatelles, le sérieux du
bouffon, ce qu'il faut rechercher de ce qu'il faut fuir. Vaines
subtilités ! nous savons la pensée de ceux qui ne doutent pas
que la théologie scénique ne dépende de la civile, et que les
vers des poètes ne soient le fidèle miroir qui reproduit et
expose les traits de celle que l'on n'ose point condamner.
Aussi est-ce l'image que l'on accuse, que l'on flétrit librement, afin que les initiés aux secrètes intentions des sages
proscrivent à la fois la réalité et le miroir ; miroir où les dieux
se contemplent avec tant d'amour, que pour les connaître il
ne faut pas moins consulter le miroir que la réalité. C'est
pourquoi ils enjoignent à leurs adorateurs, par de terribles
menaces, de leur dédier ces infamies de la théologie fabuleuse, de les célébrer aux fêtes solennelles, de les ranger au
nombre des choses divines. C'est ainsi qu'ils se déclarent
évidemment esprits impurs, et quand ils rattachent à la théologie civile, comme à une théologie choisie et approuvée,
ce membre différent, cette autre théologie du théâtre, objet

de mépris et de réprobation, ils veulent que toutes deux, également tissées de mensonges et d'obscénités, peuplées de dieux imaginaires, se partagent les livres des pontifes et les chants des poètes. Existe-t-il encore quelque partie différente ? c'est une autre question. Mais en me bornant à la division de Varron, je crois avoir suffisamment établi l'identité de la théologie civile et de la théologie scénique ; et comme elles rivalisent d'absurdité, d'effronterie et de mensonge, loin de la pensée des hommes religieux d'attendre de celle-ci ou de celle-là la vie éternelle ! Varron lui-même, énumérant tous les dieux[9], commence par Janus, dès l'instant de la conception des hommes, conduit ce dénombrement jusqu'à la décrépitude, jusqu'à la mort, et termine la liste des divinités, dévouées à la personne humaine, par la déesse Nænia, hymne funèbre qui retentit aux funérailles des vieillards. Il passe ensuite aux dieux affectés, non plus à l'homme, mais aux objets dont il use, nourriture, vêtement, etc., tout ce qui a rapport aux besoins de cette vie. Il précise les fonctions de chacun de ces dieux, l'objet des prières qu'il faut leur adresser ; et dans cette exacte énumération, il ne désigne, il ne nomme aucune divinité de qui l'on doive implorer la vie éternelle, cette vie pour laquelle seule, en définitive, nous sommes chrétiens. Qui donc est assez stupide pour ne pas pénétrer l'intention de ce savant quand il dévoile et explique avec tant de soin la théologie civile, quand il montre sa ressemblance avec celle de la fable, honteuse et diffamée ; quand il enseigne que la fabuleuse fait partie de la civile, que veut-il, sinon insinuer dans l'esprit des hommes cette théologie naturelle qu'il attribue aux philosophes ? Quand il s'élève contre la théologie fabuleuse, et n'ayant pas attaqué la civile, en découvre adroitement l'infamie, n'est-ce pas afin que le mépris de l'une et de l'autre ne laisse aux hommes intelligents d'autre choix que celui de la théologie naturelle ? Nous en parlerons en temps et lieu plus convenablement avec la grâce du Dieu de vérité.

9. Varron, *Antiquitatum rerum divinarum*, XIV, 88.

X. Varron n'a pas eu la liberté de flétrir hautement la
théologie civile si semblable à la théologie du théâtre qu'il
condamne ; mais cette liberté n'a pas manqué à Sénèque,
philosophe, que certaines conjectures nous font croire
contemporain des apôtres : liberté hardie parfois, sinon
pleine et entière, présente sous sa plume, absente de sa vie.
En effet, dans son livre sur la superstition, il s'élève contre
la théologie civile avec beaucoup plus d'étendue et véhémence que Varron contre la théologie scénique et fabuleuse.
Voici comment il parle des idoles : « On consacre, dit-il,
comme vénérables, comme immortels et inviolables, des
dieux faits d'une matière vile et insensible, sous la figure
d'hommes, de bêtes et de poissons. Quelquefois on leur prête
des corps où les sexes sont confondus. On appelle dieux des
objets dont un souffle de vie ferait des monstres[10]. » Puis,
passant à l'éloge de la théologie naturelle, après avoir
résumé les opinions de quelques philosophes, il se pose lui-
même cette question : « Ici peut-être me dira-t-on : croirai-je
que le ciel et la terre sont des dieux, qu'il y a des dieux au-
dessus de la lune, d'autres au-dessous ? Puis-je souffrir
Platon ou Straton le péripatéticien qui veulent, l'un, un dieu
sans corps, l'autre, un dieu sans âme ? » Et il répond : « Quoi
donc ! as-tu plus de créance aux rêveries de Tatius, de Romulus, de Tullus Hostilius ? Tatius fit une déesse de Cloacina ;
Romulus fait dieux Picus et Tiberinus ; Hostilius divinise la
Peur et la Pâleur, hideuses affections de l'homme ; l'une,
impression de l'âme épouvantée ; l'autre, des sens, et plutôt
une couleur qu'une maladie. Croiras-tu plutôt à ces dieux, et
les placeras-tu dans le ciel ? » Mais avec quelle liberté parle-
t-il de l'obscène cruauté de ces mystères ! « Celui-ci, dit-il,
se retranche la virilité ; celui-là se fait aux bras des incisions.
Peut-on craindre la colère des dieux quand on se concilie
leur faveur à ce prix ? Ah ! s'ils demandent un tel culte, on ne
leur en doit aucun. La raison troublée et comme expulsée de
son intime demeure, tombe dans cet excès de fureur qui prétend fléchir les dieux par des actes qui révolteraient même la

10. Sénèque, *De superstitione*, fr. 31 et sv.

cruauté des hommes. Ces odieux tyrans dont la tragédie a
perpétué la mémoire, déchirent les membres de leurs victimes ; jamais ils n'ordonnent à un malheureux de se déchirer lui-même. Quelques-uns sont mutilés pour servir au plaisir des rois, jamais un esclave, sur l'ordre de son maître,
n'attente à sa propre virilité. Eux, dans leurs temples, se
meurtrissent à l'envi. Des blessures, du sang, voilà leurs
prières. S'il était loisible de considérer ce qu'ils font et ce
qu'ils souffrent, on verrait des actes si contraires à l'honneur, à la liberté, à la raison, qu'il serait impossible de douter de leur délire et de leur fureur, si cette folie était plus rare.
L'unique garantie de leur raison est dans la multitude des
insensés. » Quant aux scènes dont le Capitole même est le
théâtre, que Sénèque[a] rapporte et flétrit généreusement,
quels hommes peuvent y paraître que des bouffons et des
furieux ? Que dire des mystères empruntés à l'Égypte, où
l'on célèbre par des lamentations, puis par des cris d'allégresse la fiction d'Osiris perdu et retrouvé ! Douleur et joie
qu'expriment avec un accent de vérité ces gens qui n'ont rien
perdu, rien retrouvé. Sénèque en rit : « Et toutefois, dit-il,
cette fureur a un temps limité ! Le délire est permis une fois
l'an. Monte au Capitole, tu rougiras de ces extravagances
que la démence publique accomplit comme un devoir. L'un
nomme au dieu les divinités qui le saluent, un autre annonce
à Jupiter l'heure qu'il est ; celui-ci sert de licteur, celui-là de
parfumeur, et par le vain mouvement de ses bras, représente
l'exercice réel de sa profession. Junon et Minerve ont des
coiffeuses qui, éloignées de la statue et même du temple,
remuent les doigts comme si elles disposaient avec art la
chevelure des déesses. Celles-ci tiennent le miroir, celles-là
invitent les dieux d'assister à leurs procès. L'un leur présente
des requêtes, l'autre les instruit de ses affaires. Un fameux
archimime, dans sa vieillesse décrépite, joue chaque jour au

a. Sénèque, né en Espagne en 5 avant J.-C., moraliste, naturaliste, poète,
maître et ministre de Néron. Impliqué dans la conjuration contre Néron, il se
suicida en 65. Augustin cite ici un dialogue perdu *De superstitione*, dont il ne
reste que des fragments.

Capitole, comme si les dieux goûtaient un acteur que le
public ne goûte plus. Enfin, il se trouve là toute espèce d'artisans qui travaillent pour les dieux immortels. » « Toutefois,
ajoute Sénèque un peu plus bas, s'ils vendent à la divinité
des services superflus, ils n'engagent pas du moins leurs
mœurs et leur honneur. Mais des femmes se tiennent assises
au Capitole se croyant aimées de Jupiter au mépris de Junon,
dont la jalousie, disent les poètes, est si terrible. » Varron ne
parle point avec cette liberté ; il n'a de hardiesse que contre
la théologie poétique ; il respecte la civile que Sénèque
détruit. Et en vérité, ces temples sont plus abominables que
ces théâtres. Actions réelles, d'une part, simples fictions de
l'autre. Aussi la conduite que Sénèque prescrit au sage dans
les mystères de la théologie civile, est-elle non pas une adhésion de conscience, mais une profession purement extérieure. « Le sage, dit-il, observera toutes ces pratiques pour
obéir à la loi, sans les croire agréables aux dieux. » Et il
ajoute : « Quoi ! nous formons entre les dieux des alliances
impies de frères et de sœurs ! Nous marions Mars et Bellone,
Vulcain et Vénus, Neptune et Salacia. Nous en laissons
quelques-uns dans le célibat, comme s'ils n'eussent pu trouver un parti. Cependant, il se présente certaines déesses
veuves, telles que Populonia, Fulgora, Rumina. Je ne
m'étonne pas toutefois qu'elles n'aient point été recher-
chées. Ignoble cohue de divinités, que depuis de longues
années une longue superstition accumule ! N'oublions pas
que si nous leur rendons un culte, c'est un hommage que
nous devons à la coutume et non à leur réalité. » Ainsi, ni les
lois ni l'usage n'ont rien institué dans la théologie civile à
dessein de plaire aux dieux ou même d'établir leur réalité,
mais cet homme que la philosophie a presque affranchi, cet
homme est sénateur du peuple romain ; et il révère ce qu'il
méprise, il fait ce qu'il reprend, il adore ce qu'il condamne.
La philosophie lui a donné ces vives lumières qui dissipent
les superstitions, mais les lois de la cité, la coutume humaine,
sans toutefois le pousser sur le théâtre, font de lui, dans le
temple, un imitateur des histrions, d'autant plus criminel,
que ce personnage qu'il joue, la multitude peut le croire sin-

cère. Moins funeste dans ses jeux, le comédien cherche plutôt à divertir qu'à tromper.

XI. Entre les autres superstitions de la théologie civile,
Sénèque condamne aussi les cérémonies des juifs et surtout
le sabbat. Il soutient que cette pratique est inutile, que ce septième jour observé est presque la septième partie de la vie
perdue dans le repos, et que souvent des intérêts pressants
doivent souffrir de cette oisiveté. Quant aux chrétiens, dès
lors ennemis déclarés des juifs, il n'ose en parler ni en bien
ni en mal, il craint de les louer, contre l'ancienne coutume de
sa patrie, ou de les blâmer, peut-être contre sa propre inclination ! Mais c'est en parlant des juifs qu'il dit : « Et cependant la coutume de cette race scélérate a tellement prévalu
que déjà presque toute la terre la reçoit. Les vaincus font la
loi aux vainqueurs[11]. » Il s'étonne, parce qu'il ignore les
secrets de la conduite divine. Il exprime ensuite son sentiment sur la religion même des juifs. « Quelques-uns, dit-il
connaissent du moins les raisons de leur culte. Mais la plus
grande partie du peuple le suit sans savoir pourquoi. » Or
pourquoi ou comment les mystères des juifs sont institués
par l'autorité divine, comment au temps marqué la même
autorité les retire à ce peuple de Dieu qui avait la révélation
de la vie éternelle ; c'est ce que j'établis ailleurs contre les
manichéens et développerai plus convenablement dans un
autre endroit de cet ouvrage.

XII. Donc, de ces trois théologies que les Grecs appellent
mythique, physique, politique, et les Latins fabuleuse, naturelle, civile, ce n'est ni de la fabuleuse si librement attaquée
par les adorateurs de tant de faux dieux ; ni de la civile,
convaincue de n'être qu'une partie de la première, une image
fidèle, que dis-je ? plus hideuse encore, qu'il faut attendre la
vie éternelle ; et si le lecteur trouve insuffisantes les preuves
de ce Livre, il peut y joindre les considérations développées
aux Livres précédents et surtout au quatrième sur Dieu

11. Sénèque, *De superstitione*, fr. 42 et 43.

même comme auteur de la félicité. Car à quelle autre divinité
que la félicité seule, les hommes devraient-ils, en vue de la
vie éternelle, vouer leur culte et leurs hommages, si la félicité était une déesse ? Or comme elle n'est pas une déesse,
mais un don de Dieu, à quel autre Dieu qu'à l'auteur de la félicité nous devons-nous consacrer, nous qui soupirons d'une
pieuse flamme après cette vie éternelle où réside la véritable
et parfaite félicité ? Non, la félicité ne peut être le don
d'aucun de ces dieux dont le culte est un cynisme que rien ne
surpasse si ce n'est le cynisme de leur courroux quand il
manque quelque ordure à leurs fêtes, esprits immondes tra-
his par leur courroux même ; non, après tout ce que j'ai dit,
il ne peut à ce sujet rester aucun doute dans l'esprit de personne. Et qui ne donne pas la félicité, peut-il donner la vie
éternelle ? Car nous appelons ainsi cette vie où la félicité est
sans fin. Si l'âme en effet vit dans ces éternels supplices
réservés aux esprits d'impureté, c'est plutôt alors l'éternité de
la mort que celle de la vie. Est-il donc une mort plus profonde
et plus terrible que la mort qui ne meurt point ? Mais comme
la nature de l'âme, créée immortelle, ne saurait jamais être
destituée de toute vie, sa suprême mort est son éloignement
de la vie dans l'éternité des supplices. Celui-là donc donne
seul la vie éternelle, c'est-à-dire éternellement heureuse, qui
donne la véritable félicité. Or ces dieux de la théologie civile
étant évidemment incapables de la donner, il ne faut point les
servir pour les biens de la terre et du temps, comme nous
l'avons montré dans les cinq premiers Livres, et moins
encore pour cette vie éternelle qui doit commencer à la mort :
c'est ce que ce dernier Livre établit avec le concours des précédents. Mais la force d'une coutume invétérée a jeté des
racines trop profondes : certain lecteur peut-être ne trouve pas
encore nos raisons assez puissantes pour entraîner le mépris
et l'abjuration de cette théologie civile : qu'il apporte donc
son attention sur les pages qui, avec l'aide de Dieu, vont
suivre celles-ci.

# Livre VII

## Critique approfondie
## de la théologie civile

 

 

 

Au début de ce Livre, Augustin indique qu'il n'en a pas fini
avec la théologie civile de Varron et explique que l'enjeu
n'est pas qu'intellectuel : il s'agit « d'extirper du fond ténébreux des âmes la longue erreur du genre humain » et en effet
il s'agit d'un gigantesque effort poursuivi depuis sept Livres
pour retourner comme un gant la religion romaine et lui ôter
son efficace.

Cette fois Augustin passe en revue les principaux dieux du
panthéon romain, tels que les lui livre Varron sous le nom de
dii selecti, *dieux choisis*. Il en poursuit le démantèlement ironique, d'une part en remarquant le caractère concurrentiel
et superflu de ces dieux, d'autre part en observant que leur
« sélection » obéit plus aux règles médiatiques de la renommée qu'à un ordre philosophique de vérité.

Animé par un intense sentiment de libération, il manifeste
qu'au lieu d'être asservi à des dieux qui ne valent pas les
hommes et dont l'adoration ne fait qu'émietter le monde, les
hommes peuvent désormais rendre grâces au vrai Dieu de qui
tout don, toute semence, vient et qui garde le monde. L'inten-
sité de la polémique augustinienne ne se comprend que si on
a conscience de l'importance du moment que représente
socialement et intellectuellement à ses yeux la fin du paganisme, l'éversion de la religion antique, l'établissement du
culte du vrai Dieu. Il s'agit de deux cultes incompatibles.
« Pour nous, ce que nous cherchons c'est une âme qui, affermie par la vraie religion, n'adore pas le monde comme son

*Dieu, mais l'admirer en vue de Dieu, comme l'œuvre de Dieu, et, délivrée de toute souillure mondaine, s'élève pure à Dieu créateur du monde »* (ch. 26).

Augustin n'aborde ici qu'épisodiquement la théologie naturelle de Varron, part la plus philosophique de son œuvre, la théologie de l'âme du monde, qui a pour fin de réduire les dieux à des aspects du monde ; plutôt, il épingle en toute occasion le doute ou le scepticisme de Varron à propos des légendes et étiologies qu'il rapporte.

On découvre en ce Livre un Augustin capable de disséquer une à une un grand nombre de divinités civiles. S'il en secoue les concepts et les attributs pour en montrer la vanité et la contradiction, l'absurdité ou l'obscénité (là où l'anthropologue verrait plutôt en leur pluralité une valeur !), il manifeste cependant précision et finesse et un sens anthropologique parent de celui de Varron.

Son combat contre la religion païenne se conclut au chapitre 29 quand ce chatoiement de dieux et d'œuvres divines est réordonné au vrai Dieu, créateur et dispensateur de ces dons, et qui en son Verbe daigne nous apprendre « de quel prix » est l'homme aux yeux de Dieu. (« Le christianisme qui, au lieu de référer les dieux au monde, réfère le monde au Dieu unique, créateur du monde », J.-C. Guy.) En la personne de Varron et de Numa, il présente la religion romaine comme se jugeant et se condamnant elle-même (le Sénat romain préféra enterrer à nouveau les révélations trouvées près de la tombe de Numa).

Au détournement (démoniaque) provoqué par les faux dieux correspond le retournement vers les vrais biens, les mêmes certes, mais qualifiés en vérité, et donc le redressement de la liberté de l'homme. Le mouvement de la pensée d'Augustin peut se comparer aux mouvements d'une symphonie, qui prennent alternativement de l'ampleur.

# LIVRE SEPTIÈME

I. Si je redouble de zèle et d'efforts contre ces vieilles et pernicieuses opinions, ennemies de la piété véritable, pour les arracher, pour les extirper du fond ténébreux des âmes où la longue erreur du genre humain les attache par de fortes et profondes racines, en coopérant selon la faible mesure de mes forces, avec le secours d'En haut, à la grâce de celui qui seul comme vrai Dieu peut accomplir cette œuvre, les esprits plus vifs souffriront assurément sans impatience ces développements nouveaux, et l'intérêt du prochain les empêchera de trouver superflu ce qu'ils sentent ne leur être pas nécessaire. C'est que la question est d'une haute importance, quand il s'agit d'annoncer que la divinité vraie et vraiment sainte, qui soutient notre fragilité de tous les secours qu'elle réclame, ne veut point que notre recherche et nos hommages aient pour fin cette vie mortelle, fugitive vapeur ! mais la vie bienheureuse qui n'est rien moins que l'éternité. Cette divinité, je dirai même cette déité (expression que l'on a déjà empruntée à la langue grecque pour rendre plus exactement l'idée de *théotês*), elle ne se trouve point dans la théologie civile, que Varron développe en seize livres ; en d'autres termes, ce n'est point par ce culte, par ces dieux tels que la cité les a institués que l'on arrive à la félicité de la vie éternelle ; et les esprits qui ne sont pas encore convaincus par le sixième Livre que je viens d'achever, peut-être après la lecture de celui-ci n'auront plus rien à désirer pour dissiper leurs doutes. Car il peut se rencontrer des gens qui s'imagi-

nent qu'à ces dieux souverains et choisis, que Varron comprend dans son dernier livre, et dont nous avons peu parlé,
doivent s'adresser nos prières pour obtenir la vie éternellement heureuse. Et je n'alléguerai point ici ce mot de
Tertullien plus piquant que vrai : « Si l'on choisit les dieux
comme les oignons, tout ce qui n'est pas de choix, est de
rebut[1]. » Non, je n'admets pas cela ; car il est clair que, dans
l'élite même, on peut encore en choisir quelques-uns pour
les investir de fonctions plus élevées et plus importantes ;
comme dans les camps, entre les jeunes soldats que l'on a
choisis, on fait un choix lorsqu'il s'agit d'un coup de main.
Et quand l'Église élit ceux qui doivent la conduire, ce choix
n'est pas la réprobation des autres, puisque tous les fidèles
sont à juste titre appelés élus. Dans un édifice on choisit les
pierres angulaires sans rejeter les autres qui ont aussi leur
destination. On cueille des grappes de raisin que l'on mange,
sans cependant dédaigner celles qu'on laisse au pressoir. Il
est inutile d'insister ; l'évidence parle elle-même. Aussi de
ce choix de quelques dieux, il ne s'ensuit pas qu'il faille blâmer ou celui qui en parle ou leurs adorateurs ou ces dieux
mêmes, mais il s'agit d'examiner quels sont ces dieux, et
pourquoi on les a choisis.

II. Voici les dieux choisis que Varron comprend en un
seul livre[2] : Janus, Jupiter, Saturne, Genius, Mercure,
Apollon, Mars, Vulcain, Neptune, le Soleil, Orcus, Liber,
Tellus, Cérès, Junon, la Lune, Diane, Minerve, Vénus,
Vesta : vingt en tout, douze mâles, huit femelles. Or, ces
divinités sont-elles appelées choisies à cause de l'importance
de leurs fonctions dans le monde ou de leur popularité plus
étendue et plus honorée ? Si elles doivent ce privilège à la
nature de leurs emplois, devrait-on les trouver en concurrence avec cette plèbe de dieux à qui sont réservées les
infimes attributions ? Et Janus le premier ne préside-t-il pas
à la conception des enfants, origine nécessaire de tous ces

1. Tertullien, *Ad nationes*, II, 9.
2. Varron, *Antiquitatum rerum divinarum*, XVI, 229.

petits emplois distribués aux petits dieux ? Et la semence génératrice ne regarde-t-elle pas Saturne ? Et Liber, et Libera, la même, dit-on, que Vénus, ne doivent-ils pas leur assistance, l'un à l'homme, l'autre à la femme, dans l'œuvre de la génération ? Tous ces dieux sont du nombre des dieux choisis. Mais intervient ici une déesse, Mena, qui préside aux règles des femmes, fille de Jupiter, et cependant inconnue. Or, l'emploi dont elle est en possession, Varron l'assigne également à Junon, la reine même des dieux choisis ; c'est en qualité de Junon Lucine qu'elle prête son concours à sa belle-fille Mena. Ici se présentent encore deux autres dieux, des plus obscurs, Vitumnus et Sentinus, dont l'un donne la vie, l'autre le sentiment à l'enfant qui va naître. Et malgré leur bassesse, ils lui donnent beaucoup plus que tant de dieux souverains et choisis. Car sans la vie et le sentiment, ce fardeau qu'une femme porte dans son sein est-il autre chose qu'un misérable amas de terre et de limon ?

III. Quelle raison fait donc descendre tant de dieux choisis à ces fonctions infimes, quand Vitumnus et Sentinus, ces dieux ensevelis dans l'obscurité, l'emportent par la supériorité de leurs emplois ? Car c'est Janus, dieu choisi, qui introduit la semence ; c'est Saturne, dieu choisi, qui fournit la semence même ; c'est Liber, dieu choisi, c'est Libera, la même que Cérès ou Vénus, qui en facilite l'émission ; c'est Junon, déesse choisie, qui procure les ordinaires aux femmes pour l'accroissement de leur fruit (encore lui faut-il l'assistance de Mena, fille de Jupiter) ; et c'est Vitumnus, c'est Sentinus, dieux obscurs et inconnus, qui donnent, l'un la vie, l'autre le sentiment, bienfaits aussi supérieurs à ceux des autres divinités qu'ils sont au-dessous des dons de l'intelligence et de la raison. Car autant les êtres doués de raison et d'intelligence l'emportent sur ceux qui, privés de l'une et de l'autre, végètent dans l'abrutissement des sens et de la vie animale, autant les êtres vivants et sensibles surpassent la nature brute et inanimée. Ainsi, au rang des dieux choisis, Vitumnus auteur de la vie, Sentinus auteur du sentiment, devraient être élevés de préférence à Janus, à Saturne, à

Liber, à Libera, qui règlent les divers mouvements de cette semence, vile matière à laquelle on ne saurait penser avant qu'elle n'ait reçu le sens et la vie. Et ces dons choisis ne viennent point des dieux choisis, mais de je ne sais quelles divinités inconnues, éclipsées par la gloire des autres. Janus, va-t-on me répondre, préside à tous commencements ; aussi peuvent justement s'attribuer à lui les préliminaires de la conception ; Saturne préside à toutes semences ; aussi ne saurait-on distraire de ses attributions la semence de l'homme ; Liber et Libera président à l'émission de tous germes, et entre autres de celui qui développe les générations humaines ; Junon préside à toute purification, à tout enfantement ; son assistance ne peut donc manquer au soulagement et à la délivrance des femmes ; pour Vitumnus et Sentinus, qu'a-t-on à répondre ? Leur empire s'étend-il décidément sur tout ce qui a le sentiment et la vie ? Si une telle puissance leur est dévolue, à quel rang ne faut-il pas les élever ? Car tout ce qui naît de semence naît dans la terre et de la terre. Mais vivre et sentir, suivant l'opinion commune, appartient même aux divinités sidérales. Si l'on prétend limiter le pouvoir de Vitumnus et de Sentinus aux êtres qui vivent dans la chair par le ministère des sens, pourquoi ce Dieu qui fait tout vivre et sentir, ne donne-t-il pas aussi la vie et le sentiment à la chair, et dans l'ensemble de son œuvre n'a-t-il pas assuré ce don à la génération humaine ? Et qu'est-il besoin de Vitumnus et de Sentinus ? Si celui qui dispose du don de la vie et des sens gouverne universellement toutes choses et abandonne à ces petits dieux comme à des serviteurs, le soin des êtres charnels trop bas et trop infimes, ces dieux choisis sont-ils donc dans une telle pénurie d'esclaves qu'ils n'aient pu trouver sur qui se décharger de pareilles fonctions, obligés malgré toute leur noblesse et leur distinction, de partager la tâche de ces dieux inconnus ? Junon, déesse choisie, reine des dieux, « sœur et femme de Jupiter[3] », est pour les enfants l'humble Iterduca, associée dans cet emploi à ces obscures déesses Abéona, Adéona ! Ici on invoque, pour obtenir aux enfants l'intelli-

3. Virgile, *Énéide*, I, 46.

gence, la déesse Mens, qui n'est pas admise dans l'élite divine. Et cependant l'homme peut-il recevoir un plus magnifique présent ? Est-ce donc en qualité d'Iterduca et de Domiduca que Junon est élevée en honneur, comme s'il était fort utile de se promener et d'être ramené, sans l'intelligence ? Et la déesse auteur de ce précieux don est oubliée de ceux qui ont formé l'élite divine ! Elle méritait assurément d'être préférée à Minerve, qui entre autres attributions de détail est chargée de la mémoire des enfants. Peut-on douter en effet qu'il ne vaille infiniment mieux être doué d'un bon esprit que de la plus vaste mémoire ? On ne saurait être méchant avec un esprit droit ; mais il est des hommes pervers, doués d'une mémoire admirable, et leur perversité est d'autant plus profonde qu'ils peuvent moins oublier leurs mauvaises pensées. Et cependant Minerve est au rang des dieux choisis, Mens se perd dans une vile multitude. Parlerai-je encore et de la vertu et de la félicité dont j'ai déjà tant parlé au Livre précédent ? On en fait des déesses et on ne les range pas au nombre des dieux choisis quand on y place Mars et Orcus, l'artisan et l'hôte de tant de trépas ! Voyant donc, en ces mêmes emplois divisés entre les divinités subalternes, les dieux choisis concourir avec elles comme le sénat avec le peuple, et laisser même à quelques inférieurs des fonctions plus éminentes, que reste-t-il à penser, sinon que les dieux doivent leur dignité et le titre qui les distingue, non pas à l'importance de leur rôle dans le gouvernement du monde, mais à leur popularité ? Aussi Varron lui-même dit-il que plusieurs grands dieux, auteurs de dieux célèbres, sont tombés, comme il arrive aux hommes, dans une obscurité profonde. Si donc la félicité ne dut pas être élevée au rang des dieux choisis, parce que ce n'est point le mérite mais le hasard qui fait leur élévation, du moins devrait y figurer, de préférence à toute autre, la fortune qui, dit-on, dispense ses faveurs non pas au gré de la raison, mais suivant les caprices du sort. Elle dut assurément occuper la place d'honneur, elle qui a fait précisément sur ces dieux choisis l'épreuve de sa puissance ; car évidemment ce n'est ni l'éminence de leur vertu, ni le privilège d'une juste félicité, mais, suivant l'expression même de leurs adorateurs, la téméraire puissance de la fortune qui leur valut ce titre ! Et peut-être l'éloquent Salluste pensait-il aux dieux mêmes quand il disait : « Oui, en toutes choses la fortune domine, et c'est elle qui, par caprice plutôt que par raison, fait la gloire ou l'obscurité[4]. » Car enfin, pour quelle raison Vénus est-elle célèbre, et la vertu inconnue, quand leurs droits sont les mêmes et leurs mérites si différents ? Si la renommée dépend de l'attrait qu'on inspire, Vénus en effet est recherchée de préférence à la vertu, mais pourquoi donc la déesse Minerve est-elle en faveur quand la déesse Pecunia est dans l'oubli ? La cupidité n'a-t-elle pas pour les hommes plus de charme que la science ? Entre ceux mêmes qui exercent un art, à peine en trouve-t-on dont l'industrie soit gratuite. Si donc le choix des dieux est laissé au jugement d'une multitude aveugle, pourquoi la déesse Pecunia n'est-elle pas préférée à Minerve, puisque tant d'hommes travaillent pour elle ? Et si ce choix dépend d'un petit nombre de sages, pourquoi la vertu n'est-elle pas préférée à Vénus quand la raison lui assure hautement la préférence ? Mais du moins, si la fortune qui, au sentiment des hommes les plus portés à reconnaître son influence, « en toutes choses domine, et par caprice, plutôt que par raison, fait la gloire ou l'obscurité », si la fortune, dis-je, a eu sur les dieux mêmes un tel pouvoir qu'au gré de ses téméraires fantaisies elle les a faits célèbres ou obscurs, assurément elle devrait occuper entre les dieux choisis le rang souverain, puisqu'elle exerce sur ces dieux mêmes une souveraine puissance ? Quoi ! serait-ce que la fortune trouve ici la fortune contraire ? Elle est donc contraire à elle-même pour ne point partager avec les autres une noblesse qu'elle leur donne ?

IV. L'homme passionné pour la gloire et les grandeurs aurait sujet de féliciter les dieux choisis et d'envier leur fortune, s'il n'était évident que ce choix les destine moins aux honneurs qu'aux outrages. La foule obscure est protégée contre les opprobres par son obscurité même. Nous rions, il

---

4. Salluste, *Catilina*, VIII, 1.

est vrai, en voyant tant de petits dieux vaquer aux fonctions
que le caprice des opinions humaines leur distribue ; aussi
nombreux que ces collecteurs subalternes ou ces artisans de
la voie des Orfèvres, dont les ateliers ne laissent sortir aucun
vase qu'il n'ait passé par une foule de mains pour arriver à
cette perfection que l'habileté d'un seul eût pu lui donner.
Mais la division de la main-d'œuvre n'a pas d'autre but que
d'abréger et de faciliter pour chaque artisan l'apprentissage
d'une partie de l'art. La parfaite pratique d'un art dans son
ensemble serait le fruit d'un trop lent et trop difficile labeur.
Toutefois à peine, entre les dieux non choisis, s'en trouverait-il un seul qu'un crime ait déshonoré, entre les choisis, au
contraire, à peine un seul qui ne soit marqué d'une note
d'infamie. Les grands dieux descendent aux vils emplois des
petits, mais les petits ne s'élèvent point jusqu'aux grands
dans les hautes régions du crime. Pour Janus, je ne sache rien
à la vérité que l'on ait publié contre son honneur. Peut-être
a-t-il mené une vie plus pure, plus éloignée des forfaits et
des vices. Il recueille avec bonté Saturne fugitif, partage avec
lui son royaume, et c'est ainsi que deux villes s'élèvent :
Janiculum et Saturnia. Mais ces hommes, insatiables pourvoyeurs d'infamies pour le culte de leurs dieux, trouvant la
vie de celui-ci moins honteuse, le déshonorent par une statue
monstrueusement difforme. Ils le représentent avec deux ou
quatre fronts, comme si sa personne était double. Vertueux
Janus, ne devrait-il pas avoir d'autant moins de fronts que
ces dieux infâmes en ont davantage ?

V. Mais écoutons plutôt les explications physiques dont les
païens cherchent à déguiser la honte de leur erreur, comme
sous le voile d'une doctrine profonde. Varron signale ces
explications : « L'antiquité, dit-il, a imaginé les statues des
dieux, et leurs attributs et leurs ornements, afin que la vue de
ces emblèmes élevât les hommes initiés aux mystères de la
doctrine, à la vision intellectuelle de l'âme du monde et de ses
parties, c'est-à-dire des dieux véritables. Ceux qui les ont
représentés sous les traits de l'homme paraissent s'être attachés à la ressemblance de l'âme des mortels qui réside dans

le corps humain avec l'âme immortelle. Si par exemple on plaçait dans les temples des vases propres à distinguer les dieux ; dans le temple de Bacchus, un œnophore désignant par le contenant le contenu ; ainsi, cette statue sous forme humaine, représente l'âme raisonnable, substance identique à la substance divine, et dont le corps est comme le vase[5]. » Voilà donc les mystères de doctrine que le savant Varron a pénétrés et qu'il révèle au monde ! Mais, dis-nous, ô le plus ingénieux des hommes ! en sondant des profonds mystères, as-tu donc perdu cette raison qui t'inspirait ces paroles : « Les premiers inventeurs des statues divines ont éloigné la crainte et augmenté l'erreur. Sans idoles, les vieux Romains professaient un culte plus pur. » C'est grâce à ces vieux Romains que tu oses parler ainsi contre leurs descendants. Car s'ils eussent aussi adoré des idoles, ce sentiment parfois si vrai qui t'élève contre elles, tu l'étoufferais peut-être dans le silence de la crainte, et ces mystères d'erreur et de mensonge tu les propagerais avec plus d'éloquence et de zèle. Et toutefois, ton âme, cette âme si éclairée, si intelligente, combien elle est à plaindre ! Malgré toute sa science, elle n'a pu atteindre son Dieu, ce Dieu qui l'a faite et n'a pas été fait avec elle, créature et non partie de ce Dieu qui est, non pas l'âme de tout, mais le créateur de toute âme ; unique lumière qui fait la béatitude de l'âme quand elle n'est point rebelle à la grâce. Or quels sont ces mystères et quelle estime il en faut faire : ce qui suit l'apprendra. Cependant, ce savant homme reconnaît l'âme du monde et ses parties comme des dieux véritables ; d'où il suit évidemment que toute sa théologie, même la naturelle, à qui il accorde tant d'importance, n'a pu s'élever au-delà de l'âme raisonnable. Il est très court sur le sujet de la théologie naturelle dans ce livre où nous verrons s'il peut par des explications physiques rattacher à cette théologie la théologie civile, la dernière qui traite des dieux choisis. S'il le peut, toute la théologie devient naturelle. Et alors, qu'était-il besoin de poser avec tant de soin cette habile distinction ? Et si cette distinction est juste, la théologie naturelle même

5. Varron, _Antiquitatum rerum divinarum_, XVI, 225.

qui lui plaît tant n'est pas vraie, car elle n'atteint que l'âme ;
elle n'atteint pas le vrai Dieu qui est aussi l'auteur de l'âme.
Combien donc la civile est-elle plus abjecte et plus fausse, qui
ne sort pas de la nature corporelle comme le prouvent ces
interprétations subtiles et savantes dont quelques-unes
devront être nécessairement rappelées ?

VI. Varron, dans le prologue de son traité sur la théologie
naturelle[6], dit encore qu'il regarde Dieu comme l'âme du
monde, appelée par les Grecs κόσμος, et que ce monde est
Dieu. Or, comme l'homme sage, composé de corps et
d'esprit, doit néanmoins à l'esprit ce nom de sage, ainsi le
monde est appelé Dieu, à cause de l'esprit qui l'anime,
quoiqu'il soit esprit et corps. Ceci semble un aveu tel quel de
l'existence d'un seul Dieu ; mais pour en introduire plusieurs, il ajoute que le monde se divise en deux parties, le ciel
et la terre ; le ciel en deux autres, l'éther et l'air, et la terre
aussi, en eau et continent ; que l'éther occupe la première
région, l'air la seconde, l'eau et la terre les dernières ; que ces
quatre parties sont pleines d'âmes ; l'éther et l'air d'âmes
immortelles, l'eau et la terre d'âmes mortelles ; que des
limites extrêmes de la circonférence du ciel au cercle de la
lune, résident les âmes éthérées, astres, étoiles ; dieux
célestes que l'on atteint, non seulement par la pensée, mais
aussi par la vue ; qu'entre la sphère de la lune et les dernières
cimes de la région des orages et des vents, habitent les âmes
aériennes que l'esprit conçoit, qui échappent aux yeux, les
âmes appelées héros, lares, génies. Voici le résumé qu'il
donne dans le prologue de cette théologie naturelle qui a tant
d'attrait pour lui, comme pour la plupart des philosophes. J'en
devrai faire un examen plus sévère quand, par la grâce miséricordieuse du vrai Dieu, j'aurai fini ce qu'il me reste à dire
des dieux choisis.

VII. Mais Janus, par lequel cette théologie commence,
quel est-il ? je le demande. C'est le monde, me dit-on.

---

6. Varron, *Antiquitatum rerum divinarum*, XVI, 226.

Réponse courte et claire assurément. Cependant, pourquoi lui attribue-t-on l'origine des choses, et la fin à un autre qu'on nomme Terminus ? Car on assure que c'est en raison des origines et des fins, qu'indépendamment des dix mois qui s'écoulent de mars à décembre, deux mois sont dédiés à ces deux dieux, janvier à Janus, février à Terminus. C'est pourquoi, dit-on encore, les terminales se célèbrent en février, temps où se pratique une solennité expiatoire appelée *februum*, d'où le mois prend son nom. Quoi donc ? l'origine des choses appartient au monde, à Janus, et la fin lui échappe et il faut un autre dieu ? N'est-il pas reconnu néanmoins, que tout ce qui s'élève en ce monde se termine en ce monde ? Étrange inconséquence, on donne à ce dieu une demi-puissance, et à sa statue un double visage ! L'allégorie ne serait-elle pas plus ingénieuse qui, réunissant Janus et Terminus, présenterait une face aux origines et l'autre aux fins ? Car on ne peut agir sans considérer ces deux termes. Quiconque, en effet, n'envisage pas le commencement de son action ne sait pas en prévoir la fin. Ainsi, à la mémoire qui se retourne vers le passé, se lie nécessairement l'attention qui se porte sur l'avenir. Qui oublie ce qu'il commence, saura-t-il comment il peut finir ? Si l'on croyait qu'en ce monde la vie bienheureuse commence et qu'elle reçoit son complément hors du monde, le pouvoir de Janus serait réduit aux commencements ; Terminus, préféré sans nul doute, ne se verrait pas exclu du nombre des dieux choisis. Et même, dès ici-bas, où le commencement et la fin des choses temporelles se partagent entre ces deux dieux, Terminus ne doit-il pas obtenir plus d'honneur ? Car la joie est plus vive quand on achève. Tout début est rempli d'inquiétude ; elle ne cesse que les projets ne soient conduits à leur terme ; c'est au terme que l'on aspire de tous ses efforts, de toutes ses pensées, de tous ses vœux. L'on ne triomphe que d'une entreprise terminée.

VIII. Mais passons à l'explication de la statue du double Janus. On lui donne deux visages, l'un devant, l'autre derrière ; et c'est, dit-on, parce que notre bouche ouverte ressemble au monde : aussi les Grecs ont-ils appelé le palais

*ouranos*, et quelques poètes latins, *coelum*. L'ouverture de
notre bouche a deux issues, l'une, extérieure, vers les dents,
l'autre, intérieure, vers la gorge. Voilà donc où le monde est
arrivé, grâce à ce nom grec ou poétique du palais ? Et quel
rapport à l'âme, à la vie éternelle ? Qu'un tel dieu soit honoré
seulement pour la salive qui entre ou sort sous ce ciel, sous
ce palais dont les deux portes s'ouvrent pour elle. Mais quoi
de plus absurde que de ne pouvoir trouver dans ce monde
même, deux portes opposées qui introduisent dans son sein
ou en rejettent tout ce qu'il lui plaît, et de vouloir de notre
bouche, de notre gosier, si différent du monde, composer
l'emblème du monde sous les traits de Janus, à cause du
palais seul auquel Janus ne ressemble en rien ? D'autre part,
quand on lui donne quatre fronts, en le nommant double
Janus, on interprète ainsi par rapport aux quatre parties du
monde, comme si le monde regardait partout hors de soi,
ainsi que Janus regarde par tous ses visages. Et puis, si Janus
est le monde, si le monde se compose de quatre parties, la
statue de Janus au double visage est fausse, ou si elle est
vraie en ce sens qu'ordinairement par le nom d'Orient et
d'Occident on entend le monde entier, cependant, en nommant les deux autres parties le Midi et le Septentrion, disons-
nous que le monde est double, comme l'on appelle double
Janus à quatre fronts ? À coup sûr, on ne saurait trouver dans
le monde rien d'analogue à ces quatre parties qui s'ouvrent
à l'entrée et à la sortie de toutes choses, comme on trouve
dans la bouche même de l'homme un rapport à Janus double
front. Mais peut-être Neptune vient-il au secours en nous
offrant un poisson, qui, indépendamment de la bouche et du
gosier, présente à droite et à gauche l'ouverture de ses
ouïes ? Et cependant, malgré tant d'issues, aucune âme ne
peut fuir la vanité si elle n'écoute cette parole de la Vérité :
« Je suis la porte[7]. »

IX. Quel est encore ce Jovis qu'ils nomment aussi
Jupiter ? « C'est, dit-on, le dieu dont dépendent les causes

7. Jn 10, 9.

de tout ce qui s'accomplit dans le monde. » Immense pouvoir comme l'atteste ce vers si célèbre de Virgile : « Heureux
qui peut s'élever à la connaissance des causes[8] ! » Pourquoi
donc Janus est-il préféré à ce dieu ? Qu'il nous réponde cet
homme, prodige de science et de pénétration ! « C'est, dit-il,
qu'à Janus appartient le commencement ; à Jupiter la perfection. Aussi la souveraineté lui est-elle justement déférée.
Car la perfection efface l'origine ; si l'une a la priorité de
temps, l'autre a la priorité d'importance[9]. » Rien de plus
juste s'il s'agissait ici de distinguer dans les choses l'origine
et le point culminant de leur développement. Partir est le
commencement d'une action ; arriver en est le terme.
L'étude est le commencement d'une action ; la compréhen-
sion de la science en est le terme. Ainsi en toutes choses, le
commencement précède et la fin couronne. Mais c'est un
différend déjà vidé entre Janus et Terminus. Or, ce sont les
causes efficientes et non pas les effets que l'on attribue à
Jupiter, et il est impossible que les effets et leurs commencements précèdent les causes d'un seul instant ; car ce qui
agit précède toujours ce qui arrive. Si donc les commencements appartiennent à Janus, est-ce à dire qu'ils devancent
les causes que l'on attribue à Jupiter ? Comme rien n'arrive,
ainsi rien ne commence que la cause efficiente ne précède. Si
ce dieu, souverain arbitre des causes et des existences et de
tous les phénomènes naturels, est-ce Jupiter que les peuples
honorent par des infamies et des outrages, ils se chargent
d'un plus grand sacrilège que s'ils ne reconnaissaient point
de dieu. Ne vaudrait-il pas mieux donner le nom de Jupiter
à quelque objet digne de ces honteux et criminels honneurs,
et supposer un fantôme pour le blasphémer en liberté,
comme on supposa, dit-on, une pierre à la voracité de
Saturne, plutôt que de représenter le même dieu tonnant et
adultère, maître du monde et esclave de l'impudicité, arbitre
des existences et des causes quand le vice est la cause unique
de ses actions ? Et puis, je le demande, quel rang entre les

8. Virgile, *Géorgiques*, II, 490.
9. Varron, *Antiquitatum rerum divinarum*, XVI, 136.

dieux va-t-on assigner à ce Jupiter, si Janus est le monde ?
L'auteur déjà cité ne nous a-t-il pas dit que les vrais dieux
sont le monde et ses parties ? Et par conséquent, aux yeux
des païens tout ce qui n'est pas cela n'est pas vrai Dieu. Dira-
t-on que Jupiter est l'âme du monde et que Janus est son
corps, ou le monde visible ? Alors comment Janus peut-il
rester dieu, puisqu'il est reconnu que ce n'est point le corps
du monde qui est Dieu, mais son âme et ses parties ? Aussi
Varron dit très clairement que, suivant lui, Dieu est l'âme du
monde, et le monde même est Dieu. Et comme l'homme
sage, composé de corps et d'esprit, doit à l'esprit ce nom de
sage, ainsi le monde est appelé Dieu à cause de l'esprit qui
l'anime, quoiqu'il soit esprit et corps. Ainsi, le corps seul du
monde n'est pas Dieu ; mais ou son âme seule ou son âme et
son corps tout ensemble ; à condition toutefois que ce ne soit
point le corps, mais l'esprit qui le fasse Dieu. Si donc Janus
est le monde, et si Janus est Dieu, pour que Jupiter puisse
aussi l'être, va-t-on dire qu'il est partie de Janus ? N'a-t-on
pas plutôt coutume de tout lui attribuer ? On connaît ce vers :
« Tout est plein de Jupiter [10]. » Donc pour que Jupiter soit
Dieu et surtout roi des dieux, il faut nécessairement qu'il soit
le monde ; il le faut, pour qu'il règne sur les autres dieux, sur
ses parties. C'est en ce sens que Varron dans le livre qu'il a
écrit à part sur le culte des dieux, rapporte quelques vers de
Valerius Soranus ; les voici : « Jupiter tout-puissant, père des
rois, des dieux, de toutes choses, mère des dieux, dieu un et
tous dieux. » Et Varron les explique ainsi : Jupiter est mâle,
en tant qu'il répand la semence ; femelle en tant qu'il la
reçoit. Jupiter est le monde, et toutes les semences viennent
de lui et rentrent en lui. C'est pourquoi Soranus appelle
Jupiter père et mère, et dit avec autant de raison qu'il est à la
fois un et tout. Car le monde est un, et tout est en lui.

X. Si donc Janus est le monde, si Jupiter est le monde, si
le monde est un, pourquoi Janus et Jupiter sont-ils deux
dieux ? Pourquoi ont-ils, chacun à part, leurs temples, leurs

10. Virgile, *Églogues*, III, 60.

autels, leurs cérémonies, leurs statues ? Mais, dit-on, autre
est la puissance des commencements ; autre, celle des
causes ; et c'est pourquoi l'une porte le nom de Janus, l'autre
celui de Jupiter. Quoi ! si un homme exerce un double pouvoir, une double profession, verra-t-on en lui deux magistrats, deux artisans ? Et d'un seul dieu, unique arbitre des
commencements et des causes, on fait deux dieux, parce que
les commencements et les causes sont deux choses différentes ! Qu'on multiplie donc Jupiter par tous les noms que
lui donne la diversité de ses puissances ; noms qui tirent leur
origine de tant d'objets différents. En voici quelques-uns.

XI. On le nomme Victor, Invictus, Opitulus, Impulsor,
Stator, Centipeda, Supinalis, Tigillus, Almus, Ruminus, etc. ;
toutes dénominations du même dieu. Elles lui sont données
pour des causes et des puissances différentes ; mais néanmoins on ne l'oblige pas de se multiplier en autant de dieux.
Il triomphe de tout et il est invincible ; secourable aux
faibles, il a la puissance de précipiter et de maintenir, d'affermir et de renverser, il est la solive du monde qu'il contient et
soutient ; il est la mamelle féconde où tous les êtres animés
puisent la vie. Fonctions inégales, grandes et petites, auxquelles toutefois un seul paraît suffire. Il est, à nos yeux,
entre les causes et les commencements des choses, (pourquoi
on a voulu faire du monde deux dieux, Jupiter et Janus), une
liaison plus intime qu'entre soutenir le monde et donner la
mamelle aux animaux. Et cependant, pour ces deux opérations dont l'importance et la dignité sont loin d'être égales,
on n'a pas cru à la nécessité de faire deux dieux, on s'est
contenté du seul Jupiter, sous les noms de Tigillus et de
Ruminus. Je ne dirai pas qu'il valait mieux attribuer l'allai-
tement des animaux à Junon qu'à Jupiter, quand surtout il
existe une déesse Rumina pour le seconder et le servir dans
cet emploi. Car on pourrait, j'imagine, me répondre que
Junon n'est autre que Jupiter, comme l'attestent ces vers de
Valerius Soranus : « Jupiter tout-puissant, père des rois, des
dieux, de toutes choses, père et mère des dieux. » Pourquoi
donc l'appeler Ruminus, si un regard plus attentif nous fait

découvrir qu'il est aussi la déesse Rumina ? S'il nous a paru
indigne de la majesté des dieux que, dans un seul épi de blé,
l'un fût destiné à prendre soin des nœuds de la tige, l'autre
de l'enveloppe des grains, combien est-il plus indigne
qu'une fonction aussi vile que celle de présenter la mamelle
aux animaux, réclame le concours de deux divinités dont
l'une n'est autre que Jupiter, le dieu suprême, partageant ses
fonctions non pas avec sa compagne, mais avec je ne sais
quelle obscure Rumina ; à moins que lui-même ne soit tout
ensemble Ruminus et Rumina ; Ruminus pour les mâles,
Rumina pour les femelles. Je dirais qu'on n'a pas voulu donner à Jupiter un nom féminin s'il n'était appelé dans les vers
précédents « Père et Mère », et si parmi tous ses surnoms je
ne trouvais aussi celui de Pecunia, l'une de ces petites divinités dont nous avons parlé au quatrième Livre. Mais comme
tous, hommes et femmes, ont de l'argent, que ne dit-on
Pecunia et Pecunius, ainsi que Rumina et Ruminus ?
Pourquoi non ?

XII. Mais la raison que l'on donne de ce nom, n'est-elle
pas ingénieuse ? Jupiter, dit-on, est appelé Pecunia parce que
tout est à lui. Ô sublime raison d'un nom divin ! C'est celui
même qui possède toutes choses que l'on flétrit de ce vil et
injurieux nom de Pecunia. Qu'est-ce donc au prix des trésors
du ciel et de la terre, que tous ces vains objets que possèdent
les hommes sous cette dénomination de Pecunia ? C'est
assurément l'avarice qui impose ce nom à Jupiter pour
absoudre les amateurs de l'argent comme donnant leur cœur
non pas à quelque obscure divinité, mais au roi même des
dieux. Il n'en serait pas ainsi s'il était appelé Richesse. Autre
chose est la richesse, autre chose est l'argent. Car l'homme
sage, juste, vertueux, qu'il ait peu ou point d'argent, nous
l'appelons riche. Que dis-je ? Il est riche par ses vertus qui le
rendent content de ce qui suffit aux besoins du corps.
L'avare est pauvre, au contraire, lui dont la cupidité est toujours béante. Que doit être pour le sage cette théologie où le
roi des dieux porte le nom d'un objet que le sage n'a jamais
envié ? Si cette doctrine pouvait donner quelque lumière

utile au salut et à la vie de l'éternité, n'était-il pas plus simple d'appeler ce dieu souverain de l'univers, non Pecunia, mais Sapientia ; cette sagesse dont l'amour purifie le cœur des souillures de l'avarice, de l'amour même de Pecunia ?

XIII. Mais pourquoi parler encore de ce Jupiter, si les autres se réduisent à lui ? Et que devient l'opinion de la pluralité des dieux, si lui seul comprend tous les astres, soit que l'on attribue la divinité à ses parties ou à ses puissances ; soit que cette âme qu'on croit répandue partout, emprunte ses noms divers aux éléments constitutifs de ce monde visible, aux opérations multipliées de la nature, regardés comme autant de dieux ? Qu'est-ce en effet que Saturne ? C'est, dit Varron, l'un des principaux dieux qui a sous son empire toutes les semences. Mais lorsqu'il commente les vers de Soranus, Varron ne nous apprend-il pas que Jupiter est le monde, qu'il répand hors de soi et recueille en soi toutes les semences ? C'est donc lui qui a toutes les semences sous son empire. Qu'est-ce que Genius ? Le dieu, dit Varron, qui préside à toute génération. Et à quel autre peut-on attribuer ce pouvoir qu'au monde invoqué par le poète en ce vers : « Jupiter, Père et Mère » ? Et quand Varron dit ailleurs que Genius est l'âme raisonnable de chaque homme et qu'ainsi chacun a son Genius, quand d'autre part il dit que l'âme du monde est Dieu, ne nous amène-t-il pas à penser que l'âme du monde est comme le Genius universel ? C'est donc lui que l'on appelle Jupiter : car si tout Genius est Dieu et si l'âme de tout homme est Genius, il suit que l'âme de tout homme est Dieu. Que si l'absurdité seule de cette proposition la fait rejeter des païens mêmes, que reste-t-il sinon d'appeler spécialement et par excellence Genius, ce Dieu qu'on dit l'âme du monde, c'est-à-dire Jupiter ?

XIV. Quant à Mercure, à Mars, faute de pouvoir les rattacher à aucune partie du monde, à aucune action divine sur les éléments, on les fait présider à certains actes humains, on les fait ministres de la parole et de la guerre. Si le premier, Mercure, dispose aussi de la parole des dieux, le roi des dieux lui-même est soumis à sa domination ; car c'est à Mercure qu'il doit la permission ou la faculté de parler : ce qui est absurde. Que si Mercure n'a de pouvoir que sur la parole humaine, est-il croyable que Jupiter s'abaisse jusqu'à présenter la mamelle aux enfants ; que dis-je ? aux animaux mêmes (d'où lui vient le nom de Ruminus) ; et qu'il demeure étranger à la parole de l'homme, à ce don qui nous assure la prééminence sur les bêtes ? Ainsi donc Jupiter est le même que Mercure. Si la parole même s'appelle Mercure, comme l'indiquent tous les attributs prêtés à ce dieu (« Mercure » en effet, ne signifie-t-il pas « qui court au milieu ? » parce que la parole court entre les hommes ; et les Grecs le nomment « Hermès », parce que la parole ou l'interprétation qui en dérive se dit *Hermeneia* : d'où vient encore qu'il préside au commerce ; parce qu'entre les vendeurs et les acheteurs la parole est, pour ainsi dire, médiatrice ; et les ailes qu'on lui met à la tête et aux pieds sont les emblèmes de la parole qui vole par les airs, comme le nom de Messager qu'on lui donne, signifie que la parole est la messagère de nos pensées) : si donc Mercure est la parole, de leur aveu même, il n'est plus dieu. Or, comme ils se font des dieux qui ne sont pas même des démons, les supplications qu'ils offrent aux esprits immondes les livrent non pas aux dieux, mais aux démons. Et dans l'impossibilité d'assigner à Mars aucun élément, aucune partie du monde pour y seconder l'œuvre de la nature, ils en font le dieu de la guerre, œuvre des hommes, — œuvre peu digne d'envie ! Si donc la Félicité faisait régner une paix perpétuelle, Mars n'aurait rien à faire. Si Mars est la guerre même, comme Mercure est la parole, plût au ciel que la guerre ne fût pas plus réelle que cette divinité n'est véritable !

XV. Mais peut-être les étoiles qui portent les noms des dieux, sont-elles ces dieux mêmes ? Car il en est une qu'on appelle Mercure ; il en est une qu'on appelle Mars ; il en est une qu'on appelle Jupiter. Et cependant Jupiter passe pour être le monde. Il en est une qu'on appelle Saturne ; et toutefois on ne lui accorde pas une influence médiocre puisqu'elle

préside au développement des semences. Il en est une, la
plus lumineuse de toutes, qui se nomme Vénus, et néanmoins on veut que Vénus soit encore la lune ; quoique pour
cet astre éclatant, comme pour la pomme d'or, un différend
s'élève entre Junon et Vénus. Quelques-uns attribuent l'astre
du jour à Vénus, d'autres à Junon ; mais, comme de coutume,
Vénus l'emporte. Car elle réunit en sa faveur presque toutes
les voix : à peine remarque-t-on un contradicteur. Or, qui ne
rirait en songeant que Jupiter passe pour le roi des dieux,
quand son étoile se lève si pâle auprès de l'Étoile de Vénus ?
Car ne devrait-elle pas être d'autant plus radieuse qu'il est
plus puissant ? On répond qu'elle ne paraît moins brillante
qu'en raison de son élévation et de sa distance infinie de la
terre. Mais si elle doit son élévation à la puissance du dieu,
pourquoi Saturne est-il plus élevé que Jupiter ? Eh quoi ! le
mensonge de la fable qui fait Jupiter roi n'a donc pu monter
jusqu'aux astres ; et Saturne vaincu dans son royaume,
vaincu dans le Capitole, triomphe-t-il du moins dans le ciel ?
Pourquoi, d'autre part, refuser une étoile à Janus ? Est-ce
parce qu'il est le monde, et que toutes sont en lui ? Jupiter est
le monde aussi, et toutefois il en a une. Janus est-il donc
entré de son mieux en composition, et tous les visages qu'on
lui donne sur la terre, sont-ils un dédommagement de l'étoile
qui lui manque au ciel ? Et si l'on fait de Mercure et Mars des
parties du monde et conséquemment des dieux à cause de
leurs étoiles seulement (car, à coup sûr, la parole et la guerre
ne sont pas des parties du monde, mais des actes humains),
pourquoi tous ces signes célestes composés non d'une seule
étoile, mais chacun de plusieurs, et placés au plus haut de
l'éther, où la constance du mouvement assure aux constellations un cours invariable, pourquoi le Bélier et le Taureau et
le Cancer et le Scorpion sont-ils privés d'autels, de sacrifices,
de temples ; pourquoi ne pas les admettre, sinon dans l'élite
du moins dans la plèbe des dieux ?

XVI. On veut qu'Apollon soit astrologue et médecin ; et
cependant, pour le placer en quelque partie du monde, on
dit encore de lui qu'il est le soleil, et de Diane, sa sœur,

qu'elle est la lune, et on lui confie la surveillance des chemins. Elle est vierge, parce que le chemin est stérile. Tous
deux ont des flèches, parce que ce sont deux astres qui lancent leurs rayons du ciel sur la terre. Vulcain est le feu ;
Neptune, l'eau ; et Dis ou Orcus, la région inférieure du
monde. On donne à Liber, à Cérès, la direction des
semences ; mâles à l'un, femelles à l'autre ; à l'un, leur élément liquide, à l'autre, leur élément sec : et cela se rapporte
encore au monde ou à Jupiter qui est appelé père et mère, en
tant qu'il répand hors de son sein et y recueille toute
semence. On veut aussi que la grande mère des dieux soit
Cérès qui n'est autre que la terre, et qu'elle soit encore
Junon. C'est pourquoi on lui attribue les causes secondes,
quoique l'on dise de Jupiter qu'il est père et mère des dieux,
parce que, dit-on, le monde est Jupiter même. Et Minerve
aussi, dont on fait la déesse des arts, on dit, faute de trouver
une étoile où la loger, qu'elle est la région supérieure de
l'éther. On dit qu'elle est la lune. Et Vesta, ne passe-t-elle
pas encore pour la plus grande déesse, parce qu'elle est la
terre, quoique l'on range dans ses attributions ce feu léger
mis au service de l'homme et non le feu violent, semblable
à celui de Vulcain ? Ainsi tous les dieux choisis ne sont donc
que le monde ; les uns, le monde entier, comme Jupiter ; les
autres, ses parties, comme Genius, la grande mère, le Soleil,
la Lune, ou plutôt Apollon et Diane. Souvent un seul dieu est
plusieurs choses ; souvent une seule chose est plusieurs
dieux. Un même dieu est plusieurs choses : Jupiter est le
monde, Jupiter est le ciel, Jupiter est une étoile ; Junon est la
reine des causes secondes, et Junon est l'air, Junon est la
terre, et si elle l'emportait sur Vénus, Junon serait encore
une étoile. Et Minerve également est la partie supérieure de
l'éther, et Minerve est la même que la lune que l'on place
aux dernières limites de cet élément. Une même chose est
plusieurs dieux : le monde est Jupiter, le monde est Janus ; la
terre est Junon, elle est la grande mère, elle est encore Cérès.

XVII. Et toutes les fables que je viens d'exposer sont plutôt embrouillées qu'éclaircies par leurs interprétations ; elles

montent et retombent, jouets de l'éternel flux et reflux de
l'erreur. Varron lui-même préfère douter de tout que de ne
rien affirmer. Après avoir achevé le premier de ses trois derniers livres sur les dieux certains, voici comment au début du
second il parle des dieux incertains : « Si j'exprime ici des
opinions douteuses au sujet des dieux, on ne m'en doit pas
faire un crime. Permis à tout autre, s'il le juge nécessaire et
possible, d'énoncer un jugement positif. Quant à moi, je me
laisserais plutôt amener à révoquer en doute ce que j'ai dit au
premier Livre, qu'à tirer sur tout ce qui me reste à dire une
conclusion certaine[11]. » Ainsi, non content d'écrire sur les
dieux incertains, il rend incertain ce qu'il a écrit sur les dieux
certains. Mais, dans le troisième livre, qu'il consacre aux
dieux choisis, passant de quelques considérations préliminaires sur la théologie naturelle aux vanités et aux mensonges de la théologie civile, où, loin d'être conduit par la
vérité des choses, il sera plutôt arrêté par l'autorité des
ancêtres : « Je vais parler ici, dit-il, des dieux du peuple
romain, dieux publics et célèbres, auxquels on a dédié des
temples et dressé des statues. Mais, suivant l'expression de
Xénophane de Colophon, j'exposerai ce que je pense et non
ce que j'affirme. L'homme sur ce point en est réduit à l'opinion, Dieu seul a la science[12]. » Il va donc écrire sur des
choses qui ne comportent ni une intelligence claire, ni une
ferme croyance, mais seulement des opinions et des doutes ;
institutions purement humaines, dont il ne promet de dis-
courir qu'en tremblant. En effet, il sait bien que le monde
existe, qu'il y a un ciel peuplé d'astres étincelants, une terre
riche de semences. Il croit de pleine assurance que ce merveilleux ensemble de l'univers, que toute la nature est
conduite et réglée par une force invisible et toute-puissante ;
mais peut-il affirmer également que Janus est le monde ;
peut-il découvrir comment Saturne, père de Jupiter, en
devient le sujet, et autres mystères semblables ?

11. Varron, *Antiquitatum rerum divinarum*, XV, 204.
12. Varron, *Antiquitatum rerum divinarum*, XVI, 229.

XVIII. La raison la plus vraisemblable qui se puisse donner, c'est que les dieux ont été des hommes, et à la flatterie qui les a faits dieux ils doivent ces solennités et ces rites qu'elle a su composer suivant l'esprit, le caractère, les actes et la destinée de chacun. En s'insinuant peu à peu dans les âmes humaines, semblables à celles des démons et passionnées pour l'erreur, ces traditions sacrilèges se sont répandues partout, accréditées par les ingénieux mensonges des poètes et les séductions des esprits de malice. Et, en effet, qu'un fils impie, craignant d'être tué par un père dénaturé, chasse ce père d'un royaume qu'il convoite ; cela est moins extraordinaire que l'interprétation de Varron, quand il prétend que la victoire de Jupiter sur Saturne n'est que la préexistence de la cause à la semence : car, s'il en était ainsi, Saturne n'eût été ni le prédécesseur, ni le père de Jupiter. La cause précède toujours la semence et n'en est jamais engendrée. Mais quand ils prétendent relever de vaines fables et des actions purement humaines en leur cherchant des raisons dans l'ordre de la nature, ces hommes, dont la pénétration est si grande, se trouvent réduits à de telles extrémités, que leur égarement même nous force de les plaindre.

XIX. « On raconte, dit Varron, que Saturne dévorait ce qui naissait de lui, parce que les semences rentrent là où elles ont pris naissance. Quant à cette motte de terre substituée à Jupiter, elle signifie qu'avant la précieuse invention du labourage les semences étaient enfouies dans les sillons par la main de l'homme. » Saturne devrait donc être la terre et non la semence ; car c'est la terre qui, pour ainsi dire, dévore ce qu'elle produit, quand les semences sorties de son sein y rentrent de nouveau. Et cette glèbe engloutie à la place de Jupiter, quel rapport a-t-elle avec la semence que la main de l'homme recouvre de terre ? Ce grain enseveli n'est-il pas dévoré comme le reste ? Et cependant cette glèbe présentée à Saturne et qui lui dérobait Jupiter ne donnerait-elle pas à penser qu'après avoir ensemencé la motte on retire la semence, comme si la glèbe qui couvre le grain ne servait pas plutôt à le faire dévorer ? Et maintenant Jupiter est la

semence et non la cause de la semence, comme on vient de
le dire. Mais quoi ! en expliquant des folies, est-il possible de
trouver une parole sensée ? « Saturne a une faux, dit encore
Varron, à cause de l'agriculture. » Mais assurément sous son
règne l'agriculture était encore inconnue ; c'est pourquoi on
le place aux temps primitifs, parce que, suivant les interprétations du même auteur, les premiers hommes vivaient des
fruits que la terre produisait sans culture. Est-ce en échange
du sceptre que Saturne reçoit une faux ? Prince oisif aux
anciens jours, va-t-il devenir, sous le règne de son fil, laborieux mercenaire ? Varron ajoute que dans certains pays
comme à Carthage, des enfants lui étaient immolés ; les
Gaulois lui sacrifiaient même des hommes, parce que, de
toutes les semences, le genre humain est la plus excellente.
Qu'est-il besoin d'insister davantage sur cette barbare inep-
tie ? Qu'il nous suffise de remarquer et de tenir pour avéré que
ces explications ne se rapportent nullement au vrai Dieu,
nature vivante, incorporelle, immuable, à qui doit être
demandée la vie éternellement heureuse, mais qu'elles sont
toutes limitées aux objets sensibles, soumis au temps, au
changement, à la mort. Quant à l'attentat commis par
Saturne sur le ciel, son père, voici le sens que Varron y
découvre : c'est que la semence divine appartient à Saturne,
et non pas au ciel ; parce que, autant que l'on en peut juger,
rien ne naît au ciel de semence. Mais quoi ! si Saturne est un
fils du ciel, il est fils de Jupiter, car il est invariablement
reconnu que le ciel est Jupiter. Ainsi donc, les opinions qui
ne viennent pas de la vérité se ruinent d'elles-mêmes, et
d'ordinaire, sans impulsion étrangère. Varron dit aussi que
Saturne est appelé Kronos, mot grec qui signifie temps, parce
que sans le temps aucun germe ne saurait être fécond. Voilà
ce que l'on raconte de Saturne, et beaucoup d'autres parti-
cularités qui toutes se rapportent à la semence. Mais du
moins, avec une telle puissance, Saturne devrait suffire à son
emploi ; pourquoi donc faire intervenir d'autres dieux,
comme Liber et Libera ou Cérès ? divinités dont Varron
récapitule les fonctions relatives aux semences avec autant de
détails que s'il n'eût rien dit de Saturne.

XX. Entre les mystères de Cérès on distingue surtout ceux d'Eleusis, que les Athéniens célébraient avec tant de pompe. Varron n'en dit rien que ce qui regarde l'invention du froment due à Cérès et le rapt de sa fille Proserpine que Pluton lui enleva. Il voit là un symbole de la fécondité des semences. Cette fécondité vint à manquer quelques jours, et la terre demeurant désolée et stérile, on put croire que la fille de Cérès ou la fécondité même enlevée par Pluton était retenue aux enfers. On célébra ce malheur par un deuil public et la fécondité reparut. Le retour de Proserpine fit éclater la joie et instituer ces solennités. Varron ajoute que ces mystères renferment encore beaucoup d'autres traditions toutes relatives à l'invention des blés.

XXI. Quant aux mystères de Liber, qu'ils font présider aux semences liquides, et non seulement à la liqueur des fruits où le vin a le premier rang, mais encore aux semences animales ; dire en quels excès d'infamie ils sont tombés, j'en ai honte, car mon récit se prolonge encore, et néanmoins, il le faut pour confondre tant d'arrogante stupidité. Entre les rites nombreux que je suis forcé d'omettre, Varron raconte qu'en certains lieux de l'Italie les fêtes de Bacchus se célébraient avec un tel cynisme qu'en son honneur l'on adorait les parties viriles de l'homme ; et dédaignant même la pudeur du secret, ce culte étalait au grand jour le triomphe de l'infamie. Car pendant le temps de ces solennités, ce membre honteux promené sur un char parcourait les environs de Rome, puis entrait dans la ville même. À Lavinium, tout un mois était donné à Liber, durant lequel on proférait les plus horribles obscénités jusqu'à ce que l'infâme idole eût traversé le Forum pour rentrer dans sa demeure. Et il fallait qu'en public la plus honnête mère de famille vînt déposer une couronne sur ce monstrueux objet ! Et pour rendre Liber propice aux semences, pour détourner des champs tout sacrilège, il fallait donc qu'une femme fît publiquement ce qui sur le théâtre devrait être interdit même à une courtisane, en présence de femmes honnêtes. C'est pourquoi on n'a pas cru que Saturne pût suffire aux semences, afin sans doute que, trouvant l'occasion de multiplier ses dieux, abandonnée du seul Dieu véritable en punition de ses adultères, et, par un besoin de vice toujours plus impérieux, prostituée à une multitude de fausses divinités, l'âme impure se livrât aux immondes embrassements des démons.

XXII. Neptune n'avait-il pas déjà pour femme Salacia, qui passe pour la région inférieure des eaux de la mer ? Pourquoi donc lui donner encore Venilia ? Quelle autre raison qu'un instinct de l'âme pervertie qui multiplie sans nécessité le culte et l'invocation des démons ? Mais enfin, qu'on expose le sens mystérieux de cette belle théologie, la raison secrète qui va peut-être faire tomber toutes nos censures ? « Venilia, dit Varron, est l'eau qui vient briser contre le rivage ; Salacia, celle qui retourne dans le fond de la mer. » Pourquoi donc faire deux déesses quand l'eau est la même qui va et revient ? En vérité, c'est une fureur comparable à celle des flots soulevés que cette passion pour la pluralité des dieux. Quoique cette onde qui va et revient soit la même, néanmoins sous un misérable prétexte, elle invoque deux démons de plus pour se flétrir encore davantage, cette âme qui s'en va, mais sans retour ! Je t'en conjure, ô Varron ! je vous en conjure, lecteurs des écrits de ces savants hommes, qui vous glorifiez d'y avoir tant appris, de grâce donnez-nous ici une explication conforme sinon à cette nature éternelle et immuable qui est Dieu seul, du moins à cette âme du monde et à ses parties que vous croyez des dieux véritables. Que de cette partie de l'âme du monde qui pénètre la mer vous ayez fait un dieu, Neptune, c'est une erreur presque tolérable. Mais dites-moi, cette eau qui vient au rivage et reflue dans la mer, fait-elle deux parties du monde ou deux parties de l'âme du monde ? Il n'y a là de sens que pour celui qui a perdu le sens. Pourquoi donc vous a-t-on fait deux déesses ? N'est-ce pas que la sagesse de vos ancêtres a pris soin non de vous confier à la garde de plusieurs divinités, mais de vous livrer en proie à cette horde de démons, amie des vanités et du mensonge ? Pourquoi d'ailleurs cette explication fait-elle perdre à Salacia la partie inférieure de la mer où elle était soumise à son mari ? Car en la confondant avec le flux et le reflux, vous l'élevez à la surface ; ou bien, pour se venger d'une rivale, aurait-elle chassé cet infidèle époux des régions supérieures de la mer ?

XXIII. Il n'y a qu'une terre, peuplée il est vrai d'êtres animés ; toutefois ce n'est qu'un grand corps et la dernière partie du monde. Pourquoi donc veut-on qu'elle soit une déesse ? Est-ce parce qu'elle est féconde ? Et pourquoi les hommes ne seraient-ils pas plutôt des dieux puisqu'ils la rendent féconde, mais par la culture et non par le culte ? On nous dit : cette partie de l'âme du monde qui la pénètre en fait une déesse. Comme si dans les hommes l'âme n'était pas plus évidente ; l'âme, dont l'existence n'est point mise en question. Et cependant, les hommes ne passent nullement pour des dieux ; et, lamentable erreur ! c'est à ces êtres tombés au-dessous d'eux, qu'ils vont offrir leur adoration et l'hommage de leur dépendance. Au même livre des dieux choisis, Varron affirme que l'âme universelle de la nature a trois degrés : « Dans le premier, elle pénètre toutes les parties du corps vivant ; elle ne donne pas la sensibilité, mais seulement le principe de vie. Cette force, dit-il, s'insinue dans les os, dans les ongles, dans les cheveux. C'est ainsi que nous voyons autour de nous les plantes se nourrir, s'accroître, et quoique privées de sentiment développer une vie propre. Au second degré, l'âme est sensitive, et communique la sensibilité à la vue, à l'ouïe, à l'odorat, au goût et au toucher. Le dernier degré, c'est l'esprit où domine l'intelligence ; noble privilège qu'entre tous les êtres mortels l'homme possède seul. Et comme elle assimile l'homme à Dieu, cette partie de l'âme universelle dans le monde s'appelle Dieu, et dans l'homme Genius. Ainsi dans le monde, les pierres et la terre que nous voyons, où le sentiment ne pénètre pas, sont comme les os, comme les ongles de Dieu. Le soleil, la lune, les étoiles que nous sentons, par lesquels il sent, sont ses sens. L'éther est son esprit dont l'influence étendue jusqu'aux astres fait les dieux ; ce que les astres en commu-

niquent à la terre, est la déesse Tellus, et ce qui de là passe
dans les océans, est le dieu Neptune. »

Laisse donc là, ô Varron, cette prétendue théologie naturelle, où après tant de détours et d'égarements, à travers des
sentiers difficiles, tu es venu chercher un repos à tes
fatigues ! Reviens à la théologie civile : je t'y retiens. J'ai
encore un mot à te dire. Je pourrais bien demander ici : la terre
et les pierres que l'on compare à nos os et à nos ongles, sont-
elles comme eux dépourvues de sens et d'intelligence ? Ou
leur donnera-t-on l'intelligence parce qu'ils appartiennent à
l'homme doué d'intelligence ? Est-il donc moins extravagant d'appeler dieux, dans le monde, la terre et les pierres que
d'appeler hommes nos os et nos ongles ? Mais c'est un débat
à vider avec les philosophes ; je ne m'adresse encore qu'au
politique. Car bien qu'il ait voulu, selon toute apparence,
relever la tête et respirer comme un air libre dans la théologie naturelle, il est possible que certaines réflexions sur son
livre et sur lui-même lui aient suggéré les paroles précédentes, pour détourner le soupçon que les anciens Romains
et les autres peuples eussent rendu à Tellus et à Neptune un
vain culte. Mais je dis : si la terre est une, pourquoi cette partie de l'âme du monde qui la pénètre ne fait-elle pas une
seule divinité sous le nom de Tellus ? À la vérité, que devien-
draient alors Orcus ou Dis, frère de Jupiter et de Neptune, et
sa femme Proserpine, qui, suivant une autre opinion rapportée dans le même ouvrage, n'est pas la fécondité de la terre,
mais sa partie inférieure ? Dira-t-on que l'âme du monde en
traversant la région supérieure de la terre est Dis ; qu'elle est
Proserpine aux régions inférieures : alors que devient
Tellus ? Ce tout qu'elle était se divise en deux parties, en deux
divinités, et elle-même reste comme un tiers dont on ne peut
dire ni ce qu'il est, ni où il est. Mais Orcus et Proserpine, dira-
t-on, ne sont que la déesse Tellus. Il n'y a pas trois dieux, mais
un ou deux seulement. Et cependant, c'est trois que l'on
désigne, c'est trois que l'on reconnaît, c'est trois qui ont leurs
autels, leurs sanctuaires, leurs sacrifices, leurs statues, leurs
prêtres ; autant de sacrilèges, autant de démons qui violent
l'âme prostituée. Dites-moi encore, en quelle partie de la

terre descend l'âme du monde pour faire le dieu Tellumo ? —
Erreur, répond Varron ; c'est la même terre qui a double
vertu : l'une masculine, pour produire la semence ; l'autre
féminine, pour la recevoir et la nourrir : de l'une lui vient le
nom de Tellus, et de l'autre celui de Tellumo. Pourquoi donc
les prêtres, au rapport même de Varron, ajoutent-ils encore
deux divinités, sacrifiant à ces quatre dieux : Tellus,
Tellumo, Altor et Rusor ? On sait pourquoi aux deux premiers. Mais pourquoi à Altor ? parce que, dit-il, tout ce qui
est né reçoit de la terre son aliment. Pourquoi à Rusor ? parce
que tous les êtres retournent à la terre.

XXIV. Ces quatre vertus que la terre recèle doivent donc
lui conférer quatre noms et non pas en faire quatre dieux.
C'est au même Jupiter, c'est à la même Junon que se rapportent tant de noms divers ; c'est à un seul dieu, c'est à une
seule déesse que sont attribuées plusieurs vertus ; mais la
pluralité des noms ne fait pas la pluralité des dieux. Il arrive
souvent à ces femmes déshonorées de repousser par un sentiment de honte et de repentir cette foule d'amants qu'elles
ont cherchés dans leur folle ivresse. Ainsi l'âme avilie, prostituée aux esprits impurs, se lasse quelquefois de sa honte
accoutumée ; elle se lasse de multiplier ses dieux pour multiplier ses adultères. Car Varron lui-même, comme s'il rou-
gissait de cette foule de divinités, veut que Tellus ne soit
qu'une seule déesse. « On l'appelle aussi, dit-il, la grande
mère ; et le tambour qu'on lui donne est la figure du globe terrestre ; les tours dont elle est couronnée sont les villes ; les
sièges qui l'environnent expriment son immobilité au milieu
du mouvement général. Les Galles attachés à son service
indiquent que pour obtenir des semences il faut s'attacher à
la terre, parce que tout est renfermé dans son sein. S'ils s'agi-
tent devant elle, c'est, dit-il encore, pour montrer que le
repos est interdit au laboureur, qu'il lui reste toujours
quelque chose à faire. Le son des cymbales d'airain que leurs
mains font retentir, est le symbole du bruit des instruments
du labourage ; et elles sont d'airain, parce que l'agriculture
se servait d'airain avant la découverte du fer. Le lion libre et

apprivoisé signifie qu'il n'est point de terre si rebelle et si sauvage que le travail de l'homme ne puisse dompter. Les divers
noms et surnoms donnés à Tellus mère, ajoute-t-il, ont fait
croire qu'il s'agissait de plusieurs dieux. On pense que
Tellus est Ops, parce que le travail l'améliore ; qu'elle est la
mère, parce que sa fécondité est immense ; la grande mère,
parce qu'elle produit les aliments ; Proserpine, parce que les
blés sortent de son sein ; Vesta, parce que l'herbe est son vêtement. C'est ainsi, et non sans raison, qu'on rapporte plusieurs déesses à celle-ci. » Or, si elle est seule déesse, elle qui,
au jugement de la vérité, n'est pas même une déesse, pourquoi donc en imaginer plusieurs ? À une seule plusieurs
noms, soit ; mais autant de déesses que de noms, absurdité !
Varron s'incline sous l'autorité d'une antique erreur, et
même après le jugement qu'il vient d'exprimer, il tremble
encore et ajoute : « Cette dernière opinion ne contredit point
celle de nos ancêtres, qui admettaient ici plusieurs déesses. »
Quoi ! ces deux opinions s'accordent ? Est-il donc indifférent
de dire qu'une seule déesse a plusieurs noms ou qu'il y a plusieurs déesses ? « Cependant dit-il, il peut arriver qu'une
chose soit une et que plusieurs autres choses soient en elle. »
Qu'il y ait plusieurs choses dans un seul homme, je
l'accorde ; s'ensuit-il donc qu'il y ait plusieurs hommes ?
Plusieurs circonstances se rencontrent en une seule déesse,
s'ensuit-il qu'il y ait plusieurs déesses ? Mais allez, faites ;
divisez, réunissez, multipliez, confondez et mêlez ! Les voilà
donc ces sublimes mystères de Tellus et de la grande mère,
et par eux tout se rapporte à des semences périssables, à la
pratique de l'agriculture ! Voilà le but et le terme de ces tambours, de ces tours, de ces Galles, de ces mouvements
convulsifs, de ces cymbales sonores, de ces lions symboliques ; et en tout cela trouvent-ils une promesse de la vie éternelle ? Comment la honte de ces prêtres eunuques consacrés
au service de la grande déesse, peut-elle indiquer que pour
obtenir la semence il faut s'attacher à la terre, puisque ce service même les condamne à la stérilité ? Comment en s'attachant à la déesse pourraient-ils obtenir une semence qu'ils
n'ont pas, quand leur ministère les prive même de celle qu'ils

ont ? Est-ce là dévoiler le sens ou l'abomination des mystères ? Et l'on ne remarque pas quel ascendant a obtenu la malice des démons, qui n'osant beaucoup promettre aux hommes, exigent d'eux néanmoins de tels attentats. Si la terre n'était pas une déesse, les hommes travailleraient à tirer de son sein la semence, et ils ne séviraient pas contre eux-mêmes pour perdre en son honneur ce qu'ils demandent à sa fécondité. Si la terre n'était pas une déesse, elle deviendrait féconde sous la main de l'homme, et elle n'obligerait pas l'homme à se rendre stérile de sa propre main. Qu'aux fêtes de Bacchus, une femme honnête couronne sa virilité humaine à la vue de la multitude, et que peut-être, à ce spectacle, le front couvert de sueur et de honte, s'il reste encore aux hommes quelque pudeur, assiste le mari lui-même ! Que dans la célébration des noces, l'on fasse asseoir la nouvelle épouse sur le genou d'un Priape, ces infamies ne sont qu'une misérable bagatelle au prix de ces mystères d'obscénité cruelle, de cruauté obscène, où l'artifice des démons flétrit les deux sexes, sans toutefois les détruire. Là, on craint les sorts jetés sur la campagne ; ici, l'on ne craint pas la mutilation des membres. Là, la pudeur de la jeune épouse est profanée, mais elle ne perd ni sa fécondité, ni sa virginité même ; ici la virilité est retranchée : ce n'est pas une femme de plus, c'est un homme de moins.

XXV. Il n'est point question d'Atys ; et Varron ne cherche aucune explication de ces amours dont le prêtre Galle célèbre la mémoire par son infâme mutilation. Mais les savants et les sages de la Grèce découvrent là une allégorie admirable et sainte. C'est à leurs yeux un emblème de la beauté printanière de la nature. Atys, si l'on en croit le célèbre philosophe Porphyre, est l'image des fleurs ; son malheur représente la chute de la fleur avant le fruit. Ce n'est donc pas un homme ou ce qui est à peine un homme, mais seulement le sexe que l'on compare à la fleur. Car le sexe tomba seul de l'homme vivant, que dis-je ? Le sexe ne tomba point ; il ne fut point détaché mais déchiré, et la perte de cette fleur ne fut suivie que de stérilité. Cet homme, reste de lui-même, que signifie-t-il ? À quoi se rapporte cette violence ? Quel sens en tirer ? Ces vains et inutiles efforts prouvent assez qu'il faut en croire ce que la renommée a publié et dicté sur un homme fait eunuque. Ici le silence de Varron témoigne hautement son mépris pour une explication que le plus savant des Romains ne pouvait ignorer.

XXVI. Et ces hommes voués au service de la grande mère, ces efféminés, dont la consécration même est un outrage à la pudeur de l'un et de l'autre sexe, qu'on a vus encore de nos jours dans les places et les rues de Carthage, les cheveux parfumés, le visage fardé, les membres amollis, la démarche lascive, demander publiquement de quoi soutenir leur infâme existence, Varron, si ma mémoire est fidèle, ne parle d'eux nulle part. Ici l'interprétation manque, la raison rougit, la parole s'arrête. La grande mère l'emporte sur tous les dieux ses enfants, non par l'excellence de la divinité, mais par l'énormité du crime. C'est une monstruosité qui fait pâlir celle de Janus. Il n'est hideux que par la difformité de ses statues ; elle est hideuse par la cruauté de ses mystères. Lui, n'a de membres superflus qu'en effigie. Elle mutile réellement les membres humains. Les désordres, les incestes de Jupiter sont au-dessous de cette infamie. Séducteur de tant de femmes, Jupiter ne déshonore le ciel que du seul Ganymède ; mais elle, par ces efféminés de profession, souille la terre et outrage les cieux. Peut-être en ce genre de cruauté obscène, pourrait-on lui comparer ou lui préférer Saturne qui, dit-on, mutile son père ; mais dans les mystères de ce dieu, les hommes s'entre-tuent, ils ne s'outragent pas eux-mêmes. Ce dieu dévora ses fils, disent les poètes ; ce que les philosophes interprètent à leur gré. La vérité historique est qu'il les mit à mort. Aussi les Carthaginois lui sacrifiaient leurs enfants, sacrifices que les Romains ont repoussés. Mais la grande mère des dieux introduit des eunuques dans les temples romains et cette infâme coutume s'est perpétuée. On croyait donc que cette déesse soutenait le courage en retranchant la virilité. Eh ! que sont au prix de cette abomination les larcins de Mercure, l'impudicité de Vénus, les adultères et incestes

des autres dieux ? Ici j'invoquerais le témoignage des livres
mêmes, si chaque jour le théâtre ne reproduisait ces horreurs
par le chant et la danse ? Et que sont-elles en effet, compa-
rées à cette infamie qui n'appartient qu'à la grande mère ?
Fiction de poètes, dit-on ; mais, ô honte ! est-ce une fiction
que les plaisirs que trouvent les dieux à de tels spectacles ?
Que la scène ou la poésie publie tous ces crimes ; témérité,
impudence des poètes, j'y consens. Mais qu'ils soient mis au
nombre des choses et des solennités divines, sur l'ordre et la
menace des dieux mêmes, le crime n'est-il pas aux dieux ? Ne
se déclarent-ils pas ainsi démons et séducteurs d'âmes misérables ? Quant à ces eunuques voués par leur sang au culte
de la grande déesse, les poètes ici cessent d'inventer. L'horreur les réduit au silence. Voilà donc ces dieux choisis auxquels l'homme se doit consacrer pour vivre heureusement
après la mort, quand, dès ici-bas, il ne peut vivre honnêtement
à leur service, courbé sous le joug des plus honteuses superstitions, esclave des esprits impurs. « Tout cela, dit Varron,
se rapporte au monde » ; à l'immonde, devrait-il dire. Or,
est-il rien dans le monde qui ne se puisse rapporter au
monde ? Pour nous, ce que nous cherchons, c'est une âme qui,
affermie par la vraie religion, n'adore pas le monde comme
son Dieu, mais l'admire en vue de Dieu, comme l'œuvre de
Dieu, et, délivrée de toute souillure mondaine, s'élève pure
à Dieu, créateur du monde.

XXVII. La célébrité de ces dieux choisis a donc servi non
pas à éclairer leurs vertus, mais à sauver leur honte de
l'oubli ; ce qui porte à croire qu'ils ont été des hommes,
comme l'atteste la poésie d'accord avec l'histoire. Virgile
ne dit-il pas : « Saturne le premier fuyant la poursuite de
Jupiter, descendit de l'Olympe, souverain exilé[13] » ? Et
toutes les circonstances de cet événement sont développées
dans l'histoire d'Éphémère qu'Ennius a traduite en langue
latine. Mais comme ce point est suffisamment discuté par
les écrivains grecs et latins qui ont combattu l'erreur, je ne

13. Virgile, *Énéide*, VIII, 319.

veux pas m'y arrêter plus longtemps. Quant aux raisons naturelles apportées par des hommes dont la pénétration égale la science, pour transformer ces faits humains en faits divins, plus je les considère, moins je vois qu'on y puisse rien trouver qui ne se rattache à des œuvres terrestres et temporelles, à une nature corporelle et muable, fût-elle invisible, qui ne saurait être le vrai Dieu. S'il s'agissait du moins d'allégories convenables à la religion, il serait assurément déplorable qu'elles ne servissent pas à répandre la connaissance du vrai Dieu ; on pourrait se consoler toutefois par l'absence de tant de pratiques honteuses et de commandements infâmes. Or, comme il y a crime, lorsqu'à la place du vrai Dieu, qui seul peut faire la béatitude de l'âme où il habite, l'âme ou le corps reçoivent un hommage, combien plus criminel est le culte quand celui qui le rend y perd à la fois le salut de son âme et l'honneur de son corps ? Que des temples, des prêtres, des sacrifices, que tous ces tributs dus au seul Dieu de vérité, soient consacrés à quelque agent de la nature, à quelque esprit créé lors même qu'il ne serait ni impur, ni pervers, c'est un mal assurément ; non que le mal se trouve dans les objets employés à ce culte, mais parce qu'ils ne doivent servir qu'en l'honneur de celui à qui cet hommage et ce culte appartiennent. Que si, par de ridicules et monstrueuses statues, par des sacrifices homicides, par ces couronnes déposées sur de honteux organes, par ces prix décernés à l'adultère, par ces incisions et ces mutilations cruelles, ces consécrations d'hommes efféminés, ces spectacles effrontés et obscènes, l'on prétend rendre honneur au vrai Dieu, c'est-à-dire au Créateur de toutes les âmes, de tous les corps, le crime n'est point d'adorer celui qui ne doit pas l'être, mais de l'adorer autrement qu'il doit l'être. Et maintenant que tant d'horreurs et d'infamies soient un hommage offert, non pas au Dieu véritable, au créateur de l'âme et du corps, mais à une créature si parfaite qu'elle soit, ou âme ou corps, ou âme et corps tout ensemble, il y a là un double attentat contre Dieu, car c'est adorer au lieu de lui ce qui n'est pas lui, et lui offrir un culte qui ne doit être offert ni à lui, ni à tout autre que lui. Or, quel est le caractère du culte païen, quel mélange d'horreurs et d'infamies, c'est chose notoire ; mais l'objet de ce culte serait moins évident si l'histoire n'attestait que ces abominables hommages ont été arrachés par les menaces des dieux mêmes. Plus de doute maintenant ; ce sont les esprits de malice et d'impureté que toute cette théologie civile attire sous ces stupides emblèmes pour s'emparer de ces cœurs abrutis.

XXVIII. Toute la science, toute la pénétration, toute la subtilité du raisonnement de Varron sont donc impuissantes à rattacher ces dieux au ciel et à la terre. Vains efforts ! ces dieux glissent de ses mains, ils se dérobent, ils s'écoulent. Avant de parler des déesses, il s'exprime ainsi : « Comme je l'ai dit au premier livre en parlant des dieux, les dieux procèdent de deux principes, le ciel et la terre, d'où est venue cette division en dieux célestes et dieux terrestres. Aux livres précédents, nous avons commencé par le ciel en traitant de Janus que les uns prennent pour le ciel et les autres pour le monde. Et nous commencerons par Tellus le traité des déesses. » J'observe ici toutes les perplexités de ce grand génie. Il s'attache à certaines analogies qui lui permettent de rapporter au ciel le principe actif, et le principe passif à la terre ; c'est pourquoi il attribue à l'un la puissance masculine, à l'autre la vertu féminine ; et il ne voit pas que celui par qui tant de phénomènes se produisent est celui-là même qui a fait le ciel et la terre. C'est ainsi que plus haut il exprime les mystères des dieux de Samothrace, et, promettant de dévoiler aux siens des choses inconnues, s'engage comme par serment à leur adresser ces révélations étranges. Plusieurs indices, à l'entendre, lui apprennent que, de ces statues divines, l'une est l'emblème du ciel, celle-ci de la terre, celle-là de ces types généraux que Platon appelle les idées. Il veut que le ciel soit Jupiter, la terre Junon, et les idées Minerve. Le ciel est le principe, la terre est la matière et les idées sont les types de toutes choses. Et Platon, soit dit en passant, attribue aux idées une telle puissance que, suivant lui, ce n'est pas le ciel qui eût rien créé sur leur modèle, mais elles-mêmes qui auraient créé le ciel. Je me contente de remarquer que, dans ce livre des dieux choisis, Varron perd de vue cette notion des trois divinités, dans lesquelles il avait, pour ainsi dire, tout compris. Car n'attribuait-il pas au ciel les dieux, à la terre les déesses, et, dans ce nombre, Minerve qu'il venait précédemment d'élever au-dessus du ciel même ? Et puis, Neptune, divinité mâle, ne réside-t-il pas dans la mer qui dépend plutôt de la terre que du ciel ? Et Dis, Pluton chez les Grecs, frère de Jupiter et de Neptune, n'est-il pas également un dieu terrestre, habitant la partie supérieure de la terre et laissant à sa femme Proserpine les régions inférieures ? Que devient donc cette distinction des dieux appartenant au ciel et des déesses appartenant à la terre ? Où est la solidité, le sens, la conséquence, la fixité de toutes ces opinions ? Tellus est le principe des déesses ; c'est la grande mère, et c'est devant elle que hurlent ces orgies d'hommes infâmes qui se tordent et se déchirent. Et Janus est la tête des dieux ; Tellus la tête des déesses ! Qu'est-ce à dire ? L'erreur multiplie la première ; la fureur possède la seconde. Quels vains efforts pour rattacher tout cela au monde ? Et, y réussirait-on, l'âme pieuse adorera-t-elle jamais le monde à la place du vrai Dieu ? Et cependant l'évidence démontre l'impuissance de leur tentative. Qu'ils imputent donc ces fables à des hommes morts, aux esprits pervers, et toute difficulté cessera.

XXIX. Et en effet, tout ce que cette théologie rattache au monde par des raisons naturelles, combien plus aisément et sans crainte d'aucune opinion sacrilège pourrait-on le rapporter au vrai Dieu, auteur du monde, auteur de toutes les âmes et de tous les corps ? Et cette vérité, je l'établis ainsi. Nous adorons Dieu, et non pas le ciel et la terre, ces deux parties constitutives du monde ; ni l'âme, ni les âmes répandues dans tous les corps vivants ; mais le Dieu, auteur du ciel et de la terre et de tout ce qui est compris dans leur sein, auteur de toute âme quelle qu'elle soit.

Parcourons donc ces œuvres du seul et vrai Dieu, œuvres dont ceux-ci se sont fait cette multitude de fausses divinités, cherchant à couvrir de quelque sens spécieux l'abomination de leurs mystères. Nous adorons ce Dieu qui assigne aux

natures, dont il est le créateur, l'origine et la fin de leur
mouvement et de leur durée ; qui a en soi le principe, la
connaissance et la disposition des causes ; auteur de la vertu
des semences ; qui a doué telles créatures vivantes qu'il lui a
plu, de l'âme raisonnable, de l'esprit, et leur donne la faculté
et l'usage de la parole ; qui, suivant son bon plaisir, communique aux intelligences le privilège de prédire les événements futurs, qui lui-même révèle l'avenir par l'organe de ses
prophètes et guérit par la main de ses serviteurs ; arbitre de
la guerre elle-même, dont il détermine le commencement, le
progrès et le but, lorsqu'il juge nécessaire de corriger ou de
châtier ainsi le genre humain ; créateur et régulateur de cet
élément du feu dont il tempère la dévorante activité, la subor-
donnant au besoin de l'immense nature ; modérateur souverain des eaux universelles ; créateur du soleil, le plus brillant
des astres, dont il règle l'influence et le mouvement ; lui, qui
ne laisse pas les enfers en dehors de sa domination toute-puissante ; lui, qui dispense la vertu séminale aux substances
sèches ou humides destinées à la nourriture de l'homme ; lui
qui donne à la terre sa base et sa fécondité, qui fait aux
hommes et aux animaux largesse de ses fruits ; Providence
ordonnatrice des causes premières et des causes secondes ;
qui assigne à la lune son cours, ouvre dans le ciel et sur la terre
des routes au déplacement des corps ; inspire à l'esprit
humain, sa créature, la connaissance des arts nécessaires au
soutien de la nature et de la vie ; instituteur de l'union des
sexes pour la propagation des espèces ; qui accorde
l'usage habituel de ce feu terrestre auquel les sociétés humaines empruntent lumière et chaleur : voilà cette activité universelle que le savant et ingénieux Varron veut partager entre
les dieux choisis par je ne sais quelles interprétations physiques qu'il doit aux traditions ou à ses propres conjectures.
Or, cette activité appartient au seul Dieu véritable et n'appartient qu'à lui, présent partout, indépendant de tout lieu, libre
de tout lien, indivisible, immuable, emplissant le ciel et la
terre, non de l'immensité de son être, mais de la présence de
sa toute-puissance. Il gouverne donc sa création, en laissant
aux créatures mêmes une certaine spontanéité de mouve-

ment et d'action. Rien ne saurait être sans lui, et pourtant rien
n'est lui. Il agit souvent par le ministère des anges, mais lui
seul est le principe de la félicité des anges. Souvent, pour des
raisons particulières, il envoie ses anges aux hommes, et toutefois, ce n'est point par les anges, mais par lui-même qu'il
veut faire aussi la béatitude des hommes. C'est donc de ce
seul et vrai Dieu que nous espérons la vie éternelle.

XXX. Car, outre ces bienfaits que, dans le gouvernement
de la nature dont je viens de parler, il répand sur les bons et
sur les méchants, il nous donne encore un immense témoignage de son amour, témoignage qui ne regarde que les
bons. Et en effet, quoique ce don sublime d'être et de vivre
et de contempler le ciel et la terre, de posséder l'intelligence
et la raison qui nous élèvent jusqu'à le connaître, lui, le créateur de tant de merveilles, nous laisse impuissants à lui
rendre de justes actions de grâces, toutefois en songeant à
cette miséricorde, qui loin de nous abandonner sous le faix
écrasant de nos péchés, à nos ténèbres, à notre cécité coupable, nous envoie son Verbe, son Fils unique, dont l'humilité daigne se revêtir de notre chair, naître et souffrir afin de
nous apprendre de quel prix est l'homme aux yeux de Dieu,
nous purifie de tous nos péchés par ce sacrifice unique et
répand avec son Esprit saint la charité dans nos cœurs, pour
nous élever au-dessus de tous les obstacles et nous introduire
dans le repos éternel, dans les ineffables délices de la vision
bienheureuse : quels cœurs, quelles paroles suffiraient aux
actions de grâces !

XXXI. Dès l'origine même du genre humain, les anges
ont annoncé aux élus par des signes et des révélations appropriées au temps, ce mystère de la vie éternelle. Puis, le
peuple hébreu a été rassemblé en société pour figurer ce
mystère, et c'est au sein de ce peuple que, par l'organe de
certains hommes, les uns initiés, les autres étrangers à l'intelligence de leurs prédictions, tout ce qui, depuis l'avènement
du Christ jusqu'à nos jours et jusqu'aux temps futurs, devait
s'accomplir a été prédit, et ce peuple juif est dispersé par

toutes les nations pour servir de témoignage aux Écritures qui montrent la promesse du salut éternel dans le Christ. Car non seulement toutes les prophéties qui sont littérales et les préceptes contenus dans les Lettres saintes, règles des mœurs et de la piété, mais encore rites sacrés, sacerdoce, tabernacle, temple, autels, sacrifices, cérémonies, solennités, ce culte en un mot dû à Dieu, nommé en grec *latrie*, tout était figure et annonce à l'avance de ce qui se rapporte à la vie éternelle des justes en Jésus-Christ, que nous croyons avoir été accompli, que nous voyons accompli et que nous espérons devoir être accompli.

XXXII. Par cette religion, la seule véritable, il a convaincu les dieux des nations de n'être que des esprits immondes qui, profitant de la migration de certaines âmes humaines, ou revêtant la forme de quelqu'autre créature, aspirent à se faire passer pour dieux. Leur impur orgueil se repaît d'honneurs divins, abominable mélange de crimes et d'obscénités, et leur jalousie envie aux âmes humaines un salutaire retour vers le Dieu de vérité. C'est de ce joug cruel et impie que l'homme est affranchi, quand il croit en celui qui lui donne, pour se relever, l'exemple d'une humilité égale à l'orgueil qui a fait la chute des démons, et dans ce nombre, avec tous ces dieux, dont j'ai longuement parlé, et tant d'autres adorés des nations étrangères, il faut encore ranger ceux dont il s'agit ici, cette élite divine, et pour ainsi dire, ce sénat des dieux qui doivent leur élévation non pas à la dignité de leurs vertus, mais à la popularité de leurs crimes ; ces dieux dont Varron s'efforce de rattacher le mystère à des faits naturels. Il cherche un voile décent à tant d'infamies et ne trouve aucune explication concordante ou plausible. Car les causes de ces mystères ne sont pas celles qu'il croit ou qu'il veut faire croire. Si en effet elles étaient telles ou semblables, quoique inutiles au culte du vrai Dieu et à la vie éternelle, fin suprême de la religion, cependant ces explications telles quelles tirées de la nature pourraient diminuer un peu de l'horreur inspirée par certaines pratiques obscènes ou honteuses dont le sens serait ignoré. Et c'est ainsi que Varron

cherchant à dévoiler les allégories des fictions scéniques ou
des mystères sacrés, réussit moins, il est vrai, à justifier le
théâtre par le temple qu'à condamner le temple par le théâtre.
Mais ses efforts tendent, à la faveur de ces prétendues interprétations naturelles, à atténuer la répugnance que tant
d'infamies soulèvent dans l'âme humaine.

XXXIII. Et cependant, au témoignage même de ce savant
homme, les secrets de cette théologie, dévoilés par les livres
de Numa Pompilius, n'ont pu souffrir le jour ; on les a jugés
indignes non seulement d'être portés par la lecture à la
connaissance des esprits religieux, mais encore d'être
conservés par écrit dans la profondeur des ténèbres. Et je
vais satisfaire à la promesse que j'ai faite, au troisième Livre
de cet ouvrage. Voici ce qu'on lit dans le traité de Varron du
culte des dieux : « Un certain Tarentius, dit-il, possédait un
héritage au pied du Janicule. Et son bouvier, passant la charrue près du tombeau de Numa Pompilius, exhuma les livres
où ce roi avait consigné les raisons de l'institution des mystères. Ces livres sont portés au préteur. Ce magistrat jette les
yeux sur les premières pages et croit devoir en référer au
Sénat. Les principaux de cette assemblée ayant parcouru
quelques-unes des raisons que Numa rendait des institutions
religieuses, le Sénat respecta les établissements de l'ancien
roi, mais il décida que l'intérêt de la religion exigeait que
ces livres fussent brûlés par le préteur. » Permis à chacun
d'en croire ce qu'il lui plaît. Permis même à tout habile
défenseur d'une impiété si grande de débiter ici ce que
l'amour insensé de la dispute lui peut suggérer. Il me suffit
de remarquer que les révélations de Numa sur les causes des
mystères dont il fut l'instituteur devaient rester inconnues au
peuple, au Sénat, aux prêtres mêmes, et qu'une curiosité illicite avait initié Numa aux secrets des démons consignés dans
cet écrit destiné à les rappeler à son souvenir ; secrets néanmoins que jamais, tout roi qu'il était et n'ayant personne à
craindre, il n'osa ni communiquer, ni effacer, ni détruire. Il
veut en dérober la connaissance aux hommes pour ne pas
leur découvrir d'étranges abominations ; il appréhende

d'attirer sur lui en les supprimant le courroux des démons. Il les enfouit en un lieu qu'il croit sûr, ne doutant pas que la charrue dût jamais passer si près de son tombeau. Mais le Sénat craint aussi de condamner la religion des ancêtres, il est forcé de respecter les institutions de Numa, et cependant il juge ces livres si pernicieux qu'il défend de les rendre à la terre de peur que la curiosité humaine ne poursuive avec plus d'ardeur une découverte dérobée à sa recherche, et il ordonne de livrer aux flammes ce monument d'iniquité. Croyant à la nécessité de la célébration de ces mystères, l'erreur dans l'ignorance de leurs causes lui paraît préférable au trouble que leur révélation jetterait dans la République.

XXXIV. Comme il ne recevait de la part de Dieu ni ange, ni prophète, Numa eut recours à l'hydromancie[a] pour apercevoir dans l'eau les images des dieux ou plutôt les prestiges des démons, et apprendre d'eux les mystères et les rites qu'il devait instituer. Selon Varron, ce genre de divination venu des Perses, fut employé par Numa, et plus tard par le philosophe Pythagore. Il dit qu'on interroge aussi les enfers par l'effusion du sang, pratique que, d'après lui, les Grecs appellent nécromancie. Mais hydromancie ou nécromancie c'est tout un, puisqu'on demande également aux morts le secret de l'avenir : comment ? cela regarde les Gentils. Quant à moi, je ne prétends pas qu'avant la naissance du Sauveur, ces arts divinatoires fussent défendus par la loi chez les peuples païens et frappés d'une peine rigoureuse. Non, je ne l'assure pas ; peut-être même étaient-ils permis. Ce que je dis, c'est que par cette science occulte, Numa connut ces mystères qu'il établit, dont il dissimula les causes, tant il eut peur de ce qu'il avait appris ! et que le Sénat livra aux flammes les livres dépositaires de ces secrets. Que sert-il donc à Varron de prêter à ces mystères je ne sais quelles raisons empruntées à la nature, raisons qui seules n'auraient pas appelé une telle condamnation sur les livres de Pompilius ou qui eussent provoqué un semblable décret du Sénat contre l'ouvrage même

a. Hydromancie : divination par l'eau claire.

que Varron dédie à César Pontife ? Or, l'eau que Numa pui-
sait pour ses pratiques d'hydromancie fit naître, comme
Varron l'explique, la fiction de son mariage avec la nymphe
Égérie. Tant il est vrai que, par l'assaisonnement du mensonge, les faits véritables se changent en fables. C'est donc
par l'hydromancie que la curiosité de ce roi fut initiée aux
mystères qu'il consigna dans les livres des pontifes et aux
causes de ces mystères dont il se réserva à lui seul la connaissance ; révélations qu'il fit, pour ainsi dire, mourir avec lui,
puisqu'il prit tant de soin de les ensevelir, loin des regards
des hommes, dans les ténèbres de son sépulcre. Il fallait
assurément que la perversité des démons y fût dévoilée dans
toutes ses horreurs et que cette théologie civile parût exécrable à des hommes qui en avaient reçu tant de rites
infâmes ; ou bien qu'il y fût enseigné que ces dieux prétendus n'étaient que des hommes morts, dont une longue erreur
avait, dans presque toutes les nations, consacré l'apothéose
et les autels, à la joie des démons qui recevaient ces honneurs à la place de morts que leurs artifices faisaient passer
pour dieux. Mais une providence cachée du vrai Dieu a permis que, gagnés à Numa par l'art de l'hydromancie, ils lui
aient fait ces amicales confidences, et n'a pas permis qu'ils
l'avertissent de brûler plutôt que d'ensevelir ces secrets en
mourant. Et, pour en prévenir la publicité, ils n'ont pu
détourner ni la charrue qui les exhume, ni la plume de
Varron qui nous transmet le souvenir de cet événement, car
ils ne peuvent rien au-delà de ce qui leur est permis. Et la justice de Dieu, équitable et profonde, ne leur laisse de pouvoir
que sur ceux qui méritent d'être livrés à leurs traits ou entièrement assujettis à leur perfide domination. Mais combien
étaient pernicieuses, combien éloignées du culte de la véritable divinité ces révélations que le Sénat jette au feu, plus
hardi que Pompilius qui n'ose que les ensevelir ! Que celui-
là donc qui exile toute piété de cette vie même demande à ces
abominables mystères la vie éternelle ; mais que celui qui
rejette tout commerce avec les esprits de malice ne redoute
rien de cette superstition qui les honore et reconnaisse la
véritable religion qui les dévoile et les surmonte.

# Livre VIII

## Contestation avec
## les philosophes platoniciens

*Dans le Livre VIII, Augustin d'une part fait choix des pla-
toniciens comme interlocuteurs privilégiés, mais d'autre
part s'oppose à ces platoniciens. Laissant Varron, la théologie « fabuleuse » et la théologie « civile », il s'intéresse
désormais à la théologie « philosophique ». Le débat s'ins-
crit maintenant dans la compagnie de philosophes et d'amis
de la sagesse et en ce cercle, Augustin élit une école philosophique plus proche que toute autre de la vérité, celle des
platoniciens.*

*En leur compagnie il peut établir la recherche du
Souverain Bien qui, selon la diversité des sectes philosophiques, dépend du corps, ou de l'esprit, ou du corps et de
l'esprit, mais qui dépend pour lui de la jouissance de Dieu
et donc de Dieu même. Augustin se sent très proche des platoniciens et tient leur philosophie en haute estime.*

*Il établit ici des fondements du rapport de la pensée chré-
tienne à la philosophie qui vaudront pour des siècles.
L'homme chrétien peut, avec saint Paul, se méfier de la
sagesse mondaine qui est celle des philosophes, néanmoins
« il ne confondra pas toutes les philosophies dans la même
réprobation », il reconnaîtra avec le même Paul que « ce qui
se peut connaître de Dieu, ces philosophes l'ont connu,
même s'ils ne lui ont pas rendu comme à un Dieu action de
grâces ».*

*Ayant choisi les platoniciens comme interlocuteurs,
Augustin s'oppose maintenant à eux. Certes les platoniciens,*

à l'inverse de la religion populaire décrite par Varron, réfèrent le monde à Dieu et non les dieux au monde, certes ils ont une conception très haute de la divinité, proche de celle des chrétiens, mais ils restent solidaires du paganisme, surtout ils n'envisagent pas que Dieu puisse se communiquer – se mélanger – directement à l'homme. C'est pourquoi les platoniciens instaurent entre les dieux et les hommes des intermédiaires, esprits aériens et immortels comme les dieux, corporels et passionnés comme les hommes ; esprits ici appelés « démons ». Sujets aux passions comme les hommes, il n'y a pas à s'étonner qu'ils exigent un culte obscène. Les hommes, a fortiori les croyants, n'ont donc pas à se laisser impressionner et n'ont pas à admettre la pensée de se croire inférieurs à ces esprits ou démons.

Le platonisme ne peut envisager que Dieu se communique aux hommes. Sur ce point il ne peut y avoir plus radicale opposition avec le christianisme, qui manifeste au contraire cette communication.

Cependant les textes du corpus d'Hermès Trismégiste laissent entrevoir un temps où ces esprits intermédiaires, inventés par les hommes ou produits par Dieu, déclineront et disparaîtront. Mais l'Oracle ne parvient pas à prendre son parti de cet avenir (où tomberont les idoles) que pourtant il prévoit et que l'Écriture sainte annonce elle aussi de son côté.

# LIVRE HUITIÈME

I. Il me faut maintenant plus d'effort et de contention d'esprit que m'en ont demandé jusqu'ici le développement et l'examen des questions précédentes. Il ne s'agit plus de la théologie fabuleuse ou civile, c'est-à-dire des théologies du théâtre ou de l'État, dont l'une proclame les crimes des dieux, l'autre leurs désirs encore plus criminels, désirs de démons et non de dieux. C'est la théologie naturelle qu'il me reste à discuter avec des esprits d'élite, avec des philosophes dont le nom même est une profession d'amour de la sagesse. Or, si la sagesse est Dieu, créateur de toutes choses, selon l'enseignement de l'autorité et de la vérité divines, le vrai philosophe est celui qui aime Dieu. Mais comme la réalité que ce nom exprime ne se trouve pas dans tout homme qui se glorifie de ce nom (quiconque en effet s'appelle ainsi n'est pas pour cela amoureux de la vraie sagesse), il faut, entre tous, choisir ceux avec qui la discussion soit plus convenable. Car le but de cet ouvrage n'est pas de réfuter toutes les rêveries philosophiques, mais les seules opinions qui appartiennent à la théologie, à la science de la divinité ; et non pas même toutes ces opinions, mais celles des philosophes qui, reconnaissant l'existence de Dieu et l'intervention de sa Providence dans les choses humaines, ne jugent pas néanmoins le culte du Dieu un et immuable, suffisant pour obtenir après la mort une vie bienheureuse, et croient qu'il faut dans ce but honorer tous ces dieux, créés cependant et institués par un seul. Or, ces philosophes l'emportent déjà sur

Varron ; ils sont plus près de la vérité. Car lui n'a pu élever
la théologie naturelle au-delà du monde ou de l'âme du
monde ; et ceux-ci confessent un Dieu supérieur à toute âme,
créateur non seulement de ce monde visible, souvent appelé
le ciel et la terre, mais encore de toutes les âmes raisonnables
et intelligentes, telles que l'âme humaine, âmes qu'il rend
heureuses par la participation de sa lumière incorporelle et
immuable. Ces philosophes sont les platoniciens, appelés
ainsi de Platon leur maître : ce que nul n'ignore pour peu qu'il
ait entendu parler de philosophie. De ce Platon, j'estime
devoir dire quelques mots nécessaires à la présente question,
et aussi de ceux qui l'ont précédé en ce genre d'étude.

II. La littérature grecque, dont la langue est célèbre entre
tous les idiomes des nations, présente deux écoles philosophiques : l'italique qui doit son nom à cette partie de l'Italie,
dite autrefois la grande Grèce, et l'ionienne, née dans ces
contrées qu'on appelle encore aujourd'hui la Grèce. L'école
italique a pour auteur Pythagore de Samos, qui, dit-on, créa
ce mot de philosophie. Avant lui on appelait sages les
hommes qui semblaient avoir sur les autres la supériorité
d'une vie à certains égards meilleure. Mais lui, interrogé sur
sa profession, se déclara philosophe, c'est-à-dire partisan ou
amateur de la sagesse ; car en afficher la profession lui
paraissait le comble de l'arrogance. Le chef de l'école
ionienne est Thalès de Milet, l'un des sept sages. Laissant les
six autres se distinguer par la conduite de leur vie et quelques
enseignements de morale, Thalès sonde la nature des choses
et fonde sa renommée sur des écrits qui perpétuent sa doctrine. Ce qu'on admirait surtout en lui, c'est la science des cal-
culs astrologiques qui lui faisait prédire les éclipses de soleil
et de lune. Il crut cependant que l'eau était le principe des
choses et des éléments du monde, et du monde lui-même et
de tout ce que le monde produit ; et dans cette œuvre que la
contemplation nous découvre partout si admirable, il ne fait
intervenir aucune Providence divine. Anaximandre, l'un de
ses auditeurs, lui succède, sans adopter son système sur la
nature des choses. Il n'admet pas avec Thalès qu'elles pro-

cèdent toutes de l'eau, d'un principe unique, il assigne à chacune son principe particulier. Il veut que ces principes soient infinis et engendrent une infinité de mondes avec tout ce qu'ils produisent. Il veut que ces mondes meurent et renaissent tour à tour, après avoir rempli les conditions de leur durée. Enfin il ne donne aucune part à l'intelligence divine dans les révolutions de l'univers. Maître d'Anaximène, il le laisse son successeur. Celui-ci attribue les causes générales à l'air infini. Il ne nie point les dieux ; il en parle même. Et cependant, suivant lui, l'air n'est pas leur créature, ils sont les créatures de l'air. Son disciple Anaxagore pense qu'un esprit divin est l'auteur de tout ce que nous voyons ; qu'une matière infinie, formée d'atomes semblables, compose tous les êtres, chacun suivant son espèce et le mode de son existence, et toutefois en vertu de l'action divine. Diogène, autre disciple d'Anaximène, croit que l'air est la matière de toutes choses, mais il lui prête une raison divine sans laquelle il serait incapable de rien produire. Archelaos, disciple et successeur d'Anaxagore, professe les mêmes opinions sur les parties élémentaires des choses, et suivant lui, une intelligence qui préside à la composition et à la décomposition de ces parties, produit tous les phénomènes sensibles. Il eut pour disciple Socrate, maître de Platon, et c'est en vue de Platon que j'ai sommairement tracé ce précis.

III. Socrate est reconnu pour avoir le premier tourné la philosophie à la réforme et au règlement des mœurs. Avant lui, tous les efforts tendaient à la recherche des vérités naturelles. Est-ce par dégoût de ces questions remplies d'obscurité et d'incertitude ? que Socrate dirigea son esprit vers une étude positive et certaine, étude qui intéresse cette félicité même que semblent se proposer la plupart des philosophes, comme la fin de leurs méditations et de leurs veilles ? C'est, suivant moi, un problème impossible à résoudre. Faut-il croire, sur la foi de certaines conjectures bienveillantes, qu'il ne voulait point permettre à des âmes profanées par toutes les passions de la terre d'aspirer aux choses divines, à la connaissance des causes premières dépendantes, à ses yeux,

de la volonté souveraine du seul et vrai Dieu ; des âmes pures
pouvant seules les comprendre ? Aussi pensait-il qu'on
devait sans retard procéder à la réforme de ses mœurs pour
rendre à l'esprit, soulagé du poids des passions qui le dépri-
ment, cette vigueur innée par laquelle il s'élève jusqu'aux
vérités éternelles, à la contemplation de l'incorporelle et
immuable lumière, où les causes de toutes les natures créées
ont un être stable et vivant ; lumière qui ne se dévoile qu'à la
chasteté de l'intelligence. Toutefois, il est certain que la
fatuité des ignorants qui s'imaginent savoir, fut ridiculisée et
confondue par Socrate. Soit qu'il confessât son ignorance,
soit qu'il dissimulât sa science sur les questions mêmes de
morale où il semblait avoir exercé son esprit, l'incomparable
agrément de sa dialectique et l'atticisme de ses railleries lui
suscitèrent de vives inimitiés. La calomnie le poursuivit, il
fut mis à mort. Mais Athènes, qui l'avait condamné publiquement, l'honora depuis d'un deuil public. L'indignation
générale se tourna contre ses deux accusateurs : l'un périt
victime de la vengeance populaire, l'autre n'évita le même
châtiment que par un exil volontaire et perpétuel. Également
célèbre par sa vie et par sa mort, Socrate laisse un grand
nombre de sectateurs, qui à l'envi s'attachent aux problèmes
de la morale où il s'agit du souverain bien, sans lequel
l'homme ne saurait être heureux. Et comme Socrate, en dis-
putant, remue toutes les questions, affirmant et niant tour à
tour, sans exprimer jamais son opinion, chacun prend de ces
opinions ce qui lui plaît et place le bien final où bon lui
semble. Le bien final, c'est le terme où l'on trouve le bonheur. Mais sur cette question les partisans de Socrate se divi-
sent. Chose inouïe et que l'on ne pourrait croire des disciples
d'une même école, les uns mettent le souverain bien dans la
volupté, comme Aristippe, les autres dans la vertu, comme
Antisthène. Et combien encore d'opinions différentes qu'il
serait trop long de rappeler !

IV. Mais parmi les disciples de Socrate, celui qui éclipsa
toute autre renommée par les vives clartés de la gloire la plus
légitime, c'est Platon. Athénien, d'une famille illustre, il

s'éleva de bonne heure au-dessus de tous ses condisciples par la supériorité de son intelligence. Jugeant toutefois que, pour perfectionner la philosophie, ce n'était pas assez de son génie et des leçons de Socrate, il entreprit les plus lointains voyages, partout où l'entraînait la renommée de quelque enseignement célèbre. Ainsi l'Égypte lui communiqua les rares secrets de sa doctrine, et l'Italie, où régnaient les Pythagoriciens, l'initia facilement, par des entretiens avec les plus savants d'entre eux, aux différentes questions remuées par la philosophie de Pythagore. Il aimait tendrement Socrate, son maître ; aussi lui donne-t-il la parole dans presque tous ses ouvrages où, réunissant les tributs de ses voyages aux résultats de ses propres méditations, il relève ce mélange par le charme piquant que Socrate répandait sur ses conversations morales. L'étude de la sagesse se divisant en action et spéculation, ou partie active et partie spéculative ; active, celle qui regarde la conduite de la vie et le règlement des mœurs ; spéculative, celle qui se rattache à la recherche des causes et à la vérité pure. Socrate excelle, dit-on, dans la première, et Pythagore dans la seconde, sur laquelle il concentra toutes les forces de sa pensée. Platon réunit l'une et l'autre ; la philosophie lui doit sa perfection et cette division nouvelle : la morale, qui surtout a rapport à l'action ; la physique, qui s'attache à la contemplation ; la logique, qui distingue le vrai du faux. Quoique la logique soit nécessaire à l'action et à la spéculation, cependant la spéculation revendique particulièrement pour elle-même l'intuition de la vérité. Cette division n'a donc rien de contraire à celle qui partage l'étude entière de la sagesse en action et spéculation. Maintenant, quels sont les sentiments de Platon sur ces trois parties, sur chacune d'elles, c'est-à-dire où place-t-il, de science ou de croyance, la fin de toutes les actions, la cause de tous les êtres, la lumière de toutes les raisons ? C'est ce que l'on ne saurait expliquer sans longueurs, ni affirmer sans témérité. Comme il affecte de suivre la célèbre méthode de Socrate, son maître et le principal interlocuteur de ses *Dialogues*, et que cette habitude de dissimuler sa science ou son opinion lui plaît aussi, qu'arrive-t-il ? C'est que le senti-

ment de Platon lui-même sur ses grandes questions n'est pas
facile à pénétrer. Cependant de tous ses ouvrages, qu'il parle
en son nom, ou qu'il rappelle ce qu'il a ouï dire aux autres,
je veux extraire et présenter ici certains passages, soit favorables à la vraie religion que notre foi embrasse et défend, soit
contraires et en désaccord avec elle sur la question de la pluralité des dieux, ou de l'unité divine, par rapport à cette vie
véritablement heureuse où la mort doit nous introduire. Et en
effet, ceux qui ont la gloire d'avoir compris à une plus
grande profondeur et professé avec plus d'éclat la doctrine de
Platon, ce prince de la philosophie païenne, peut-être ont-ils
de Dieu ce sentiment, qu'en lui se trouve la cause de l'existence, la raison de l'intelligence et l'ordre des actions, triple
objet de la physique, de la logique et de la morale. Si donc
l'homme est créé pour atteindre, par l'excellence de son être,
l'être par excellence, c'est-à-dire le seul vrai Dieu, souverai-
nement bon, sans qui nul être ne subsiste, nulle doctrine
n'instruit, nul précepte ne sert ; qu'on le cherche là où tout est
sécurité, qu'on le contemple là où tout est certitude, qu'on
l'aime là où tout est justice.

V. Si donc Platon définit le sage celui qui imite, qui
connaît, qui aime ce Dieu dont la possession est la félicité souveraine, est-il besoin de discuter les autres doctrines ? Nulle
n'approche plus de la nôtre que la doctrine de Platon. Qu'elle
cède à Platon et à ses disciples cette théologie fabuleuse qui
représente les crimes des dieux pour divertir les âmes
impies ; et cette théologie civile, où les esprits impurs, jaloux
de séduire, sous le nom de dieux, les peuples asservis aux
voluptés terrestres, divinisent les erreurs humaines, excitant
le zèle immonde de leurs adorateurs au culte de leurs crimes,
spectacle où la multitude des spectateurs leur est un spectacle
plus doux encore, où ce que les temples peuvent avoir d'honnête est flétri par son affinité avec les infamies du théâtre, où
l'infamie du théâtre devient légitime, comparée aux abominations des temples. Que Varron cède, avec ces interprétations qui rattachent vainement toute cette liturgie au ciel et à
la terre, aux semences et aux opérations naturelles : interpré-

tations désavouées de la vérité, car elles reposent sur des allégories imaginaires ; et, fussent-elles vraies, l'âme raisonnable ne devrait pas adorer pour son Dieu ce qui dans l'ordre naturel est au-dessous d'elle ; elle ne devrait pas préférer à soi, comme des divinités, ces créatures auxquelles le vrai Dieu la préfère elle-même. Que Numa Pompilius cède, avec ces révélations mystérieuses, mais véritables, qu'il ensevelit avec lui, que la charrue exhume, que le Sénat livre aux flammes ; et, pour ne point fixer sur Numa la rigueur de nos soupçons, n'oublions pas cette lettre où Alexandre de Macédoine transmettait à sa mère les secrets que lui avait dévoilés un certain Leo, grand-prêtre égyptien, lui apprenant que non seulement des dieux inférieurs, tels que Picus et Faune, Énée et Romulus, ou bien encore Hercule, Esculape, et Liber, fils de Sémélé, et les Tyndarides et les autres mortels divinisés, mais encore les grands dieux, ceux que Cicéron, en taisant leurs noms, désigne dans les *Tusculanes*, Jupiter, Junon, Saturne, Vulcain, Vesta et tant d'autres en qui Varron veut trouver comme des symboles naturels, n'ont été que des hommes. Or, ce pontife redoute aussi la divulgation de ces mystères, et prie instamment Alexandre de faire brûler ce qu'il en écrivait à sa mère. Qu'elles cèdent donc aux platoniciens, cette théologie fabuleuse et cette théologie civile, qu'elles cèdent à des sages qui ont reconnu le vrai Dieu comme auteur de la nature, comme maître de la vérité, comme dispensateur de la béatitude. Qu'à ces grands hommes arrivés à connaître ce grand Dieu cèdent aussi ces philosophes chez lesquels la raison, esclave du corps, n'attribue aux êtres de la nature que des principes corporels ; Thalès, qui attribue tout à l'eau ; Anaximène, à l'air ; Zénon, au feu ; Épicure aux atomes, corpuscules indivisibles et impalpables ; et tant d'autres philosophes dont l'énumération serait longue et inutile, qui ont voulu trouver dans des corps simples ou composés, vivants ou inanimés, la cause et le principe des choses. Plusieurs, en effet, comme les épicuriens, ont cru que des choses sans vie en pouvaient produire de vivantes ; et cette puissance productrice de choses vivantes ou sans vie, d'autres l'attribuent exclusivement à des êtres vivants, mais corporels, corps générateurs de corps. Aussi les stoïciens pensent que le feu, ce corps, l'un des quatre éléments dont est composé le monde visible, est doué de vie et de sagesse ; qu'il est l'auteur du monde et de tous les êtres que le monde renferme ; le feu, dans leur opinion, est dieu. Voilà donc les seules pensées dont ces philosophes et ceux qui leur ressemblent aient pu s'entretenir avec leurs cœurs enchaînés par les sens. Et cependant ils se représentaient ce qu'ils ne voyaient pas, ils avaient en eux l'image des objets extérieurs qu'ils avaient vus, qu'ils ne voyaient plus, et que leur pensée seule évoquait. Or, ce qui apparaît ainsi à la pensée n'est plus un corps, mais l'image d'un corps ; et ce qui intérieurement perçoit cette image corporelle n'est ni corps, ni image ; et ce qui intérieurement prononce sur la beauté ou la laideur de l'image, ce qui juge est sans doute supérieur à l'objet du jugement. C'est l'intelligence humaine, c'est l'essence de l'âme raisonnable qui est incorporelle, puisque l'image qu'elle voit et dont elle est juge est elle-même incorporelle. Elle n'est donc ni terre, ni eau, ni air, ni feu ; elle n'est aucun de ces quatre éléments, qui constituent le monde visible. Si notre esprit n'est point corps, comment Dieu, créateur de l'esprit, serait-il corps ? Qu'ils cèdent donc, ces philosophes, qu'ils cèdent aux platoniciens ; et que ceux-là leur cèdent aussi, qui, à la vérité, rougissent de dire que Dieu est corps, mais qui le font de même nature que nos âmes. Ils ne sont donc pas frappés de cette étrange mutabilité de l'âme que l'on ne peut sans crime attribuer à Dieu ? Mais, vont-ils répondre, c'est le corps qui fait l'âme muable ; car, d'elle-même, elle est immuable. Que ne disent-ils : ce sont les corps qui blessent la chair ; car, d'elle-même, la chair est invulnérable. En effet, rien ne saurait altérer l'immuable ; or ce qui peut être altéré par un corps ne peut évidemment être dit immuable.

VI. Ces philosophes si justement élevés en gloire et en renommée au-dessus de tous les autres, ont bien vu qu'aucun corps n'est Dieu, et c'est au-dessus de tous les corps qu'ils cherchent Dieu. Ils ont vu que ce qui est muable n'est pas le Dieu souverain, et c'est au-dessus de toute âme, de tout

esprit muable qu'ils cherchent le Dieu souverain. Ils ont vu
qu'en toutes choses muables, la forme, par laquelle un être,
de quelque manière et de quelque nature qu'il soit, est ce
qu'il est, ne peut venir que de celui qui est en vérité, parce
que son être est immuable ; et qu'ainsi le corps de l'univers
entier est cet ensemble de figures, de qualités, de mouvements réglés et d'éléments coordonnés du ciel à la terre avec
les êtres divers qu'ils renferment ; que toute âme soit végétative, soit sensitive et animale, soit intelligente comme celle
de l'homme, soit purement spirituelle comme celle de
l'ange ; rien enfin ne peut être que par l'être simple, en qui
l'être n'est pas distinct de la vie, ni l'intelligence autre que la
vie, ni la béatitude autre que l'intelligence, comme si l'être
pouvait résider en lui sans la vie, et la vie sans l'intelligence,
et l'intelligence sans la béatitude, mais en qui vie, intelligence, béatitude ne sont qu'un seul et même être. C'est cette
immuable simplicité qui leur a fait connaître que tout tient
l'être de lui et qu'il ne le tient de rien. Ils ont considéré que
tout être est corps ou âme ; que l'âme est plus excellente que
le corps ; que la forme du corps est sensible ; celle de l'âme,
intelligible ; à la forme sensible, ils préfèrent donc l'intelligible. Le sensible, c'est ce qui peut être senti par la vue, par
le tact corporel ; l'intelligible, ce que le regard de l'esprit
peut atteindre ; car il n'est point de beauté corporelle, qu'elle
réside dans l'état extérieur du corps comme la figure, ou
dans son mouvement comme le chant, dont l'esprit ne juge.
Et il en serait incapable, si cette forme n'était en lui d'une
manière plus excellente, sans matière, sans bruit, sans espace
de lieu ou de temps. Et cependant si cette forme même
n'était muable, vif ou lent, cultivé ou inculte, exercé ou inha-
bile, nul esprit ne jugerait mieux qu'un autre des images sensibles ; et, dans un même esprit, nul progrès qui le rendît
meilleur juge aujourd'hui qu'hier. Or, ce qui est susceptible
de plus ou de moins, est sans contredit sujet au changement.
Aussi ces savants hommes, penseurs ingénieux et habiles,
ont-ils conclu sans peine que la forme par excellence ne saurait être celle qui est convaincue d'être muable ? Voyant que
les corps et les esprits existent avec plus ou moins de forme,

et que, destitués de toute forme, ils ne seraient point, ils reconnaissent qu'il est un être où réside cette forme première, immuable, par conséquent à nulle autre comparable ; et ils croient très légitimement que cet être est le principe suprême, principe qui a fait toutes choses et n'a point été fait. Ainsi, « ce qui se peut connaître de Dieu naturellement, ils l'ont connu ; Dieu le leur a dévoilé. Car, depuis la création du monde, l'œil de l'intelligence voit, par le miroir des réalités visibles, les perfections invisibles de Dieu, son éternelle puissance et sa divinité[1] ». C'en est assez sur la physique ou philosophie naturelle.

VII. Quant à cette autre partie de la science appelée logique ou rationnelle, loin de nous la pensée de comparer aux platoniciens ceux qui attribuent aux sens la perception de la vérité, et prétendent qu'à cette règle fausse et trompeuse se doivent rapporter toutes nos connaissances ; opinions des épicuriens et des philosophes de même ordre ; que dis-je ? des stoïciens eux-mêmes qui, passionnés pour cet art de disputer qu'ils nomment dialectique, le font venir des sens : et telle est, suivant eux, l'origine de ces notions de l'esprit, *ennoíai*, ou notions des choses qu'ils expliquent par définition ; tel est le principe générateur de toute méthode d'apprendre et d'enseigner. Étrange conception, et comment peuvent-ils la concilier avec leur adage : le seul sage est beau ? – Est-ce donc par les sens qu'ils voient cette beauté ? Est-ce par les yeux de la chair qu'ils observent l'éclat et les charmes de la sagesse ? Mais ces philosophes, si vraiment dignes d'être préférés aux autres, ont su distinguer ce que l'esprit découvre de ce que le sens appréhende, n'ôtant rien aux sens de leur pouvoir, et ne leur accordant rien au-delà. Or, ils l'ont reconnu, cette lumière des esprits qui nous éclaire sur toutes choses, c'est Dieu créateur de toutes choses.

VIII. Reste la science morale, l'*Éthique*, en langue grecque, où se traite la question du souverain bien, ce bien

1. Rm 1, 19.

auquel nous rapportons tous nos actes, que nous ne recherchons que pour lui-même et dont la possession nous donne
un bonheur qui met un terme à nos désirs. Aussi est-il encore
appelé la fin, car c'est pour lui que nous désirons le reste, et
nous ne le désirons, lui, que pour lui-même. Or, ce bien,
source de toute félicité, les uns le font dépendre du corps,
les autres de l'esprit, d'autres du corps et de l'esprit. Voyant
en effet l'homme composé d'esprit et de corps, ils croyaient
que l'un ou l'autre, ou que l'un et l'autre, pouvaient le rendre
heureux de ce bonheur qui doit être la fin de toutes ses
actions et le comble de tous ses désirs. Ceux qui ont ajouté
une troisième espèce de biens qu'on appelle extérieurs,
comme l'honneur, la gloire, les richesses, etc., ne les ont
point élevés au rang du bien final, qu'on dût rechercher pour
lui-même, mais pour un autre bien qui en fait un bien pour
les bons, un mal pour les méchants. Ainsi ce bien de
l'homme, que les uns font dépendre de l'esprit, les autres du
corps, d'autres enfin de l'esprit et du corps, tous s'accordent
à le chercher dans l'homme même. Le demander au corps,
c'est le demander à la partie inférieure ; le demander à
l'esprit, c'est le demander à la partie supérieure ; le demander à tous deux, c'est le demander à tout l'homme ; mais où
qu'on le cherche, on ne le cherche pas hors de l'homme.
Trois ordres de recherches qui ont donné naissance, non pas
seulement à trois sectes philosophiques, mais à une multitude de sectes et d'opinions ; car sur le bien du corps, sur le
bien de l'esprit, sur le bien du corps et de l'esprit, les dissentiments sont infinis. Que tous cèdent donc à ces philosophes qui disent l'homme heureux, non quand il jouit du
corps ou de l'esprit, mais quand il jouit de Dieu, non pas
comme l'esprit jouit du corps ou de lui-même, ou un ami de
son ami, mais comme l'œil jouit de la lumière. Que s'il est
besoin de quelques développements à l'appui de cette comparaison, je les tenterai plus tard avec l'aide de Dieu. Il suffit de remarquer ici que Platon met le souverain bien à vivre
selon la vertu ; que, suivant lui, cette vie n'est possible qu'à
l'homme qui connaît et imite Dieu ; que telle est l'unique
source de sa félicité. C'est pourquoi il ne craint pas de dire

que philosopher c'est aimer Dieu dont la nature est incorporelle. D'où il suit que l'ami de la sagesse ou le philosophe ne
trouvera le bonheur qu'en commençant à jouir de Dieu.
Quoique, en effet, l'on ne soit pas nécessairement heureux
pour jouir de ce que l'on aime, car plusieurs sont malheureux
d'aimer ce qui n'est pas aimable, et plus malheureux encore
d'en jouir, cependant nul n'est heureux, s'il ne jouit de ce
qu'il aime. Ceux mêmes qui s'attachent à ce qui n'est pas
aimable, ne se trouvent pas heureux par l'amour, mais par la
jouissance. Qui donc jouit de ce qu'il aime et aime le véritable et souverain bien, n'est-il pas heureux ? Et le nier,
n'est-ce pas le comble de la misère ? Or, ce véritable et souverain bien, c'est Dieu même, Platon le dit : aussi veut-il que
le philosophe ait l'amour de Dieu, car si le bonheur est la fin
de la philosophie, jouir de Dieu, aimer Dieu, c'est être heureux. Tous les philosophes donc qui ont eu du Dieu suprême
et véritable ce sentiment qu'il est l'auteur de la création, la
lumière des intelligences, la fin des actions ; que de lui nous
viennent le principe de la nature, la vérité de la doctrine et la
félicité de la vie ; qu'ils soient justement nommés platoniciens, ou qu'ils tiennent de toute autre secte tout autre nom,
que ces opinions aient été professées par les chefs seuls de
l'école ionienne, comme Platon et ceux qui l'ont bien compris ; ou que Pythagore, ses disciples et d'autres peut-être,
les aient encore répandues dans les écoles italiques ; que ces
vérités aient été connues et enseignées par les sages ou philosophes des nations étrangères, au-delà de l'Atlas, en Libye,
en Égypte, dans l'Inde, la Perse, la Chaldée, la Scythie, les
Gaules et l'Espagne, ces philosophes, dis-je, nous les préférons à tous autres, et confessons qu'ils nous touchent de près.

IX. Sans doute un chrétien exclusivement appliqué à
l'étude des saintes Lettres peut ignorer le nom des platoniciens et ne pas savoir si la littérature grecque possède ces
deux écoles ionienne et italique ; cependant, il n'est pas tellement sourd au bruit des choses humaines qu'il n'ait appris
que le philosophe professe l'amour de la sagesse ou la
sagesse même. Il se défie toutefois de ceux dont toute la phi-

losophie repose sur les éléments du monde, sans remonter à Dieu, créateur du monde. Sa mémoire est fidèle à l'avertissement de l'apôtre : « Gardez-vous de vous laisser engager dans les filets de cette vaine philosophie qui ne s'attache qu'aux éléments du monde[2]. » Mais il ne confondra pas tous les philosophes dans une même réprobation, car il entend l'apôtre lui dire de quelques-uns : « Ce qui se peut connaître de Dieu, ils l'ont connu : Dieu le leur a dévoilé. Car, depuis la création du monde, l'œil de l'intelligence voit par le miroir des réalités visibles les perfections invisibles de Dieu, son éternelle puissance et sa divinité[3]. » Et, quand l'apôtre parle aux Athéniens, ayant dit de Dieu une grande chose et que peu de ses auditeurs pouvaient entendre : « C'est en lui que nous avons la vie, le mouvement et l'être » ; il ajoute : « Et comme plusieurs de vos sages l'ont dit…[4] » Mais le chrétien sait aussi se défier de leurs erreurs. Car, au moment même où l'apôtre enseigne que Dieu a dévoilé au regard de leur intelligence, par les réalités visibles, ses perfections invisibles, il ajoute qu'ils n'ont pas rendu à Dieu le culte légitime, décernant à d'indignes objets ces honneurs divins dus à lui seul : « Car ils ont connu Dieu sans le glorifier comme Dieu, sans lui rendre grâces ; ils se sont dissipés dans le néant de leurs pensées ; et leur cœur en délire s'est rempli de ténèbres. Se proclamant sages, ils sont devenus fous. Et cette gloire due au Dieu incorruptible, ils l'ont prostituée à l'image de l'homme corruptible ; à des figures d'animaux, oiseaux, reptiles, etc.[5] » Romains, Grecs, Égyptiens, si fiers de leur vaine sagesse, l'apôtre les désigne ici. Nous en discuterons plus tard avec eux. Quant à cette vérité, où ils s'accordent avec nous, l'unité d'un Dieu créateur, incorporel, et au-dessus de tous corps ; incorruptible, et au-dessus de toutes les âmes ; principe, lumière et bien de l'homme ; cette vérité, qu'ils ont reconnue, assure à ces philosophes notre préférence sur tous les autres.

2. Col 2, 8.
3. Rm 1, 19.
4. Ac 17, 28.
5. Rm 1, 21.

X. Et lors même qu'un chrétien étranger à la lecture des philosophes n'userait pas en discutant de termes qu'il ignore, et ne saurait exprimer, soit par le mot latin de philosophie naturelle ou par le mot grec de physique, cette partie de la science consacrée à l'observation de la nature ; par logique ou art de raisonner, celle qui enseigne la méthode pour atteindre la vérité ; par morale ou éthique, celle où il s'agit du règlement des mœurs, de la recherche du souverain bien et de la fuite du mal ; est-ce à dire pour cela qu'il ignore que du seul vrai Dieu, souveraine bonté, nous tenons la nature où il a imprimé son image[6] ; la doctrine qui le révèle à nous et nous révèle à nous-mêmes ; la grâce, qui nous unit à lui pour notre béatitude ? Or, nous préférons les disciples de Platon aux autres philosophes. Ceux-ci, en effet, ont voué leurs études et toutes les forces de leur intelligence à la recherche des causes naturelles, de la méthode et des règles morales ; mais, connaissant Dieu, les platoniciens découvrent à la fois le principe qui a fondé l'univers, la lumière où l'on jouit de la vérité, la source où l'on s'abreuve de la félicité. Soit donc que les platoniciens seuls aient cette idée de Dieu, ou qu'elle leur soit commune avec d'autres philosophes, leur sentiment est le nôtre. Je préfère toutefois discuter avec eux, parce que leur doctrine est la plus célèbre. Les Grecs, dont la langue a la prééminence entre tous les idiomes du monde, lui ont prodigué de magnifiques éloges, et les Latins, frappés de son excellence ou de sa renommée, l'ont embrassée de préférence à toute autre ; et, la traduisant en leur langue, ont augmenté sa gloire et sa popularité.

XI. Il en est, parmi nos frères en la grâce de Jésus-Christ, qui s'étonnent d'apprendre, soit par entretien, soit par lecture, que Platon ait eu de Dieu des sentiments dont ils reconnaissent la conformité singulière à la vérité de notre religion. Aussi plusieurs ont pensé que, dans son voyage en Égypte, il entendit le prophète Jérémie, ou qu'il lut les livres des pro-

6. Gn 1, 28.

phéties. J'ai moi-même émis cette opinion dans quelques-
uns de mes ouvrages[7]. Mais une recherche chronologique
plus exacte m'a prouvé que la naissance de Platon est d'un
siècle environ postérieure au temps où prophétisa Jérémie, et
que depuis sa mort, après une vie de quatre-vingts ans,
jusqu'à l'époque où Ptolémée, roi d'Égypte, demanda à la
Judée les livres des prophètes qu'il fit interpréter par
soixante-dix juifs hellénistes, on trouve à peu près un espace
de soixante ans. Ainsi donc Platon n'a pu ni voir Jérémie,
mort si longtemps auparavant, ni lire les Écritures qui
n'étaient pas encore traduites en langue grecque. Si ce n'est
peut-être que dans sa passion pour l'étude, il parvint, autant
que l'intelligence lui en pouvait être donnée, à s'instruire des
Écritures, comme des livres de l'Égypte, non pas en les faisant traduire, ce qui n'appartient qu'à un roi, tout-puissant
par les bienfaits ou par la crainte, mais en conversant avec
des interprètes juifs ; et ce qui favorise cette conjecture, c'est
qu'on lit au début de la Genèse : « Dans le principe, Dieu fit
le ciel et la terre. Or, la terre était une masse invisible et
informe, et les ténèbres couvraient la surface de l'abîme et
l'esprit de Dieu était porté sur les eaux[8]. » Et Platon, dans le
*Timée,* où il traite de la formation du monde, prétend que
dans cette œuvre merveilleuse, Dieu unit ensemble la terre et
le feu[9]. Évidemment ici, le feu tient la place du ciel : sens
assez conforme à cette parole de l'Écriture : « Dans le principe, Dieu fit le ciel et la terre. » Platon ajoute que l'air et
l'eau furent les deux moyens de jonction entre les deux
extrêmes, la terre et le feu ; et il est probable qu'il explique
ainsi ce verset : « L'esprit de Dieu était porté sur les eaux. »
Peu attentifs au sens que l'Écriture donne à ces mots, « esprit
de Dieu », car l'air prend aussi le nom d'esprit, ne croirait-il
pas qu'il s'agit ici des quatre éléments ? Ailleurs, il dit que le
philosophe est l'homme épris de l'amour de Dieu. Et l'Écriture n'est-elle pas toute brûlante de cet amour ? Enfin, ce qui

7. *De doctrina christiana*, II, 28-43.
8. Gn 1, 1.
9. Platon, *Timée*, 31 b.

342   La Cité de Dieu

achèverait presque de me convaincre que les saints Livres
n'étaient pas entièrement inconnus à Platon, c'est ce dernier
trait. Lorsque l'ange porte à Moïse les paroles de Dieu,
Moïse lui demande le nom de qui lui ordonne de marcher à
la délivrance du peuple hébreu ; voici la réponse : « Je suis
celui qui suis ; et tu diras aux enfants d'Israël : Celui qui est
m'a envoyé vers vous [10]. » C'est-à-dire qu'en comparaison
de celui qui est en vérité, parce qu'il est immuable, les créatures muables sont comme n'étant pas. Or, c'est la ferme
conviction de Platon, et il s'est particulièrement attaché à la
répandre, et je doute que dans aucun ouvrage antérieur à
Platon, on lise rien de semblable, si ce n'est au livre où il est
écrit : « Je suis celui qui suis ; et tu leur diras : Celui qui est
m'a envoyé vers vous. » Mais où qu'il ait puisé ces vérités,
dans les livres antiques, ou plutôt à cette lumière qui, selon
la parole de l'apôtre, « leur a manifesté ce qui peut se
connaître de Dieu naturellement, Dieu lui-même le leur a
dévoilé : car, depuis la création du monde, l'œil de l'intelligence voit par le miroir des réalités visibles les perfections
invisibles de Dieu, son éternelle puissance et sa divinité [11] » :
ce n'est pas sans raison qu'entre tous les philosophes j'ai
choisi les platoniciens pour débattre cette question de théologie naturelle : si, pour la félicité postérieure à cette vie, il
faut servir un seul Dieu ou plusieurs. Quant à celle-ci : pour
les prospérités de la vie présente, faut-il servir un seul Dieu
ou plusieurs ? je crois l'avoir suffisamment discutée.

XII. J'ai donc de préférence choisi les platoniciens
comme les philosophes qui, ayant eu d'un seul Dieu, créateur du ciel et de la terre, les plus saines opinions, doivent à
la sagesse de leur doctrine l'éclat de leur gloire. Au jugement de la postérité, la prééminence leur appartient.
Vainement Aristote, disciple de Platon, vaste génie, inférieur
en éloquence à Platon, et supérieur à beaucoup d'autres,
fonde la secte des péripatéticiens, qui prend son nom de

10. Ex 3, 14.
11. Rm 1, 19.

l'habitude de disputer en se promenant; vainement, du vivant même de son maître, il rassemble au bruit de sa renommée de nombreux auditeurs; vainement, après la mort de Platon, Speusippe, fils de sa sœur, et Xénocrate, son cher disciple, lui succèdent dans son école, appelée académie, d'où leur vient et à leurs successeurs le nom d'académiciens; les plus illustres philosophes de notre temps, sectateurs de Platon, ne veulent être appelés ni péripatéticiens, ni académiciens; ils se disent platoniciens. Les principaux sont, parmi les Grecs, Plotin[a], Jamblique, Porphyre, puis un philosophe également versé dans les langues grecque et latine, l'Africain Apulée. Mais tous ces philosophes et leurs co-sectateurs, et Platon lui-même, ont pensé qu'il fallait rendre hommage à plusieurs dieux.

XIII. Il est donc entre eux et nous de nombreux et graves dissentiments : mais je me borne à celui que je viens de signaler; il n'est pas sans importance : car toute la question s'y rattache. Et d'abord je demande aux platoniciens quels dieux, suivant eux, il faut adorer ? les bons, ou les méchants ? ou les bons et les méchants ? Mais le sentiment de Platon est connu[12] : ne dit-il pas que tous les dieux sont bons; qu'il n'est point de dieux mauvais ? D'où il suit que c'est aux bons qu'il faut rendre honneur; et c'est rendre honneur aux dieux; car, s'ils ne sont bons, ils ne sont pas même dieux. S'il en est

a. Plotin, philosophe alexandrin né en 204, mort vers 270. Auteur des *Ennéades*. Augustin lut Plotin pour la première fois vers les années 380 dans la traduction latine de Marius Victorinus.
Porphyre, philosophe néoplatonicien né vers 232 d'un père syrien et mort en 305. Formé par les religions à mystères de l'Orient, puis à Athènes, il devint disciple du platonicien Longin. Il commença à écrire la *Philosophie des Oracles* et une *Histoire de la philosophie*. En 263, il entra à l'École de Plotin à Rome. Il écrivit quinze *Livres contre les chrétiens* vers 270. Il édita les *Ennéades* et écrivit une *Vie de Plotin*. La magie et le système des démons offrait à ses yeux une médiation entre les hommes et les dieux.
Jamblique, vers 250-330. Il est l'un des derniers néoplatoniciens à s'opposer au christianisme.
Porphyre et Jamblique, disciples immédiats de Plotin, restent plus proches d'un platonisme diffus popularisé par les *Oracles Chaldéens*.
12. Platon, *République*, II, 379 a - 380 c.

ainsi – et peut-on autrement penser des dieux ? –, que
devient cette opinion : qu'il faut par des sacrifices apaiser
les dieux mauvais et conjurer leur malfaisance ; par des
prières, invoquer l'assistance des bons ? Car les dieux mauvais ne sont pas. Or, aux bons appartiennent ces honneurs
que l'on dit légitimes. Quels sont donc ceux qui se plaisent
aux jeux scéniques, qui exigent l'admission de ces jeux au
nombre des choses divines, et leur représentation dans les
solennités religieuses ? Leur violence prouve qu'ils sont ;
mais la honte de leurs désirs accuse la perversité de leur
nature. Ce qu'il pense de ces jeux, Platon le déclare, quand
il prononce contre les poètes, auteurs de fictions indignes de
la majesté et de la bonté des dieux, l'expulsion de la cité.
Quels sont donc ces dieux qui contestent ici avec Platon ?
Lui ne souffre pas que les dieux soient diffamés par des
crimes imaginaires ; ceux-ci exigent que dans leurs fêtes on
représente ces crimes ! Et quand ils ordonnent le rétablissement des jeux, ils appuient l'infamie de leurs réclamations
par un acte odieux et perfide. Ils enlèvent à Titus Latinus son
fils, et le frappent lui-même de maladie, pour le punir de sa
désobéissance. Il obéit ; ils lui rendent la santé. Mais, si
méchants qu'ils soient, Platon ne les trouve pas à craindre, et
maintenant inébranlable la vigueur de sa décision, il proscrit
d'un État sagement constitué les sacrilèges amusements des
poètes, où se plaisent ces dieux complices de tant d'infamies ! Or Platon, comme j'ai dit au second Livre, est élevé
par Labéon au rang des demi-dieux. Et Labéon prétend qu'il
faut, pour apaiser les divinités mauvaises, des sacrifices sanglants, des solennités terribles ; et que les bonnes veulent des
jeux et des rites propres à éveiller la joie. Eh quoi ! Platon, un
demi-dieu, ose ainsi retrancher, non pas à des demi-dieux,
mais à des dieux, à des dieux bons, ces divertissements,
parce qu'il les juge infâmes ! Et ces dieux se chargent eux-
mêmes de réfuter l'opinion de Labéon. Car ce n'est pas de
leur humeur plaisante, mais de leur impitoyable cruauté que
Latinus a souffert. Ici, que les platoniciens nous éclairent ;
eux, qui sur la foi de leurs maîtres, croient tous les dieux
bons, chastes, liés avec les sages par un commerce de vertus,

et condamnent comme une impiété tout sentiment contraire. Nous nous expliquons, disent-ils. Écoutons-les donc avec attention.

XIV. Il est, disent-ils, trois classes d'êtres en possession d'une âme raisonnable : les dieux, les hommes, les démons. Les dieux occupent la région supérieure ; les hommes, l'inférieure ; les démons, la moyenne. Car le ciel est la demeure des dieux ; la terre est le séjour des hommes ; l'air celui des démons. Et cette hiérarchie de résidence est selon la hiérarchie de nature. Ainsi d'abord, les dieux plus excellents que les hommes et les démons ; au-dessous des démons et des dieux, les hommes ; au milieu, les démons inférieurs aux dieux, qui habitent plus haut ; supérieurs aux hommes, qui habitent plus bas. Ils partagent avec les dieux l'immortalité du corps ; avec les hommes, les passions de l'âme. Il n'est donc pas étonnant, ajoutent les platoniciens, qu'ils se complaisent dans les obscénités des jeux et les fictions des poètes, puisqu'ils ressentent les affections humaines entièrement inconnues et étrangères aux dieux. Il est évident qu'en réprouvant, qu'en proscrivant les fables poétiques, ce n'est pas aux dieux, tous bons et sublimes, mais aux démons que Platon interdit le plaisir des jeux scéniques. Telle est l'opinion des platoniciens particulièrement développée par Apulée de Madaure[b], qui sur ce sujet a laissé un ouvrage intitulé *Du dieu de Socrate*[13], où il discute et explique à quel ordre de divinités appartenait cet esprit familier du philosophe, ami bienveillant, qui, dit-on, le détournait ordinairement de toute action qui ne devait pas réussir. Apulée établit clairement et fort au long que ce n'était pas un dieu, mais un démon, analysant avec soin l'opinion de Platon sur l'élévation des dieux, l'abaissement des hommes et la médiation des démons. Si donc il en est ainsi, comment Platon en bannissant les poètes, ose-t-il

b. Apulée, 125-180. Africain de Madaure, il vécut sous le règne d'Antonin. Auteur des *Métamorphoses*, de *L'âne d'or* et d'œuvres philosophiques parmi lesquelles *Du dieu de Socrate*, largement cité par Augustin.
13. Apulée, *Du dieu de Socrate*, XIX.

sevrer des plaisirs de la scène, sinon les dieux qu'il dérobe à
l'impur contact de l'humanité, du moins les démons ? N'est-
ce pas afin que l'esprit de l'homme, quoique chargé des
liens de ces membres de mort, apprenne à détester les turpitudes des démons, à mépriser leurs commandements obscènes, pour suivre la pure lumière de l'honnête ? Si, en effet,
Platon les flétrit et les condamne par sentiment d'honneur,
les démons ont-ils pu sans infamie les demander et les pres-
crire ? Donc, ou Apulée se trompe, ou ce n'était pas dans
cette classe d'esprits que Socrate avait trouvé un ami, ou
Platon se contredit lui-même, tantôt honorant les démons,
tantôt bannissant leurs plaisirs d'un État où règnent les
bonnes mœurs ; ou il ne faut pas féliciter Socrate de cette
familiarité d'un démon. Et Apulée lui-même en a tant de
honte qu'il intitule *Du dieu de Socrate* cette longue et laborieuse dissertation sur la différence des dieux et des démons,
qu'il devrait intituler non pas « Du dieu », mais « Du démon
de Socrate ». Il a préféré placer cette expression dans le
corps du traité qu'au titre du livre. Car la lumière de la
sainte doctrine, descendue sur les hommes, leur inspire une
telle horreur du nom même des démons, qu'avant de lire cet
ouvrage, où la nature des dieux est glorifiée, quiconque eût
jeté les yeux sur le titre : « Du démon de Socrate », n'eût
pas cru l'auteur en possession de sa raison. Qu'est-ce donc
qu'Apulée trouve à louer dans les démons sinon la subtilité
et la vigueur de leur corps, et l'élévation de leur séjour ?
Quant à leurs mœurs, loin d'en dire du bien, il en dit beaucoup de mal. Enfin, après la lecture de ce livre, on ne
s'étonne plus qu'ils aient exigé la consécration des infamies
du théâtre ; que, voulant passer pour dieux, ils se complaisent aux crimes des dieux, et que toutes les solennités obscènes, toutes les turpitudes cruelles, qui dans leurs fêtes inspirent le mépris et l'horreur, correspondent si bien au
dérèglement de leurs passions.

XV. Loin donc d'une âme vraiment pieuse et soumise au
vrai Dieu, la pensée de se croire inférieure aux démons, à
cause de leur supériorité corporelle. Autrement, n'aurait-elle

pas à se préférer ceux des animaux qui l'emportent sur nous par la subtilité de leurs sens, l'agilité de leurs mouvements, la force musculaire et la vigoureuse longévité de leurs corps ? Quel homme est, pour le sens de la vue, comparable à l'aigle et au vautour ? au chien, pour l'odorat ? au lièvre, au cerf, aux oiseaux, pour la vitesse ? au lion, à l'éléphant, pour la vigueur ? et pour la longévité, au serpent, qui rajeunit, dit-on, laissant la vieillesse avec la robe qu'il dépouille ? Or, si la raison et l'intelligence nous élèvent au-dessus de tous ces animaux, une vie honnête et pure doit nous assurer la supériorité sur les démons. Car, en dédommagement de l'excellence dont elle nous a doués, la Providence divine leur accorde certains avantages corporels, nous enseignant ainsi à cultiver de préférence au corps cette partie de nous-mêmes qui nous rend supérieurs aux animaux, et à mépriser cette perfection corporelle, que les démons possèdent, pour cette perfection morale, qui nous rend supérieurs aux démons. Et nos corps ne doivent-ils pas aussi recevoir l'immortalité ; non l'immortalité suivie de l'éternité des supplices, mais l'immortalité précédée des mérites de l'âme ?

Quant à l'élévation de leur séjour, croire que les démons, habitants de l'air, soient préférables à l'homme, habitant de la terre, quoi de plus ridicule ? Car, à ce titre, nous devrions lui préférer les oiseaux. Mais, dit-on, quand il est las de voler ou que son corps a besoin d'aliments, l'oiseau revient demander à la terre le repos ou la nourriture : nécessité dont les démons sont exempts. Quoi ! veut-on préférer l'oiseau à l'homme, et le démon à l'oiseau ? Quelle extravagance ! Gardons-nous donc de croire que l'élément supérieur où résident les démons leur donne un droit à nos hommages. Car s'il est vrai que les oiseaux de l'air loin de nous être préférés, à nous, habitants de la terre, nous sont soumis au contraire à cause de l'excellence de l'âme raisonnable qui est en nous, il n'est pas étonnant que malgré leurs corps aériens et la supériorité de l'air sur la terre, les démons demeurent inférieurs à l'homme terrestre, parce qu'il n'est aucune comparaison possible entre leur éternel désespoir et la sainte espérance des âmes pieuses. L'ordre même et l'harmonie

que Platon établit dans les quatre éléments[14], insérant entre
ces deux extrêmes, l'activité du feu et l'inertie de la terre, les
deux milieux de l'air et de l'eau, en sorte qu'autant l'air est
au-dessus de l'eau, et le feu au-dessus de l'air, autant l'eau
est au-dessus de la terre ; cet ordre nous apprend assez à ne
pas suivre la hiérarchie des éléments dans l'appréciation
morale des êtres vivants. Car Apulée lui-même, ainsi que tous
les autres, appelle l'homme un animal terrestre[15] ; animal
infiniment supérieur aux animaux aquatiques, malgré la préférence que Platon accorde à l'eau sur la terre. Évidemment,
lorsqu'il s'agit de juger la valeur des êtres animés, il ne faut
plus s'appuyer sur l'échelle graduée des corps, car un corps
inférieur peut être habité par une âme supérieure, et un corps
supérieur par une âme avilie.

XVI. Le même platonicien parlant des mœurs des
démons, prétend que leurs esprits sont livrés à tous les orages
des passions humaines[16], que l'injure les offense, que l'hommage et l'offrande les apaisent, qu'ils aiment les honneurs,
qu'ils se plaisent dans cette variété de cérémonies, où la
moindre omission excite leur courroux. Il rapporte aux
démons les prédictions des augures et des aruspices, les
oracles et les songes ; il leur attribue encore les prodiges de
la magie. Puis, en peu de mots, il définit les démons : « des
animaux passionnés, raisonnables, dont le corps est formé
de l'air, et l'existence éternelle[17] ». Or, de ces cinq qualités,
les trois premières leur sont communes avec nous, la quatrième leur est propre, et la cinquième, commune avec les
dieux. Et de ces trois qualités qu'ils possèdent avec nous,
j'en découvre deux qu'ils partagent avec les dieux. Apulée
ne dit-il pas que les dieux mêmes sont animaux[18] ; et dans la
division des éléments qu'il répartit entre les espèces, ne
range-t-il pas parmi les animaux terrestres, l'homme et tout

    14. Platon, *Timée*, 32 b.
    15. Apulée, *Du dieu de Socrate*, III, 125.
    16. Apulée, *Du dieu de Socrate*, XII, 146.
    17. Apulée, *Du dieu de Socrate*, VI, 133.
    18. Apulée, *Du dieu de Socrate*, XIII, 148.

ce qui sur la terre a la vie et les sens ; parmi les animaux aquatiques, les poissons et tout ce qui nage dans les eaux ; parmi les animaux de l'air, les démons ? Les dieux sont les animaux célestes. Ainsi, que les démons appartiennent au genre des animaux, cela ne leur est pas seulement commun avec les hommes, mais avec les dieux et les bêtes. Il leur est commun d'avoir une âme raisonnable avec les dieux et les hommes ; mais l'éternité, ils ne la partagent qu'avec les dieux ; les passions, qu'avec les hommes : le corps subtil est une qualité propre. Appartenir au genre animal n'est donc pas pour eux un grand avantage : les bêtes appartiennent à ce genre. La raison ne les élève pas au-dessus de nous ; nous aussi sommes raisonnables. Quant à l'éternité, est-ce donc un bien sans le bonheur ? Mieux vaut la félicité dans le temps qu'une éternité de misère. Quant aux passions de l'âme, quel titre de supériorité ? Et nous aussi sommes passionnés, et c'est une preuve de notre misère. Quant au corps subtil, quel état en devons-nous faire, puisqu'une âme, quelle que soit sa nature, est préférable à tous les corps ? Donc, le culte divin, hommage de l'âme, n'est point dû à ce qui est au-dessous de l'âme. Si, dans les qualités qu'il attribue aux démons, Apulée comptait la sagesse, la vertu, la félicité, avantages communs avec les dieux, dont ils auraient la jouissance éternelle, leur sort assurément serait digne d'admiration et d'envie. Et, toutefois encore, ne devrait-on pas les adorer comme dieux, mais rendre grâces à Dieu que nous saurions l'auteur de leur gloire. Quoi ! ces animaux de l'air mériteraient les honneurs divins, qui n'ont la raison qu'afin de pouvoir être misérables ; les passions, pour l'être en effet ; l'éternité, pour une misère sans fin. Mais, sans autre développement, je me borne à ce qui est commun, suivant Apulée, entre nous et les démons, c'est-à-dire aux passions de l'âme. Or, si les quatre éléments sont peuplés de leurs animaux propres : le feu et l'air, d'animaux immortels ; l'eau et la terre, d'animaux mortels ; pourquoi, je le demande, les âmes des démons sont-elles remuées par les tempêtes des passions ? Car, ces perturbations intérieures (en grec, πάθος, d'où vient littéralement le mot « passion ») ne sont que les révoltes de

l'esprit contre la raison. Pourquoi donc les âmes des démons
éprouvent-elles ces soulèvements inconnus aux bêtes ? S'il
paraît dans les bêtes quelque mouvement analogue, il n'y a
pas néanmoins révolte contre la raison puisqu'elles en sont
privées. Dans les âmes humaines c'est folie, c'est misère.
Car, nous ne sommes pas encore dans la bienheureuse possession de cette sagesse accomplie qui nous est promise à la
fin des temps, au sortir des chaînes de notre mortalité. Les
dieux, dit-on, sont exempts de ces agitations, parce qu'ils
joignent à l'immortalité la béatitude. Ils ont, disent les philosophes, des âmes raisonnables, comme nous, mais vierges
de toute impureté. Si donc les dieux ne connaissent point
les troubles de l'âme, en tant qu'animaux bienheureux que nulle
misère ne peut atteindre ; les bêtes, en tant qu'animaux indifférents au bonheur et à la misère ; il faut conclure que les
démons sont sujets à ces troubles, en tant qu'animaux étrangers à la béatitude et voués à la misère.

XVII. Quelle déraison ou plutôt quelle folie nous
enchaîne au pouvoir des démons par les liens d'un culte religieux, quand la religion véritable nous délivre de cette perversité qui nous fait semblables aux démons ? Car Apulée, qui
les épargne, qui les juge dignes des honneurs divins, Apulée
lui-même les reconnaît susceptibles de colère ; et la véritable
religion nous défend la colère : que dis-je ? elle nous commande d'y résister. Les démons se laissent séduire par des
présents, et la véritable religion ne veut pas que l'intérêt préside à nos faveurs. Les démons sont flattés des honneurs, et
la véritable religion nous prescrit d'y rester insensibles. Les
démons ont de la haine pour les uns, de l'amour pour les
autres, sentiments que leur suggère, non pas un jugement
sage et tranquille, mais une émotion passionnée ; la véritable
religion nous ordonne d'aimer même nos ennemis. Enfin,
toutes ces agitations du cœur, toutes ces tourmentes de
l'esprit, toutes ces tempêtes qui soulèvent et bouleversent les
âmes des démons, la vraie religion nous commande de les
apaiser en nous-mêmes. Est-il une autre cause que l'excès de
la démence et de l'erreur qui puisse abaisser ton front,

ô homme, devant cet être auquel tu rougirais de ressembler ? Quoi ! tu adores celui dont tu détestes les exemples ! Et la fin de toute religion n'est-elle pas d'imiter le dieu que l'on adore ?

XVIII. C'est donc en vain qu'Apulée, ainsi que tous les philosophes qui partagent ses opinions, leur fait l'honneur de les élever dans les régions de l'air entre la terre et le ciel. Aucun dieu, suivant les sentiments de Platon, s'il faut les en croire, ne se mêlant aux hommes[19], ces esprits portent aux dieux les prières des hommes, et rapportent aux hommes les faveurs que leur médiation obtient des dieux. Ainsi, il paraît inconvenant que les hommes se mêlent avec les dieux et les dieux avec les hommes ; mais il est convenable que les démons se mêlent avec les hommes et les dieux, messagers de prières et grâces ! Ainsi, l'homme juste, étranger aux criminelles pratiques de la magie, emploie pour intercesseurs auprès des dieux ceux qui se complaisent dans ces crimes, quand l'aversion que ces crimes lui inspirent devrait le rendre lui-même plus digne de l'intérêt des dieux ! Étranges médiateurs, qui aiment ces infamies de la scène, odieuses à la pudeur ; ces sinistres secrets de la magie, odieux à l'innocence. Eh quoi ! si l'innocence, si la pudeur veulent obtenir quelque grâce des dieux, leurs mérites seront stériles sans l'intercession de leurs ennemis mêmes ! Vainement Apulée chercherait-il à justifier les fables des poètes et le cynisme du théâtre. Nous opposons à ces horreurs l'autorité du maître, l'autorité de Platon, si l'honneur humain déroge à lui-même, au point d'aimer de telles infamies, que dis-je ? de les croire agréables à la divinité.

XIX. Mais, pour confondre ces prestiges de la magie dont quelques hommes ont le malheur et l'impiété de se glorifier au nom des démons, je ne veux d'autres témoins que la lumière et la publicité. Et en effet, pourquoi cette rigueur des lois humaines, s'il s'agit d'opérations accomplies par des

19. Platon, *Banquet*, 203 a.

divinités dignes d'hommages ? Est-ce aux chrétiens qu'il faut attribuer ces lois portées contre la magie ? Et n'est-ce pas un témoignage rendu contre la pernicieuse influence de ces maléfices sur le genre humain, que ces vers du grand poète : « J'en atteste les dieux, et toi-même, chère sœur, et ta précieuse vie, c'est à regret que j'aborde les sombres mystères de la magie[20] ! » Et cet autre vers : « Oui, je l'ai vu transporter des moissons d'un champ dans un autre[21] » ; désignant cette émigration des richesses d'un sol à un sol étranger sous l'influence de ces pernicieuses et détestables doctrines. Et les douze tables, la plus ancienne loi de Rome, ne prononcent-elles pas, au rapport de Cicéron[22], une peine rigoureuse contre l'auteur d'un tel délit ? Enfin, est-ce devant des magistrats chrétiens qu'Apulée lui-même est accusé de magie ? Ah ! s'il croyait ces pratiques dont on l'accuse innocentes et saintes, et conformes aux œuvres de la puissance divine, il devrait en faire non seulement aveu, mais profession ; il devrait s'élever contre la loi capable de flétrir et de condamner ce qui mérite le respect et l'admiration des hommes. Ainsi, ou il persuaderait ses juges, ou, attachés à la lettre d'une loi injuste, ces hommes étoufferaient ses apologies dans son sang, et les démons, jaloux de répondre à tant de magnanimité, récompenseraient dignement ce généreux abandon de la vie, sacrifiée à la gloire de leurs œuvres. Voyez nos martyrs ; quand on leur fait un crime de la religion chrétienne qui leur assure le salut et la gloire dans l'éternité, loin de la renier pour éviter un supplice temporel, ils osent confesser, professer, annoncer hautement leur foi ; pour elle, ils savent généreusement souffrir ; pour elle, ils meurent avec une sainte sécurité ; et ces lois qui proscrivaient leur nom, ils les font rougir, ils les font changer ! Quant à ce philosophe platonicien, il nous reste de lui un long et éloquent discours, où il se justifie de l'imputation de magie, et il ne fonde son innocence que sur le désaveu d'actes qu'un innocent ne sau-

20. Virgile, *Énéide*, IV, 492.
21. Virgile, *Églogues*, VIII, 99.
22. Cicéron, *De republica*, IV, 10-12.

rait commettre. Mais les prestiges des magiciens, de ces hommes qu'il croit justement dignes de réprobation, ne s'accomplissent que par l'enseignement et l'influence de démons. Pourquoi donc veut-il qu'on les honore ? Pourquoi admet-il comme nécessaire pour porter nos prières aux dieux la médiation de ceux dont nous devons éviter les œuvres, si nous voulons que nos prières parviennent au vrai Dieu ? Et je le demande, quelles sont, suivant lui, ces prières humaines que les démons présentent aux bons dieux ? Des conjurations magiques ? mais les dieux veulent d'autres hommages ; des prières permises ? ils veulent d'autres médiateurs. Et puis, si le pécheur qui offre aux dieux ses prières et son repentir s'accuse lui-même de magie, devra-t-il donc son pardon à l'intercession de ceux qui ont favorisé ou précipité sa chute dans le crime ? Quoi ! les démons, pour obtenir la grâce des pécheurs, feraient-ils les premiers pénitence de les avoir trompés ? On ne l'a jamais dit. Et, en effet, oseraient-ils exiger des honneurs divins s'ils aspiraient par le repentir à rentrer en grâce ? Orgueil détestable d'une part ; de l'autre, humilité digne de pardon !

XX. Mais, dit-on, il est une raison puissante et impérieuse à cette médiation des démons entre les hommes et les dieux, à ces messages de prières et de grâces. Quelle est donc cette raison ? quelle est cette nécessité ? C'est qu'aucun dieu n'a commerce avec l'homme. Ô divinité chaste et sainte ! Elle n'a point commerce avec l'homme suppliant, et communique avec le démon superbe ! Elle n'a point commerce avec l'homme pénitent, et communique avec le démon séducteur ! Elle n'a point commerce avec l'homme qui implore la divinité, et communique avec le démon, qui usurpe la divinité ! Elle n'a point commerce avec l'homme qui, éclairé par les livres des philosophes, chasse les poètes d'un État bien réglé, et communique avec le démon, qui réclame du Sénat et des pontifes la représentation d'infamies théâtrales ! elle n'a point commerce avec l'homme qui défend de prêter des crimes aux dieux, et communique avec le démon, qui se complaît dans ces crimes imaginaires ! Elle n'a point com-

merce avec l'homme qui décerne de justes châtiments contre
les crimes des magiciens, et communique avec le démon, qui
enseigne et exerce la magie ! Elle n'a point commerce avec
l'homme qui fuit les œuvres du démon, et communique avec
le démon, qui tend ses filets à la faiblesse de l'homme !

XXI. « Absurdité, indignité nécessaires : les dieux du ciel
qui veillent sur les choses humaines ignoreraient les actions
des hommes ici-bas, s'ils n'étaient avertis par les démons de
l'air ; car le ciel est séparé de la terre par des distances et des
hauteurs infinies, tandis que l'air est contigu au ciel et à la
terre. » Ô admirable sagesse ! Mais voici le secret de ces opinions sur les dieux, que l'on reconnaît tous bons. On les
représente s'intéressant aux choses humaines, de peur qu'ils
ne paraissent indignes des honneurs divins, et l'on ajoute que
la distance des éléments leur dérobe la connaissance de ce
qui se passe ici-bas, afin de rendre les démons nécessaires et
d'accréditer le culte de ces médiateurs qui informent les
dieux des actions et des besoins des hommes. S'il est ainsi,
le démon, par la proximité du corps, est plus connu des dieux
bons, que l'homme par la bonté de l'âme. Ô déplorable
nécessité ! ou plutôt ridicule et détestable erreur, vaine protectrice de vaines divinités ! Si d'un esprit libre des obstacles
du corps, les dieux peuvent voir notre esprit, ont-ils donc
besoin de l'entremise des démons ? Et si le visage, la parole,
le mouvement, toute cette expression corporelle de l'esprit,
font impression sur leur corps, et leur servent d'interprètes
pour comprendre les révélations des démons, les mensonges
de ces démons peuvent donc aussi les surprendre ? S'il est
impossible que le démon séduise la divinité, est-il possible
que la divinité ignore nos actions ?

Mais, je le demande, les démons ont-ils annoncé aux
dieux que Platon proscrivait les fictions où les poètes met-
taient en scène les crimes des dieux ? Ou bien les démons
ont-ils celé aux dieux le plaisir qu'ils trouvaient dans ces
jeux ? Ont-ils gardé le silence et laissé les dieux dans une
entière ignorance à cet égard ? Ou bien ont-ils à la fois révélé
et la religieuse sagesse de Platon, et leur sacrilège joie ? Ou

bien enfin ont-ils dérobé aux dieux la connaissance du jugement rendu par Platon contre la licence impie des poètes, et
en même temps ont-ils fait l'aveu de leur cynique passion
pour ces jeux qui publient les divines infamies ? L'ont-ils
dévoilée sans honte, sans crainte ? Qu'on choisisse entre ces
quatre suppositions, et à quelque choix que l'on s'arrête,
quelle mauvaise opinion n'a-t-on pas des dieux bons ? Si
l'on choisit la première, il faut accorder qu'il n'a pas été permis à ces dieux de communiquer avec Platon lorsqu'il les
protégeait contre l'outrage, et qu'ils vivaient avec ces
démons pervers qui s'applaudissaient de leur injure : les
dieux bons ne pouvant connaître l'homme de bien relégué si
loin d'eux que par l'intermédiaire des malins esprits, ces
esprits que, malgré le voisinage, ils ne connaissent pas. Si
l'on choisit la seconde, si l'on admet que les dieux ignorent
et la loi religieuse de Platon et les joies sacrilèges des
démons, quels renseignements peut leur donner sur les
choses humaines cette médiation trompeuse, quand elle leur
dérobe les décrets portés par la piété des sages contre la
licence des esprits ? Si l'on choisit la troisième, si l'on nous
répond que les démons ont fait connaître aux dieux et la loi
de Platon et leur propre malice flétrie par cette loi ; je le
demande, est-ce là un message ou une insulte ? Et voilà ce
que les dieux ont entendu, voilà ce qu'ils ont appris, et, ces
démons, qui ne font et ne désirent rien que contre la majesté
des dieux et la piété de Platon, ils ne les chassent pas de leur
présence ! Que dis-je ? ils chargent ces perfides voisins de
transmettre au loin leurs faveurs à ce vertueux étranger ! La
chaîne des éléments est donc un indissoluble lien qui les
attache à qui les calomnie, et les sépare à jamais de qui les
défend ? Ils savent tout, mais ils ne peuvent rien contre la
double pesanteur de l'air et de la terre. Il ne reste plus qu'un
choix à faire, et c'est le pire de tous. Eh quoi ! les coupables
fictions des poètes, les sacrilèges obscénités du théâtre, tout
est dévoilé aux dieux par les démons, tout jusqu'au délire de
leurs joies, jusqu'à l'ardeur de leur passion pour ces jeux ; et
cette noble sentence que la philosophie suggère à Platon
contre tant d'infamies, les démons la dissimulent aux dieux !

Et c'est par de tels médiateurs que les dieux bons sont forcés de connaître les plus criminels désordres, les désordres de ces médiateurs mêmes qui les diffament ; et, d'autre part, le bien que font les philosophes, ce bien qui les honore, il ne leur est pas permis de le connaître !

XXII. Or, comme il est impossible de s'arrêter à aucune de ces suppositions sans concevoir des dieux une indigne opinion, il faut nécessairement refuser toute créance aux allégations d'Apulée et des autres philosophes qui partagent ses sentiments sur l'intercession des démons, sur cet échange de suppliques et de grâces dont ils sont les médiateurs. Loin de là, ce sont des esprits pervers, possédés du besoin de nuire, à jamais détournés de la justice, gonflés d'orgueil, dévorés de jalousie, subtils artisans de ruses. Ils habitent l'air, il est vrai ; mais c'est un châtiment de leur inexpiable prévarication, que, précipités des hautes régions du ciel, ils demeurent confinés dans cet élément, comme dans une prison analogue à leur nature. Est-ce à dire que, parce que l'espace de l'air s'étend au-dessus de la terre et des eaux, ils ont sur les hommes la supériorité morale ? Non. Les hommes l'emportent infiniment sur eux ; et ce n'est pas ce corps terrestre qui fait leur excellence, mais l'assistance du vrai Dieu, propice à la piété de leur cœur. Sans doute, il est des hommes indignes de participer à la vraie religion, qui, réduits à une honteuse servitude, tendent les mains aux fers des démons ; et la plupart, sur la foi de miracles trompeurs et de prédictions mensongères, croient à leur divinité. Cependant ne pouvant triompher de l'incrédulité réfléchie de quelques-uns vivement frappés de leur dépravation, ils ont voulu passer du moins pour médiateurs entre les désirs de la terre et les faveurs du ciel. Mais ces incrédules, convaincus de la bonté des dieux et de la malignité des démons, n'ont pas cru devoir déférer à ceux-ci les honneurs divins, ni osé toutefois les en déclarer indignes, de crainte surtout d'irriter les peuples asservis à leur culte par une superstition invétérée.

XXIII. L'Hermès égyptien surnommé Trismégiste en a différemment pensé et différemment écrit. Apulée, il est vrai, ne les reconnaît pas comme dieux, mais, en admettant leur médiation entre les hommes et les dieux, médiation qui les rend nécessaires aux hommes, il ne sépare point leur culte de celui des dieux. L'Égyptien admet deux espèces de dieux : le Dieu souverain a fait les uns, l'homme a fait les autres. À s'en tenir à ce simple énoncé, on peut croire qu'il s'agit des idoles, ouvrages de l'homme. Mais Trismégiste assure que ces idoles visibles et tangibles sont comme le corps des dieux, et qu'intérieurement des dieux appelés y résident avec la puissance de nuire ou de contribuer à l'accomplissement des désirs de ceux qui leur rendent les honneurs divins. Ainsi, unir par un art mystérieux ces esprits invisibles à une matière visible et corporelle, et de cette matière tirer, pour ainsi dire, des corps animés, des idoles dédiées et soumises à des esprits, c'est, suivant Trismégiste, faire des dieux : grand et admirable pouvoir que les hommes ont reçu ! Mais je veux citer ici ses propres paroles telles qu'elles sont traduites en notre langue. « Puisque nous traitons, dit-il, des liens de société et d'alliance formés entre les hommes et les dieux, apprends à connaître, ô Esculape, les privilèges et le pouvoir de l'homme. Comme le Seigneur et le Père, Dieu en un mot, est l'auteur des dieux célestes, l'homme est l'auteur de ces dieux qui résident dans les temples et se plaisent au voisinage des mortels[23]. » « Ainsi, ajoute-t-il, l'humanité, fidèle au souvenir de sa nature et de son origine, persévère dans cette imitation de la divinité. Le Père et le Seigneur a fait à sa ressemblance les dieux éternels, et l'humanité a fait ses dieux à la ressemblance de l'homme. » Ici Esculape, son principal interlocuteur, lui répond : « N'est-ce pas des statues que tu parles, ô Trismégiste ? — Oui, Esculape, quelle que soit ta défiance, ne les vois-tu pas ces statues, animées de sens et d'esprit, opérant tant de prodiges ; ces statues qui ont la science de l'avenir et l'annoncent par les sortilèges, les devins, les songes ; qui frappent les hommes d'infirmités et

23. Asclepius, 23 et sv.

qui les guérissent; qui répandent dans leur cœur, suivant leurs mérites, la joie ou la tristesse? Ignores-tu donc, ô Esculape, que l'Égypte est l'image du ciel, ou plutôt qu'elle est le miroir de toutes les évolutions célestes! Oui, disons-le, notre patrie est en vérité le temple de l'univers. Et cependant, comme il appartient au sage de tout prévoir, il est une chose qu'il ne nous est pas permis d'ignorer. Un temps viendra où l'on reconnaîtra que vainement les Égyptiens ont honoré la divinité d'un culte fidèle; leurs plus saintes cérémonies tomberont dans l'abjection et dans l'oubli. » Hermès s'arrête longtemps sur ce sujet, et il semble prédire ce temps où la religion chrétienne, puisant dans sa vérité et sa sainteté cette liberté puissante qui ruine les mensonges de l'idolâtrie, arrache l'homme par la grâce du Sauveur véritable, à la domination de ces dieux, ouvrage de l'homme, et le rend à Dieu, dont l'homme est l'ouvrage. Mais, dans ces prédictions, Hermès parle en homme séduit par les prestiges des démons, il ne prononce pas clairement le nom des chrétiens. Et, comme s'il voyait tomber ces institutions dont le respect, suivant lui, conservait en Égypte la ressemblance de l'homme avec les dieux, cette intuition d'un avenir qu'il déplore donne à ses paroles un accent de tristesse profonde. Car il était de ceux dont l'apôtre parle ainsi : « Ils ont connu Dieu, sans le glorifier comme Dieu, sans lui rendre grâces; ils se sont dissipés dans le néant de leurs pensées; et leur cœur en délire s'est rempli de ténèbres. Se proclamant sages, ils sont devenus fous. Et cette gloire due au Dieu incorruptible, ils l'ont prostituée à l'image de l'homme corruptible, etc. [24] » Car Trismégiste, parlant du seul vrai Dieu, créateur du monde, tient un langage conforme à la vérité. Et je ne sais par quel obscurcissement du cœur il veut que les hommes demeurent toujours soumis à ces dieux, qui, de son aveu, sont leur ouvrage, et déplore leur ruine dans l'avenir; comme s'il n'était rien de plus malheureux qu'un homme esclave de ses propres œuvres. Que dis-je? En adorant ces dieux, dont il est l'auteur, il lui est plus facile de cesser d'être

24. Rm 1, 21.

homme, qu'à ces idoles de devenir dieux au sortir des mains de l'homme. Oui, l'homme déchu de la gloire et de l'intelligence descendra au niveau des bêtes avant que l'ouvrage de l'homme s'élève au-dessus de l'ouvrage de Dieu, fait à la ressemblance de Dieu, au-dessus de l'homme. Et c'est justement que l'homme est abandonné de son auteur quand il s'abandonne lui-même à son œuvre.

Ainsi, lorsque l'Hermès égyptien déplorait dans l'avenir la ruine de tant de vanités, d'impostures et de sacrilèges, il n'y avait pas moins d'impudence dans sa douleur que de témérité dans sa science ; car le Saint-Esprit ne lui avait pas révélé ces choses, comme aux saints prophètes, qui, voyant les événements futurs, s'écriaient avec allégresse : « Si l'homme se fait des dieux, ces dieux ne le sont donc pas [25] ? » et ailleurs : « Le jour viendra, dit le Seigneur, où j'exterminerai les noms des idoles de la face de la terre, et la mémoire même en périra [26]. » Quant à l'Égypte en particulier, voici la prédiction du saint prophète Isaïe : « Les idoles d'Égypte tomberont devant lui. Elles sentiront en elles-mêmes leur cœur vaincu [27]. » De ces hommes inspirés étaient ceux qui, certains de ce qui devait s'accomplir, se réjouirent de son accomplissement : Anne et Siméon, qui connurent Jésus-Christ dès sa naissance ; Élisabeth, qui le connut en esprit dès sa conception ; Pierre, qui, illuminé par le Père, s'écrie : « Tu es le Christ, fils du Dieu vivant [28]. » Mais les esprits qui révélaient à l'Égyptien l'époque de leur disgrâce étaient ces mêmes esprits qui, tremblant, disaient au Christ pendant sa vie mortelle : « Pourquoi es-tu venu nous perdre avant le temps [29] ? », soit que leur parût soudain cet événement qu'ils attendaient, mais plus tard ; soit que leur perte fût pour eux d'être connus, et dès lors méprisés des hommes. Et cela arrivait avant le temps, c'est-à-dire avant le jour du jugement, où ils seront livrés à la damnation éternelle, avec tous les hommes qui se

25. Jr 16, 20.
26. Za 13, 2.
27. Is 19, 1.
28. Mt 16, 16.
29. Mt 8, 29.

laissent engager dans leur société. Tel est l'enseignement d'une religion qui ne peut ni tromper, ni être trompée, bien différente de ce prétendu sage qui, flottant à tout vent de doctrine et mêlant le mensonge à la vérité, déplore la ruine future d'une religion qu'il confesse bientôt n'être qu'une erreur.

XXIV. Après une longue digression, il revient à ce qu'il a dit des dieux faits par les hommes, et voici comment il s'exprime : « Assez de paroles sur ce sujet. Revenons à l'homme et à la raison, don divin qui assure à l'homme le nom d'animal raisonnable. En effet, quoi qu'on publie à sa gloire, c'est une merveille au-dessus de toute merveille et de toute admiration, qu'il ait pu inventer et créer une divinité. L'incrédulité de nos ancêtres s'égarait en de profondes erreurs sur l'existence et la condition des dieux, délaissant le culte et les honneurs du Dieu véritable ; c'est ainsi qu'ils ont trouvé l'art de se faire des dieux. Et pour vivifier leur invention, ils proposèrent aux puissances naturelles une alliance convenable : l'union fut conclue. Impuissants à créer des âmes, ils ont évoqué celles des démons ou des anges pour les introduire dans les saintes images, dans les divins mystères, et communiquer aux idoles la faculté de bien faire ou de nuire [30]. » Je ne sais si les démons eux-mêmes conjurés en confesseraient autant que cet homme : « L'incrédulité de nos ancêtres s'égarait en de profondes erreurs sur l'existence et la condition des dieux, délaissant le culte et les honneurs du Dieu véritable ; c'est ainsi qu'ils ont trouvé l'art de se faire des dieux. » Eh quoi ! il ne dit pas simplement que l'erreur les conduit à inventer des dieux, il ne se contente point de parler d'*erreur*, il ajoute *erreur profonde* ! Cette erreur, et cette incrédulité, et cette indifférence religieuse, voilà donc les inventeurs de cet art qui fait des dieux ! Et c'est cet art funeste qui doit son origine à l'erreur, à l'incrédulité, à l'indifférence, dont le sage Hermès déplore la ruine au temps marqué, comme s'il s'agissait d'une religion divine. En vérité, n'est-ce pas la puissante volonté de Dieu qui le

30. Asclepius, 37.

contraint à dévoiler l'antique erreur de ses pères ; et la violence de l'enfer, à gémir sur les supplices futurs des
démons ? Car enfin, si l'erreur, l'incrédulité, l'éloignement de
l'âme humaine pour le culte et la religion sainte ont inventé
l'art de se faire des dieux, faut-il s'étonner que toutes les
œuvres de cet art détestable, accomplies en haine de la religion divine, soient abolies par la religion divine, puisque
c'est la vérité qui reprend l'erreur, la foi qui confond l'incrédulité, l'amour qui guérit de la haine ? Si Hermès, en
publiant l'invention des ancêtres, en eût laissé les causes
ignorées, guidés par le simple instinct de la justice et de la
piété, c'était à nous de comprendre que, sans un immense
éloignement de la vérité, jamais l'homme n'eût imaginé de
se faire des dieux ; jamais, s'il eût conservé de Dieu une idée
digne de Dieu ; jamais, s'il n'eût abjuré sa religion et son
culte. Et toutefois, si nous eussions, nous, attribué cet art de
l'erreur profonde, à la haine incrédule, à tous les égarements
de l'âme infidèle, l'impudence des adversaires de la vérité
serait moins insupportable. Mais quand celui qui surtout
admire en l'homme cette puissance de se faire des dieux, et
ne voit qu'avec douleur approcher le temps où les lois
mêmes détruiront ces sacrilèges créations de l'homme ;
quand celui-là, dis-je, en confesse hautement la triste et coupable origine, nous, que devons-nous dire, ou plutôt que
devons-nous faire, sinon rendre les plus ferventes actions de
grâces au Seigneur notre Dieu, qui abolit ce culte impie par
des causes contraires à celles de son institution ; car la vérité
ruine ce que l'erreur a établi ; la foi détruit les œuvres de
l'incrédulité ; et le retour au Dieu saint, au Dieu de vérité,
anéantit tout ce culte fondé sur l'éloignement et la haine de
la vraie religion. Et cela est arrivé, non dans la seule Égypte,
unique objet de la plainte que l'esprit des démons inspirait à
Hermès, mais par toute la terre, qui, selon les prédictions de
l'Écriture vraiment sainte et vraiment prophétique, s'écrie :
« Chantez un nouveau cantique au Seigneur. Terre, chante de
toutes parts des hymnes à sa gloire[31] ! » Aussi tel est le titre

31. Ps 95, 1.

de ce psaume : « Quand la maison s'édifiait après la captivité. » Oui, elle s'édifie sur toute la terre, la maison du
Seigneur, la cité de Dieu, la sainte Église, après cette captivité où gémissaient, esclaves des démons, ces hommes
affranchis par la foi, et devenus aujourd'hui les pierres
vivantes du divin édifice. Car, pour être l'auteur de ces
dieux, l'homme n'en était pas moins possédé par son
ouvrage. En les adorant, il entrait dans la société, non de stupides idoles, mais de perfides démons. Que sont, en effet, les
idoles, sinon des objets qui, suivant la parole de l'Écriture,
« ont des yeux, et ne voient point[32] » ; qui sont enfin ce que
peuvent être de vains chefs-d'œuvre, dépourvus de sentiment et de vie ? Mais les esprits immondes, liés à ces statues
par un art néfaste, engageant dans leur société les âmes de
leurs adorateurs, les avaient réduites à une misérable servitude. Aussi l'apôtre dit-il : « Nous savons qu'une idole n'est
rien ; et quand les païens sacrifient, c'est aux démons et non
à Dieu qu'ils sacrifient. Or, je ne veux pas que vous entriez
dans la société des démons[33]. » C'est donc après cette captivité, où la malice de l'enfer tenait l'homme enchaîné, que la
maison de Dieu s'élève sur toute la terre ; et, de là, le titre du
psaume où il est dit : « Chantez un nouveau cantique au
Seigneur. Terre, chante de toutes parts des hymnes à sa
gloire. Chantez à la gloire du Seigneur, et bénissez son nom.
Annoncez de jour en jour le salut qu'il nous envoie. Publiez
sa gloire chez toutes les nations, et ses merveilles chez tous
les peuples ! Car le Seigneur est grand, infiniment digne de
louanges et terrible par-dessus tous les dieux. Ces dieux
étrangers ne sont que des démons ; c'est le Seigneur qui a fait
les cieux[34]. » Celui qui prévoyait avec douleur la venue des
temps où le culte des idoles serait aboli, où les démons
seraient déchus de leur empire sur leurs adorateurs, souhai-
tait donc, sous l'inspiration du malin esprit, la durée éternelle
de cette captivité, qui dut cesser, dit le psalmiste, pour qu'une

32. Ps 113, 5.
33. 1 Co 10, 19.
34. Ps 95, 1.

maison fût édifiée sur toute la terre. Voilà ce qu'Hermès annonçait en gémissant ; voilà ce que le prophète annonçait avec joie ; et comme l'Esprit, qui publiait ces événements futurs par la voix des prophètes, triomphe toujours, Hermès lui-même est miraculeusement réduit à avouer que ces institutions, dont la ruine à venir afflige son âme, n'ont pour auteurs ni la raison, ni la foi, ni la piété ; mais l'erreur, mais l'incrédulité, mais l'éloignement et la haine de la religion véritable. Et, lorsque Hermès attribue ces idoles, qu'il appelle dieux, à des hommes auxquels nous ne devons pas ressembler, bon gré, mal gré, il prouve qu'il ne faut point adorer ces idoles si l'on ne ressemble aux malheureux qui les ont faites. Il en interdit donc le culte aux âmes sages, fidèles, religieuses ; et démontre encore que ces artisans de divinités se sont soumis à adorer comme dieux ceux qui n'étaient pas dieux ; car c'est une vérité que cette parole du prophète : « L'homme se fait des dieux ! Ces dieux ne le sont donc pas[35]. » Toutefois, en appelant dieux ces impures images, ouvrages de mains impures, ces démons, qu'un art mystérieux enchaîne par les liens de leurs passions à leur effigie matérielle, Hermès n'adopte pas, comme Apulée le platonicien, cette inconvenante et absurde opinion, qu'ils servent d'interprètes et de médiateurs entre les dieux et les hommes, créatures d'un seul Dieu ; portant aux dieux les prières des hommes, rapportant aux hommes les faveurs des dieux ; car il est trop insensé de croire que les dieux faits par l'homme ont auprès des dieux que Dieu a faits plus de crédit que l'homme même fait par Dieu. Le démon, que l'art d'un impie unit à une statue, devient dieu pour cet homme, et non pour tout homme. Quel est donc ce dieu que l'homme ne saurait faire, s'il n'était aveugle, incrédule et détourné du vrai Dieu ? Or, si les démons, qu'on adore dans les temples, liés à ces statues par des hommes qui ne doivent ce pouvoir de faire des dieux qu'à leur impiété, qu'à leur éloignement de la vraie religion ; si les démons n'interviennent point comme médiateurs entre les dieux et les hommes, parce que leur dépravation les

35. Jr 16, 20.

364 La Cité de Dieu

rend indignes de ce ministère, parce que les hommes, quelle que soit leur dégradation, valent encore mieux que ces dieux, leur ouvrage ; il suit que toute leur puissance n'est qu'une puissance de démons, ennemis redoutables, amis plus funestes encore dont l'amitié n'est que perfidie. Et cette puissance, malfaisante ou favorable, ils ne l'exercent jamais que par une permission de la justice de Dieu, profonde et impénétrable, et non comme médiateurs entre les hommes et les dieux, tenant de l'amitié des dieux ce pouvoir sur les hommes. Car peuvent-ils être amis de ces dieux bons, que nous appelons, nous, les saints anges, créatures raisonnables, habitantes des célestes demeures : trônes, dominations, principautés, puissances [36], dont ils sont éloignés par la disposition de leur âme de toute la distance qui sépare le vice de la vertu, et la malignité de l'innocence ?

XXV. Ce n'est donc point par la médiation des démons que nous devons aspirer à la bienveillance, à la protection des dieux ou plutôt des saints anges, mais par la conformité d'une volonté pure ; c'est par cette conformité de volonté que nous sommes avec eux, que nous vivons avec eux, qu'avec eux nous adorons le Dieu qu'ils adorent, quoique nous ne puissions les voir de l'œil de la chair ; et ce qui nous éloigne d'eux n'est pas l'étendue : c'est la différence de volonté, c'est notre fragilité, c'est notre misère qui met entre eux et nous une distance morale. Ce n'est point la captivité de notre corps dans les liens de la chair et de l'habitation terrestre ; c'est le goût de notre cœur pour les impuretés de la terre qui s'oppose à cette heureuse union. Mais quand la guérison intérieure nous a rendus tels qu'ils sont eux-mêmes, notre foi nous approche d'eux, si nous croyons, sous leurs auspices, que celui qui fait leur bonheur nous admettra un jour au partage de cette félicité.

XXVI. Lorsqu'il prévoit avec douleur qu'un temps viendra où disparaîtront de l'Égypte ces institutions qu'il attribue

36. Col 1, 16.

lui-même à l'erreur, à l'incrédulité, à la haine de la religion divine, ce sage Égyptien laisse échapper ces paroles remarquables : « Alors, dit-il, cette terre vénérable, consacrée par ces temples et ces autels sans nombre, sera couverte de morts et de tombeaux[37] » ; comme si, les idoles restant debout, l'homme dût cesser de mourir, ou qu'il fallût donner aux morts un autre asile que la terre ; comme si la révolution des jours et des siècles, en multipliant les funérailles, ne dût pas multiplier les tombeaux. Or, voici la cause de sa douleur : c'est qu'aux temples allaient succéder les mémoires de nos martyrs. Mais ceux qui liront ces pages avec un esprit de haine et d'impiété ne vont-ils pas s'imaginer que les païens adoraient des dieux dans leurs temples, et que nous adorons des morts dans leurs tombeaux ? La cécité de ces impies est, en effet, si profonde qu'ils se heurtent, pour ainsi dire, contre les montagnes, et refusent de voir ce qui leur crève les yeux. Ils ne songent pas que de tous les dieux des lettres païennes on n'en saurait à peine trouver un seul qui n'ait été homme ; et on ne laisse pas de leur rendre à tous les honneurs divins, comme s'ils n'eussent jamais eu rien de l'humanité. Varron, soit dit en passant, ne remarque-t-il pas qu'on donnait aux morts le nom de dieux mânes ? Et il justifie cette observation par les cérémonies, et surtout par les jeux funèbres : preuve éclatante de divinité ; les jeux ne se célèbrent jamais qu'en l'honneur des dieux. Hermès lui-même, dans ce livre où il déplore l'avenir en ces mots : « Alors cette terre vénérable, consacrée par ces temples et ces autels sans nombre, sera peuplée de morts et de tombeaux » ; ne prouve-t-il pas que les dieux de l'Égypte ne sont que des hommes morts ? Car, après ce passage où il dit : « L'incrédulité de nos ancêtres s'égarait en de profondes erreurs sur l'existence et la condition des dieux, délaissant le culte et les honneurs du Dieu véritable ; c'est ainsi qu'ils ont trouvé l'art de se faire des dieux, et pour vivifier leur invention ils proposèrent aux puissances naturelles une alliance convenable : l'union fut conclue. Impuissants à créer des âmes, ils ont évoqué celles des

---

37. Asclepius, 24.

démons ou des anges pour les introduire dans les saintes images, dans les divins mystères, et communiquer aux idoles la faculté de bien faire ou de nuire » ; il continue, et, poursuivant la preuve de son discours, il ajoute : « Ton aïeul, ô Esculape, est le premier inventeur de la médecine, et un temple lui a été consacré sur la montagne de Libye, voisine du rivage des crocodiles, où repose de lui l'homme terrestre, c'est-à-dire son corps. Le reste de sa personne ou plutôt toute sa personne, si tout l'homme est sentiment et vie, est remontée meilleure au ciel ; aujourd'hui c'est sa divinité qui répand sur les infirmités humaines le soulagement qu'autrefois elles devaient à sa science[38]. » Hermès dit-il assez clairement qu'un mort est adoré comme dieu au lieu même de sa sépulture ? Et quand il ajoute que cet homme, remonté au ciel, continue de soulager les souffrances de l'homme, n'est-il pas à la fois dupe et trompeur ? « Hermès, dit-il encore, Hermès, mon aïeul, dont le nom m'a été transmis, ne réside-t-il pas dans la ville de son nom, et les mortels accourus de toutes parts n'ont-ils pas en lui un puissant protecteur ? » Car celui qu'il appelle son aïeul, ce grand Hermès ou Mercure, a dit-on, son tombeau dans Hermopolis. Voilà donc deux dieux qui furent deux hommes, Esculape et Mercure. Pour Esculape, Grecs et Latins sont d'accord. Quant à Mercure, plusieurs refusent de voir un mortel dans celui qu'Hermès appelle son aïeul ; différents Mercure ont existé, n'ayant rien de commun que le nom. Mais que l'un diffère de l'autre, peu m'importe : celui-ci, de l'aveu de son petit-fils Trismégiste, dont la célébrité est si grande dans sa patrie, celui-ci, dis-je, comme Esculape, de mortel est devenu dieu. Trismégiste dit encore qu'Isis, femme d'Osiris, fait autant de bien quand elle est favorable, que de mal quand elle est irritée. Et pour montrer que tels sont tous les dieux, ouvrage d'un art funeste, ou plutôt que les dieux ne diffèrent point de ces démons, âmes des morts qu'il prétend unies aux idoles par une science menteuse, incrédule, sacrilège, créant des dieux faute de pouvoir créer des âmes, il parle du courroux de ces

38. Asclepius, 37.

dieux comme il vient de parler des vengeances d'Isis, et ajoute : « Les divinités de la terre et du monde se livrent facilement à la colère ; car l'homme les a douées de deux natures : il les a composées d'âme et de corps. L'âme, c'est le démon ; le corps, c'est la statue. D'où vient que les Égyptiens les appellent saints animaux, et que chaque ville honore d'un culte divin les âmes de ceux qui pendant leur vie les ont consacrées, obéit à leurs lois et porte leurs noms ? » Que devient donc cette plainte lamentable d'Hermès quand il s'écrie : « Cette terre vénérable, consacrée par ces temples et ces autels sans nombre, se peuplera de morts et de tombeaux. » C'est que l'esprit d'imposture qui lui inspirait cette prophétie est contraint d'avouer par sa bouche que cette même Égypte était déjà peuplée de tombeaux, et de morts qu'elle adorait comme dieux. Hermès est l'organe des démons, frémissant des supplices futurs qui les attendent aux mémoires des saints martyrs. C'est auprès de ces pieux monuments qu'ils souffrent la torture, confessent leur nom, et sortent des corps des hommes dont ils s'étaient emparés.

XXVII. Et toutefois nous n'avons en l'honneur des martyrs ni temples, ni pontifes, ni cérémonies, ni sacrifices, parce qu'ils ne sont pas nos dieux, et que leur Dieu est le nôtre. Nous honorons, il est vrai, leurs mémoires comme celles de fidèles serviteurs de Dieu qui jusqu'à la mort de leurs corps ont combattu pour la vérité, afin de répandre la vraie religion, et de convaincre la superstition et le mensonge : généreux sentiments que la crainte avait refoulés dans le cœur des anciens sages. Mais est-il un fidèle qui ait jamais entendu, devant l'autel élevé à la gloire de Dieu sur les saintes reliques d'un martyr, le prêtre s'écrier : Je t'offre ce sacrifice, Pierre, Paul ou Cyprien ? Car ce sacrifice n'est offert sur le tombeau des martyrs qu'à Dieu seul, qui les a fait hommes et martyrs, et les associe, dans le ciel, à la gloire des saints anges ; il est offert afin que nous rendions grâces de leurs victoires au Dieu de vérité, et que, en implorant son assistance, la commémoration de leur mémoire nous encourage à rivaliser avec leurs palmes et leurs couronnes. Ainsi

tout acte pieux accompli aux tombeaux des martyrs est un
hommage rendu à leur mémoire, et non un sacrifice offert à
des morts comme à des dieux. Et ceux mêmes qui, suivant
une pratique négligée des fidèles éclairés et presque généralement inconnue, portent des aliments sur les saintes sépul-
tures[c], et après une prière, emportent ces offrandes pour s'en
nourrir ou pour les distribuer aux pauvres, ceux-là les tiennent pour sanctifiées par les mérites des martyrs, au nom du
Seigneur des martyrs. Mais, qui l'ignore ? nul sacrifice n'est
offert aux martyrs là où l'unique sacrifice des chrétiens est
immolé.

Non, ce n'est point par des honneurs divins, ce n'est point
par des crimes humains que nous glorifions nos martyrs,
comme les païens glorifient leurs dieux ; nous n'avons point
de sacrifices pour eux ; on ne leur a pas voué un culte d'infamie. Parlerai-je ici d'Isis, femme d'Osiris, déesse égyptienne, et de leurs ancêtres, tous rois, dit-on ? Comme elle
leur sacrifiait, elle trouva une moisson d'orge, dont elle mon-
tra quelques épis à son royal époux et à Mercure, conseiller
de ce prince ; c'est pourquoi on la confond avec Cérès. Quels
maux n'a-t-elle pas faits ? Qu'on interroge, non les poètes,
mais ces traditions des livres sacrés conformes aux révélations du prêtre Leo qu'Alexandre communiqua à sa mère
Olympias. Qu'on interroge ces monuments, si l'on en a la
volonté ou le loisir, et que l'on songe quels hommes on a
faits dieux et de quels actes de leur vie on a composé leur
culte ! Ah ! que l'on se garde d'oser comparer ces dieux à
nos martyrs, qui pour nous ne sont pas des dieux. Nous
n'avons institué en leur honneur ni prêtres, ni sacrifices,
parce qu'il est inconvenant, illicite, impie d'entreprendre
ainsi sur la gloire due à Dieu seul ; nous ne cherchons pas
non plus dans leurs crimes et dans des jeux infâmes un divertissement où ils se complaisent, comme ces dieux que le
paganisme honore par la représentation des forfaits dont ils
se sont souillés quand ils étaient hommes, ou dont on a flétri leur divinité, à la joie des démons. Non, ce n'est pas un tel

c. Repas auprès des tombes des martyrs.

dieu qu'aurait eu Socrate, s'il avait eu un dieu. Mais peut-
être un habile artisan des dieux en aura-t-il pourvu ce sage,
innocent de cette superstition, étranger à cet art coupable.
Eh ! que dirai-je encore ? Non, il ne faut point honorer ces
esprits, pour obtenir la vie éternelle qui succède à la mort.
L'homme le moins sensé en douterait-il encore ? Mais, va-t-
on répondre, tous les dieux sont bons, et tous les démons ne
sont pas mauvais ; et c'est aux bons que, pour arriver à la vie
bienheureuse, nous devons rendre hommage ; opinion que
j'apprécierai au Livre suivant.

# Livre IX

## Contre la distinction des bons et des mauvais anges

« *Aucun dieu ne se mêle aux hommes* » : *tel est l'axiome des platoniciens. S'il en est ainsi, on comprend que ce soit, selon le platonicien Apulée, la fonction des « démons » d'être médiateurs entre les hommes et les dieux. Cette médiation, Augustin l'a repoussée au Livre VIII. Une instance peut cependant être élevée, selon laquelle il faudrait distinguer entre bons et mauvais démons, et garder aux bons esprits une fonction positive de médiation. Augustin récuse cette instance car, au témoignage d'Apulée, tous les démons sont agités par la tempête des « passions » et doivent donc être en cela estimés inférieurs aux hommes vertueux. Nul besoin pour nous donc de ces faux et inutiles médiateurs.*

*Bien plutôt, c'est l'anthropologie platonicienne elle-même qu'il nous faut récuser en son principe : elle qui refuse toute communication entre la résidence sublime des dieux et notre misérable demeure (ch. 12). Elle ignore le paradoxe de l'homme, milieu entre l'animal et l'ange ; alliage de mortalité et de raison ; et encore le paradoxe du Verbe de Dieu qui a épousé la mortalité de la chair. L'axiome platonicien s'avère faux dans le christianisme (ch. 16). Dans leur noble spiritualisme, les platoniciens s'interdisent de comprendre à la fois le mystère du Verbe fait chair et la dignité de l'homme. C'est bien à juste titre qu'Augustin a repris une seconde fois la discussion des thèses d'Apulée : elles lui permettent d'atteindre, tandis qu'il les discute, le cœur même de la révélation christique : que Dieu se communique aux*

*hommes, que nous avons en Jésus-Christ un humble et véri-*
*table médiateur, « que la véritable divinité ne peut être*
*contaminée par la chair » (« Loin de ce Dieu, pureté souve-*
*raine, la crainte de recevoir quelque contamination de*
*l'homme qu'il a revêtu ou des hommes avec lesquels il*
*converse en homme », ch. 17).*

   *Les saintes Écritures admettent aussi un langage méta-*
*phorique à celui d'un platonisme bien compris quand elles*
*parlent, dans les psaumes par exemple, de « dieux » en dési-*
*gnant ainsi des anges soumis au seul vrai Dieu.*

# LIVRE NEUVIÈME

I. Quelques-uns ont des dieux cette opinion, qu'il en est de bons et qu'il en est de mauvais ; d'autres en pensent mieux et leur font cet honneur de n'oser croire qu'il en existe de méchants. Or les premiers donnent aussi le nom de dieux aux démons, plus rarement celui de démons aux dieux ; c'est ainsi que Jupiter, reconnu pour le dieu souverain et maître, est, de leur aveu même, appelé par Homère[1] démon. D'autre part, ceux qui disent les dieux nécessairement bons, et d'une bonté supérieure à toute bonté humaine, justement ébranlés par les actes des démons qu'il leur est impossible de nier ou d'attribuer à des dieux tous réputés bons, ceux-là sont obligés de distinguer entre les dieux et les démons : et tout ce qui leur répugne dans ces actions, dans ces passions dépravées, par où se dévoile la puissance des esprits invisibles, ils l'imputent aux démons, non aux dieux. Mais, suivant eux, aucun dieu ne se mêlant à l'homme, médiateurs entre les hommes et les dieux, les démons portent aux dieux les prières des hommes et rapportent aux hommes les grâces des dieux. Et tel est le sentiment des platoniciens, les plus célèbres entre tous les philosophes, noble élite avec qui bon m'a semblé de discuter cette question : si le culte de plusieurs dieux est utile pour obtenir la vie bienheureuse après la mort. J'ai donc examiné au Livre précédent s'il est possible que ces démons qui font leurs délices de ce que tout

1. Homère, *Iliade*, I, 222.

homme sage déteste et condamne, sacrilèges, débauches, crimes, dont l'imagination des poètes ose charger les dieux, infernale irruption des pratiques de la magie, etc., s'il est possible, dis-je, que ces démons soient, comme plus proches et plus amis des dieux, les médiateurs d'une alliance entre les dieux bons et les hommes de bien : ce qui ne peut être : je l'ai démontré.

II. Donc, comme je l'ai promis à la fin du Livre précédent, celui-ci doit traiter de la différence non des dieux entre eux, ces dieux tous bons, suivant les platoniciens ; non des dieux et des démons ; les uns, séparés de l'homme par des distances infinies, les autres placés comme intermédiaires entre les hommes et les dieux ; mais de la différence, s'il en est une, des démons entre eux.

Il est, au dire de la plupart, de bons démons, et il en est de mauvais : opinion de la secte de Platon ou de toute autre école, il n'en faut pas négliger l'examen. Car n'est-il pas à craindre qu'un homme, s'attachant aux démons comme bons, ne sollicite la faveur de leur intervention pour lui concilier ces dieux qu'il croit aussi tous bons, dont il envie la société après sa mort, tandis qu'enlacé dans les filets des malins esprits et trompé par leurs ruses, il va s'éloignant de plus en plus du vrai Dieu, avec qui, en qui et par qui seul l'âme humaine, l'âme raisonnable et intellectuelle possède la béatitude ?

III. Quelle est donc la différence des bons et des mauvais démons ? Car Apulée, parlant d'eux en général et si longuement de leurs corps d'air, ne dit rien de ces vertus de l'âme, dont ils seraient infailliblement doués, s'ils étaient bons[2]. Il garde le silence sur la cause de leur félicité ; mais celle de leur misère, il ne peut la dissimuler. Il avoue que leur esprit, où il découvre la présence de la raison, loin de trouver dans la confiante habitude de la vertu un rempart inébranlable aux assauts des passions aveugles, est battu lui-même de toutes

2. Apulée, *Du dieu de Socrate*, XII, 145 et sv.

les tempêtes qui bouleversent les âmes insensées. Voici les propres paroles d'Apulée : « C'est en général de cette classe de démons que parlent les poètes quand, sans s'éloigner beaucoup de la vérité, ils feignent que les dieux, protecteurs ou ennemis de certains mortels, élèvent et favorisent les uns, abaissent et persécutent les autres. Pitié, indignation, tristesse, joie ; ils éprouvent en un mot toutes les affections de l'esprit humain, poussés par les flots tumultueux de leur imagination à travers toutes les tourmentes du cœur, toutes les tempêtes de l'intelligence. Or, ces troubles, ces orages sont relégués loin du paisible séjour des dieux. » Ces paroles laissent-elles aucun doute ? S'agit-il seulement des régions inférieures de l'âme ? Et n'est-ce pas au contraire l'esprit même des démons, cet esprit par où ils sont êtres raisonnables, que soulèvent, comme une mer orageuse, les tempêtes des passions ? Oserait-on comparer ces démons à l'homme sage qui, soumis par les conditions mêmes de la vie à ces troubles de l'âme dont l'infirmité humaine n'est pas exempte, leur oppose néanmoins une invincible constance, ne se laissant dérober aucun assentiment, aucune action qui dévie du sentier de la sagesse et des lois de la justice ? C'est aux hommes insensés et injustes que les assimile la conformité non de leur corps, mais de leurs mœurs. Que dis-je ? ils sont pires que ces hommes ; leur malice invétérée et, pour leur supplice, incurable, livre leur esprit à la tourmente des passions, et ils ne tiennent par aucune partie de l'âme à la vérité et à la vertu, seul asile où l'on se retranche contre les orages.

IV. Deux opinions partagent les philosophes sur ces mouvements de l'âme que les Grecs appellent πάθη ; les Romains, quelques-uns du moins, comme Cicéron, *perturbations*[3] ; d'autres, *affections* ; d'autres encore, comme Apulée, plus conformément à l'expression grecque, *passions*[4]. Ces perturbations, affections ou passions, suivant quelques philosophes, ne laissent pas d'atteindre l'âme du

3. Cicéron, *Tusculanes*, IV, 5.
4. Apulée, *Du dieu de Socrate*, XII, 147.

sage ; mais il les apprivoise, il les soumet à la raison ; elles reconnaissent la souveraineté de l'esprit qui leur impose de justes limites. Tel est le sentiment des sectateurs de Platon et d'Aristote, disciple lui-même de Platon et auteur de l'École péripatéticienne. D'autres philosophes, les stoïciens par exemple, défendent aux passions tout accès dans l'âme du sage. Mais, au traité de la fin des biens et des maux, Cicéron prouve qu'entre les philosophes du Portique et les disciples de Platon et d'Aristote, le différend est plutôt dans les mots que dans les choses ; et son observation tranche le nœud de la difficulté. Les stoïciens, dit-il, refusent le nom de biens aux avantages corporels et extérieurs. Le seul bien de l'homme, suivant eux, est la vertu, cet art de bien vivre qui est tout intérieur.

Les autres, sans sortir de la simplicité du langage ordinaire, ne refusent pas à ces avantages le nom de biens, quoique au prix de la vertu, cette pratique habituelle de la justice, ils n'en fassent qu'une médiocre estime. D'où il suit que, de part et d'autre, sous ces expressions de biens ou d'avantages, le jugement est le même ; et les stoïciens ne raffinent ici que sur les mots. Et quant à cette question : le sage est-il accessible ou étranger aux passions de l'âme ? Il me semble que les stoïciens n'élèvent encore qu'une dispute de mots. Suivant moi, leurs sentiments s'accordent avec ceux des platoniciens et des péripatéticiens : je ne vois de différence que dans le son des paroles.

Et pour ne pas m'engager dans une longue suite de preuves, je me contenterai de citer un fait décisif. J'en emprunte le récit, en l'abrégeant, aux *Nuits Attiques* d'Aulu-Gelle, élégant écrivain d'une science variée et pleine de charme[5]. Il naviguait un jour avec un célèbre philosophe stoïcien. Le vaisseau, sous un ciel en courroux, était battu par la violence des vagues. À la vue du danger, le philosophe tremble et pâlit ; il ne peut même dérober son émotion à ses compagnons de traversée. Quoique vivement frappés du voisinage de la mort, ceux-ci avaient eu cependant la curiosité

5. Aulu-Gelle, XIX, 1.

d'observer si l'âme d'un philosophe était inaccessible au trouble. La tempête passée, la sécurité revenue, et avec elle la parole et toute la vivacité de la conversation, l'un des passagers, opulent et voluptueux Asiatique, aborde le philosophe et le plaisante sur son effroi, sur sa pâleur. Quant à lui, la mort imminente l'avait trouvé intrépide. Le stoïcien riposte par la réponse d'Aristippe, disciple de Socrate, à un homme de cette espèce qui, en même circonstance, lui adressait mêmes railleries : « Qu'y a-t-il à craindre pour l'âme d'un fat ? Mais il n'en est pas ainsi quand il s'agit de l'âme d'Aristippe. » L'Asiatique congédié par cette réponse, Aulu-Gelle à son tour, raillerie à part, et seulement pour s'instruire, interroge le philosophe sur la cause de son effroi. Celui-ci s'empresse de satisfaire la curiosité sérieuse d'Aulu-Gelle, prend un ouvrage d'Épictète composé de préceptes de Zénon et de Chrysippe et montre à Aulu-Gelle cette décision des chefs du Portique. Suivant eux, comme ces imaginations de l'âme, appelées fantaisies, sont indépendantes de notre volonté et la surprennent, quand elles naissent de circonstances terribles, il est impossible que l'âme même du sage n'en soit pas ébranlée, qu'elle demeure inaccessible aux premières émotions de la terreur ou de la tristesse qui préviennent le ministère de l'intelligence et de la raison. Le soupçon du mal n'entre pas dans l'âme qui n'approuve ni ne consent : car le consentement seul est en son pouvoir. Et c'est en quoi diffèrent l'âme de l'insensé et celle du sage. L'une s'abandonne aux passions et leur prête son assentiment ; l'autre, soumise à la nécessité de les souffrir, s'attache néanmoins, par une détermination stable et vraie, au discernement raisonnable de ce qu'elle doit rechercher ou fuir. Voilà l'exposé moins élégant, mais plus court et peut-être plus clair que celui d'Aulu-Gelle, des décisions stoïques qu'il dit avoir lues dans l'ouvrage d'Épictète.

S'il est ainsi, il n'y a pas ou il y a peu de différences entre l'opinion des stoïciens et celle des autres philosophes sur les passions ou perturbations de l'âme : partout on leur interdit l'empire sur la raison du sage ; et les stoïciens prétendent qu'elles ne sauraient l'atteindre, c'est-à-dire qu'elles ne voi-

lent sa sagesse d'aucune erreur et ne la flétrissent d'aucune
souillure. Cependant, elles viennent jusqu'à lui, sans troubler sa sérénité intérieure, dans ces circonstances qu'ils
appellent avantages ou inconvénients, pour éviter le nom
seul de biens et de maux. Car assurément si le philosophe
d'Aulu-Gelle n'eût fait aucun cas de ce que le naufrage allait
lui enlever – la vie, la conservation de ce corps dont la fureur
de la tempête lui présageait la perte imminente – non, le péril
ne lui eût pas inspiré cette horreur profonde que trahit la
pâleur de son visage. Ne pouvait-il donc se sentir ému, et
cependant embrasser fortement par la raison cette pensée que
la vie et le salut du corps menacés des flots en courroux ne
sont pas de ces biens dont la possession, comme celle de la
justice, rend le possesseur bon ? Quant à cette affectation de
les appeler des avantages et non des biens, il n'y a là que
combat de mots, et non débat sérieux. Qu'importe en effet
qu'on emploie plus exactement la dénomination de biens ou
d'avantages, si la menace de leur perte fait également trembler et pâlir le disciple de Zénon et celui d'Aristote, si des
noms différents cachent un jugement semblable ? Que tous
deux, sollicités au crime, n'aient pour l'éviter d'autres ressources que de renoncer à ces biens ou avantages, leur
réponse n'est pas douteuse. Ils abandonneront la vie, le salut
de leur corps, plutôt que d'attenter à la justice. L'âme affermie dans ce sentiment peut souffrir de troubles survenus en
la partie inférieure d'elle-même ; mais jamais elle ne leur
permettra de prévaloir en elle contre la raison. Que dis-je ?
elle leur commande, elle leur refuse, elle leur résiste, elle
assure l'empire de la vertu. Tel Virgile nous dépeint Énée
quand il dit : « Sa raison demeure inébranlable, les larmes
roulent inutiles [6]. »

V. Il n'est pas nécessaire maintenant de développer, touchant les passions, la doctrine de l'Écriture sainte qui
contient toute la science chrétienne ; elle soumet l'esprit à
Dieu, à sa direction, à son assistance, et les passions à

6. Virgile, *Énéide*, IV, 449.

l'esprit, pour les modérer, les dompter et les rendre esclaves
de la justice. Notre doctrine ne demande guère à l'âme religieuse si elle entre en colère, mais elle lui demande la cause
de sa colère ; si elle est triste, mais le sujet de sa tristesse ; si
elle craint, mais l'objet de sa crainte. En effet, s'emporter
contre le pécheur, pour le corriger ; s'affliger avec l'affligé
pour le consoler ; craindre, pour sauver un frère en péril ;
qu'y a-t-il donc là de répréhensible aux yeux de la saine raison ? Les stoïciens, il est vrai, blâment d'ordinaire la miséricorde. Mais combien serait-il plus honorable de s'abandonner aux émotions de la pitié pour une infortune étrangère
qu'aux terreurs du naufrage ? Le langage de Cicéron n'est-il
pas infiniment plus noble, plus humain, plus religieux, quand
il dit à la louange de César : « De toutes tes vertus, il n'en est
point de plus admirable, de plus aimable, que la miséricorde[7]. » Et la miséricorde n'est-elle pas cette sympathie du
cœur qui nous porte à soulager la souffrance de tout notre
pouvoir ? Or, ce mouvement intérieur prête son ministère à
la raison, quand la bienfaisance qu'il inspire ne déroge point
à la justice, quand il s'agit de secourir l'indigence ou de pardonner au repentir. Cicéron, cet admirable parleur, n'hésite
pas à nommer vertu ce que les stoïciens ne rougissent pas de
ranger parmi les vices. Et cependant, comme l'enseigne le
célèbre Épictète d'après les principes de Zénon et de
Chrysippe, ils admettent ces passions dans l'âme du sage
que nul vice ne doit profaner. D'où il faut conclure qu'ils ne
les regardent plus comme des vices, lorsque le sage ne leur
laisse en lui-même aucun ascendant sur la vertu de l'âme et
la raison. Il n'y a donc aucun dissentiment réel entre les disciples de Platon et d'Aristote et ceux de Zénon ; mais,
comme dit Cicéron, ne faut-il pas que de vaines arguties sur
un mot mettent à la torture l'esprit sophistique de ces Grecs,
plus amoureux de la dispute que de la vérité ? Néanmoins,
c'est encore une question intéressante de savoir si cette susceptibilité d'émotion dans la pratique même du bien n'est pas
une des misères de notre condition présente ? Et, d'autre part,

7. Cicéron, *De oratore*, I, 11, 47.

si les saints anges punissent sans colère ceux que l'éternelle
loi de Dieu livre à leur justice ; s'ils assistent les malheureux,
délivrent du péril ceux qu'ils aiment, sans être troublés de
compassion et de crainte ; quoique le langage ordinaire leur
attribue les affections humaines, pour exprimer une certaine
conformité d'action et non la faiblesse de la passion ? Ainsi
Dieu, suivant l'Écriture, est irrité ; et cependant aucune passion ne saurait l'atteindre. C'est qu'on exprime l'effet de la
vengeance, et non la turbulence passionnée de l'âme.

VI. Ajournons toutefois cette question des saints anges et
voyons comment, selon les platoniciens, ces démons médiateurs entre les dieux et les hommes flottent au gré de leurs
passions émues. Que si ces agitations ne montaient pas
jusqu'à l'esprit, s'ils lui laissaient l'empire, Apulée nous
représenterait-il les démons poussés par les flots tumultueux
de leur imagination à travers toutes les tourmentes du cœur,
toutes les tempêtes de l'intelligence ? Car, en eux, c'est
l'esprit, cette partie supérieure de l'âme où réside la raison,
où la vertu et la sagesse, s'ils en étaient capables, impose-
raient le silence et le frein aux révoltes aveugles ; c'est
l'esprit, dis-je, qui, de l'aveu même de ce philosophe platonicien, flotte sur l'Océan orageux des passions. Ainsi l'esprit
des démons est esclave de toutes les cupidités, de toutes les
craintes, de toutes les fureurs. Quelle est donc cette partie
d'eux-mêmes qui demeure libre et en possession de la
sagesse, pour plaire aux dieux, pour inspirer aux hommes
l'heureuse émulation de la vertu, quand leur esprit, courbé
sous la tyrannie du vice, n'a de raison que pour séduire et
tromper, d'autant plus ardent au succès de ses perfidies qu'il
est possédé d'un plus violent besoin de nuire ?

VII. Ce n'est pas à tous les démons, dira-t-on peut-être,
mais aux mauvais seulement que les poètes, sans s'éloigner
beaucoup de la vérité, attribuent des sentiments de haine ou
d'affection pour les hommes ; et d'eux seuls Apulée a dit
qu'ils flottent à la merci des orages de leur âme. Comment
donc admettre cette réponse, puisqu'il s'exprimait ainsi sur

les démons sans exception, que leurs corps aériens rendent intermédiaires entre les dieux et les hommes ? Voici, suivant lui, la fiction des poètes : c'est que de plusieurs de ces démons ils font des dieux, leur imposent les noms des dieux, et la licence impunie de leur imagination les partage à son gré entre les hommes, comme protecteurs ou comme ennemis ; tandis que les dieux sont infiniment éloignés de ces égarements des démons, et par la sublimité de leur séjour, et par la plénitude de leur félicité. C'est donc une fiction des poètes d'appeler dieux ceux qui ne sont pas dieux et de les représenter sous des noms divins, combattant entre eux pour des intérêts humains qu'ils épousent, pour des hommes dont ils se déclarent les adversaires ou les amis. Et il ajoute que ces fictions ne s'éloignent pas beaucoup de la vérité parce que, supprimés les noms qui appartiennent aux dieux, reste une fidèle peinture des démons. Telle est cette Minerve d'Homère qui, en présence des Grecs attroupés, arrête la fureur d'Achille. Cette Minerve n'est qu'un épisode poétique. La véritable déesse réside au milieu des dieux bons et heureux, dans les hautes régions de l'éther, loin du commerce des mortels. Mais qu'un démon ait embrassé la cause des Grecs contre les Troyens, qu'un autre ait protégé les Troyens contre les Grecs, et que sous le nom de Mars ou Vénus, dieux qu'Apulée représente aux célestes demeures exempts de tels soucis, ces démons aient entre eux combattu pour le parti qu'ils aiment ; c'est une fiction, de l'aveu du philosophe, peu éloignée de la vérité, car les poètes ne parlent comme lui que de ces esprits semblables aux hommes, flottant sur l'Océan orageux des passions, sujets à s'éprendre d'amour ou de haine, non pas suivant la justice, mais avec cette aveugle fureur qui partage le peuple entre des chasseurs et des cochers. Quelle est donc ici l'intention du philosophe platonicien ? N'est-ce pas de prévenir une méprise qui attribuerait, non pas aux démons mais aux dieux eux-mêmes, ces actes des démons mis en scène sous le nom des dieux ?

VIII. Que dis-je ? Refuserons-nous une sérieuse attention à cette définition des démons ? Apulée ne les a-t-il pas com-

pris tous sans exception quand il les définit, animaux passionnés, doués de raison, dont le corps est aérien et la durée
éternelle ? De ces cinq qualités, en est-il une seule que les
démons partagent avec les hommes vertueux, à l'exclusion
des méchants ? En effet quand après avoir parlé des dieux du
ciel, il s'attache à définir les hommes, pour ramener son discours de ces deux extrémités, l'élévation infinie et l'infinie
bassesse, à la région intermédiaire et aux démons qui l'habitent, il s'exprime ainsi : « Les hommes donc jouissent de la
raison, possèdent la puissance de la parole ; leur âme est
immortelle, leur corps périssable ; esprits légers et inquiets,
grossiers et corruptibles organes ; mœurs différentes, erreurs
semblables ; audace obstinée, invincible espérance ; activité
stérile, fortune fugitive ; mortels individuellement, la perpétuité appartient à l'espèce que renouvelle le flot mobile des
générations ; éphémère durée, sagesse tardive, la mort les
devance, leur vie n'est qu'une plainte ; la terre est leur
séjour [8]. » Dans cette longue définition, qui convient à la plupart des hommes, passe-t-il sous silence ce privilège qu'il sait
n'appartenir qu'au petit nombre, cette « tardive sagesse » ?
S'il l'eût oublié, un trait important eût manqué à l'exactitude,
d'ailleurs si fidèle, de sa définition. Et quand il relève la
supériorité des dieux, il leur attribue la possession éminente
de cette félicité où les hommes s'efforcent d'atteindre par la
sagesse. Si donc il avait voulu laisser croire qu'il existe de
bons démons, il aurait dans sa définition réservé certaine
qualité particulière qui les eût associés soit au bonheur des
dieux, soit à la sagesse des hommes. Mais il ne leur attribue
rien de ce qui distingue les bons des méchants ; et cependant
il s'abstient de dévoiler librement leur malice, moins par
crainte de les offenser eux-mêmes que de blesser ses auditeurs. Cependant, il insinue clairement aux gens d'esprit ce
qu'il faut penser des démons, quand il relègue loin de la
bonté et de la béatitude des dieux les passions et leurs orages,
n'admettant de commun entre les dieux et ces esprits que
l'éternité corporelle. Il établit sans détour que l'âme des

8. Apulée, *Du dieu de Socrate*, IV, 126.

démons les assimile non aux dieux, mais aux hommes, non par la jouissance de la sagesse où l'homme peut atteindre, mais par la misère des passions qui dominent le méchant et l'insensé, dont le sage et le juste triomphent, et toutefois assez chèrement pour préférer la paix à la victoire même. En effet, si, par cette éternité qu'il dit commune aux dieux et aux démons, il voulait faire entendre celle des esprits – et non des corps – il n'exclurait pas ici les hommes ; philosophe platonicien, il croit indubitablement à l'éternité de l'âme humaine. N'a-t-il pas défini l'homme « être doué d'une âme immortelle et d'organes périssables » ? Si donc la mortalité corporelle exclut les hommes du partage de l'éternité avec les dieux, c'est à l'immortalité corporelle que ces démons doivent ce privilège.

IX. Quels sont-ils donc ces intercesseurs nécessaires qui concilient aux hommes la faveur des dieux ? Quels sont-ils, ces médiateurs entre les dieux et les hommes, si dégradés dans cette partie de leur être commune avec l'homme, et la plus éminente de l'être humain, l'âme ; si supérieurs à l'homme dans cette partie où l'excellence leur est commune avec les dieux, le corps ? En effet, l'être vivant est composé d'une âme et d'un corps ; et de ces deux agents, l'un a la supériorité sur l'autre ; quoique faible et vicieuse, l'âme est meilleure que le corps dans la plénitude même de la force et de la santé, parce que sa nature lui assure cette prééminence et qu'il ne saurait dépendre du vice de l'en dépouiller ; ainsi l'or souillé est plus précieux que l'argent ou le plomb le plus pur. Et ces médiateurs entre les dieux et les hommes, dont l'intervention est le nœud du divin et de l'humain, partagent avec les dieux l'éternité du corps et avec les hommes les vices de l'esprit, comme si cette religion qui rattache les hommes aux dieux par la médiation des démons consistait dans le corps, et non dans l'esprit. Quelle malignité ou plutôt quel châtiment tient ces faux et perfides médiateurs comme suspendus la tête en bas ; la partie inférieure de leur être, le corps, engagé avec les natures supérieures ; la partie supérieure, l'âme, avec les inférieures ; unis aux dieux du ciel par la partie qui obéit, mal-

heureux avec l'homme terrestre par la partie qui commande ?
Car le corps est un esclave. « À l'esprit, dit Salluste, appartient l'empire ; le corps doit l'obéissance… L'un nous est
commun avec les dieux, l'autre avec les bêtes [9] », ajoute-t-il
en parlant des hommes doués comme les bêtes d'un corps
périssable. Et les êtres que la philosophie nous donne pour
médiateurs entre nous et les dieux peuvent dire aussi de leur
esprit et de leur corps : l'un nous est commun avec les dieux,
l'autre avec les hommes ; mais, enchaînés et comme suspendus, ce qui leur est commun avec les divinités bienheureuses,
c'est le corps esclave ; ce qui leur est commun avec les
hommes misérables, c'est l'âme souveraine : exaltés dans
leur être inférieur, la tête précipitée et pendante ! Qu'on leur
attribue donc l'éternité avec les dieux parce qu'ils ne dépendent point, comme les animaux terrestres, de cette loi de la
mort qui brise le nœud des corps et des âmes ; mais que l'on
sache que leur corps n'est pas pour eux le char d'un éternel
triomphe, mais l'éternelle chaîne de leur supplice.

X. Le philosophe Plotin, de récente mémoire, est sans
contredit renommé pour son intelligence supérieure de la
doctrine de Platon. « Le Père, dans sa miséricorde, dit-il en
traitant de l'âme humaine, lui a fait des liens mortels [10]. » La
mortalité corporelle est donc un témoignage de la miséricorde du Père envers les hommes ; il n'a pas voulu les
enchaîner à jamais aux misères de cette vie. L'iniquité des
démons a été jugée indigne d'une telle clémence ; et avec
toutes les malheureuses passions de l'homme, elle n'a pas
reçu comme lui un corps sujet à mourir mais un corps
immortel. L'homme en effet devrait envier le bonheur des
démons, s'ils partageaient avec lui la mortalité du corps, et
avec les dieux la béatitude de l'âme. Les démons n'auraient
rien à envier à l'homme si leur âme, dans sa misère, eût
mérité d'obtenir un corps mortel, pourvu toutefois qu'un
dernier sentiment de pitié permît du moins à leur souffrance

9. Salluste, *Catilina*, I, 2.
10. Plotin, *Ennéades*, IV, 3-12.

le repos de la mort. Mais loin d'être plus heureux que les hommes, dont ils ont toutes les misères morales, ils sont encore plus malheureux ; l'éternité de leur corps éternise leur captivité. Car on ne laisse pas supposer qu'un retour intérieur, un progrès dans la science de la sagesse, les élève au rang des dieux : Apulée n'a-t-il pas dit clairement que la condition des démons est éternelle ?

XI. Il dit encore, il est vrai, que les âmes humaines sont des démons ; que les hommes deviennent lares, s'ils ont été vertueux ; méchants, ils deviennent lémures ou larves ; quand on ignore s'ils ont été bons ou mauvais, on les appelle dieux mânes [11]. Quel abîme de dépravation ouvre une telle croyance ! Qui ne le voit d'un coup d'œil ? Quelle qu'ait été la méchanceté des hommes, s'imaginant qu'ils seront un jour larves ou dieux mânes, leur malice ne va-t-elle pas s'accroître en raison de leur passion de nuire ? Que dis-je ? S'ils croient que des honneurs divins, des sacrifices leur seront offerts après leur mort pour les inviter à nuire ! Car, suivant Apulée (et ici s'élève une autre question), les larves sont des hommes transformés en démons malfaisants. C'est pourquoi, dit-il encore, « les Grecs appellent les bienheureux Εὐδαίμονες, bons esprits ou bons démons », témoignant ainsi de nouveau que les âmes mêmes des hommes sont des démons.

XII. Mais nous ne parlons maintenant que de ces démons dont Apulée a défini la nature particulière, intermédiaires entre les dieux et les hommes, animaux raisonnables, passionnés, aériens, éternels. Car après avoir mis entre les dieux et les hommes la distance infinie qui sépare leur nature et leur séjour, la hauteur du ciel et l'humilité de la terre, il conclut ainsi : « Vous avez donc deux espèces d'êtres animés ; les hommes et les dieux, si différents des hommes par l'élévation de leur séjour, la perpétuité de leur vie, la perfection de leur nature ; entre eux et nous nulle

11. Apulée, *Du dieu de Socrate*, XV, 152.

communication prochaine ; de leur résidence sublime à
notre misérable demeure règne un immense abîme ; là une
éternelle et inépuisable vitalité ; ici une vie fugitive et fragile ; les esprits des dieux s'élèvent au faîte de la béatitude
et ceux des hommes rampent dans une misère profonde. »
Voilà donc les trois qualités contraires des deux natures
extrêmes, la plus haute et la plus basse. Il reproduit les trois
caractères d'excellence qu'il attribue aux dieux, et leur
oppose les trois caractères d'infériorité qu'il signale dans
les hommes. Aux dieux appartiennent la sublimité du
séjour, l'éternité de l'existence, la perfection de la nature, et
voici les oppositions que présente la destinée humaine.
Avec la sublimité de leur séjour contraste notre misérable
demeure ; avec leur éternelle et inépuisable vitalité, notre
vie fugitive et fragile ; avec l'élévation des divins esprits au
faîte de la béatitude, l'humiliation de l'esprit humain dans
les profondeurs de la misère. Ainsi, à ces trois perfections
divines, l'exaltation, l'éternité, la béatitude, correspondent
ces trois termes de la condition humaine : le séjour terrestre,
le mal et la mort.

XIII. Entre ces deux ordres d'attributs opposés qui séparent les dieux et les hommes, comment classer les démons ?
Et d'abord nulle difficulté sur le lieu de leur séjour, puisque
Apulée leur assigne un rang intermédiaire. Car entre ces
deux extrémités de l'élévation et de l'abaissement, le milieu
se suggère nécessairement. Mais restent deux circonstances
qui demandent un sérieux examen. Sont-elles étrangères aux
démons ? Ou bien comment peut-on les leur attribuer sans
porter atteinte à leur médiation ? Or elles ne sauraient leur
être étrangères. Si en effet nous avons défini le milieu, ce
qui n'est ni le haut ni le bas, il ne nous est pas également
possible de dire que les démons, animaux raisonnables, ne
sont ni heureux ni malheureux, comme les plantes ou les
bêtes dépourvues de sentiment ou de raison. Car c'est une
nécessité que l'âme raisonnable soit heureuse ou malheureuse. Il est encore impossible de dire que les démons ne sont
ni mortels, ni immortels ; car tout être vivant vit sans fin ou

finit par mourir. Et, suivant Apulée, les démons sont éternels. Que reste-t-il, sinon que, tenant le milieu entre les deux natures extrêmes, ils possèdent l'un des attributs supérieurs, et l'autre des inférieurs ? Car si les deux autres attributs, soit dans l'ordre supérieur, soit dans l'ordre inférieur, leur sont dévolus, ils ne tiennent plus le milieu et ils retombent dans l'une ou l'autre extrémité. Or, il est impossible, nous l'avons démontré, que l'un et l'autre de ces attributs leur manquent à la fois ; il faut donc qu'ils en aient une des deux parts pour conserver le milieu. Mais l'extrémité inférieure ne saurait leur donner l'éternité qu'elle n'a pas ; donc ils l'empruntent à l'extrémité supérieure ; et pour rendre leur médiation complète, il ne leur reste à prendre de l'extrémité inférieure que la misère. Ainsi, suivant les platoniciens, aux dieux habitants des célestes demeures, l'éternité bienheureuse ou béatitude éternelle ; aux hommes relégués dans cette basse région du monde, une misère mortelle ou mortalité misérable ; aux démons intermédiaires, une misérable éternité ou éternelle misère. Or, les cinq qualités que, dans sa définition, Apulée leur attribue, n'établissent pas, selon sa promesse, la médiation des démons entre les dieux et les hommes. Car il leur assigne trois qualités communes avec nous ; la nature animale, l'esprit raisonnable, l'âme passionnée ; une seule commune avec les dieux, l'éternité ; une seule qui leur est propre, la subtilité aérienne du corps. Comment donc pourront-ils garder le milieu, s'ils n'ont qu'un rapport avec les êtres supérieurs, et s'ils en ont trois avec les inférieurs ? Qui ne voit combien ils s'éloignent du milieu, comme ils s'inclinent et penchent vers le bas ? Cette médiation toutefois pourrait se retrouver encore en établissant que de ces divers attributs un seul leur est propre, le corps aérien, comme, aux deux extrémités contraires, le corps céleste appartient aux dieux, le corps terrestre aux hommes ; et qu'il appartient à tous de posséder l'âme et la raison. Apulée, parlant des dieux et des hommes, ne dit-il pas : « Vous avez deux espèces d'êtres animés ? » Et les platoniciens ne présentent jamais les dieux que comme esprits raisonnables. Restent donc deux attributs : la passion et l'éternité ; l'une qui leur est commune

388                                                    *La Cité de Dieu*

avec les êtres de l'ordre inférieur, l'autre avec ceux de l'ordre supérieur. Ainsi leur condition demeure intermédiaire, et dans un juste équilibre, entre l'extrême exaltation et l'extrême abaissement. Voilà donc le destin des démons, une éternité malheureuse ou misère éternelle ; car le philosophe qui déclare leur nature passionnée leur eût aussi assigné la misère en partage, s'il n'eût rougi pour leurs adorateurs. Or comme, de l'aveu même des platoniciens, c'est la Providence de Dieu et non la téméraire fortune qui gouverne l'univers, la misère des démons ne serait point éternelle, si leur malice n'était profonde.

S'il est juste d'appeler les bienheureux *eudémons*, ils ne sont donc pas eudémons ces démons intermédiaires entre les dieux et les hommes. Quel serait en effet le séjour de ces bons démons qui, au-dessus des hommes, au-dessous des dieux, prêteraient aux uns leur assistance, aux autres leur ministère ? Car, s'ils sont bons et éternels, ils sont assurément heureux. Or, l'éternelle béatitude les éloigne du milieu ; autant elle les approche des dieux, autant elle les sépare des hommes. Aussi cherche-t-on vainement à concilier la béatitude et l'immortalité des démons avec leur situation intermédiaire entre les dieux immortels et bienheureux et les hommes misérables et mortels. Car s'ils ont avec les dieux la béatitude et l'immortalité, attributs refusés à l'homme destiné aux misères et à la mort, n'est-il pas plus exact de les éloigner de l'homme et de les associer aux dieux que de leur assigner le milieu entre les dieux et l'homme ? Ce milieu leur appartiendrait, s'ils correspondaient à deux attributs non d'une part ou de l'autre, mais de l'une et de l'autre part. Ainsi l'homme est comme un milieu entre l'animal et l'ange ; l'animal, être animé, irraisonnable, mortel ; l'ange, être animé, raisonnable, immortel : l'homme, intermédiaire, inférieur à l'ange, supérieur à l'animal, partage la mortalité avec l'un, la raison avec l'autre ; il est, en un mot, animal raisonnable et mortel. Donc, cherchant un milieu entre les bienheureux immortels et les misérables mortels, nous devons trouver soit un mortel bienheureux, soit un immortel misérable.

XIV. Mais l'homme peut-il être bienheureux et mortel ?
C'est une grande question parmi les hommes. Quelques-uns,
jetant sur leur condition un humble regard, dénient à
l'homme la possibilité du bonheur, tant qu'il vit pour mourir. D'autres s'exaltant eux-mêmes ont osé dire que le sage
peut atteindre la félicité, quoique mortel. S'il est ainsi, que
ne l'élève-t-on plutôt au rang de médiateur entre les mortels
malheureux et les bienheureux immortels, lui qui partage la
béatitude avec les uns et la mortalité avec les autres ! Et s'il
est heureux, il n'envie personne (quoi de plus malheureux en
effet que l'envie ?) ; et de tout son pouvoir, il aide les mortels
malheureux à s'élever jusqu'à la béatitude pour obtenir après
la mort la vie éternelle dans une sainte union avec les anges
bienheureux et immortels.

XV. Si d'après l'opinion la plus probable et la plus digne
de confiance, tous les hommes sont nécessairement malheureux tant qu'ils demeurent sujets à la mort, il faut chercher un
médiateur qui ne soit pas seulement homme, mais Dieu et, par
l'intervention de sa mortalité bienheureuse, retirant les hommes de leur misère mortelle, les conduise à la bienheureuse
immortalité. Or, ce médiateur ne devait ni être exempt de la
mort, ni demeurer à jamais son esclave. Il s'est fait mortel,
sans infirmer la divinité du Verbe, mais en épousant l'infirmité de la chair. Car il n'est pas resté mortel dans cette chair
même qu'il a ressuscitée des morts ; et c'est le fruit de sa
médiation que ceux dont elle dut opérer la délivrance ne restent pas éternellement dans la mort même de la chair. Il fallait donc que ce médiateur entre nous et Dieu réunisse une
mortalité passagère et une béatitude permanente, afin d'être
conforme aux mortels par ce qui passe, et de les rappeler, du
fond de la mort, à ce qui demeure. Les bons anges ne peuvent
donc pas tenir le milieu entre les mortels malheureux et les
bienheureux immortels, car ils sont eux-mêmes et bienheureux et immortels ; mais les mauvais anges peuvent le tenir,
car ils sont immortels avec les uns et malheureux avec les
autres. Leur adversaire est le bon médiateur qui, à leur
immortalité et à leur misère, a voulu opposer sa mortalité

temporelle et la permanence de son éternelle félicité ;
immortels superbes, coupables malheureux, il réduit leur
fastueuse immortalité à l'impuissance de séduire et, par
l'humiliation de sa mort, par les largesses de sa béatitude, il
ruine leur empire dans les cœurs que sa foi purifie et délivre
de l'immonde tyrannie des démons.

Malheureux et mortel, relégué si loin des immortels et des
bienheureux, quel médiateur l'homme choisira-t-il pour se
rattacher à l'immortalité, à la béatitude ? Ce qui peut plaire
dans l'immortalité des démons n'est que misère ; ce qui peut
déplaire dans la mortalité du Christ n'est déjà plus. Là, c'est
une misère éternelle qu'il faut conjurer ; ici, c'est une mort
qui n'a rien à craindre, elle ne fait que passer ; puis, une béatitude tout aimable, car elle est éternelle. L'immortel malheureux n'intervient donc que pour nous fermer le passage à
la bienheureuse immortalité, et l'obstacle qu'il oppose est
éternel, c'est sa misère même ; mais le mortel bienheureux
s'est fait médiateur, il a subi l'épreuve mortelle pour donner
l'immortalité aux morts (sa résurrection le prouve) ; et aux
malheureux, la béatitude qui ne s'est jamais retirée de lui. Il
y a donc un médiateur malin qui sépare les amis ; et un bon
médiateur qui réconcilie les ennemis. Et les médiateurs qui
séparent sont nombreux ; car la multitude bienheureuse ne
puise la félicité que dans son union avec un seul Dieu ; et, privée de cette union, la multitude malheureuse des mauvais
anges s'élève plutôt comme obstacle qu'elle n'intervient
comme secours ; essaim malfaisant qui, pour ainsi dire, bour-
donne autour de nous, pour nous détourner de la voie de cette
béatitude souveraine où nous rappelle, non plusieurs médiateurs, mais un seul, celui même dont l'union nous rend heureux, le Verbe de Dieu, le Verbe incréé, créateur de toutes
choses [12]. Et toutefois il n'est pas médiateur en tant que
Verbe. Car, dans les hauteurs de son éternité et de sa gloire,
le Verbe est loin des mortels malheureux ; mais il est médiateur en tant qu'homme. Et il montre ainsi que pour atteindre
ce Dieu qui possède et donne la béatitude, il ne faut pas cher-

12. Jn 1, 3.

cher d'autres médiateurs qui nous en préparent les degrés,
puisque le Dieu d'où émane toute béatitude, daignant s'associer à notre humanité, nous associe par le plus court chemin
à sa divinité. Et en nous délivrant de la mortalité et de la
misère, ce n'est pas aux anges qu'il nous unit pour nous
rendre immortels de leur immortalité, bienheureux de leur
béatitude ; il nous élève jusqu'à cette Trinité même dont la
communion fait le bonheur des anges. Ainsi tandis que pour
être médiateur, il veut sous les traits de l'esclave s'abaisser
au-dessous des anges, il demeure toujours au-dessus des
anges dans sa nature de Dieu ; il est ici-bas la voie de la vie,
lui qui dans le ciel est la vie même[13].

XVI. La vérité repousse cette opinion que le platonicien
Apulée emprunte à Platon : « Aucun Dieu ne se mêle à
l'humanité[14] », ajoutant que le principal caractère de la grandeur des dieux c'est de n'être jamais souillés du contact de
l'homme. Les démons, de son aveu, en sont donc souillés ; il
leur est donc impossible de purifier qui les souille, et tous
deviennent également impurs, les démons par le contact des
hommes, les hommes par le culte des démons. Que si les
démons peuvent se mêler à l'humanité sans en être souillés,
ils sont donc supérieurs aux dieux mêmes qui ne pourraient
s'y mêler sans souillure. Car n'est-ce pas leur souverain privilège d'habiter, à des hauteurs infinies, une sphère inaccessible au commerce de l'homme ? Et le Dieu suprême, créateur de toutes choses, que nous appelons le vrai Dieu, est, au
témoignage de Platon cité par Apulée, « le seul dont l'indigence de la parole humaine ne puisse donner une idée même
insuffisante : à peine apparaît-il à l'œil des sages quand la
vigueur de l'âme les a, autant que possible, détachés du
corps ; mais il passe rapide comme l'éclair dont le sillon traverse les plus épaisses ténèbres[15] ». Si donc ce Dieu, vraiment Seigneur et maître, se dévoile parfois, rapide comme

13. Jn 14, 6.
14. Apulée, *Du dieu de Socrate*, IV, 128 (*Banquet*, 203 a).
15. Apulée, *Du dieu de Socrate*, III, 124 (*Timée* 28 c).

l'éclair dont le sillon traverse une lumière pure ; et présent,
d'une présence intelligible, à l'âme du sage où il ne reçoit
aucune souillure ; pourquoi placer ces dieux si loin, si haut,
pour les soustraire au commerce de l'homme ? Quoi ! ne suffit-il pas de voir ces corps célestes qui répandent sur la terre
une lumière suffisante à ses besoins ? Or si notre regard ne
souille pas ces astres qui passent tous pour des dieux
visibles, souillera-t-il les démons, quoique vus de plus près ?
Mais peut-être est-ce la voix, sinon le regard de l'homme qui
porterait atteinte à la pureté des dieux ; et c'est pourquoi les
démons, intermédiaires, leur transmettent la parole humaine,
sans que la hauteur de leur séjour s'abaisse ou que leur
pureté se ternisse ? Parlerai-je des autres sens ? Les dieux,
fussent-ils présents, ne pourraient être souillés par l'odorat ;
car les démons, voisins de l'homme, ne souffrent point des
émanations de la vie humaine, puisque l'infection des
cadavres immolés sur leurs autels ne saurait les atteindre. Le
sens du goût n'est pas intéressé chez les dieux par la nécessité de réparer la nature mortelle ; jamais la faim ne les réduit
à demander des aliments aux hommes. Le toucher dépend
d'eux. Et c'est d'une certaine action de ce sens, du contact
qu'il s'agit. Ne pourraient-ils, s'ils voulaient, se mêler aux
hommes, les voir et en être vus, les entendre et en être entendus ? Car quelle nécessité de toucher ? L'homme assurément
n'oserait en former le désir, content de jouir de la vue, de
l'entretien des dieux ou des bons démons ; et, si sa curiosité
s'élevait jusque-là, par quelle adresse toucherait-il un Dieu,
un démon, malgré eux, lui qui ne peut saisir un passereau
s'il n'est captif ? Les dieux pourraient donc voir et entendre
les hommes, s'en laisser voir et entendre, et se mêler ainsi
corporellement à eux. Car s'ils pouvaient être souillés par ce
commerce qui ne souille pas les démons, il faudrait reconnaître aux dieux une faiblesse dont les démons sont exempts.
Si d'autre part la souillure gagne les démons, quel secours
l'homme en peut-il attendre pour la béatitude éternelle ?
Souillés eux-mêmes, pourront-ils le purifier pour l'introduire
sans tache en présence des dieux purs ? S'ils sont incapables
de rendre ce service, de quoi sert leur amicale médiation ?

Est-ce afin que les hommes passent, au sortir de la vie, non dans la société des dieux mais dans celle des démons pour vivre avec eux, frères de honte et de misère ? Dira-t-on que, semblables à l'éponge, ils se remplissent de toutes les souillures dont ils purifient leurs amis ? S'il est ainsi, les dieux n'ont donc évité le voisinage et le contact de l'homme que pour se mêler à l'impureté des démons ? Mais peut-être les dieux, sans cesser d'être purs, peuvent-ils purifier les démons du contact humain ? Puissance qui leur manque à l'égard de l'homme. Qui pourrait concevoir de telles pensées s'il n'est abusé par la malice des démons ? Quoi ! le regard souille ? Et cependant l'œil de l'homme n'atteint-il pas ces dieux visibles, flambeaux du monde, et tous les autres corps célestes ? Et les démons ne sont-ils pas plus sûrement préservés de cette atteinte, eux qui ne sauraient être vus, s'ils n'y consentent ? Que s'il y a souillure, non pas à être vu, mais à voir, il faut donc prétendre que les hommes échappent au regard de ces astres dont on fait des dieux, quand ils dardent leurs rayons sur la terre. Quoi ! répandus sur les plus immondes objets, ces rayons restent purs, et les dieux se souilleraient au contact humain, ce contact même fût-il nécessaire au soulagement de l'humanité ! Les rayons du soleil et de la lune touchent la terre ; leur lumière en est-elle moins pure ?

XVII. Je ne puis assez m'étonner que des hommes si savants qui ont toujours élevé les objets incorporels et intelligibles au-dessus des objets corporels et sensibles, parlent de contact corporel quand il s'agit de la béatitude. Où est donc cette parole de Plotin : « Il faut fuir vers une patrie si chère ; là est le Père, et tout avec lui. — Où est le vaisseau ? où est le char ? — Non ; deviens semblable à Dieu[16]. » Si donc plus on ressemble à Dieu, plus on s'approche de Dieu, il n'est entre nous et lui qu'une distance morale. Et l'âme de l'homme s'éloigne d'autant plus de l'être incorporel, éternel, immuable, qu'elle est plus passionnée pour les objets soumis

16. Plotin, *Ennéades*, I, 6-8.

au temps et au changement. Cette âme, il faut la guérir. Et, comme il n'est aucun rapport entre l'immortelle pureté qui règne au ciel et la bassesse qui rampe un jour sur la terre, il faut un médiateur ; mais un médiateur qui ne tienne pas à l'ordre supérieur par l'immortalité corporelle et à l'ordre inférieur par l'infirmité maladive d'une âme semblable à la nôtre, infirmité qui le porterait plutôt à envier notre guérison qu'à y concourir ; il faut un médiateur qui, s'unissant à notre bassesse par la mortalité du corps, demeure par l'immortelle justice de l'esprit dans la gloire de la divinité, à cette hauteur infinie qui n'est pas une distance, mais une inaltérable conformité avec le Père ; un médiateur enfin qui puisse prêter à l'œuvre de notre purification et de notre délivrance un secours vraiment divin. Loin de ce Dieu, pureté souveraine, la crainte de recevoir quelque souillure de l'homme qu'il a revêtu, ou des hommes avec lesquels il converse sous les traits de l'homme ! Car entre tous les bienfaits de son incarnation, voici deux grands enseignements qu'elle nous a donnés pour notre salut : c'est que la véritable divinité ne peut être souillée par la chair, et qu'il ne faut pas croire les démons supérieurs à nous pour n'être point de chair. Voilà donc, selon les termes de la sainte Écriture : « Le médiateur de Dieu et des hommes, Jésus-Christ, homme[17] » ; par sa divinité, toujours égal à son père ; par son humanité, devenu semblable à nous. Mais ce n'est pas ici le lieu de développer ces vérités.

XVIII. Quant aux démons, quoique l'impureté de leur esprit ait souvent trahi leur misère et leur malice, médiateurs faux et perfides, ils profitent des avantages de leur séjour et de l'agile subtilité de leurs corps, pour suspendre, pour détourner le progrès de nos âmes, et loin de nous ouvrir la voie qui mène à Dieu, ils la sèment de pièges. Et c'est une voie fausse et pleine d'erreurs où ils nous engagent, voie corporelle où ne marche pas la justice ; car ce n'est point par une élévation mesurable, mais spirituelle, c'est par une res-

---

17. 1 Tm 2, 5.

semblance incorporelle que nous devons monter à Dieu. Et c'est dans cette voie corporelle, disposée selon la hiérarchie des éléments, que ces philosophes, amis des démons, placent, entre l'homme terrestre et les dieux du ciel, ces médiateurs aériens, persuadés qu'un attribut essentiel de la divinité est cet immense intervalle qui la préserve de tout contact humain. Ainsi, selon ces philosophes, les hommes souillent plutôt les démons que les démons ne purifient les hommes, et les dieux eux-mêmes pourraient bien ne pas échapper à la souillure s'ils ne se retranchaient dans les hauteurs. Qui donc est assez malheureux pour espérer sa purification dans une voie où il n'est plus question que d'hommes qui souillent, de démons souillés, de dieux capables de souillure ? Et qui ne choisirait plutôt la voie où l'on évite les démons impurs, où le Dieu de toute pureté efface les taches de l'homme pour l'introduire dans la société si pure des anges ?

XIX. Cependant de peur qu'on ne m'accuse de disputer à plaisir sur les mots, plusieurs de ces démonolâtres, Labéon, entre autres, assurant que l'on donne aussi le nom d'anges à ceux qu'ils nomment démons, il faut ici dire quelques mots de ces bons anges dont les platoniciens ne nient pas l'existence, mais qu'ils préfèrent appeler bons démons. Quant à nous, le témoignage de la sainte Écriture, l'une des bases de notre foi, nous apprend qu'il y a de bons anges, qu'il y en a de mauvais ; jamais elle n'emploie le terme de bons démons. Partout où ce mot se rencontre, il ne désigne que les esprits de malice. Et ce sens est si généralement adopté que chez les païens mêmes, passionnés pour le culte de cette multitude de dieux et de démons, il n'est point de savant ni de lettré qui ose dire en éloge à son esclave même : un démon te possède ; et à quelque homme qu'un tel propos s'adresse, nul doute qu'il ne suppose en celui qui le tient une intention blessante. Si donc il n'est pas une oreille dont ce mot de démon, ordinairement pris dans une sinistre acception, n'offense la délicatesse, quelle raison nous obligerait de nous expliquer davantage, l'expression d'ange nous permettant d'éviter toute fâcheuse équivoque ?

XX. Et, si nous consultons les Livres saints, l'origine même du nom de démon présente une particularité digne d'être connue. Les démons, δαίμονες, sont ainsi nommés à cause de leur science. Mais l'apôtre inspiré de l'Esprit saint a dit : « La science enfle et la charité édifie[18]. » C'est-à-dire que la science n'est utile qu'autant qu'elle se rencontre avec la charité ; et que sans la charité la science enfle le cœur, et l'emplit du vent de la vaine gloire. Ainsi les démons ont la science sans la charité, et de là cette superbe impie qui les pousse encore à usurper, autant que possible, et auprès de qui leur est possible, ces honneurs divins et cet hommage de dépendance dus au vrai Dieu. Pour triompher de cette superbe, qui opprime le genre humain justement asservi, quelle est l'infinie puissance de l'humilité d'un dieu, manifesté sous la forme d'esclave ; c'est un secret pour ces âmes humaines gonflées d'impureté fastueuse, semblables aux démons par l'orgueil et non par la science.

XXI. Et les démons eux-mêmes l'ignorent si peu qu'ils disaient au Seigneur revêtu de l'infirmité de la chair : « Qu'y a-t-il entre nous et toi, Jésus de Nazareth ? Es-tu venu nous perdre avant le temps[19] ? » Parole qui montre clairement qu'en eux était la science de ce grand mystère, mais sans la charité. Ils redoutaient de lui leur châtiment, ils n'aimaient pas en lui sa justice. Or ils l'ont connu autant qu'il l'a voulu ; il l'a voulu autant qu'il le fallait. Ils l'ont connu, non comme les saints anges qui participent à sa bienheureuse éternité en tant qu'il est le Verbe de Dieu ; mais il s'est révélé par la terreur à ces tyrans dont il devait briser l'empire pour affranchir les élus, prédestinés à son royaume, à cette gloire éternellement vraie et vraiment éternelle. Il se révèle donc aux démons, non en tant qu'il est la vie éternelle et la lumière immuable qui éclaire les saints ; lumière qui brille à l'œil de la foi et purifie le cœur ; mais par certains traits passagers de

18. 1 Co 8, 1.
19. Mc 1, 24.

sa puissance, par certains signes de sa présence cachée, plus sensibles à la nature spirituelle, même des malins esprits, qu'à l'infirmité de l'homme. Et lorsque jugeant à propos de supprimer ces marques éclatantes, il rentre pour un temps dans un secret plus profond, le prince des démons doute de lui et le tente pour s'assurer s'il est le Christ. Il ne le tente toutefois qu'autant que le Christ le lui permet pour réduire son humanité aux conditions de modèle proposé à la nôtre. Mais après la tentation, quand les anges le servent, ainsi qu'il est écrit [20], les bons et saints anges, devant lesquels tremblent les esprits impurs, les démons reconnaissent de plus en plus combien il est grand : si méprisable qu'il paraisse dans son infirmité charnelle, il commande, et nul n'oserait lui résister

XXII. Donc, aux yeux des saints anges, cette science des objets sensibles et temporels n'est qu'une science misérable, non qu'elle leur manque, mais parce que l'amour du Dieu qui les sanctifie est leur unique amour, et qu'au prix de cette pure et immuable et ineffable beauté, ils méprisent, dans un saint ravissement, tout ce qui est au-dessous d'elle, tout ce qui n'est pas elle, et se méprisent eux-mêmes afin de jouir, par toute la bonté de leur être, de ce bien, source de leur bonté. Et ils possèdent de l'ordre temporel et muable une connaissance d'autant plus certaine qu'ils en découvrent les raisons souveraines dans le Verbe de Dieu, créateur du monde : raisons qui tantôt approuvent, tantôt réprouvent, ordonnent toujours. Ces causes éternelles, pôles invisibles des temps, échappent aux démons ; ils ne les contemplent pas dans la sagesse de Dieu ; mais leur expérience de certains signes cachés à nos regards leur permet de lire beaucoup plus loin que nous dans l'avenir. Parfois ils annoncent longtemps à l'avance leurs propres intentions. Souvent ils se trompent, et les anges jamais. Car autre chose est de conjecturer, le temps sur le temps, le changement sur le changement, et d'y imprimer quelques traces fugitives de volonté et de puissance, ce qui, dans une certaine mesure, est permis

20. Mc 1, 13.

aux démons ; autre chose est de lire dans les éternelles lois de
Dieu, lois immuables dont sa sagesse est la vie, les révolutions du temps, et de connaître par la participation de l'Esprit
divin, cette infaillible volonté, où la certitude est aussi absolue que la puissance : privilège qu'un profond discernement
accorde aux saints anges. Ils jouissent donc à la fois de
l'éternité et de la béatitude ; et le bien qui les enivre, c'est
Dieu, leur créateur. La vue, l'éternelle possession de sa divinité les plonge en d'intarissables délices.

XXIII. Si les platoniciens préfèrent les appeler dieux plutôt que démons et, conformément à la doctrine de Platon,
leur auteur et leur maître[21], les ranger parmi ces dieux créatures du Dieu suprême, soit, j'y consens ; je ne veux point
contester sur des mots. Car s'ils leur attribuent l'immortalité
et la béatitude, sans chercher hors de Dieu le principe de leur
être et de leur gloire, que les noms diffèrent, ce sentiment
est le nôtre. Or qu'il soit celui des platoniciens, de tous ou
des plus célèbres, leurs livres l'attesteront au besoin. Et sur
cette dénomination même de « dieux » qu'ils donnent à ces
immortelles et bienheureuses créatures, nous sommes
presque d'accord : ne lisons-nous pas aussi dans les saintes
Lettres : « Le Dieu des dieux, le Seigneur a parlé[22]. » Et :
« Glorifiez le Dieu des dieux[23]. » Et ailleurs : « Le roi puissant sur tous les dieux[24]. » Et le verset : « Terrible par-dessus
tous les dieux[25] », expliqué par celui-ci : « Car tous les dieux
des Gentils ne sont que des démons. Le Seigneur est l'auteur
des cieux », « par-dessus tous les dieux », les dieux des
nations, c'est-à-dire les démons érigés en divinités.
« Terrible », c'est cette terreur qu'il inspire aux démons
quand ils s'écrient : « Es-tu venu pour nous perdre[26] ? » Loin
de nous la pensée que « Dieu des dieux » puisse s'entendre

21. Platon, *Timée*, 40 a.
22. Ps 49, 1.
23. Ps 135, 2.
24. Ps 94, 3.
25. Ps 95, 4.
26. Mc 1, 24.

du « dieu des démons », et que cette expression « roi puissant sur tous les dieux » signifie roi puissant sur tous les démons ! C'est que dans le peuple de Dieu, il est des hommes que l'Écriture appelle aussi du nom de dieux. « J'ai dit : Vous êtes des dieux ; vous êtes tous les fils du Très-Haut. » Ici l'on peut entendre qu'il soit le dieu de ces dieux, celui qui est dit : « Dieu des dieux » ; qu'il soit le roi puissant sur ces dieux, celui qui est dit : « Roi puissant sur tous les dieux. »

Mais, me dit-on, si des hommes sont appelés dieux pour être de ce peuple à qui, par le ministère des anges ou des hommes, Dieu adresse la parole ; combien plus justement ce nom est-il dû aux immortels, possesseurs de cette béatitude où les hommes aspirent en servant Dieu ? Que répondre, sinon que ce n'est pas en vain si l'Écriture a plus expressément donné le nom de dieux aux hommes qu'aux bienheureux immortels dont la résurrection nous rendra les égaux, suivant l'infaillible promesse. Il était à craindre que, frappée de l'excellence de ces créatures, notre faiblesse infidèle n'osât chercher un dieu dans leurs rangs. L'homme n'offrait pas un tel danger. Et les hommes du peuple élu ont dû être appelés dieux plus clairement, afin que cette certitude fût acquise à leur foi, qu'il est leur Dieu, celui qui a été dit « Dieu des dieux ». Et quoique le nom de Dieu soit donné à ces immortels bienheureux qui résident au ciel, jamais ils n'ont été dits « Dieu des dieux », c'est-à-dire dieux des hommes choisis dans le peuple de Dieu, que cette parole regarde : « Je l'ai dit : vous êtes des dieux ; vous êtes tous les fils du Très-Haut[27]. » Et c'est aussi pourquoi l'apôtre a dit : « Encore que plusieurs soient qu'on appelle dieux, au ciel ou en la terre, et qu'ainsi il y ait plusieurs dieux et plusieurs seigneurs, il n'est cependant pour nous qu'un seul Dieu, le Père, de qui toutes choses sont et en qui nous sommes ; et un seul Seigneur Jésus-Christ, par qui toutes choses sont, et par qui nous sommes[28]. »

Il ne s'agit donc point de débattre longtemps sur un nom,

27. Ps 81, 6.
28. 1 Co 8, 5.

quand l'évidence est si claire qu'elle ne permet pas le plus
léger doute. Mais lorsque nous mettons au nombre des
immortels bienheureux ces anges par qui Dieu annonce aux
hommes sa volonté, les platoniciens ne s'accordent plus avec
nous; car ils attribuent ce ministère non aux bienheureux
immortels qu'ils appellent dieux, mais aux démons dont ils
affirment l'immortalité, et non la béatitude; double privilège
qu'ils ne leur accordent parfois peut-être qu'en tant que bons
démons, et non comme dieux. Une distance infinie ne
défend-elle pas les dieux du contact de l'homme ? Dispute de
mot, soit; mais ce nom de démons est si odieux que nous
devons absolument l'épargner aux saints anges. Concluons
donc, pour fermer ce Livre, que ces bienheureux immortels,
créatures toutefois, quel que soit leur nom, ne pourraient servir de médiateurs, ni conduire à la béatitude éternelle les
mortels malheureux dont ils sont séparés par une double différence. Quant à ces prétendus médiateurs qui participent à
l'ordre supérieur par l'immortalité, à l'ordre inférieur par la
misère, comme leur infortune est un juste châtiment, ne sont-
ils pas plus jaloux de nous ravir que de nous procurer cette
béatitude qui leur manque ? Les partisans des démons n'établissent donc par aucune raison sérieuse que ce nous soit un
devoir d'adorer comme protecteurs ceux dont il nous faut au
contraire déjouer la perfidie. Pour les esprits de bonté, et par
conséquent immortels et bienheureux, ces esprits que les
païens croient devoir honorer sous le nom de dieux par des
cérémonies et des sacrifices, afin d'obtenir la félicité après
cette vie, quels qu'ils soient, quelque nom qu'ils méritent,
ces esprits ne veulent pas qu'un tel culte se rende à un autre
qu'au seul Dieu, principe de leur être, source de leur béatitude. Question que j'espère, avec la divine assistance, approfondir au Livre suivant.

# Livre X

## Idée chrétienne de la religion
## Bonheur et culte du Dieu unique

*Le Livre X achève la première partie de* La Cité de Dieu. *Il est consacré à poursuivre le refus du culte des anges ou esprits et à établir le culte d'un seul vrai Dieu.*

*Il est capital parce que :*
*1. Augustin s'y explique avec la notion de religion.*
*2. Il y définit la doctrine du vrai sacrifice, le sacrifice spirituel.*
*3. Il y adresse un ultime appel à son maître Porphyre (considéré comme la dernière étape avant la Sagesse révélée), qu'il exhorte à reconnaître le mystère du Verbe Incarné qui sauve l'homme par son humilité mieux que tous les télètes (rites) ou que les théurgies néo-platoniciennes.*

*Au terme de l'immense périple qui lui a fait passer en revue toute l'histoire romaine, Augustin présente, comme l'aboutissement de cette histoire, sa conception du sacrifice.*

*La cité de Dieu est instaurée pour nous rendre heureux. La fin de l'homme, le bonheur de l'homme est aussi le but de la cité de Dieu (ch. 3, 4, 5). « Pour que l'homme apprît à s'aimer lui-même, une fin lui a été proposée vers laquelle il dirigerait toutes ses actions en vue du bonheur. Celui qui s'aime lui-même que veut-il d'autre qu'être heureux ? » Le sacrifice est lié au bonheur de l'homme.*

*Le sacrifice que nous devons à Dieu est pour Augustin, dans la ligne de Paul et du psaume 50 ici commenté, un don de soi : « Si tu aimais les sacrifices, je t'en aurais offert,*

La Cité de Dieu

mais tu ne prends pas plaisir aux holocaustes. Le sacrifice digne de Dieu est un esprit brisé. Dieu ne méprisera pas un cœur contrit et humilié. »

Le culte que nous rendons à Dieu est raisonnable et intérieur, car Lui-même daigne habiter en nous. L'habitation divine fait de nous le lieu de culte : « Nous lui faisons en nous, de ses dons et de nous-mêmes, une offrande reconnaissante. » « Il daigne habiter la concorde des fidèles et le cœur de chacun » (ch. 3 et 6).

Ensemble avec les esprits nous formons une seule cité. Les anges, avec nous, rendent un culte au Dieu unique. Ici l'univers d'Augustin s'élargit au maximum. Il reprend aussi les miracles de l'histoire sainte pour montrer qu'il n'y s'agit pas d'un culte qui pactise avec la magie, mais de hauts faits pour sauver le peuple.

Tout autre culte est à réprouver même si les platoniciens eux-mêmes y succombent.

Augustin appelle Porphyre à ne pas chercher une voie de purification pour cette seule partie de l'âme qu'il appelle intellectuelle, mais une voie pour tout l'homme, esprit, corps et âme.

Le Verbe Incarné est présenté comme le mysterium du Verbe qui se fait humble, qui chasse l'esprit du mal en l'exorcisant, non en l'apaisant (ch. 22), qui guérit la chair par la chair, non par l'élévation philosophique. « La puissance de l'air est vaincue au nom de celui qui est revêtu de la nature humaine et qui a vécu sans péché… car seul le péché nous sépare de Dieu, non la chair. » Augustin mène un ultime combat contre les philosophes platoniciens, c'est-à-dire contre lui-même, en soulignant la glorification du corps dans le Verbe fait chair, et inversement l'orgueil de l'esprit qui empêche Porphyre ou ses disciples d'accéder à la foi chrétienne.

# LIVRE DIXIÈME

I. C'est une certitude pour quiconque fait usage de sa raison que tous les hommes veulent être heureux. Mais qui est heureux, comment devenir heureux, voilà le problème qui exerce la faiblesse humaine, et provoque ces nombreuses et interminables disputes où les philosophes ont épuisé leur temps et leurs efforts; disputes que je ne veux point rappeler, où je ne veux point m'engager ici. J'évite les longueurs inutiles. Car, si le lecteur se souvient de ce que j'ai dit au huitième Livre sur le choix des philosophes avec qui se pût débattre la question du bonheur de la vie future; savoir si le culte du seul vrai Dieu, créateur des dieux mêmes, doit nous y conduire, ou s'il faut encore, pour y prétendre, adorer et servir plusieurs dieux, qu'on ne s'attende pas ici à des redites, quand une seconde lecture peut remédier à un oubli ou venir en aide à la mémoire. J'ai donc fait choix des platoniciens, sans contredit les plus éminents entre les philosophes, surtout parce qu'ayant reconnu que l'âme de l'homme, quoique immortelle et raisonnable ou intellectuelle, sans la participation de la lumière de ce Dieu son auteur et l'auteur du monde, ne saurait être heureuse, ils nient qu'à cette béatitude où tous les hommes aspirent nul ne puisse s'élever, si l'amour chaste et pur ne l'unit à ce Dieu tout bon, qui est le Dieu immuable. Mais comme ces philosophes eux-mêmes cédant à la vanité des erreurs populaires, ou, suivant l'expression de l'apôtre, « se dissipant dans le néant de

leurs pensées[1] », se sont persuadés ou du moins ont voulu
persuader aux autres qu'il faut des autels à cette pluralité de
dieux, et quelques-uns d'entre eux ne vont-ils pas jusqu'à
croire que des honneurs divins, des sacrifices sont dus aux
démons mêmes (erreur que nous avons assez longuement
réfutée) ; il nous reste maintenant à examiner, à discuter,
selon la mesure de forces que Dieu nous donne, ce qu'il
faut croire de ces esprits que les platoniciens appellent
dieux ou bons démons, ou anges avec nous ; immortels et
bienheureux esprits, résidant aux célestes demeures, dominations, principautés, puissances : quels hommages, quelle
piété nous demandent-ils ? En termes plus clairs, veulent-ils
entrer en partage avec Dieu, veulent-ils que nous réservions
à Dieu seul ces offrandes solennelles, ce religieux sacrifice
de nous-mêmes ?

Car tel est le culte que l'on doit à la divinité, ou plus
expressément, à la Déité. Et pour désigner ce culte en un seul
mot, faute d'expression latine, j'emprunte au besoin un
terme grec qui fera mieux sentir ma pensée. Partout où les
saintes Écritures emploient le mot λατρεία, nous traduisons
par service. Mais ce service dû aux hommes et dont parle
l'apôtre quand il recommande aux serviteurs la soumission
envers leurs maîtres se rend en grec par un autre terme. Celui
de λατρεία dans la langue des écrivains sacrés signifie toujours, ou du moins presque toujours, cette servitude qui
regarde le culte de Dieu. Or, ce mot de *cultus* n'exprime pas
exclusivement l'hommage dû à Dieu seul ; il désigne aussi ce
tribut que nous payons à l'homme par l'hommage de notre
présence ou de nos souvenirs. Et il ne se dit pas seulement
des choses qui obtiennent de nous l'humble aveu de notre
dépendance, il s'étend à celles qui dépendent de nous. De ce
mot dérivent *agricolae*, *coloni*, *incolae*, noms qui signifient
laboureurs, colons, habitants ; et les dieux eux-mêmes on les
appelle *coelicolae*, non qu'ils révèrent le ciel, mais parce
qu'ils l'habitent ; *célestes colons* : expression différente de
celle de colons vulgaires, de qui la condition est attachée au

1. Rm 1, 21.

sol natal dont ils doivent la culture à leurs maîtres, mais
synonyme de cette expression de l'un des oracles de la
langue latine : « Ville antique ; des colons Tyriens l'habi-
taient[2]. » Il les appelle colons *ab incolendo* et non *ab agri-
cultura* ; et c'est en ce sens que ces ruches nouvelles, bâties
par les essaims envolés des grandes villes, se nomment colo-
nies. Ainsi, quoiqu'il soit très vrai que ce mot dans un sens
propre et intime, signifie le culte dû à Dieu seul, comme il
reçoit encore d'autres acceptions, il suit que la langue latine
ne peut rendre d'un seul mot le culte que nous devons exclusivement à Dieu.

Car bien que l'expression même de religion semble plus
particulièrement désigner le culte de Dieu, et c'est pourquoi
les latins l'emploient comme le synonyme du mot grec
θρησκεία ; cependant le langage habituel mettant dans la
bouche de l'ignorant et du savant qu'il faut garder la religion des alliances, des affinités humaines, de toutes les rela-
tions sociales, ce mot ne sauve pas l'équivoque ; et sa signification n'est pas si rigoureusement restreinte au culte de la
Divinité que le respect des liens du sang formés parmi les
hommes n'ose l'usurper à son profit. C'est encore proprement du culte de Dieu que s'entend la piété, en grec
εὐσέβεια. Et cependant elle se prend encore pour l'accomplissement des devoirs envers les parents ; et le peuple même
en étend la signification aux œuvres de miséricorde : usage
venu sans doute de ce que Dieu les recommande particulièrement et témoigne qu'elles lui plaisent autant et plus que
tous les sacrifices[3]. Cette locution a fait attribuer à Dieu
même l'expression de *pieux*. Les Grecs toutefois ne se servent pas en ce sens du mot εὐσεβεῖν, quoique celui de
εὐσέβεια reçoive une acception populaire de miséricorde.
Aussi remarquons-nous dans certains passages de l'Écriture,
au lieu de εὐσέβεια (culte légitime), θεοσέβεια (culte de
Dieu), employé de préférence pour rendre la distinction plus
précise. Or il nous serait impossible d'énoncer en un seul

2. Virgile, *Énéide*, I, 12.
3. Voir Os 6, 6 ; Mt 9, 13 ; 12, 7.

mot l'une ou l'autre de ces propositions. Donc, ce que la
langue grecque désigne par λατρεία, et que la langue latine
traduit par *servitude*, mais servitude uniquement vouée au
culte de Dieu ; ce qui se dit en grec θρησκεία, en latin, *religion*, mais religion qui nous attache à Dieu ; enfin cette
θεοσέβεια que nous ne pouvons rendre qu'en trois mots,
*culte de Dieu* ; tout ce que ces différentes expressions comprennent n'est décidément dû qu'à Dieu, au vrai Dieu qui
divinise ses serviteurs. Quels que soient donc ces immortels
bienheureux, habitants des demeures célestes, s'ils sont sans
amour pour nous, sans désir de notre béatitude, ils ne méritent pas nos hommages. S'ils nous aiment, s'ils veulent notre
bonheur, ils veulent sans doute que nous puisions à la même
source. Le principe de leur félicité n'est-il pas celui de la
nôtre ?

II. Mais sur cette question il n'est point de différend entre
nous et ces philosophes célèbres. Car ils ont vu, ils ont cons-
tamment établi dans leurs ouvrages que la félicité de ces
esprits immortels et la nôtre ont un même principe : qu'en eux
se répand une lumière intelligible qui est leur Dieu, qui est
autre chose qu'eux, dont le rayon les éclaire, et dont la jouissance intime est l'aliment de leur perfection et de leur béatitude. Plotin en commentant Platon affirme sans cesse que
cette âme même, qu'ils prennent pour l'âme universelle,
n'emprunte pas à un autre principe que nous sa félicité ; que
ce principe est une lumière qui n'est pas celle à qui elle doit
son être, et qui l'éclairant d'un rayon intelligible, la fait
briller aussi d'une clarté intelligible. Il applique à ces réalités incorporelles une image qu'il emprunte aux corps res-
plendissants de la voûte céleste[4]. Le principe supérieur serait
à l'âme, comme le soleil à la lune. C'est du soleil, dit-on, que
la lune emprunte sa lumière. Aussi ce grand platonicien prétend que l'âme raisonnable ou plutôt l'âme intellectuelle (car
sous ce nom il comprend aussi les âmes des immortels bienheureux dont il établit la résidence au ciel) ne reconnaît de

4. Plotin, *Ennéades*, V, 6, 4.

nature supérieure à soi que celle de Dieu, auteur du monde, et son auteur ; et que ces esprits célestes ne reçoivent la vie heureuse et la lumière d'intelligence et de vérité que d'où elles nous viennent à nous-mêmes : doctrine conforme à ces paroles de l'Évangile : « Il fut un homme envoyé de Dieu, dont le nom était Jean. Il est venu comme témoin, pour rendre témoignage de la Lumière, afin que tous crussent par lui. Il n'était pas lui-même la Lumière, mais il venait rendre témoignage de la Lumière. Cette Lumière était la véritable, qui éclaire tout homme venant en ce monde[5]. » Ce trait montre assez clairement que l'âme raisonnable ou intellectuelle, telle qu'elle est en saint Jean, ne peut être sa Lumière à soi-même et n'éclaire que par la participation de la vraie Lumière. Et Jean lui-même rend témoignage à cette Lumière, quand il dit : « Nous avons tous reçu de sa plénitude[6]. »

III. Si donc les platoniciens, ou les philosophes quels qu'ils soient, professant les mêmes sentiments, glorifiaient ce Dieu qu'ils connaissent et lui rendaient grâces, loin de se dissiper dans le néant de leurs pensées, coupables auteurs ou complices timides des erreurs populaires, ils confesseraient assurément que pour ces esprits immortels et bienheureux, et pour nous, malheureux et mortels, en vue de la béatitude et de l'immortalité, le seul Dieu des dieux est à adorer, qui est leur Dieu comme le nôtre. C'est à lui que nous devons cet hommage de servitude ou de latrie, soit par le culte extérieur, soit en nous-mêmes. Tous ensemble, et chacun en particulier, sommes son temple ; il habite aussi bien la concorde de tous et le cœur de chacun, et il ne saurait être plus grand en tous qu'en chacun ; puisque sa nature ignore les modifications de l'étendue ou de la division. Quand nous levons nos âmes en haut, le cœur est son autel ; son Fils unique, le prêtre par qui nous le fléchissons : nous lui immolons des victimes sanglantes quand nous combattons jusqu'au sang pour sa vérité ; nous brûlons devant lui le plus doux encens,

5. Jn 1, 6-9.
6. Jn 1, 16.

lorsqu'en sa présence une pieuse et sainte flamme nous consume ; nous lui faisons en nous, de ses dons et de nous-mêmes une offrande reconnaissante, certaines fêtes solennelles, à certains jours marqués, consacrant la mémoire de ses bienfaits, de peur que le cours du temps n'amène peu à peu une ingrate oubliance ; nous lui sacrifions sur l'autel du cœur, au foyer d'une ardente charité, une victime de louange et d'humilité[7]. Afin de le voir, comme il peut être vu, et de nous attacher à lui, nous nous purifions de toute souillure de péché et d'impure convoitise ; c'est la vertu de son nom qui nous consacre. Lui-même est la source de notre félicité et la fin de tous nos désirs. Nous attachant donc ou plutôt nous rattachant (car nous l'avions perdu par un détachement coupable), et nous reliant à lui, d'où vient encore, dit-on, le mot de religion, l'amour nous attire vers lui pour donner le repos en lui ; fin suprême où la perfection seule nous fait trouver la béatitude. Car ce *bien* final, tant débattu par les philosophes, c'est d'être uni à ce Dieu dont l'embrassement incorporel, pour ainsi dire, donne à l'âme raisonnable une chaste fécondité de vertus. C'est ce bien qu'il nous est prescrit d'aimer de tout notre cœur, de toute notre âme, de toutes nos forces : et ainsi s'accomplissent ces deux préceptes où se réduisent la loi et les prophètes : « Tu aimeras le Seigneur ton Dieu de tout ton cœur, de toute ton âme, de tout ton esprit, et ton prochain comme toi-même[8]. » Car il faut que l'homme apprenne à s'aimer lui-même, et une fin lui est proposée où il doit rapporter toutes ses actions pour être heureux : s'aimer en effet, c'est vouloir son propre bonheur ; et cette fin, c'est de s'unir à Dieu. Quand donc on recommande à celui qui sait déjà s'aimer comme il doit, d'aimer le prochain à l'égal de soi-même, que lui recommande-t-on, sinon d'exhorter son frère autant que possible à l'amour de Dieu ? Voilà le culte de Dieu et la vraie religion et la solide piété et le service dû à Dieu seul. Quelles que soient donc ces puissances immortelles, quelle que soit l'excellence de leur vertu, si

7. Voir Ps 115, 17.
8. Mt 22, 37-40.

elles nous aiment comme elles s'aiment, elles veulent que dans l'intérêt de notre félicité, nous demeurions soumis à celui qui récompense leur soumission par la béatitude. Si donc elles ne rendent pas hommage à Dieu, elles sont malheureuses, car Dieu leur manque. Si elles rendent hommage à Dieu, elles ne veulent pas se laisser adorer à la place de Dieu. Que dis-je ? elles applaudissent, et de toutes les forces de leur amour, adhèrent à ce divin oracle : « Qui sacrifiera à d'autres dieux que le Seigneur, sera exterminé[9]. »

IV. Car sans parler ici des autres devoirs religieux qui composent le culte divin, quel homme oserait prétendre que le sacrifice soit dû à un autre que Dieu ? Enfin, soit bassesse profonde, soit flatterie pernicieuse, l'homme a empiété beaucoup sur le culte de Dieu pour honorer l'homme ; et ils ne cessent pourtant de passer pour des hommes ceux à qui l'on défère honneur, respect religieux, quelquefois même adoration. Mais quel homme ne sacrifie jamais qu'à celui qu'il sait, croit ou veut faire croire son Dieu ? Or l'antiquité du sacrifice est évidente par l'exemple des deux frères Caïn et Abel. Dieu rejette celui de l'aîné, et regarde avec ferveur celui de l'autre.

V. Cependant, qui serait assez insensé pour croire que Dieu ait quelque besoin de nos offrandes ? Le témoignage de l'Écriture repousse cette erreur ; qu'il me suffise de rappeler ce verset du psaume : « J'ai dit au Seigneur : tu es mon Dieu, car tu n'as pas besoin de mes biens[10]. » Ainsi Dieu n'a besoin ni de victimes, ni d'aucun objet corruptible et terrestre ; il n'a pas même besoin de la justice de l'homme, et tout le culte légitime qu'on lui rend profite à l'homme et non à Dieu. Que revient-il à la source, que l'on s'y désaltère ; à la lumière, qu'on la voie ? Et dans ces sanglants sacrifices offerts à Dieu par les antiques patriarches, sacrifices aujourd'hui interdits au peuple fidèle, il ne faut voir que des

9. Is 22, 20.
10. Ps 15, 2.

figures de ce qui s'accomplit en nous-mêmes pour opérer
notre union et l'union de notre prochain en Dieu. Le sacrifice
visible est donc le sacrement ou signe sacré du sacrifice invisible. C'est pourquoi le pénitent, chez le prophète, ou le prophète lui-même, conjurant la clémence divine, s'écrie : « Si
tu aimais les sacrifices, je t'en offrirais ; mais les holocaustes
ne te sont pas agréables. Le sacrifice digne de Dieu est un
esprit brisé de douleur. Dieu ne méprisera pas un cœur
contrit et humilié[11]. » Remarquons ici qu'au moment où il
dit que Dieu repousse le sacrifice, le prophète montre que
Dieu réclame un sacrifice. Il repousse le sacrifice d'un animal égorgé ; il réclame le sacrifice d'un cœur contrit. Ce
qu'il ne veut pas est donc précisément le signe de ce qu'il
veut. Dieu ne veut point de sacrifices, selon ce désir que les
insensés lui prêtent, celui d'une vaine jouissance. Car s'il ne
voulait pas que le sacrifice qu'il demande, le sacrifice d'un
cœur humilié et brisé de toutes les douleurs du repentir, fût
signifié par les sacrifices dont on lui supposait le désir, assurément il n'en eût pas prescrit l'offrande dans l'ancienne loi.
Aussi devaient-ils être révoqués, au temps précis et déterminé, de peur que la foi ne prît le signe pour le sens. Nous
lisons donc dans un autre psaume : « Si j'ai faim, je ne t'en
dirais rien : car le monde est à moi, avec tout ce qui le remplit. Mangerai-je donc la chair des taureaux ? ou m'abreuve-
rai-je du sang des boucs[12] ? » C'est-à-dire quand j'aurai
besoin de tout cela, je ne te demanderai pas ce que j'ai sous
la main. Puis il explique le sens de ces paroles, et ajoute :
« Immole à Dieu un sacrifice de louanges, rends tes vœux au
Très-Haut. Et invoque-moi au jour de l'affliction ; je te déli-
vrerai et tu me glorifieras. » « Que ferais-je, dit un autre prophète, pour m'emparer de Dieu, pour gagner le Très-Haut ?
Est-ce par des holocaustes, ou par le sang des jeunes taureaux ? Recevra-t-il le sacrifice de mille béliers ou de dix-
mille boucs engraissés ? Lui offrirais-je mon premier-né, le
fruit de mes entrailles pour le péché de mon âme ? Ô homme,

11. Ps 50, 18 et sv.
12. Ps 49, 12-15.

le Seigneur te déclare ce qui est bon ; et que demande-t-il de toi ? Rien, sinon d'exercer la justice, d'aimer la miséricorde, et d'être prêt à marcher avec le Seigneur ton Dieu[13]. » Ces paroles du prophète distinguent bien le signe et le sens, et montrent clairement que Dieu ne recherche pas pour eux-mêmes ces sacrifices figuratifs de ceux qu'il demande. Dans l'Épître adressée aux Hébreux nous lisons : « N'oubliez pas de faire le bien, de pratiquer la charité ; c'est par de tels sacrifices que Dieu se rend favorable[14]. » Ainsi quand il est écrit : « Je préfère la miséricorde au sacrifice[15] », il est clair qu'un sacrifice est préféré à l'autre ; car ce que tous appellent sacrifice n'est que le signe du vrai sacrifice. Or la miséricorde est le sacrifice de vérité qui, suivant la parole de l'apôtre, « rend Dieu favorable ». Toutes les ordonnances divinement inspirées touchant les sacrifices dans le ministère du tabernacle ou du Temple ont donc un sens relatif à l'amour de Dieu et du prochain ; car « à ce double précepte se réduisent la loi et les prophètes[16] ».

VI. Aussi le vrai sacrifice, c'est toute œuvre que nous accomplissons pour nous unir à Dieu d'une sainte union ; toute œuvre qui se rapporte à ce bien suprême, principe unique de notre véritable félicité. C'est pourquoi la miséricorde même qui soulage le prochain, si elle n'a pas Dieu pour but, n'est point un sacrifice. Car le sacrifice, bien qu'offert par l'homme, est une chose divine ; et les anciens Latins l'appelaient ainsi. Et l'homme consacré par le nom de Dieu, dévoué à Dieu, est un sacrifice, en tant que pour vivre à Dieu il meurt au monde : miséricorde que l'on exerce envers soi-même. N'est-il pas écrit : « Aie pitié de ton âme, sois agréable à Dieu[17]. » Notre corps lui-même, quand pour l'amour de Dieu nous le mortifions par la tempérance, quand nous ne prêtons pas nos membres au péché comme des

13. Mi 6, 6-8.
14. He 13, 16.
15. Os 6, 6.
16. Mt 22, 40.
17. Si 30, 24.

armes d'iniquité, mais à Dieu comme des armes de justice, notre corps est un sacrifice[18]. À quoi l'apôtre nous exhorte ainsi : « Je vous conjure donc, mes frères, par la miséricorde de Dieu, de faire de vos corps une hostie vivante, sainte, agréable au Seigneur ; que votre culte soit raisonnable[19]. » Si donc, esclave ou instrument de l'âme, ce corps, autant qu'un bon et légitime usage le rapporte à Dieu, est un sacrifice, combien plutôt l'âme elle-même, lorsqu'elle s'offre à lui, embrasée du feu de son amour, et que dépouillant la concupiscence du siècle pour se réformer sur l'immuable modèle, elle fait hommage à la beauté infinie de ses propres dons. « Ne vous conformez point au siècle, ajoute l'apôtre, mais transformez-vous par le renouvellement de l'esprit, recherchant quelle est la volonté de Dieu, ce qui est bon, ce qui lui est agréable, ce qui est parfait. » Ainsi, comme les œuvres de miséricorde, soit envers nous-mêmes, soit envers le prochain, sont de vrais sacrifices en tant qu'elles se rapportent à Dieu ; et comme ces œuvres n'ont d'autre but que de nous délivrer de la misère, et de nous rendre heureux de ce bonheur qui nous assure la possession du bien dont il est écrit : « Mon bien est de demeurer uni au Seigneur[20] » ; il suit que toute la cité du Rédempteur, la société des saints, est comme un sacrifice universel offert à Dieu par le pontife souverain qui dans sa passion s'est offert aussi lui-même pour nous, pour nous rendre les membres du chef auguste descendu sous la forme d'esclave : forme qu'il offre à Dieu, dans laquelle il est offert ; car, selon cette forme, il est médiateur, prêtre et sacrifice. Aussi l'apôtre nous exhorte à faire de nos corps une hostie vivante, sainte, agréable au Seigneur, à lui rendre un culte raisonnable ; à ne point nous conformer au siècle, mais à nous transformer par le renouvellement de l'esprit, recherchant quelle est la volonté de Dieu, ce qui est bon, ce qui lui est agréable, ce qui est parfait ; sacrifice en un mot que nous sommes nous-mêmes, et il ajoute : « Par la

18. Rm 6, 13.
19. Rm 12, 1.
20. Ps 72, 28.

grâce de Dieu qui m'a été donnée, je vous recommande à tous de ne pas aspirer à savoir plus qu'il ne faut savoir ; mais d'observer à cet égard une juste sobriété, selon la mesure de foi que Dieu daigne attribuer à chacun. Comme le corps se compose de plusieurs membres, et que tous les membres n'ont pas les mêmes fonctions ; ainsi, étant plusieurs un même corps en Jésus-Christ, tous membres les uns des autres, nous avons des dons différents, selon la grâce qui nous est donnée[21]. » Voilà le sacrifice des chrétiens, « tous ensemble un même corps en Jésus-Christ. » Et c'est ce mystère que l'Église célèbre si souvent au sacrement de l'autel, connu des fidèles, où elle apprend que, dans son offrande, elle est offerte elle-même.

VII. Légitimes habitants des demeures célestes, ces esprits immortels, bienheureux de la possession de leur créateur, éternels de son éternité, forts de sa vérité et saints par sa grâce, touchés pour nous malheureux et mortels d'un amour compatissant, et jaloux de partager avec nous leur immortalité et leur béatitude, non, ils ne veulent pas qu'on leur sacrifie, mais à celui dont ils savent être comme nous le sacrifice Car nous sommes avec eux une seule cité de Dieu à qui le psalmiste dit : « On rend de toi un glorieux témoignage, cité de Dieu[22] » ; cité dont une partie en nous est exilée et souffrante, et l'autre partie en eux, triomphante et secourable. C'est de cette sublime cité, où la volonté de Dieu est la loi intelligible et immuable ; c'est de cette cour souveraine, où l'on prend intérêt à notre misère, que par le ministère des anges est descendue vers nous cette sainte Écriture où nous lisons : « Celui qui sacrifiera à d'autres qu'au Seigneur sera exterminé[23]. » À cette Écriture, à cette loi, à ces préceptes tant de miracles ont rendu témoignage qu'il n'est pas douteux à qui ces esprits bienheureux veulent que nos sacrifices soient offerts, eux qui nous souhaitent la félicité dont ils jouissent.

21. Rm 12, 3-6.
22. Ps 86, 3.
23. Is 22, 20.

VIII. Peut-être faudrait-il remonter trop loin dans les siècles passés, si je voulais rappeler combien de miracles attestent la vérité des promesses que tant de milliers d'années avant leur accomplissement, Dieu a fait à Abraham quand il lui annonce qu'en sa race toutes les nations seront bénies. Qui n'admirerait pas qu'à un âge où la fécondité est refusée à la nature, une femme stérile donne un fils au père des croyants ; que dans le sacrifice du patriarche, une flamme descendue du ciel coure entre les victimes immolées ; que des anges, qu'il reçoit comme des hôtes mortels, lui révèlent la promesse de Dieu et le céleste embrasement de Sodome ; qu'au moment où le feu du ciel va dévorer la ville coupable, la miraculeuse assistance des anges préserve Lot, son neveu, dont la femme regardant en arrière sur le chemin est transformée soudain en statue de sel, nous enseigne par ce mystérieux exemple, que dans la voie du salut il ne faut rien regretter de ce qu'on abandonne. Mais combien de prodiges, plus merveilleux encore, opérés par Moïse pour affranchir le peuple élu de la servitude d'Égypte ! Les miracles que Dieu permet aux mages du pharaon ou roi, tyran d'Israël, ne servent qu'à rendre leur défaite plus éclatante. Ils n'opéraient que par les enchantements et les prestiges de la magie, œuvres favorites des mauvais anges ou démons ; Moïse, armé d'une puissance d'autant plus redoutable qu'elle est plus légitime, au nom de Dieu, créateur du ciel et de la terre, et par le ministère des anges, confond sans peine leurs impostures. La puissance des mages les trahit à la troisième plaie ; dix plaies, figures de profonds mystères, frappées par la main de Moïse fléchissent la dureté de cœur du pharaon et des Égyptiens, et leur arrachent la délivrance du peuple de Dieu. Ils s'en repentent aussitôt ; ils s'attachent à sa poursuite ; mais la mer, ouverte pour livrer à la fuite des Hébreux un passage à pied sec, réunit ses flots et engloutit les oppresseurs. Parlerai-je des autres miracles, où l'action manifeste de la divinité épouvante le peuple dans le désert ? Des eaux, que l'on ne pouvait boire, perdent leur amertume au contact du bois qu'on y jette, et désaltèrent la multitude ; pour la nourrir, la manne tombe du ciel, tout ce que l'on conserve

au-delà de la mesure fixée devient la proie des vers, le jour
du sabbat excepté, où la double mesure fixée est demeurée
incorruptible, parce que ce jour il est défendu de rien
recueillir ; Israël est affamé de chair, et quand il semble
impossible de rassasier d'une telle nourriture ces générations
si nombreuses, le camp se remplit d'oiseaux ; l'ardeur de la
convoitise est étouffée bientôt par le dégoût de la satiété. Les
ennemis accourent et disputent le passage les armes à la
main : Moïse prie, les bras étendus en croix, et ils sont vaincus. Nul Hébreu n'a succombé. Quelques séditieux s'élèvent, ils veulent se séparer de cette société instituée par Dieu
même ; mais la terre s'entrouvre et les dévore vivants,
exemple visible d'un supplice invisible. La verge qui frappe
le rocher en fait jaillir des sources abondantes ; des morsures
de serpent, juste et mortel châtiment de tant de crimes, sont
guéries à la seule vue d'un serpent d'airain élevé sur un tronc
d'arbre ; afin que le peuple abattu se relève et que la mort
détruite par la mort devienne comme la figure de la mort cru-
cifiée. Et quand plus tard, de ce serpent, conservé sans doute
en mémoire d'une telle action, le peuple en délire veut se
faire une idole, Ézéchias la brise : glorieux trait de la piété de
ce roi, qui mettait toute sa puissance au service de Dieu.

IX. Ces actions, et tant d'autres qu'il serait trop long de
rappeler, n'ont eu pour objet que d'établir le culte du vrai
Dieu et d'interdire celui des fausses divinités. Mais elles
s'opéraient par la simplicité de la foi, par la confiance de la
piété, et non par ces prestiges, ces enchantements d'un art
sacrilège, d'une criminelle curiosité, appelée tantôt magie,
tantôt d'un nom plus détestable, goétie, ou d'un autre nom
moins odieux, théurgie. Car on voudrait faire une différence
entre ces pratiques, et l'on prétend que parmi les partisans
des sciences illicites, les uns, ceux par exemple que le vulgaire nomme magiciens, adonnés à la goétie, appellent la
vindicte des lois, tandis que les autres, exerçant la théurgie,
ne méritent que des éloges. Les uns et les autres, cependant
sont également enchaînés aux perfides autels des démons qui
usurpent le nom d'anges. En effet. tout en promettant une

certaine purification de l'âme par la théurgie, Porphyre lui-
même hésite et semble rougir de sa promesse : mais que cet
art présente une voie de retour vers Dieu, il le nie formelle-
ment ; et nous le voyons ainsi flotter au caprice de ses pensées entre les principes de la philosophie et les écueils d'une
curiosité sacrilège. Tantôt il nous détourne de cet art comme
perfide, dangereux dans la pratique, défendu par les lois ;
tantôt il semble céder à l'opinion contraire, et dès lors la
théurgie devient utile à purifier l'âme, sinon dans cette partie intellectuelle où elle perçoit les vérités intelligibles, pures
de toutes formes corporelles, du moins dans cette partie spirituelle où elle rassemble les images des corps. Il prétend
que cette dernière est, par certaines consécrations théurgiques appelées télètes[a], disposée à recevoir l'inspiration des
esprits et des anges qui découvrent les dieux à sa vue. Et ces
télètes, de l'aveu de Porphyre, ne contribuent toutefois en
rien à la purification de l'âme intellectuelle ; elles ne sauraient la préparer ni à la vision de son Dieu, ni à la contemplation d'aucune vérité. D'où l'on peut conclure quels dieux
se découvrent, quelle vision s'obtient par ces consécrations
théurgiques, où ce que l'on voit n'est pas véritablement.
Porphyre dit enfin que l'âme raisonnable, ou, suivant son
expression, l'âme intellectuelle peut prendre l'essor vers les
régions célestes, sans que la partie spirituelle ait subi aucune
purification théurgique ; et il ajoute que cette purification
même ne saurait conférer à l'âme spirituelle l'immortalité.
Aussi quoiqu'il distingue les anges et les démons, assignant
aux démons l'air pour résidence, et aux anges, l'éther ou
l'Empyrée, quoiqu'il nous conseille de rechercher l'amitié
de quelque démon pour nous soulever après la mort un peu
au-dessus de la terre : car, suivant lui, c'est par une autre voie
que l'on parvient à la céleste compagnie des anges ; cependant il nous dissuade de la société des démons, déclarant sa

a. *Télétê*, terme grec qui signifie exécution, en particulier d'un rite
religieux ; ici, exercice théurgique. Sur les théurgies, actions magico-
mystiques sur les dieux, dont Porphyre fut un adepte, voir E. R. Dodds, *Les
Grecs et l'irrationnel*, tr. fr. Flammarion, Paris, 1977, p. 279-309. Les
Oracles Chaldéens en sont le manuel de base.

pensée par un aveu assez formel, quand il dit qu'après la mort l'âme tourmentée a en horreur le culte des esprits, ardents à la séduire. Et la théurgie elle-même, cet art conciliateur des anges et des dieux, cette théurgie qu'il recommande, il ne peut nier qu'elle ne traite avec les puissances qui envient à l'âme sa purification, ou favorisent la malice des envieux ; et il rappelle les plaintes d'un Chaldéen : « Un homme vertueux de Chaldée, dit-il, se plaint que le succès de ses efforts pour arriver à la purification d'une âme ait été trompé par la jalousie d'un autre initié qui a lié les puissances solennellement conjurées et enchaîné leur bonne volonté. Ainsi, dit-il encore, l'un serre des liens que l'autre ne peut rompre [24]. » D'où il suit, ajoute-t-il, que la théurgie est un égal instrument de bien et de mal, soit pour les hommes, soit pour les dieux, que les dieux sont passibles de ces troubles de l'âme qu'Apulée n'attribue qu'aux hommes et aux démons. Et cependant Porphyre distingue les dieux des démons par l'élévation de leur séjour, reproduisant le sentiment de Platon.

X. Ainsi, voilà qu'un autre platonicien, Porphyre, plus savant, dit-on, qu'Apulée, accorde à je ne sais quelle science théurgique la puissance d'émouvoir et de troubler les dieux. Des prières, des menaces les ont donc détournés de la purification d'une âme ? Tremblant sous le commandement du mal, cette supplication théurgique qui leur demande le bien ne peut les délivrer de l'épouvante et leur rendre la faculté d'un bienfait. Qui ne découvre ici toutes les impostures des démons, si ce n'est peut-être un de leurs malheureux esclaves, étranger à la grâce du véritable libérateur ? Car, si s'agissait des dieux bons, auprès d'eux la vertu, qui sollicite la purification d'une âme, n'aurait-elle pas plus de crédit que le vice, qui s'y oppose ? Si l'homme en faveur de qui l'on invoque l'intérêt des dieux leur semble indigne de cette grâce, est-ce donc aux conjurations menaçantes d'un envieux, ou, comme Porphyre lui-même l'assure, à la crainte

24. Oracles Chaldéens.

d'une divinité plus puissante qu'ils doivent céder ? N'est-ce pas un libre jugement qui doit dicter leur refus ? Mais quoi ! ce sage chaldéen qui veut obtenir par des consécrations théurgiques la purification d'une âme ne trouve pas un dieu supérieur pour rassurer ces dieux épouvantés, ou les contraindre, par une terreur nouvelle, à faire le bien qu'on leur demande ? À défaut d'opération théurgique qui délivre d'abord d'une funeste épouvante ces dieux libérateurs de l'âme, ce sage théurge ne peut-il trouver un dieu puissant ? La théurgie en sait invoquer un qui les épouvante, et elle n'en connaît pas un qui les rassure ? Oui, un dieu se rencontre qui exauce l'envieux et enchaîne par la crainte la bienfaisance des autres divinités ; mais il ne s'en trouve pas qui exauce le juste et rende aux divinités raffermies la puissance de faire le bien ? Ô admirable théurgie ! Précieux secret de la purification des âmes, qui accorde à l'impure jalousie plus d'empire pour empêcher le bien que de crédit à la volonté pure pour l'obtenir ! Détestables perfidies des esprits de malice ! Fuyons-les, et prêtons l'oreille à la doctrine du salut. Car ces images d'anges ou de dieux, quelques-unes, dit-on, merveilleusement belles, que les sacrilèges auteurs de ces purifications impies découvrent (s'il est vrai toutefois) à l'âme soi-disant épurée, n'est-ce pas Satan qui, suivant la parole de l'apôtre, « se transforme en ange de lumière[25] » ? C'est lui qui, jaloux d'envelopper les âmes dans les mystères trompeurs des fausses divinités et de les détourner du vrai Dieu, seul capable de purifier et de guérir ; c'est lui qui multiplie les illusions, et, comme Protée, « revêt toutes les formes[26] », persécuteur acharné, perfide auxiliaire, toujours habile à nuire.

XI. Porphyre montre plus de raison dans cette lettre à l'Égyptien Anébon[b], où il semble le consulter, où il dévoile, en effet, et ruine cet art sacrilège. Ici il s'élève contre tous les

b. Lettre de Porphyre à un prêtre égyptien, Anébon, vers 268.
25. 2 Co 11, 14.
26. Virgile, *Géorgiques*, IV, 411.

démons, qu'il dit follement attirés par l'épaisse vapeur des sacrifices ; et c'est pourquoi ils habitent non l'éther, mais l'atmosphère sublunaire et le globe même de la lune. Cependant toutes ces impostures, toutes ces malignités, toutes ces absurdités qui le révoltent à juste titre, il n'ose pas les imputer à tous les démons ; car, à l'exemple des autres philosophes, il en reconnaît de bons, quoique, de son aveu, leur caractère général soit la démence. Il s'étonne que, dans l'offrande des victimes, il y ait pour les dieux non seulement un attrait, mais encore une force irrésistible qui les contraint de faire la volonté des hommes. Si le corps et l'incorporalité distinguent les démons et les dieux, il demande comment on peut regarder comme dieux le soleil et les autres astres brillants au ciel, qui sont indubitablement des corps ; et s'ils sont dieux, comment admettre la bienveillance des uns, la malveillance des autres ; enfin, êtres corporels, quelle société les unit aux incorporels ? Il demande encore, avec une expression de doute, si les devins et les théurges sont doués d'une âme plus puissante, ou si ce pouvoir leur vient de quelque esprit étranger ; et il se range à cette dernière opinion, parce que l'on fait usage de pierres et d'herbes pour ouvrir les portes, opérer des envoûtements et semblables prestiges. D'où, suivant Porphyre, plusieurs concluent l'existence d'esprits d'un certain ordre, qui prêtent l'oreille aux vœux des hommes ; natures perfides, subtiles, promptes à toutes métamorphoses, tour à tour dieux, démons, âmes de trépassés. Auteurs de tout ce qui se produit de bien ou de mal, cependant ils ne concourent jamais au bien réel ; ce bien même, ils l'ignorent : malins conseillers, ils inquiètent, ils retardent les plus zélés partisans de la vertu ; vains et téméraires, ils savourent les parfums de sacrifices et de la flatterie. Tous les vices de ces esprits qui s'insinuent dans l'âme et assiègent de mille illusions le sommeil ou la veille de l'homme, Porphyre les signale, non pas avec l'accent de la conviction, mais sous forme de doutes et de soupçons suggérés par une opinion étrangère. Car il était difficile à un si grand philosophe de dévoiler, d'accuser hardiment cette société de démons que la dernière de nos vieilles découvre

sans peine et déteste sans crainte. Peut-être ici a-t-il évité
d'offenser cet Anébon, auquel il écrit, pontife de semblables
mystères ; et les autres admirateurs de ces œuvres prétendues
divines et appartenant au culte des dieux.

Il poursuit toutefois, et il expose avec les mêmes précau-
tions certains faits qu'un sérieux examen ne peut attribuer
qu'à des puissances malignes et trompeuses. Pourquoi, après
une invocation aux esprits meilleurs, commande-t-on aux
mauvais d'accomplir les volontés injustes des hommes ?
Pourquoi les prières d'une victime de Vénus ne sont-elles pas
exaucées, quand eux-mêmes favorisent avec empressement
d'incestueuses amours ? Pourquoi imposent-ils à leurs pontifes l'abstinence de chair, voulant sans doute les préserver
de toute souillure, quand eux-mêmes s'enivrent de l'odeur
des sacrifices ? Pourquoi le contact d'un cadavre est-il interdit à l'initié, quand les mystères ne se célèbrent qu'avec des
cadavres ? Comment enfin, un homme livré au vice peut-il
menacer un démon, l'âme d'un mort ? Que dis-je ? menacer
le soleil, la lune et, par de vaines terreurs, leur arracher la
vérité ? Car il les menace de briser les cieux, et d'actes semblables impossibles à l'homme ; et les dieux, comme des
enfants imbéciles, épouvantés de ces ridicules bravades,
obéiraient à de tels commandements ! Un certain Chérémon,
profondément versé dans cette science mystérieuse ou plutôt
sacrilège, a écrit, au témoignage de Porphyre, que les mystères d'Isis et d'Osiris, son mari, fondés sur des traditions
célèbres, ont une influence invincible sur la volonté des
dieux, quand l'enchanteur les menace d'anéantir leur culte,
en divulguant leurs secrets, et s'écrie d'une voix terrible que,
s'ils désobéissent, il va déchirer les membres d'Osiris.
Qu'un homme s'emporte à ces vaines et extravagantes
menaces contre les dieux, et quels dieux ! les habitants du ciel
rayonnant de lumière ! Et que ces imprécations, loin de rester impuissantes, subjuguent les volontés divines par la terreur ; Porphyre s'en étonne justement, ou plutôt, sous cette
feinte surprise, sous une apparente recherche des causes de
tels phénomènes, il indique l'action secrète de ces esprits
dont il a donné la description sous le voile d'une opinion

étrangère ; esprits trompeurs, non par nature, comme il le pense, mais par malice ; qui se font dieux, âmes de trépassés ; mais ne se font pas démons, comme il le dit, car ils le sont en effet. Et ces combinaisons formées d'herbes, de pierres, d'animaux, de certaines émissions de voix, de certaines figures ou imaginaires ou empruntées à l'observation des mouvements célestes ; combinaisons qui deviennent sur la terre, entre les mains de l'homme, des puissances productrices de divers effets : tout cela n'est que l'œuvre de ces démons, mystificateurs des âmes asservies à leur pouvoir, et qui font de l'erreur des hommes leurs malignes délices. Ou Porphyre doute et cherche sérieusement, signalant néanmoins, à la confusion de cette science impie, des faits d'où résulte la preuve que ces prestiges ne viennent point de puissances qui nous aident à conquérir la félicité, mais de démons séducteurs ; ou, pour mieux juger d'un philosophe, il ne veut pas opposer à l'Égyptien, présomptueux esclave de ces erreurs, une autorité doctorale qui l'offense, une hostilité de contradiction qui le trouble ; mais, avec l'humilité d'un homme jaloux de s'instruire, il veut, en le consultant, l'amener à de nouvelles réflexions et lui suggérer le mépris et l'horreur de tant d'impostures. Enfin, il termine à peu près sa lettre en priant Anébon de lui enseigner par quelle voie la sagesse égyptienne conduit à la béatitude. Quant à ceux de qui tout l'entretien avec les dieux se réduit à de misérables instances pour un esclave à retrouver, une terre à acquérir, un négoce, un mariage, soins futiles dont ils importunent la divine Providence, ceux-là, dit-il, font en vain profession de sagesse. Et il ajoute : malgré la vérité de leurs prédictions sur tout le reste, ces dieux, d'une complaisante familiarité, s'ils n'ont aucun conseil, aucun précepte à donner qui intéresse la béatitude, ils ne sont ni dieux, ni bons démons ; ils sont ou l'esprit séducteur, ou un mensonge de l'homme.

XII. Mais comme il s'opère ainsi tant de prodiges qui surpassent toute puissance humaine, que faut-il raisonnablement conclure, sinon que ces prédictions ou opérations merveilleuses, empreintes d'une force supérieure, si elles ne

se rattachent pas au culte du vrai Dieu, dont l'amour, d'après
l'aveu et les nombreux témoignages des platoniciens eux-
mêmes, est le seul bien et la seule béatitude, ne sont qu'illusions des malins esprits, pièges et séductions que la véritable
piété doit conjurer ? Quant aux miracles, quels qu'ils soient,
opérés par les anges ou par toute autre voie, s'ils vont à glorifier le culte et la religion du vrai Dieu, principe unique de
la vie heureuse, il faut les attribuer aux esprits qui nous
aiment d'une charité vraie, il faut croire que c'est Dieu lui-
même qui opère en eux et par eux. N'écoutons donc pas ces
hommes qui refusent au Dieu invisible la faculté d'accomplir
des miracles visibles, puisque, suivant eux-mêmes, il est
l'auteur du monde, dont ils ne sauraient nier la visibilité. Il
n'arrive rien de merveilleux en ce monde qui ne soit au-dessous de la merveille de ce monde, ouvrage de Dieu ; mais,
ainsi que l'artisan lui-même, le secret de son opération est
incompréhensible à l'homme. Quoique ce miracle permanent de la nature visible ait, pour nos yeux accoutumés,
perdu de son prix, cependant l'intelligence qui le considère
sérieusement le trouve supérieur aux miracles les plus extraordinaires et les plus rares. Car de tous les miracles dont
l'homme est l'instrument, le plus grand miracle est l'homme
même. Aussi Dieu, qui a fait le ciel et la terre visibles, ne
dédaigne pas d'opérer des merveilles visibles, au ciel et sur
la terre, pour élever au culte de son être invisible l'âme
encore attachée au visible ; mais le lieu, mais le temps où il
opère, c'est le secret de son éternelle sagesse, qui ordonne
l'avenir comme s'il était déjà présent. Immuable dans le
temps, il remue les choses du temps ; il ne connaît pas ce qui
se doit faire autrement que ce qui est déjà fait ; par lui la
prière n'est pas autrement exaucée que prévue : et quand ses
anges mêmes écoutent l'homme, c'est lui qui l'écoute en eux
comme dans son vrai temple, dans son temple spirituel ; et
les saints sont aussi ce temple. Enfin il dicte dans le temps les
ordres émanés de sa loi éternelle.

XIII. Et ne nous étonnons pas qu'invisible, Dieu, selon
l'Écriture, ait souvent apparu visiblement aux patriarches.

Le son qui produit au-dehors la pensée conçue dans le secret de l'intelligence n'est pas la pensée même : et cette forme sous laquelle s'est manifesté Dieu, invisible de sa nature, est autre chose que Dieu. Et cependant c'est lui qui, sous cette forme, se laisse voir, comme c'est la pensée qui dans le son de la voix se fait entendre. Et les patriarches n'ignorent pas que sous cette apparence corporelle qui n'est pas lui, le Dieu invisible se dévoile à leurs yeux. Il parle à Moïse, Moïse lui parle, et cependant Moïse lui dit : « Si j'ai trouvé grâce devant toi, découvre-toi à moi ; que je sois certain de te voir toi-même[27]. » Comme la loi de Dieu doit être donnée non à un seul homme, non à un petit nombre de sages, mais à une nation tout entière, à un peuple immense, la voix terrible des anges la publie, et d'étonnants prodiges s'accomplissent sur cette montagne où un seul homme la reçoit en présence de la multitude tremblante. Car Israël ne croit pas Moïse, comme Lacédémone croit Lycurgue attribuant à Jupiter ou à Apollon les lois dont il est l'auteur. Il faut que l'établissement de la loi, qui impose au peuple élu l'adoration d'un seul Dieu, soit signalé par autant de signes miraculeux et terribles qu'il plaît à la divine Providence d'en produire aux yeux de ce peuple, pour lui apprendre qu'ici même la créature doit servir le créateur.

XIV. Comme l'éducation d'un seul homme, l'éducation légitime du genre humain, représenté par le peuple de Dieu, a passé par certaines périodes, ou âges successifs, pour s'élever du temps à l'éternité et du visible à l'invisible ; et alors même que les divines promesses n'annonçaient que des récompenses sensibles, cependant l'adoration d'un seul Dieu lui était commandée, afin d'apprendre à l'esprit humain que pour ces biens mêmes, fragiles comme la vie, il ne doit s'adresser qu'à son créateur et maître. Car tout le bien que l'homme ou l'ange peut faire à l'homme dépend du seul Tout-Puissant ; et qui n'en demeure d'accord, est insensé. Plotin, discutant sur la Providence, prouve, par la beauté des

27. Ex 33, 13.

fleurs et des feuilles, que des hauteurs de la divinité, beauté intelligible et immuable, elle s'étend à ces derniers objets de la création terrestre, frêles et passagères créatures qui, suivant lui, ne sauraient offrir cette harmonieuse proportion de leurs formes, si elles ne l'empruntaient à la forme intelligible et immuable, principe de toute perfection. Et le Seigneur Jésus-Christ donne le même enseignement quand il dit : « Considérez les lis des champs ; ils ne travaillent ni ne filent ; et cependant, je vous le déclare, Salomon dans toute sa gloire, n'a jamais été vêtu comme l'un d'eux. Si ce brin d'herbe, qui est aujourd'hui, et qui demain sera jeté dans le four, reçoit de Dieu un si magnifique vêtement, quel vêtement ne devez-vous pas attendre de lui, ô hommes pauvres de foi[28] ? » Il est donc juste que, attachée par son infirmité aux choses de la terre et du temps, à ces biens qu'elle désire comme nécessaires aux besoins de cette vie fugitive, biens méprisables en comparaison des trésors de la vie éternelle, l'âme humaine s'accoutume néanmoins à ne les attendre que du vrai Dieu, afin que le désir de leur possession ne l'éloigne pas de celui qu'elle ne peut posséder qu'en les fuyant avec mépris.

XV. Il a donc plu à la divine Providence d'imposer au cours des temps un ordre tel, que la loi, comme je l'ai dit, et comme il est écrit aux Actes des apôtres[29], cette loi qui commandait le culte du seul vrai Dieu, fût publiée par le ministère des anges. Admirable événement où la personne de Dieu même apparaît visiblement, sinon en sa propre substance, toujours invisible aux regards mortels, du moins par certaines marques sensibles, que transmettent les créatures fidèles à leur créateur ; où l'on entend s'exprimer, dans le langage humain, et par l'intermittence successive des syllabes, celui dont la parole est esprit, intelligence, éternité, parole sans commencement et sans fin ; parole entendue dans toute sa pureté, non de l'oreille, mais de l'esprit, par ses

28. Mt 6, 28-30.
29. Ac 7, 53.

ministres, ces envoyés qui jouissent de sa vérité immuable, au sein d'une éternelle béatitude ; parole qui leur communique d'une manière ineffable les commandements qu'ils doivent transmettre dans l'ordre apparent et sensible, commandements qu'ils exécutent sans délai et sans obstacle. Or, la loi a été donnée suivant le partage des temps. Elle n'énonce d'abord que des promesses de biens temporels, figures des éternels. Mystères renfermés dans ces solennités visibles, que tout le peuple célèbre, dont un petit nombre a l'intelligence. Mais toutes les paroles, toutes les cérémonies s'accordent à prêcher hautement le culte d'un seul Dieu. Et ce Dieu, quel est-il ? C'est celui qui a créé le ciel et la terre, et toute âme, et tout esprit distinct de lui-même. Il est le créateur, et tous les êtres sont sortis de ses mains ; et pour être, pour subsister, ils ont besoin de celui qui les a faits.

XVI. Quels anges faut-il donc en croire sur la vie éternelle et bienheureuse ? Ceux qui pour eux-mêmes réclament un culte religieux, demandent aux mortels des honneurs divins, des sacrifices ; ou ceux qui rapportent ces honneurs au créateur de l'univers, et veulent qu'une piété véritable les rende à ce Dieu seul dont la vision fait leur béatitude, nous promettant qu'elle fera la nôtre ? Car cette vision de Dieu est d'une beauté si sublime et digne de tant d'amour, que sans elle l'homme, comblé d'ailleurs de tous biens, est un être très malheureux : Plotin le déclare sans hésiter[30]. Ainsi, comme les anges nous invitent, par des signes extraordinaires, les uns à honorer ce Dieu seul, les autres à les honorer eux-mêmes du culte de latrie ; avec cette différence toutefois que les premiers prohibent le culte de ceux-ci, et que ceux-ci n'osent prohiber le culte du Dieu des premiers : qui faut-il croire ? Répondez, platoniciens ; répondez, philosophes ; répondez, théurges ou plutôt périurges, car ce nom convient mieux à tous ces artisans de maléfices. Répondez enfin, ô hommes, s'il vous reste encore quelque sentiment de votre nature raisonnable, répondez : faut-il sacrifier à ces dieux ou anges qui

30. Plotin, *Ennéades*, I, 6, 7.

demandent le sacrifice en leur propre nom, ou à ce Dieu seul
que vous montrent ceux qui défendent à la fois et d'honorer
les autres, et de les honorer eux-mêmes ? Et quand, de part et
d'autre il ne se ferait point de miracle, quand tout se rédui-
rait au commandement fait par les uns, à la défense portée par
les autres, il suffirait à la piété pour distinguer le parti de
l'orgueil fastueux et celui de la vraie religion. Je dirai plus :
quand les usurpateurs des droits divins opéreraient seuls des
prodiges pour surprendre les âmes humaines, et que les
esprits fidèles ne daigneraient accréditer leur autorité
d'aucun miracle visible, cependant elle devrait l'emporter au
jugement de la raison sinon des sens ; mais lorsque Dieu permet que ces esprits immortels, indifférents à leur propre
gloire et soucieux de la sienne, autorisent les oracles de sa
vérité par des miracles plus grands, plus certains, plus éclatants, pour épargner aux faibles cœurs le danger de l'aposta-
sie où les entraîneraient, à la faveur de certaines illusions sensibles, ces séducteurs qui rivalisent avec la gloire divine : où
est l'insensé qui, de gaieté de cœur refuse d'embrasser la
vérité quand elle propose à son admiration les plus éton-
nantes merveilles ? Car tous les prodiges des dieux des
Gentils que l'histoire signale, et je ne parle pas ici de ces
étranges effets de causes naturelles inconnues, que la divine
Providence a néanmoins établies et déterminées ; de ces phénomènes bizarres qui de temps en temps apparaissent : fruits
monstrueux d'animaux, accidents inusités dans le ciel et sur
la terre, fléaux ou simples menaces, que le culte des démons,
si l'on en croit leurs impostures, a le pouvoir de conjurer et
d'expier ; mais je parle de ces prodiges où l'on reconnaît évidemment leur puissance : les images des dieux Pénates,
qu'Énée fugitif a emportées de Troie, passant d'elles-mêmes
d'un lieu à un autre ; cette pierre que Tarquin coupe de son
rasoir ; ce serpent d'Épidaure, fidèle compagnon du voyage
d'Esculape à Rome ; ce navire chargé de l'idole de la grande
déesse phrygienne, dont l'immobilité résiste aux efforts
réunis des hommes et des bœufs, cédant à la main d'une
femme, à la simple traction de sa ceinture, pour rendre témoignage de sa chasteté ; cette vestale, accusée d'impureté, se jus-

tifiant par l'épreuve d'un crible où demeure l'eau qu'elle a puisée dans le Tibre ; ces prodiges et tant d'autres sont-ils comparables, en grandeur et en puissance, à ceux dont le peuple de Dieu fut témoin ? Et maintenant oserait-on leur assimiler ces œuvres de magie ou de théurgie prohibées et punies par la loi des peuples mêmes qui ont adoré d'infâmes dieux ? Œuvre d'illusion et de mensonge pour la plupart, où il s'agit, par exemple, de faire descendre la lune, afin, dit le poète Lucain, que de plus près son écume dégoutte sur les herbes. Et quoique plusieurs de ces prodiges semblent égaler quelques-uns des miracles légitimes, la fin qui les distingue établit l'incomparable excellence des nôtres. Les uns s'opèrent dans l'intérêt de cette pluralité de dieux d'autant moins dignes de nos sacrifices qu'ils les réclament avec plus d'instance : les autres n'ont pour but que la gloire d'un seul Dieu, qui nous montre, par le témoignage de ses Écritures, et plus tard par l'abolition des rites sanglants, qu'il n'a pas besoin de telles offrandes. Si donc il est des anges qui revendiquent le sacrifice pour eux-mêmes, il faut leur préférer ceux qui le demandent pour le Dieu seul qu'ils servent, le Dieu créateur de toutes choses. En quoi ils nous montrent, ces anges fidèles, de quel sincère amour ils nous aiment ; car ce n'est pas à leur propre domination qu'ils veulent nous soumettre, mais à la puissance de celui qu'ils sont heureux de contempler : béatitude souveraine, où il nous convient, récompense de leur inviolable fidélité. S'il est des anges qui veulent qu'on sacrifie, non pas à un seul dieu, mais à plusieurs, non pas à eux-mêmes, mais aux dieux dont ils sont les anges ; il faut encore leur préférer les anges du Dieu des dieux, qui ordonnent de sacrifier à lui seul et défendent de sacrifier à tout autre, quand nul d'autre part n'interdit de sacrifier à ce seul Dieu, qu'ils nous recommandent. Or, si les esprits qui exigent le sacrifice pour eux-mêmes ne sont ni bons anges, ni anges de dieux bons, quelle protection plus puissante peut-on invoquer contre eux que celle du seul Dieu que servent les bons anges ; ces anges qui nous commandent de ne sacrifier qu'à celui dont nous devons nous-mêmes être le sacrifice ?

XVII. C'est pourquoi la loi de Dieu, promulguée par le
ministère des anges, cette loi qui ordonne le culte du seul
Dieu des dieux à l'exclusion de tout autre, était déposée dans
l'arche du témoignage. Cette expression fait assez clairement entendre que Dieu, honoré de ce culte extérieur,
quoique du fond de l'arche il rendît ses réponses et manifes-
tât sa puissance par certains signes sensibles, ne connaît
cependant ni limites, ni enceinte ; mais que, de là, il publiait
les témoignages de sa volonté. La loi même était écrite sur
des tables de pierre et renfermée dans l'arche. Au temps où
le peuple errait dans le désert, les prêtres la portaient respec-
tueusement avec le tabernacle, appelé aussi le tabernacle du
témoignage. Et un signe lui servait de guide, colonne de nuée
pendant le jour, colonne de feu pendant la nuit. Quand cette
nuée marchait, les Hébreux la suivaient : où elle s'arrêtait, ils
campaient. Mais outre ces prodiges, outre ces voix sorties
de l'intérieur de l'arche, d'autres grands miracles rendirent
témoignage à la loi. À l'entrée de la Terre Promise, quand
l'arche traverse le Jourdain, ce fleuve retient ses eaux supérieures, tandis que les inférieures s'écoulent pour lui laisser
passage et au peuple qui la suit. La première ville qui se rencontre, ennemie et idolâtre, voit devant l'arche, promenée
sept fois autour de son enceinte, ses murailles tomber, sans
assaut, sans bélier. Plus tard, après l'établissement des
Hébreux dans cette terre de promesse, quand l'arche, en
punition de leurs péchés, demeure au pouvoir des ennemis,
elle est placée avec honneur dans le temple du dieu honoré
par-dessus tous les autres, et enfermée avec l'idole : on ouvre
le lendemain, et l'idole est trouvée gisante et honteusement
brisée. Épouvantés de divers prodiges, et frappés d'une plaie
encore plus honteuse, ceux-ci renvoient au peuple d'Israël
l'arche du divin témoignage. Or, comment s'opère ce ren-
voi ? L'arche est élevée sur un chariot attelé de génisses
séparées de leurs petits, qu'elles allaitaient ; et, pour éprouver si le doigt de Dieu est là, on les laisse aller en liberté.
Elles, sans guide, sans conducteur, vont droit aux Hébreux,
et, sourdes aux mugissements de leurs petits affamés, elles
ramènent aux adorateurs des divins mystères l'arche mysté-

rieuse. Faits sans doute insignifiants pour Dieu mais, pour les hommes, remplis d'enseignements et de salutaires épouvantes. Les philosophes, et surtout les platoniciens, plus sages que les autres, trouvent dans cette beauté multiple, qui revêt les corps animés et jusqu'à l'herbe des champs, la preuve d'une Providence attentive aux derniers objets de la nature ; mais combien plus divins apparaissent ces témoignages rendus en faveur d'une religion qui défend de sacrifier à aucune autre créature du ciel, de la terre, ou des enfers, à aucune autre puissance que Dieu même ; ce Dieu dont l'amour seul est la béatitude de ceux qui l'aiment ; religion qui, annonçant la fin des sacrifices prescrits, et leur réforme par un pontife supérieur, montre néanmoins que Dieu n'a pas besoin de ces sacrifices, ombres et figures de sacrifices plus parfaits ; que ces honneurs, inutiles à sa gloire, n'ont d'autre but que de nous rattacher à lui par les liens brûlants de l'amour, par l'hommage d'un culte fidèle, hommage indifférent à sa félicité, principe unique de la nôtre.

XVIII. Miracle faux ! dira-t-on : la tradition a menti ! Quiconque parle ainsi, quiconque prétend que sur cet ordre de faits aucune tradition n'est digne de foi, peut prétendre également qu'il n'est point de Dieu qui s'intéresse à l'ordre temporel. Car les dieux des Gentils n'ont aussi fondé leur culte, leur histoire l'atteste, que sur des faits miraculeux, plus propres à exciter l'étonnement des hommes qu'à mériter leur reconnaissance. Je n'ai donc pas entrepris, dans cet ouvrage, dont le dixième Livre est entre mes mains, de réfuter quiconque nie toute puissance divine, ou toute Providence ; mais ceux qui, à notre Dieu, fondateur de la sainte et glorieuse cité, préfèrent leurs dieux, sans se douter que le nôtre est aussi l'invisible et immuable fondateur de ce monde visible et muable, et le véritable dispensateur de l'éternelle félicité, qui n'est point la jouissance de ses créatures, mais le don de lui-même. Le prophète de vérité n'a-t-il pas dit : « Mon bien est de demeurer uni à Dieu[31]. » C'est, nous le

---

31. Ps 72, 28.

savons, une question débattue par les philosophes, que celle
du bien final où se doivent rapporter tous les devoirs. Et le
prophète ne dit pas : mon bien est de posséder d'immenses
richesses ; mon bien est de revêtir la pourpre, de briller de
l'éclat du sceptre et du diadème ; ou, comme certains philosophes n'ont pas rougi de le dire, mon bien est la volupté
corporelle ; ou enfin, suivant l'opinion plus noble de philosophes un peu plus sages, mon bien est la vertu de mon âme.
« Mon bien, dit le Psalmiste, est de demeurer uni à Dieu. »
Voilà ce qu'il a appris de celui dont les saints anges lui ont,
à l'exclusion de tout autre, ordonné le culte, témoignant
même de leur commandement par des miracles. Et lui-même
était devenu le sacrifice de ce Dieu, pour qui il brûlait d'une
flamme spirituelle, et dont il convoitait, dans les transports
d'un saint désir, le chaste et ineffable embrassement. Or, si
ceux qui rendent un culte à des dieux nombreux, quel que
soit leur sentiment sur les dieux qu'ils adorent, croient aux
miracles attribués à ces dieux, sur la foi de l'histoire, sur les
témoignages de la magie, ou d'une science à leurs yeux plus
légitime, la théurgie ; pourquoi refusent-ils de croire à nos
miracles, attestés par ces saintes Lettres dont l'autorité est
d'autant plus grande, qu'il est grand par-dessus tous les
autres, ce Dieu à qui seul elles commandent de sacrifier ?

XIX. Prétendre que les sacrifices visibles sont dus aux
autres dieux, mais qu'au Dieu invisible appartiennent les
sacrifices invisibles ; au plus grand, les plus grands ; au plus
excellent, les plus excellents, tels que les hommages d'une
âme pure et d'une bonne volonté, c'est ignorer que les sacrifices visibles sont aux invisibles ce que la parole est à la réalité qu'elle exprime. La prière, les louanges sont l'expression de l'offrande intérieure ; sachons donc, quand nous
sacrifions, qu'à celui-là seul appartient le sacrifice visible,
dont nous devons être, dans le secret de nos cœurs, le sacrifice invisible. Et c'est alors que nous obtenons la faveur des
anges, joyeux de notre pieuse allégresse ; l'assistance de ces
vertus supérieures dont la sainteté fait la puissance. Mais
quand nous voulons offrir nos hommages à ces esprits

fidèles, nous sommes assurés de leur déplaire, et s'ils remplissent auprès de l'homme une mission sensible, ils nous
défendent hautement de les adorer. Les saintes Lettres nous
en offrent des exemples. Quelques-uns ont cru devoir décerner aux anges, par l'adoration ou par le sacrifice, l'honneur
dû à Dieu ; mais les anges eux-mêmes le repoussent et commandent d'adorer le seul Dieu qu'ils savent légitimement
adorable. Les saints imitent les anges. Paul et Barnabé, ayant
opéré une guérison miraculeuse en Lycaonie, sont pris pour
des dieux, et les habitants leur veulent immoler des victimes.
Mais leur humilité profonde éloigne d'eux un tel hommage,
et ils annoncent à ces peuples le Dieu auquel ils ont cru. Et
dans leur superbe les esprits de mensonge ne réclament ce
culte pour eux-mêmes, que parce qu'ils le savent exclusivement dû au vrai Dieu. Car ce n'est pas, comme Porphyre et
d'autres l'ont cru, l'odeur de victimes qu'ils aiment, mais
les honneurs divins. Les parfums de sacrifices ne leur man
quent pas d'ailleurs, et s'ils en voulaient davantage, ne pourraient-ils donc s'en procurer à eux-mêmes ? Que faut-il à ces
insolents usurpateurs de la gloire divine ? Ce n'est pas la
vapeur d'une chair brûlée qui leur plaît, mais le parfum
d'une âme suppliante, qui se laisse séduire et dominer. Ils
aspirent à lui fermer ainsi la voie du ciel : l'homme ne saurait être le sacrifice du vrai Dieu, quand il offre à tout autre
un sacrifice impie.

XX. Aussi le vrai médiateur entre Dieu et les hommes,
médiateur en tant qu'il a pris la forme d'esclave, Jésus-Christ
homme, recevant comme Dieu le sacrifice avec son Père, et
seul Dieu avec lui, a préféré cependant, sous la forme
d'esclave[32], être lui-même le sacrifice que de le recevoir,
pour ne laisser aucun prétexte de croire que l'on doive sacrifier à quelque créature que ce soit. Lui-même est donc le
prêtre qui offre ; lui-même est l'offrande ; et il a voulu perpétuer ce mystère dans le sacrifice quotidien de l'Église ;
l'Église, ce corps dont il est le chef et qui s'offre elle-même

32. Ph 2, 6 ; 1 Tm 2, 5.

par lui[33]. Les antiques sacrifices des saints étaient autant de figures de ce vrai sacrifice ; sens unique caché sous tant de signes, comme on énonce une même pensée sous des formes différentes pour éveiller l'attention et prévenir l'ennui. Devant ce sacrifice auguste et véritable tous les sacrifices menteurs ont disparu.

XXI. Mais, à certains temps prévus et déterminés, le pouvoir est laissé aux démons de soulever la haine des hommes qu'ils possèdent contre la cité de Dieu et de l'affliger cruellement ; de recevoir les sacrifices, de les exiger, que dis-je ? de les arracher par la violence des persécutions. Épreuve, toutefois, qui, loin d'être funeste à l'Église, lui est au contraire profitable, pour accomplir le nombre des martyrs[34], citoyens de la cité divine, où ils ceignent une couronne d'autant plus éclatante qu'ils ont plus généreusement lutté contre l'impiété, lutté jusqu'à l'effusion de leur sang ! Si le langage de l'Église le souffrait, nous pourrions les appeler d'un nom plus glorieux, nos héros : nom qui paraît dérivé de celui de Junon, en grec Hêra ; d'où vient qu'un de ses fils, je ne sais lequel, est appelé dans les fables helléniques Héros : et le sens mystique de cette fable, c'est que l'air ou Junon est le séjour de démons, séjour que l'on assigne également aux héros, c'est-à-dire aux âmes des morts illustres. Or, dans un autre sens, nos martyrs, si toutefois le langage ecclésiastique l'admettait, pourraient s'appeler héros, non comme habitants de l'air et compagnons des démons, mais comme vainqueurs des démons ou des puissances de l'air, et de Junon elle-même, quelle qu'elle soit ; cette Junon, que les poètes, non sans raison, représentent ennemie de la vertu et jalouse des âmes généreuses qui aspirent au ciel. Cependant Virgile retombe malheureusement sous sa triste puissance quand, après avoir mis dans sa bouche cet aveu : « Énée est mon vainqueur ! » il fait donner par Hélénus au chef troyen ce conseil religieux : « Rends un hommage de cœur à Junon, et

33. Col 2, 19.
34. Ap 6, 11.

triomphe de cette puissante reine par des offrandes suppliantes[35]. » D'après cette opinion qu'il n'avance que comme une opinion étrangère, Porphyre prétend qu'un dieu bon, ou génie, ne vient jamais au secours de l'homme que le mauvais n'ait été d'abord conjuré[36] : ainsi, dans leur sentiment, les mauvaises divinités sont plus puissantes que les bonnes ; car les bonnes ne peuvent prêter leur assistance, si les mauvaises, apaisées, n'y consentent. La résistance des dieux malins frappe les bons d'impuissance ; et la résistance des bons ne saurait enchaîner la malfaisance de leurs rivaux.

Telle n'est pas la voie de la religion véritable et sainte. Ce n'est pas ainsi que nos martyrs triomphent de Junon et des puissances de l'air, envieuses des saintes âmes. Ce n'est point par des offrandes suppliantes, mais par des vertus divines que nos héros surmontent Hêra. Scipion eût-il donc mieux mérité le surnom d'Africain en apaisant l'Afrique par ses dons qu'en la réduisant par ses armes ?

XXII. C'est par la vertu de la vraie piété que les hommes de Dieu combattent cette puissance de l'air[37], ennemie de la piété ; ils l'éloignent, non pas en l'apaisant, mais en l'exorcisant ; ils repoussent ses assauts acharnés, non pas en l'implorant elle-même, mais en implorant leur Dieu contre elle. Car elle ne peut vaincre, elle ne peut dominer, qu'à la faveur de la complicité. Elle est donc vaincue au nom de celui qui s'est revêtu de la nature humaine et qui a vécu sans péché, afin qu'en lui, prêtre et sacrifice, tout péché fût remis ; c'est le médiateur de Dieu et des hommes, Jésus-Christ homme, et notre Rédempteur, qui nous réconcilie avec Dieu[38]. Car il n'y a que le péché qui nous sépare de Dieu ; et en cette vie, ce n'est pas notre vertu, mais sa divine miséricorde qui nous purifie ; ce n'est pas notre puissance, mais sa clémence infinie. Et en effet, ce peu de forces, que nous nous approprions, n'est qu'un don de sa bonté. Quelle serait notre

35. Virgile, *Énéide*, VII, 310 ; III, 438.
36. Porphyre, *Philosophie des Oracles*, 2.
37. Voir Ep 2, 2.
38. 1 Tm 2, 5.

présomption, malgré la misère de ces haillons charnels, si, jusqu'au moment de les déposer, nous ne vivions sous le pardon ? C'est donc par le médiateur que la grâce nous est venue, afin que, souillés dans la chair de péché, la ressemblance de la chair de péché[39] effaçât nos souillures. C'est cette grâce de Dieu, témoignage de son immense miséricorde, qui dans cette vie nous conduit par la foi ; et, après la mort, nous élève, par la claire vision de la vérité immuable, à la plénitude de toute perfection.

XXIII. Les oracles ont répondu que les télètes en l'honneur de la lune et du soleil ne sauraient nous purifier ; et Porphyre s'appuie de leur réponse pour établir qu'il n'est point de télètes capables de purifier l'homme[40]. Quelles télètes, en effet, auront cette vertu, si elle manque aux télètes de la lune et du soleil élevés l'un et l'autre au premier rang des dieux célestes ? Mais les principes peuvent purifier. Le même oracle, suivant Porphyre, l'atteste, de peur sans doute que l'impuissance déclarée des télètes du soleil et de la lune n'accrédite les sacrifices de quelque obscure divinité de la plèbe des dieux. Or, comme platonicien, qu'entend-il par les principes ? Nous le savons. C'est Dieu le Père et Dieu le Fils, qu'il appelle l'intellect ou l'entendement du Père. Quant à l'Esprit Saint, ou il se tait, ou il en parle vaguement. Quel est, en effet, entre le Père et le Fils cet intermédiaire qu'il semble indiquer ? Je ne le comprends pas. Car s'il voulait parler comme Plotin[41] de la troisième substance principale de l'âme intellectuelle, il ne la désignerait pas comme intermédiaire entre le Père et le Fils. Plotin ne place cette âme qu'après l'entendement du Père : or, l'intermédiaire ne peut figurer après, mais entre. Porphyre s'exprime donc comme il peut, ou plutôt comme il veut, pour dire, ce que nous disons, que l'Esprit Saint n'est pas seulement l'esprit du Père ou du Fils, mais du Père et du Fils. La parole des philosophes est

39. Rm 8, 3.
40. Oracles Chaldéens.
41. Plotin, *Ennéades*, V, 1.

toute libre, et, en remuant les plus difficiles questions, ils s'inquiètent peu de la juste susceptibilité des oreilles pieuses. Quant à nous, nous devons ranger nos expressions à une règle certaine : la licence du langage entraînerait bientôt à la témérité des opinions.

XXIV. Ainsi, quand nous parlons de Dieu, nous ne parlons pas de deux ou trois principes, non plus que de deux ou trois dieux, quoique nous reconnaissions que le Père ou le Fils ou l'Esprit Saint est Dieu, sans dire toutefois avec les fauteurs de l'hérésie de Sabellius que le Père est le même que le Fils et le Saint-Esprit le même que le Père et le Fils · mais nous disons que le Père est le Père du Fils, que le Fils est le Fils du Père, que le Saint-Esprit est l'esprit du Père et du Fils, et qu'il n'est ni le Père, ni le Fils. Donc le principe seul, et non les principes, comme disent les platoniciens, purifie l'homme. Mais asservi à ces puissances jalouses dont il rougit et qu'il n'ose attaquer librement, Porphyre ne veut pas reconnaître dans le Seigneur Jésus-Christ le principe dont l'incarnation nous purifie. Il le méprise dans cette chair dont il se revêt pour le sacrifice expiatoire ; mystère profond, inaccessible à cette superbe que ruine l'humilité du véritable et bon médiateur ; ce médiateur qui apparaît aux mortels, asservi comme eux à la mortalité ; tandis que, fiers de leur immortalité, les médiateurs d'insolence et de mensonge promettent aux mortels malheureux une assistance dérisoire. Le médiateur de vérité nous montre donc que le péché seul est un mal, et non la substance ou la nature de la chair, qu'il a pu prendre avec l'âme de l'homme sans le péché, qu'il a revêtue, qu'il a déposée par sa mort, et renouvelée par sa résurrection. Il montre qu'il ne faut pas éviter par le péché la mort même, quoiqu'elle soit la peine du péché, mais plutôt, s'il est possible, la souffrir pour la justice. Car lui-même, s'il a la puissance d'acquitter en mourant nos péchés, c'est que ce n'est point pour son péché qu'il meurt. Ce platonicien ne reconnaît point en lui le principe ; autrement il reconnaîtrait en lui la purification. En effet, ce n'est pas la chair qui est le principe, ce n'est pas l'âme de l'homme ; mais le Verbe,

créateur de toutes choses. La chair ne purifie donc point par
elle-même, mais le Verbe, qui l'a prise, quand « le Verbe
s'est fait chair et a habité parmi nous[42] ». Lorsqu'il parle
mystiquement de la manducation de sa chair, ceux qui ne le
comprennent pas se retirent blessés et s'écrient : « Ce discours est dur ; est-il possible de le souffrir ? » Et Jésus répond
à ceux qui restent : « C'est l'esprit qui vivifie ; la chair ne
sert de rien[43]. » Ainsi le principe qui a pris une âme et une
chair, est celui qui purifie l'âme et la chair des croyants.
Quand donc les juifs lui demandent qui il est, il répond qu'il
est le principe. Et comprendrions-nous cela, charnels que
nous sommes, infirmes et pécheurs, et enveloppés des
ténèbres de l'ignorance, si nous n'étions, grâce à lui, purifiés
et guéris, par ce que nous étions et par ce que nous n'étions
pas. Nous étions hommes, mais nous n'étions pas justes. Et,
dans son incarnation, était la nature humaine, mais juste et
sans péché. Le voilà ce médiateur qui nous a tendu la main
jusque dans l'abîme de notre chute ! La voilà cette race pré-
parée par le ministère des anges, promulgateurs de l'antique
loi, qui ordonnait le culte d'un seul Dieu et promettait l'avènement du divin médiateur.

XXV. C'est par la foi en ce mystérieux avènement,
accompagnée d'une pieuse vie, que les justes mêmes des
anciens jours obtiennent leur salut, soit aux temps antérieurs
à la loi, où ils ont pour révélateurs de ce mystère Dieu lui-
même ou ses anges ; soit sous l'empire de la loi, quoique la
promesse des biens spirituels se couvre du voile des promesses charnelles : d'où vient le nom de Vieux Testament.
C'est le temps des prophètes, dont la voix, comme celle des
anges, publie le salut à venir ; et du nombre de ces prophètes
est celui qui a rendu, touchant le souverain bien de
l'homme, cet oracle divin : « Mon bien est de demeurer uni
à Dieu[44]. » Le psaume d'où il est tiré distingue clairement

42. Jn 1, 14.
43. Jn 6, 57.
44. Ps 72, 18 et sv.

l'un et l'autre Testament, le Vieux et le Nouveau. Car les promesses terrestres et charnelles, adressant leurs faveurs aux impies, font dire au prophète que ses pieds ont chancelé, que ses genoux ont failli se dérober sous lui, comme s'il eût embrassé vainement le service du Seigneur, à voir cette félicité, qu'il attendait de lui, passer aux impies qui le méprisent ; il ajoute que ce problème l'a vivement sollicité, mais en vain, jusqu'au moment où, entré dans le sanctuaire de Dieu, il vit son erreur et la fin de ceux dont il enviait la félicité. Il les voit tomber du sommet de leur gloire, disparaître et périr à cause de leurs iniquités. Toute cette félicité temporelle s'est évanouie comme un songe qui laisse au réveil l'homme dénué soudain des trompeuses joies qu'il rêvait. Et comme ici-bas, dans la cité terrestre, ils étaient pleins de leur propre grandeur : « Seigneur, dit-il, dans ta cité, tu anéantiras leur image. » Montrant toutefois qu'il lui a été bon de n'attendre ces prospérités mêmes que de la libéralité du seul et vrai Dieu, souverain maître de toutes choses, il dit : « Je suis devenu comme un animal devant toi, et cependant je n'ai pas cessé d'être avec toi. » « Comme un animal » dépourvu d'intelligence : car de toi je ne devais attendre que ce qui ne peut m'être commun avec les impies, et non cette stérile abondance qui, prodiguée à ceux qui refusaient de te servir, m'a fait croire que je t'avais inutilement servi. Toutefois, « je n'ai pas cessé d'être avec toi » ; car le désir de ces biens n'a point détourné mon hommage vers d'autres dieux. « Aussi, dit-il encore, tu as pris ma droite, tu m'as conduit selon ta volonté, et tu m'as élevé en gloire » ; comme s'ils n'appartenaient qu'à la gauche, ces biens dont la jouissance accordée aux impies l'avait tant ébranlé. Et il s'écrie : « Qu'y a-t-il donc au ciel ou sur la terre que je désire de toi, que toi-même ? » Il s'en veut justement et se condamne, quand, au ciel, un si grand bien est à lui (il le comprend enfin) : c'est une félicité passagère, périssable, une félicité d'argile et de boue qu'il demande sur la terre à son Dieu ! « Mon cœur et ma chair, dit-il, tombent en défaillance, Dieu de mon cœur. » Heureuse défaillance, de la terre au ciel ! Et ailleurs : « Mon âme languit et meurt

438   La Cité de Dieu

d'amour pour la maison du Seigneur[45]. » Et : « Mon âme
s'évanouit dans l'attente de ton salut. » Il parle de la double
défaillance de l'âme et du corps, et il ne dit pas : Dieu de
mon cœur et de ma chair ; mais seulement : « Dieu de mon
cœur ! » Car c'est le cœur qui purifie la chair. « Purifiez
l'intérieur, a dit le maître, et l'extérieur sera pur[46]. » Le prophète dit encore que Dieu est son partage ; aucune de ses
œuvres, mais Dieu lui-même : « Dieu de mon cœur, dit-il,
Dieu, mon partage à jamais ! » De tant d'objets que les
hommes jugent dignes de leur choix, il a trouvé Dieu seul
digne du sien. « Car il est vrai, s'écrie-t-il, ceux qui s'éloignent de toi périront : tu as rejeté toute âme infidèle et adultère », c'est-à-dire qui se prostitue à cette multitude de
dieux ; et il ajoute cette parole, pour laquelle nous avons
rappelé les autres versets du psaume : « Mon bien est de
demeurer uni à Dieu » ; de ne pas m'éloigner, de ne pas me
dissiper en infidélités. Or, cette union sera parfaite quand il
ne restera plus en nous rien à délivrer. Maintenant, il ne
s'agit que de « mettre en Dieu notre espoir. Car la vue de ce
que l'on espère, n'est plus l'espérance. Qui espère ce qu'il
voit déjà ? dit l'apôtre. Si nous espérons ce que nous ne
voyons pas encore, nous l'attendons par la patience[47]. »
Dans cette espérance, conformons-nous aux préceptes suivants du psaume ; soyons aussi, selon notre mesure, les
anges de Dieu, c'est-à-dire ses messagers, pour annoncer sa
volonté, publier sa gloire et sa grâce : « Je mettrai mon espérance en Dieu », dit le prophète, et il ajoute : « Afin de
raconter la gloire de ses œuvres aux portes de Sion. » Sion
ou la glorieuse cité de Dieu ; cité qui le connaît et n'adore
que lui ; cité qu'ont annoncée les saints anges qui nous
convient dans leur société sainte, et nous désirent pour leurs
concitoyens. Ils ne veulent pas que nous les servions comme
nos dieux, mais que nous servions avec eux leur Dieu et le
nôtre ; ils ne veulent pas que nous leur offrions des sacri-

45. Ps 83, 3.
46. Mt 23, 26.
47. Rm 8, 24.

fices, mais que nous soyons avec eux, nous-mêmes, un sacrifice à Dieu. Or, quiconque porte sur ces choses un jugement libre de toute obstination maligne est indubitablement assuré que ces bienheureux immortels, qui, loin de nous porter envie, (et s'ils connaissent l'envie seraient-ils heureux ?) nous aiment et nous souhaitent de partager avec eux leur béatitude, ne nous accordent une faveur et une assistance plus vive, quand nous adorons avec eux un seul Dieu, Père, Fils et Saint-Esprit, que si nous les adorions eux-mêmes en leur adressant nos sacrifices.

XXVI. Je ne sais, mais il semble que Porphyre rougit pour ses amis les théurges. Car ici les lumières ne lui manquent point, mais il n'a pas la liberté de défendre ses convictions intimes. Il dit, en effet, qu'il est des anges descendus jusqu'à nous pour initier les théurges à la science divine ; qu'il en est d'autres venant nous révéler la volonté du Père et les sublimes profondeurs de sa Providence. Est-il donc à croire que les anges chargés de cet auguste ministère nous veuillent soumettre à d'autres que celui dont ils nous révèlent la volonté ? Aussi nous donne-t-il, ce philosophe platonicien, l'excellent conseil de les imiter plutôt que de les invoquer. Car avons-nous à craindre d'offenser ces immortels bienheureux, serviteurs d'un seul Dieu, en ne leur adressant pas de sacrifice ? Honneur qu'ils savent uniquement dû au vrai Dieu, dont l'union est la source de leur félicité. Non ; ils ne veulent pour eux ni de ces offrandes figuratives, ni de l'offrande de la réalité même exprimée par ces figures. Ils laissent cette démence à la superbe malheureuse des démons. Et combien s'en éloigne leur pieuse fidélité, qui n'est heureuse que par l'union divine ! Sincères amis, loin de s'arroger la domination sur nous, c'est au partage de leur bonheur qu'ils nous convient, à l'amour de celui qui doit nous associer à ce bonheur sous son paisible règne. Eh quoi ! tu trembles encore, ô philosophe ! Et tu n'oses pas, contre ces puissances ennemies des vraies vertus et des dons du vrai Dieu, élever une voix libre ! Tu as su déjà distinguer les anges qui annoncent la volonté du Père, de ceux qui, attirés par je ne sais quel art, descendent vers les théurges. Pourquoi donc honores-tu ces anges, jusqu'à dire qu'ils révèlent la science divine ? Quelle est donc cette science qu'ils révèlent, eux qui n'annoncent pas la volonté du Père ? Reconnais plutôt ces esprits dont un homme, envieux de la purification d'une âme, a, par ses conjurations, enchaîné l'influence, et qu'une bonne divinité, désireuse de cette purification, n'a pu, de ton aveu, réintégrer dans leur liberté et dans leur puissance ? Eh quoi ! tu doutes encore, ou plutôt tu feins l'ignorance, dans la crainte d'offenser les théurges, séducteurs de ta crédulité, à qui tu rends grâces, comme d'un bienfait, des pernicieuses extravagances qu'ils t'ont enseignées ! Et cette puissance, que dis-je ? cette jalouse démence, esclave et non maîtresse des âmes envieuses, oses-tu bien l'élever par-delà l'atmosphère jusqu'au ciel, lui donner place entre vos dieux célestes, et imprimer au front des astres mêmes cette marque d'infamie !

XXVII. Combien est plus humaine et plus tolérable l'erreur d'Apulée, comme toi sectateur de Platon, qui n'attribue les violentes et orageuses affections de l'âme qu'aux démons habitants des régions sublunaires ; aveu, volontaire ou non, que sa vénération pour eux ne peut prévenir, mais, quant aux dieux supérieurs qui résident dans les espaces de l'éther ; soit les dieux visibles et rayonnants de lumière, comme le soleil, la lune, etc. ; soit les dieux qu'il croit invisibles ; toujours, par toutes les raisons possibles, il les dérobe à la flétrissure des passions. Mais cette doctrine, elle ne te vient pas de Platon ; tu la dois aux Chaldéens : voilà les maîtres qui t'enseignent à exalter, jusqu'aux derniers confins du firmament céleste et de l'Empyrée, les vices de l'homme, afin que vos dieux puissent initier les théurges à la science divine. Et cependant tu te mets toi-même au-dessus de cette science par ta vie tout intellectuelle ; comme philosophe, tu ne crois pas avoir besoin de ces purifications théurgiques ; et cependant tu les imposes aux autres ; c'est pour toi comme un salaire, dont tu t'acquittes envers tes maîtres, de séduire les esprits étrangers à la philosophie, et de les gagner à ces

pratiques que ta supériorité dédaigne. Ainsi donc ceux qui
échappent à l'influence de la philosophie, science trop ardue
et réservée au petit nombre, ainsi, la plupart des hommes
sont, par tes conseils, renvoyés aux théurges pour subir non
pas la purification intellectuelle, mais la purification spirituelle de l'âme ; ainsi tu ouvres à la foule ces écoles secrètes
et illicites, et l'école de Platon lui demeure fermée. Car ces
démons qui veulent passer pour les dieux de l'éther, ces
démons impurs dont tu te fais le prôneur et le héraut, t'ont
fait de magnifiques promesses ; ils t'assurent que les âmes
purifiées par l'art théurgique dans leur être spirituel, ne pouvant, il est vrai, retourner au Père, résideront du moins dans
les régions éthérées avec les dieux célestes. Extravagances
odieuses à ces nombreux disciples du Christ, que son avènement délivre de la domination des démons ! En lui, les
fidèles trouvent la miséricordieuse purification de leur âme,
de leur esprit et de leur corps. Et c'est pourquoi il s'est revêtu
de tout l'homme, moins le péché, pour guérir du péché tout
l'homme. Plût au ciel que tu l'eusses connu toi-même,
remettant plus sûrement ta guérison entre ses mains, loin de
la demander à tes propres forces, forces humaines, faiblesse
et fragilité ; loin de l'attendre de ta curiosité pernicieuse. Il ne
t'eût pas trompé, celui que vos oracles mêmes ont, tu le sais,
reconnu saint et immortel. N'est-ce pas de lui qu'un grand
poète rend ce témoignage ? pure flatterie, car la poésie
s'adresse à un mortel ; pure vérité, si on le rapporte à Jésus-
Christ : « Sous tes auspices, s'il reste encore quelques traces
de nos crimes, anéanties à jamais, elles délivreront la terre de
ses éternelles alarmes[48]. » Et en effet, quels que soient les
progrès de l'humanité dans les voies de la justice, si le crime
disparaît, notre infirmité mortelle en conserve des vestiges
que peut seule guérir la main du Sauveur, désigné par ces
vers. Car, au début de son églogue, Virgile nous fait entendre
qu'il ne parle pas de lui-même : « Le dernier âge, dit-il, que
l'oracle de Cumes annonce est déjà venu[49]. » C'est donc aux

48. Virgile, *Églogues*, IV, 13.
49. Virgile, *Églogues*, IV, 4.

prophéties de la Sibylle qu'il emprunte ses chants. Mais ces théurges, ou plutôt les démons, sous la figure des dieux, loin de purifier l'âme humaine, la souillent au contraire par les mensonges de leurs fantômes, par l'imposture de leurs évocations. Et comment, esprits impurs, pourraient-ils purifier l'esprit de l'homme ? N'est-ce pas leur impureté même qui les assujettit aux charmes d'un envieux, ou les réduit, soit par crainte, soit aussi par envie, à refuser ce bienfait illusoire qu'ils semblaient vouloir accorder ? Mais il nous suffit de tes aveux ; il suffit que l'épreuve théurgique soit impuissante à purifier l'âme intellectuelle, et que, purifiant l'âme spirituelle, elle soit impuissante à lui conférer l'immortalité. Or le Christ promet la vie éternelle ; et c'est pourquoi, à votre grande indignation sans doute, ô philosophes, mais aussi à votre profonde stupeur, le monde accourt vers lui. Eh quoi ! Porphyre, tu ne peux nier que la science théurgique ne soit une illusion, que les partisans de cette science n'exploitent l'ignorance et l'aveuglement ; tu n'ignores pas que c'est une erreur très certaine d'adresser aux anges et aux puissances des sacrifices et des prières ; et cependant, jaloux de n'avoir pas dépensé à de telles études une peine inutile, tu nous renvoies aux théurges, afin qu'ils purifient l'âme spirituelle de ceux qui ne vivent pas de la vie intellectuelle !

XXVIII. Ainsi tu précipites les hommes dans une erreur évidente ; et tu n'as pas honte d'un tel crime, et tu fais profession d'aimer la sagesse et la vertu ! Ah ! si tu en avais eu l'amour sincère et fidèle, tu eusses connu le Christ, vertu et sagesse de Dieu ; une vaine science n'eût pas provoqué contre son humilité salutaire la révolte de ton orgueil. Tu avoues toutefois que, même sans ces mystères théurgiques, sans ces télètes, laborieux objets de tes vaines études, la partie spirituelle de l'âme peut être purifiée par la seule vertu de la continence. Quelquefois tu dis encore que les télètes ne sauraient élever l'âme après la mort. Et les voilà donc inutiles, après cette vie, à la partie spirituelle de l'âme ! Tu dis et redis tout cela cependant avec complaisance, et quel est ton dessein, sinon de paraître savant en ces matières, de

plaire aux esprits curieux de ces sciences illicites, ou d'en
inspirer la curiosité ? Mais tu as raison de les déclarer dangereuses, soit dans la pratique, soit à cause de la prohibition
des lois. Et plaise à Dieu que leurs misérables partisans
t'entendent, qu'ils se retirent, ou plutôt qu'ils n'approchent
point de ces abîmes ! Tu assures du moins qu'il n'est point
de télètes pour délivrer de l'ignorance et des vices où l'ignorance engage ; et que le seul libérateur est l'entendement du
Père, initié au secret de sa volonté. Et tu ne crois pas que le
Christ soit cet entendement, et tu le méprises pour ce corps
reçu d'une femme, pour l'opprobre de sa croix ; et, dédaignant cette profonde abjection, tu es capable de le prendre
haut avec la sagesse infinie ! Mais lui accomplit ce que les
saints prophètes ont prédit de lui : « J'anéantirai la sagesse
des sages ; je rejetterai la prudence des prudents[50]. » Or, la
sagesse qu'en eux il anéantit, ce n'est pas la science, la
sagesse qu'il leur a donnée ; mais celle qu'ils s'arrogent et
qui ne vient pas de lui. Aussi l'apôtre, rapportant ce témoignage des prophètes, ajoute : « Où sont les sages ? Où sont
les docteurs ? Où sont les savants du siècle ? Dieu n'a-t-il
pas convaincu de folie la sagesse de ce monde ? Car le
monde n'ayant pas voulu par la sagesse reconnaître Dieu
dans la sagesse de Dieu, il lui a plu de sauver les croyants
par la folie de la prédication. Les juifs demandent des
miracles ; les Grecs cherchent la sagesse. Nous prêchons,
nous, Jésus crucifié, scandale pour les juifs, folie pour les
Gentils, mais pour les élus, juifs ou Gentils, vertu et sagesse
même de Dieu : car cette folie de Dieu est plus sage que les
hommes ; cette faiblesse de Dieu est plus forte que les
hommes[51]. » La voilà cette folie, cette faiblesse, que méprise-
sent ces hommes sages et forts par leur propre vertu ! Et
c'est la grâce, salutaire aux faibles qui n'étalent pas avec
orgueil le mensonge de leur félicité, mais confessent humblement la vérité de leur misère.

50. Is 24, 19.
51. 1 Co 1, 20-25.

XXIX. Tu reconnais le Père et son Fils, que tu appelles
l'entendement du Père, et un intermédiaire entre eux, que tu
présentes, je crois, comme l'Esprit Saint : trois dieux dans
leur langue philosophique. Ainsi, quelle que soit la licence
de votre langage, d'un regard incertain et demi-voilé, vous
apercevez néanmoins le but où il faut tendre ; mais l'incarnation du Fils immuable de Dieu, mystère de notre salut, qui
nous élève vers l'objet de notre foi, où notre intelligence
n'atteint qu'à peine, c'est là ce que vous ne voulez pas reconnaître. Vous découvrez au loin, et comme à travers les
nuages, le séjour de la patrie, mais vous ne tenez pas la voie
qu'il faut suivre. Tu reconnais pourtant la grâce, quand tu
dis qu'il n'est donné qu'à un petit nombre d'arriver à Dieu
par la lumière de l'intelligence. Tu ne parles pas du bon plaisir, de la volonté d'un petit nombre ; il n'est, dis-tu, donné
qu'à un petit nombre. Tu reconnais donc la grâce de Dieu et
l'insuffisance de l'homme. Tu parles encore de la grâce en
termes plus clairs, quand, suivant le sentiment de Platon[52], tu
décides qu'en cette vie il est impossible à l'homme
d'atteindre à la perfection de la sagesse ; mais qu'après la
vie, tout ce qui manque à l'homme vivant intellectuellement
peut être suppléé par la Providence et la grâce de Dieu. Oh !
si tu avais connu la grâce de Dieu en Jésus-Christ notre
Seigneur, tu aurais vu, dans l'incarnation même où il prend
l'âme et le corps de l'homme, un chef-d'œuvre de la grâce !
Mais que dis-je ? Tu es mort, et je te parle en vain. Mes discours sont perdus pour toi : non, peut-être, pour tes admirateurs, pour ceux qu'un certain amour de la sagesse, que la
curiosité de ces sciences où tu ne devais pas t'engager, atti-
rent vers toi ; en te parlant, c'est à eux que je parle ; plaise au
ciel qu'ils m'entendent ! Dieu pouvait-il répandre plus heureusement sa grâce que dans ce mystère où son Fils unique,
demeurant immuable en soi, devait se revêtir de l'humanité,
et donner aux hommes un témoignage de son amour par
l'homme médiateur entre lui et les hommes, entre l'immortel, l'immuable, le juste, le bienheureux, et les hommes tri-

52. Platon, *Timée*, 29 b-30 b.

butaires de la mort, du changement, du péché et de la misère
Et, comme c'est un instinct naturel qu'il nous inspire, de
désirer la béatitude et l'immortalité, demeurant dans sa béatitude et prenant la mortalité pour nous donner l'objet de
notre amour, il nous enseigne par ses souffrances à mépriser
l'objet de nos terreurs.

Mais pour consentir à cette vérité, il vous fallait l'humilité,
vertu qu'il est si difficile de persuader à vos têtes hau-
taines. Qu'y a-t-il donc d'incroyable, pour vous surtout, dont
les doctrines vous invitent même à cette croyance, qu'y a-t-
il d'incroyable, quand nous disons que Dieu a pris l'âme et
le corps de l'homme ? Et vous avez cependant de l'âme intellectuelle, âme humaine après tout, une si haute idée qu'elle
peut, selon vous, devenir consubstantielle à l'entendement du
Père, en qui vous reconnaissez le Fils de Dieu. Est-il donc
incroyable que, par une singulière et ineffable union, il ait pris
une âme intellectuelle pour le salut de plusieurs ? Le corps est
associé à l'âme, afin que l'homme tout entier soit ; nous le
savons, notre nature même nous l'atteste. Sans cette conviction de l'expérience, cela nous semblerait bien plus difficile
à croire. Car, malgré la distance du divin à l'humain, de
l'immuable au muable, il est plus aisé toutefois d'admettre
l'union de l'esprit avec l'esprit, ou, selon vos expressions
ordinaires, de l'incorporel avec l'incorporel, que celle du
corps avec l'incorporel ? Quoi ! Est-ce donc ce merveilleux
enfantement d'une vierge qui vous blesse ? Loin de là, ce
devrait être pour vous un sujet d'émotion pieuse, qu'une
miraculeuse vie commence par une miraculeuse naissance.
Est-ce ce corps que la mort abat, que la résurrection transforme, et qui, affranchi désormais de la corruption et de la
mort, s'élève glorieux vers le ciel ; est-ce là ce qui vous
offense ? Est-ce là ce que vous refusez de croire ? Oubliez-
vous donc que, dans ses livres sur le retour de l'âme, où j'ai
tant puisé, Porphyre pose fréquemment en principe qu'il faut
fuir tout corps, afin que l'âme puisse demeurer bienheureuse
avec Dieu. Mais vous deviez plutôt réprouver ces sentiments
de Porphyre contraires à ceux que vous professez avec lui sur
l'âme de ce monde visible, de ce corps immense de l'univers.

Ne dites-vous pas, d'après Platon, que ce monde est un animal et un animal très heureux ? Vous voulez même qu'il soit éternel. Comment donc, toujours heureux, demeurera-t-il dans les chaînes éternelles du corps, si l'âme, pour être heureuse, doit fuir tout corps ? Vous reconnaissez aussi que le soleil et les astres sont des corps, ce que tous les hommes voient et reconnaissent avec vous ; mais, par une science, selon vous, plus haute, vous les regardez comme des animaux bienheureux, et doués de corps qui partagent leur immortalité. Qu'est-ce à dire ? Quand on veut vous persuader la foi chrétienne, vous oubliez donc ou affectez d'ignorer les doctrines que vous soutenez, que vous enseignez ? Oui, pourquoi des opinions, qui sont les vôtres, et qu'ici vous combattez, vous détournent-elles d'être chrétiens, sinon parce que le Christ est venu dans l'humilité, et que vous êtes superbes ? Quelle sera la transformation corporelle des saints après la résurrection, c'est une question qui peut être débattue entre les fidèles versés dans les saintes Écritures ; mais qu'ils deviennent éternels, mais qu'ils deviennent conformes au glorieux modèle du Christ ressuscité, on n'en saurait douter. Cependant, quelle que soit cette transformation à venir, comme ces corps, revêtus d'incorruptibilité et d'immortalité, ne sauraient faire obstacle à la contemplation de l'âme plongée en Dieu ; comme vous placez vous-mêmes dans les demeures célestes les corps immortels des immortels bienheureux, quelle est donc cette opinion que, pour être heureux, il faut fuir tout corps ? C'est que vous gardez un spécieux prétexte de rejeter la foi chrétienne ; c'est, encore une fois, que Jésus-Christ est humble et que vous êtes superbes. Peut-être avez-vous honte d'abjurer vos erreurs ? Et n'est-ce pas là précisément le vice des superbes ? Ils rougissent, ces savants hommes, de sortir de l'école de Platon pour se faire disciples du Christ, de celui qui met dans la bouche d'un pêcheur rempli de son esprit ces vérités divines : « Au commencement était le Verbe, et le Verbe était en Dieu, et le Verbe était Dieu. Au commencement, il était en Dieu. Toutes choses ont été faites par lui, et rien n'a été fait sans lui. Ce qui a été fait, était vie en lui, et la vie était la lumière des hommes, et la lumière luit dans les ténèbres, et les ténèbres ne l'ont pas comprise[53]. » Le saint vieillard Simplicianus, depuis élevé sur le siège de Milan, avait coutume de nous raconter qu'un philosophe platonicien voulait que ce début de l'Évangile de saint Jean fût écrit en lettres d'or, et exposé dans toutes les églises, au lieu le plus éminent. Mais les superbes ont dédaigné de prendre ce Dieu pour maître, parce que « le Verbe a été fait chair et a habité parmi nous ». Ainsi, pour ces malheureux, c'est peu d'être malades, il faut qu'ils tirent vanité de leur maladie même, et rougissent du médecin qui les pourrait guérir ! Honte funeste qui, loin de les maintenir debout, les entraîne dans une chute plus terrible.

XXX. Si l'on croit la doctrine de Platon à l'abri de toute réforme, d'où vient que Porphyre la modifie en plusieurs points fort importants ? Il est certain que Platon professe le retour des âmes humaines, après la mort, dans les corps mêmes des bêtes[54]. Tel est son sentiment ; tel est celui de Plotin, maître de Porphyre[55] ; sentiment que Porphyre condamne avec raison. Il admet cependant le retour des âmes, non dans leurs propres corps qu'elles délaissent, mais en de nouveaux corps humains. Il repousse l'opinion de Platon, par la honte de penser qu'une mère transformée en mule puisse servir de monture à son fils, et il suppose sans rougir que, redevenue jeune fille, elle puisse l'épouser. N'est-il donc pas infiniment plus honnête de croire ce que les saints anges ont enseigné, ce que les prophètes inspirés de l'esprit de Dieu ont annoncé ? La parole de celui même dont les antiques précurseurs promettent l'avènement futur ; la parole des apôtres, ces envoyés, qui ont rempli le monde de l'Évangile ? Oui, n'est-il pas infiniment plus honnête de croire au retour unique de l'âme en son propre corps qu'à tant de retours en tant de corps divers ? Mais, encore une fois, Porphyre introduit dans ces doctrines une réforme

---

53. Jn 1, 2-5.
54. Platon, *Phédon*, 81 e - 82 a ; *République*, X, 618-620.
55. Voir Plotin, *Ennéades*, III, 4, 2 ; IV, 3, 12.

importante lorsqu'il n'admet la rechute de l'âme que dans le
corps de l'homme, et abolit cette hideuse captivité dans les
organes d'une bête. Il dit encore que Dieu a donné une âme
au monde afin que, connaissant le mal dont la matière est le
principe, elle retourne vers le Père, à jamais délivrée de toute
alliance impure. Quelle que soit l'erreur de ce sentiment (car
l'âme est plutôt donnée au corps pour faire le bien, et si elle
ne faisait le mal, le mal lui serait inconnu), c'est toutefois un
amendement capital aux opinions platoniciennes que cet
aveu de la régénération de l'âme et de son union avec Dieu,
qui l'affranchit éternellement des maux de ce monde.
Porphyre ruine ainsi le dogme platonicien du passage perpétuel des âmes de la mort à la vie et de la vie à la mort[56] ; il
relève encore cette erreur que Virgile semble emprunter à
Platon, quand il prétend que les âmes envoyées après
l'expiation dans les Champs-Élysées (nom que la fable
donne aux joies bienheureuses) sont conviées au bord du
fleuve Léthé, c'est-à-dire à l'oubli du passé, « afin qu'elles
remontent, libres de tout souvenir, aux régions terrestres,
avec le désir nouveau de rentrer dans les liens corporels[57] ».
Doctrine justement réprouvée de Porphyre. N'est-ce pas, en
effet, une folie de croire que, de cette vie qui ne saurait être
heureuse que par la certitude de son éternité, les âmes aspirent à rentrer dans les chaînes du corps mortel, à redescendre
aux choses d'ici-bas, comme si l'objet de cette purification
suprême fût de leur inspirer le désir de nouvelles souillures ?
Si donc l'effet de cette expiation est de produire en elles
l'oubli de tous leurs maux, si cet oubli leur suggère le désir
de leurs corps, où le mal va de nouveau les enlacer ; il faut le
dire, leur souveraine félicité devient la cause de leur malheur, et leur parfaite sagesse, celle de leur folie, et leur dernière purification, celle de leur impureté. Et, dans ces
demeures fortunées, quelle que soit la durée du séjour de
l'âme, ce n'est point la vérité qui fait sa béatitude,
puisqu'une erreur en est la condition nécessaire. En effet,

---

56. Platon, *Phédon*, 70 c.
57. Virgile, *Énéide*, VI, 750.

elle ne peut être heureuse sans sécurité ; et cette sécurité ne
peut être que dans la croyance à l'éternité de son bonheur ;
croyance fausse, puisqu'un jour elle redeviendra malheureuse. Comment la vérité serait-elle le principe de sa joie, si
une illusion est la cause de sa félicité ? Porphyre l'a bien vu ;
et c'est pourquoi il prétend que l'âme purifiée retourne au
Père, affranchie à jamais de toute souillure corporelle. Ainsi,
plusieurs platoniciens se trompent quand ils croient l'âme
fatalement engagée dans ce cercle sans fin de migrations et
de retours. Et, cela même fût-il vrai, que servirait-il de le
savoir ? Les platoniciens chercheraient-ils donc à se prévaloir sur nous de ce que nous ne saurions pas en cette vie ce
qu'eux-mêmes, malgré leur pureté et leur sagesse, ignoreraient dans une vie meilleure où leur béatitude ne reposerait
que sur une illusion ? Quoi de plus absurde ? Quoi de plus
insensé ? Nul doute que le sentiment de Porphyre ne soit préférable à l'opinion de ceux qui ont inventé ce cercle des âmes
dans une éternelle alternative de misère et de félicité. Ainsi,
voilà un platonicien qui se sépare de Platon, et dont le dissentiment est raisonnable ; un platonicien qui voit ce que
Platon n'a pas vu, qui ne craint pas de désavouer un si grand
maître, qui préfère à l'homme la vérité.

XXXI. Pourquoi donc en ces questions accablantes pour
l'esprit humain, ne pas croire de préférence la divinité, qui
nous assure que l'âme elle-même n'est point coéternelle à
Dieu, mais que la création l'a fait être ? La répugnance des
platoniciens contre cette vérité est uniquement fondée sur
ce principe que ce qui n'a pas toujours été ne saurait être
éternel. Cependant, en parlant du monde et des dieux du
monde, créatures de Dieu, Platon dit clairement que leur être
a eu un commencement, qu'il n'aura point de fin, que la
toute-puissante volonté du créateur leur assure une existence
éternelle[58]. Toutefois les platoniciens imaginent ici une distinction subtile entre commencement de temps et commencement de cause. « Si, disent-ils, le pied de l'homme eût été

---

58. Platon, *Timée*, 41 c.

de tout temps imprimé dans la poussière, la trace demeure-
rait toujours sous le pied. Qui pourrait douter que le pied eût
fait la trace ? Et cependant l'un n'eût pas précédé l'autre,
quoique l'un fût cause de l'autre ; ainsi le monde et les dieux
créés qu'il renferme ont toujours été, celui qui les a faits
étant toujours, et cependant ils ont été faits. » Mais si l'âme
a toujours été, faut-il dire aussi que sa misère a été toujours ?
S'il est en elle quelque chose qui n'ait pas été de toute éternité, et ait commencé d'être dans le temps, ne se peut-il
qu'elle aussi ait commencé d'être dans le temps, n'étant pas
auparavant ? Et puis, cette félicité qui, après l'expérience des
maux de la vie, vient à l'âme, permanente et durable, commence dans le temps, de l'aveu même de Platon, et elle sera
toujours, quoiqu'elle n'ait pas toujours été. Que devient donc
ce principe, que rien ne saurait être sans fin dans le temps qui
n'ait été sans commencement dans le temps ? Car voici que
la félicité de l'âme, née dans le temps, doit subsister au-delà
du temps. Que l'infirmité humaine cède donc à l'autorité
divine ; croyons-en, sur la vraie religion, ces bienheureux
immortels qui ne veulent point usurper les honneurs uniquement dus à leur Dieu, notre Dieu ; qui ne nous commandent
le sacrifice, je l'ai déjà dit et ne saurais trop le redire, que
pour celui de qui nous devons être avec eux le sacrifice ;
sacrifice vivant, offert par le prêtre, qui, dans l'humanité
dont il s'est revêtu, et selon laquelle il a voulu être prêtre, a
pour nous daigné se faire sacrifice jusqu'à la mort[59].

XXXII. La voila, cette religion qui renferme la voie
universelle de la délivrance de l'âme ; aucune âme ne peut
être délivrée que par cette voie. Et cette voie est comme la
voie royale qui seule conduit à ce royaume dont la grandeur
ne chancelle pas au caprice des temps, mais repose sur les
solides bases de l'éternité. Or, quand à la fin de son premier
livre sur le retour de l'âme, Porphyre prétend que jusqu'alors
aucune secte ne s'est rencontrée qui contienne la voie universelle de la délivrance de l'âme ; et que ni la philosophie la

59. Ph 2, 8.

plus vraie, ni l'austère discipline des sages de l'Inde, ni les initiations des Chaldéens, ni aucune autre tradition historique n'ont révélé cette voie à sa connaissance, il avoue certainement qu'elle existe, mais qu'elle est encore ignorée de lui. Ainsi, tout ce qu'il avait si laborieusement appris, toute la science qu'il se croyait, ou plutôt qu'on lui croyait sur cet objet suprême, était loin de le satisfaire. Il sentait ici le besoin de quelque autorité puissante qu'il dût suivre. Et quand il dit que, même dans la philosophie la plus vraie, aucune secte ne se présente à lui qui renferme la voie universelle de la délivrance de l'âme, il reconnaît assez clairement à mon avis que la philosophie qu'il professe n'est pas la plus vraie, ou du moins qu'elle ne contient pas cette voie. Et comment serait-elle la plus vraie, si cette voie n'est pas en elle ? Est-il donc une autre voie universelle de la délivrance de l'âme que celle qui délivre toutes les âmes, et hors laquelle nulle âme n'est délivrée ? Mais quand Porphyre ajoute que ni l'austère discipline des sages de l'Inde, ni les initiations des Chaldéens ne conduisent à cette voie, il proclame la stérilité des doctrines qu'il avait demandées à l'Inde et à la Chaldée : car il ne peut le dissimuler, c'est à la Chaldée qu'il emprunte ces oracles divins qu'il cite incessamment. Quelle est donc cette voie universelle dont il veut parler, cette voie absente et des plus éminents systèmes de philosophie, et des doctrines professées par les nations qui devaient leur renommée dans la science divine à une téméraire curiosité, jalouse de connaître et d'adorer les anges bons ou mauvais ; cette voie que nulle tradition historique n'a encore portée à sa connaissance ? Quelle est cette voie universelle ? Sinon la voie que la grâce de Dieu accorde, non pas à un peuple particulier, mais à tous les peuples de l'univers ? Porphyre, ce grand esprit, ne doute pas de l'existence de cette voie : il ne croit pas que la Providence divine ait pu laisser le genre humain destitué d'un tel secours. Il ne nie pas que ce précieux secours existe ; il dit seulement qu'on ne l'a pas encore trouvé, qu'il n'est pas encore parvenu à sa connaissance. Et faut-il s'en étonner ? Au temps où vivait Porphyre, Dieu permettait que cette voie universelle de la délivrance de l'âme fût combattue par les idolâtres, par les esclaves des démons et les princes de la terre, afin d'accomplir et de consacrer le nombre des martyrs, témoins de la vérité, dont la constance devait montrer que pour la défense de la foi et la gloire de la religion véritable, il faut être prêt à toutes les souffrances corporelles. À la vue des persécutions, Porphyre croyait que cette voie sainte allait disparaître, et il se persuadait ainsi qu'elle n'était point la voie universelle de la délivrance de l'âme, et il ne voyait pas que de l'épreuve même qui par la terreur détournait son esprit de s'y engager, cette voie devait sortir plus indestructible et plus célèbre.

Voilà donc la voie universelle de l'âme, celle que la miséricorde divine ouvre à toutes les nations de la terre : et, en quelques lieux qu'elle soit répandue ou qu'elle doive se répandre, nul n'a eu et nul n'aura le droit de lui dire : Pourquoi si tôt ? Pourquoi si tard ? Parce que le conseil de celui qui l'accorde est impénétrable à l'esprit humain. Porphyre lui-même le reconnaît, quand il dit que ce don de Dieu ne s'est pas encore révélé, qu'il n'est pas encore venu à sa connaissance. Et toutefois il ne l'en croit pas moins véritable. Voilà, dis-je, la voie universelle de la délivrance des croyants ; cette voie sur laquelle le fidèle Abraham reçut ce divin oracle : « En ta semence toutes les nations seront bénies[60]. » Chaldéen de naissance, pour qu'il puisse recueillir les fruits d'une telle promesse et que de lui se propage cette semence disposée par les anges dans la main du médiateur en qui se révèle la voie universelle de la délivrance, il reçoit l'ordre de sortir de son pays, de sa famille, de la maison de son père. Alors délivré le premier des superstitions chaldéennes, il adore le seul et vrai Dieu, et croit saintement à la promesse. Oui, c'est la voie universelle, dont le saint prophète dit : « Que Dieu ait pitié de nous et qu'il nous bénisse. Qu'il répande sur nous les clartés de son visage, et qu'il ait pitié de nous, afin que nous connaissions ta voie sur la terre et le salut que tu envoies à toutes les nations[61]. » Et,

60. Gn 22, 18.
61. Ps 66, 2

dans la suite des temps, ayant pris chair de la semence
d'Abraham, le Sauveur dit aussi de lui-même : « Je suis la
voie, la vérité et la vie[62]. » C'est de cette voie universelle que
les anciens jours ont entendu cette prophétie : « Aux derniers
âges s'élèvera la montagne de la maison du Seigneur sur la
cime des montagnes, et elle demeurera sur les collines
Toutes les nations viendront à elle, et plusieurs y arriveront
en s'écriant : Montons sur la montagne du Seigneur, dans la
maison du Dieu de Jacob. Il nous enseignera sa voie, et nous
y marcherons. Car de Sion sortira la loi, et de Jérusalem, le
Verbe du Seigneur[63]. » Cette voie n'est donc pas celle d'un
seul peuple ; elle est la voie de toutes les nations. Et la loi, la
parole du Seigneur, ne demeure pas dans Sion et dans
Jérusalem, mais elle en sort pour se répandre dans tout l'univers. C'est pourquoi le médiateur lui-même, après sa résurrection, dit à ses disciples tremblants : « Il fallait que
s'accomplît tout ce qui, dans la loi, les prophètes et les
psaumes, est écrit de moi[64]. » Alors, il leur ouvrit l'esprit pour
leur donner l'intelligence des Écritures, et il leur dit : « Il fallait que le Christ souffrît et qu'il ressuscitât des morts le troisième jour, et qu'en son nom fût prêchée la pénitence et
la rémission des péchés à toutes les nations, en commençant
par Jérusalem. » C'est donc là cette voie universelle de la délivrance de l'âme que les saints anges et les saints prophètes
ont annoncée à ce peu d'hommes qui avaient rencontré la
grâce de Dieu, et surtout au peuple d'Israël, république
consacrée en quelque sorte pour annoncer et figurer cette
cité divine qui doit se rassembler de toutes les nations de la
terre ; tabernacle, temple, sacerdoce, sacrifices, témoignages
quelquefois clairs, plus souvent mystérieux : tels sont les
signes et les prédictions. Mais le médiateur, lui-même corporellement présent, et ses bienheureux apôtres, dévoilant la
grâce du Nouveau Testament, ont dissipé de cette voie les
ombres qui la couvraient aux siècles passés ; Dieu néan-

62. Jn 14, 6.
63. Is 2, 2.
64. Lc 24, 44-47.

moins, suivant le bon plaisir de sa sagesse, la laissant entrevoir à certains âges du genre humain par des œuvres divines et des signes miraculeux. Et non seulement les anges apparaissent, non seulement la voix de ces ministres du ciel retentit, mais à la parole des hommes de Dieu, à cette parole d'une piété simple, les esprits immondes sortent du corps et des sens de l'homme, les maladies et les infirmités sont guéries ; les hôtes farouches de la terre ou des eaux, les oiseaux du ciel, le bois, la pierre, les éléments, les astres obéissent aux commandements divins, l'enfer fléchit, les morts ressuscitent : et je ne parle pas des miracles particuliers au Sauveur, entre autres sa naissance, qui découvre le mystère de la virginité de sa mère, et sa résurrection, exemple éclatant de la résurrection future.

C'est cette voie qui purifie tout l'homme, et, mortel, le prépare en tout lui-même à l'immortalité. Car, afin que l'homme ne cherche pas une voie de purification pour cette partie de l'âme que Porphyre appelle intellectuelle, une voie pour la partie spirituelle, et une autre pour le corps, il se charge de tout l'homme, ce purificateur véritable, ce puissant Rédempteur. Hors de cette voie, qui, soit au temps des promesses, soit au temps de l'accomplissement, n'a jamais manqué au genre humain, nul n'a été délivré, nul n'est délivré, nul ne sera délivré.

Porphyre prétend que le témoignage de l'histoire ne lui a pas encore découvert la voie universelle de la délivrance ; et cependant, quoi de plus illustre que cette histoire ? Elle s'est emparée de l'univers, et le domine de la plus sublime autorité. Quoi de plus fidèle ? Le récit du passé y raconte l'avenir ; et les accomplissements dont nous sommes témoins nous attestent ceux que nous espérons. Car ni Porphyre, ni les autres platoniciens ne sauraient mépriser les prédictions faites dans cette voie comme n'intéressant que la terre et cette vie mortelle. Qu'ils gardent ce mépris pour les prédictions dues à je ne sais quelles pratiques secrètes, à la bonne heure ; car à ces divinations, à ces devins, ils n'accordent que peu d'estime, et avec raison. Les prédictions de ce genre se fondent, en effet, ou sur la prénotion des causes inférieures, comme l'art du médecin prévoit, par des symptômes précurseurs, les divers accidents de la maladie ; ou sur la parole des démons qui révèlent leurs propres desseins, dont ils remettent l'exécution aux volontés séduites, aux passions déréglées, cachant les ressorts de leur action dans les basses régions de la fragilité humaine. Ce n'est pas à de telles prédictions que s'attachent les saints engagés dans la voie universelle de la délivrance de l'âme : non que les faits de cet ordre leur échappent ; ils en ont prédit plusieurs pour établir la créance de ceux que les sens étaient incapables d'atteindre, et dont les hommes ne pouvaient se convaincre par une prompte et facile expérience. Mais voilà les faits vraiment grands et divins que Dieu leur permet de lire dans sa volonté, et de prédire : l'avènement visible de Jésus-Christ, toutes les merveilles dévoilées en sa personne, et accomplies en son nom ; la pénitence et le retour des volontés à Dieu ; la rémission des péchés ; la grâce et la justice ; la foi des âmes pieuses ; cette multitude d'hommes par toute la terre gagnés à la connaissance du vrai Dieu ; la ruine du culte des idoles et des démons ; l'épreuve de la tentation, la purification des fidèles et leur affranchissement définitif du mal ; le jour du jugement, la résurrection des morts ; l'éternelle damnation de la race impie, et l'éternel royaume de la glorieuse cité de Dieu, dans les ineffables joies de la vision bienheureuse ; voilà ce qui est prédit, voilà ce qui est promis par les Écritures de cette voie sainte ; et la vérité des promesses accomplies sous nos yeux nous donne une pieuse confiance en l'avenir. Quant à cette voie dont l'infaillible rectitude mène à la contemplation de Dieu et à son éternelle union, tout homme qui repousse la foi malgré les témoignages éclatants de l'Écriture, et dès là perd l'intelligence, peut l'attaquer, cette voie ; mais qu'il renonce à l'espoir de la détruire !

Ainsi, dans ces dix Livres que j'achève, sans répondre peut-être à l'attente de plusieurs, j'ai, grâce à l'assistance du vrai Dieu et Seigneur, satisfait au vœu de quelques-uns, en réfutant les contradictions des impies qui préfèrent leurs dieux au fondateur de la cité sainte. De ces dix Livres, les cinq premiers sont dirigés contre ceux qui s'attachent au culte des dieux pour les biens de la vie présente, et les cinq derniers contre ceux qui le maintiennent dans l'intérêt de la vie future. La suite remplira les promesses du premier Livre. Je veux, autant qu'il me sera possible, avec l'aide de Dieu, développer l'origine, le progrès et la fin des deux cités que le siècle nous présente mêlées et confondues.

# Table

RÉALISATION : ATELIER GRAPHIQUE DES ÉDITIONS DE SEPTEMBRE, PARIS

GROUPE CPI

Achevé d'imprimer en avril 2004 par
**BUSSIÈRE CAMEDAN IMPRIMERIES**
à Saint-Amand-Montrond (Cher)
N° d'édition : 22064-4. - N° d'impression : 041455/1.
Dépôt légal : mai 1994.
Imprimé en France

# Collection Points

**SÉRIE SAGESSES**

*dirigée par Vincent Bardet et Jean-Louis Schlegel*

DERNIERS TITRES PARUS